生活因阅读而精彩

生活因阅读而精彩

白话贞观政要

译注与诠释

吴兢/著 哲慧/注释

时事出版社

图书在版编目(CIP)数据

白话贞观政要：译注与诠释 / (唐)吴兢著；哲慧注释.
—北京：时事出版社，2014.12

ISBN 978-7-80232-780-1

Ⅰ.①白… Ⅱ.①吴… ②哲… Ⅲ.①典章制度-中国-唐代
②《贞观政要》-译文 ③《贞观政要》-注释 Ⅳ.①D691.5

中国版本图书馆 CIP 数据核字(2014)第243318号

出版发行：时事出版社
地　　址：北京市海淀区万寿寺甲2号
邮　　编：100081
发行热线：(010)88547590　88547591
读者服务部：(010)88547595
传　　真：(010)88547592
电子邮箱：shishichubanshe@sina.com
网　　址：www.shishishe.com
印　　刷：北京建泰印刷有限公司

开本：787×1092　1/16　印张：26　字数：405千字
2014年12月第1版　2014年12月第1次印刷
定价：42.00元

前言

作为一本古书，《贞观政要》其名不显。然而，如果提到唐太宗李世民和他所开创的名为“贞观之治”的太平盛世，恐怕绝大多数人都不会毫无印象。

《礼记·大学》中说，人的一生有四重境界，即“修身、齐家、治国、平天下”，简称“修齐治平”。而唐太宗李世民这样一位奇男子则将这四重境界全都做到了极致。修身，李世民被后世认为是中国历史上最严于律己的皇帝；齐家，李世民与长孙皇后夫妻相知、举案齐眉的故事举世皆闻；治国，李世民开创了“贞观之治”的太平盛世，让神州大地在隋末的战乱之后迅速恢复了生机；平天下，李世民不仅结束了隋朝末年诸侯割据的混乱状态，统一了中国，还灭东突厥、薛延陀平定高昌、吐谷浑，被草原民族尊称为“天可汗”，他的赫赫功绩恐怕只有一代天骄成吉思汗可以相提并论。因此，唐太宗李世民被后世的众多帝王当作崇拜和学习的对象。

那么，如何学李世民呢？学的便是这本《贞观政要》。《贞观政要》的体例有点像我们熟悉的《论语》，它并不是由李世民自己写成的，事实上，身为皇帝的李世民勤政爱民、日理万机，也不可能有精力来写这样大部头的著作。《贞观政要》是由武则天时期的史官吴兢编辑而成的政论性史书。全书共十卷四十篇，分类编辑了唐太宗李世民在位的二十三年中，与魏徵、房玄龄、杜如晦等大臣在治政时提出的问题，以及大臣们的争议、劝谏、奏议等，用以规范君臣思想道德和治同军政思想，此外还记载了一些政治、经济上的重大措施。

可以说，贞观朝拥有中国历史上最杰出的一位皇帝，而且汇集了中国历史上最杰出的一批大臣，《贞观政要》是他们的言行和思想的最真实写照，这便是这本书的最大价值。后世的读书人在做官之前，读的是四书五经，一旦步入官场，便要学习《贞观政要》，而对于一国君主来说，《贞观政要》更是他们从小便要细心研读的重点书籍。

即便对于我们这些现代人来说，《贞观政要》也是极有价值的。也许我们无法成为决定国家命运的那群人，但我们可以从中领会治国与民生的道理，从而更能理解我们当下所处的社会；也许我们无法成为领袖群伦的人物，但我们可以学习这些伟人的个人魅力和人生智慧；也许我们终此一生也不会踏足官场，但官场即是职场，官场的智慧便是职场的智慧，其道理也是一脉相通的。

弘扬《贞观政要》的价值，让现代人有机会学习贞观朝明君贤臣的智慧结晶和人格魅力，便是本书的宗旨。在写作方式上，本书采用了原典、注释、译文、解析四位一体的方式。这样既可以使读者领略到原汁原味的《贞观政要》，从中汲取营养；同时解析部分还可以起到画龙点睛的作用，为读者的阅读提供参考，从而拓展出更加广阔的思考空间。

最后，希望本书的每一位读者都能从阅读中得到收获，我们不求成为李世民那样的伟人、完人，但他的思想精华也足以值得我们去学习，去完善自己，不是吗？

目录
CONTENTS

卷五 | 173

卷七 | 277

卷八 | 303

卷九 | 335

卷十 | 365

卷一

君道第一（一）

原典

贞观初，太宗谓侍臣曰：“为君之道，必须先存百姓。若损百姓以奉其身，犹割股以啖腹，腹饱而身毙[①]。若安天下，必须先正其身，未有身正而影曲，上理而下乱者。朕每思伤其身者不在外物，皆由嗜欲以成其祸[②]。若耽嗜滋味，玩悦声色，所欲既多，所损亦大，既妨政事，又扰生民。且复出一非理之言，万姓为之解体，怨讟既作，离叛亦兴[③]。朕每思此，不敢纵逸。”

谏议大夫魏徵对曰：“古者圣哲之主，皆亦近取诸身，故能远体诸物[④]。昔楚聘詹何，问其治国之要，詹何对以修身之术。楚王又问治国何如，詹何曰：‘未闻身治而国乱者[⑤]。’陛下所明，实同古义。”

注释

①犹割股以啖腹，腹饱而身毙：就好像割大腿上的肉来填饱肚子，肚子吃饱了，人也就死了。②皆由嗜欲以成其祸：都是追求享受和欲望才造成了祸端。③怨讟既作，离叛亦兴：怨讟（dú），亦作“怨黩”，因怨恨而出诽谤之言。讟，怨恨。抱怨既然已经有了，那么背离叛乱也就不远了。④皆亦近取诸身，故能远体诸物：都是反省自身的行为，才能远及一切事物。⑤未闻身治而国乱者：没有听说过治理国家的人能够管好自身，而他所治理的国家还会发生混乱的。

译文

贞观初年，唐太宗对侍臣说：“作为一个君王，一定要先保存老百姓。如果君王以损害老百姓的利益来达到自己享乐的目的，就如同割取自己大腿上的肉来填饱肚子，肚子吃饱了，人也就死了。如果君王想让天下安定，必然要从端正自身做起，身正不怕影子斜，上至朝廷清明无事，下至民间安定没有动乱。我每每思忖至此，就想到身不正其实并不在于外物，全都是追求享受和无止尽的欲望造成的祸端。就像贪食美味佳肴，沉溺于歌舞女色，这样的欲望越多，对自身的损害就越大，不但妨碍政事，还动摇百姓民生。这时君王如果再说出一些无道妄言，那么天下必然人心离散，怨言横生，叛乱之事也就不远了。我每想至此，就不敢再恣意放纵自己。”

谏议大夫魏徵听了这话说道：“自古以来，圣明的君主都善于从反省自身做起，从而由己推远，远离一切身外之物的拖累。当年楚王聘请詹何，向他请教治理国家的方法，詹何则以修养自身的道理来作答。楚王不解，便再次问他如何治理国家，詹何回答说：‘从来没有听说过管理好自身的人却治理不好国家的。’陛下刚才所明示的，正与古时道理如出一辙。”

解析

《论语·子路》中，孔子说：“其身正，不令而行；其身不正，虽令不从。”即若管理者自身行得正，那么他不用下命令，下面的人也会遵从；如果管理者自身不端正，那么即使三令五申，下面的人也不会遵从。由此可见，无论是君王还是普通的管理者，加强自身的修养是非常重要的。

行得正，坐得端。一个人只有加强自身修养，才能让他人诚服，才会让别人乐意跟他合作；如果自身行不正、坐不端，那么即使给他再好的机遇，他也没有能力抓住。

君道第一（二）

原典

贞观二年，太宗问魏徵曰：“何谓为明君暗君①?”徵曰：“君之所以明者，兼听也；其所以暗者，偏信也。《诗》云，‘先人有言，询于刍荛②。’昔唐、虞之理，辟四门，明四目，达四聪③。是以圣无不照④，故共、鲧之徒，不能塞也；靖言庸回⑤，不能惑也。秦二世则隐藏其身，捐隔疏贱⑥而偏信赵高，及天下溃叛，不得闻也。梁武帝信朱异，而侯景举兵向阙，竟不得知也。隋炀帝偏信虞世基，而诸贼攻城剽邑，亦不得知也。是故人君兼听纳下，则贵臣不得壅蔽⑦，而下情必得上通也。”太宗甚善其言。

注释

①明君暗君：贤明的君主，昏庸的君主。②先人有言，询于刍荛：古代的人曾说过，要向割草打柴的人询问。刍荛，割草打柴，这里用来指割草打柴的人。③辟四门，明四目，达四聪：打开四门迎天下贤士，擦亮眼睛了解四方的情况，让四方的声音都能够传到自己的耳朵里。这里用来表示纳天下贤才，听取四方建议的意思。④是以圣无不照：所以他们对天下的事没有不知道的。照，了解、明了。⑤靖言庸回：花言巧语，用心不良。靖言指花言巧语。庸回指用心不良。⑥捐隔疏贱：与外面的贤臣隔绝，疏远地位低下的老百姓。⑦贵臣不得壅蔽：地位崇高的大臣就不能屏蔽他的视听。壅蔽，遮蔽、阻挡。

译文

贞观二年，唐太宗问魏徵：“什么样的君主是圣明的君主，什么样的君主是昏庸的君主?”魏徵回答说：“君主之所以圣明，在于他是否善于听取各方面的意见，从而能正确认识事物；而昏庸的君主，常常偏信某一方面，从而犯了片面性错误。《诗经》里这样说：‘古人曾说，割草打柴的人，也必然有可以询问的。’过去尧帝和舜帝治理国家，就能做到广开四门欢迎天下贤士，擦亮眼睛洞察四方民情，让各种声音都传到自己的耳朵里，正因为这样，他们才能对天下事都了如指掌，使共工、鲧之辈不能阻塞他们的视听，花言巧语和用心不良者也不能迷惑和误导他们。再看秦二世，则深居宫中，与贤臣隔绝，与百姓疏离，以致天下大乱、众叛亲离时，他仍被蒙在鼓里。梁武帝偏信大臣朱异，连侯景领兵围攻了皇宫，竟也浑然不觉。隋炀帝偏信虞世基，直到各叛军攻城掠地时，他还不得而知。由此可见，君主若能广泛听取各方面意见，那么权位再高的大臣也无法蒙蔽他的视听，下情自然上达，君主便能掌握一切。”唐太宗听了，对他的话很是认同。

解析

诸葛亮曾在《出师表》中说：“亲贤臣，远小人，此先汉之所以兴隆也；亲小人，远贤臣，此后汉之所以倾颓也。”先汉之所以兴盛，就是因为亲近贤臣，远离小人，能够广泛吸取贤臣的建议；而后汉之所以衰落，则是因为亲近小人，远离贤臣，这样就不能吸取贤臣的建议，造成君主耳目蔽塞，长此以往，后汉必衰。

人无完人，每个人都有自身的局限性，因而要学会接纳来自他人的建议，集思广益，同时改正自身的缺陷，做到兼听则明。

君道第一（三）

原典

贞观十年，太宗谓侍臣曰：“帝王之业，草创与守成孰难?”尚书左仆射房玄龄对曰：“天地草昧[①]，群雄竞起，攻破乃降，战胜乃克。由此言之，草创为难。”

魏徵对曰：“帝王之起，必承衰乱，覆彼昏狡[②]，百姓乐推，四海归命，天授人与，乃不为难。然既得之后，志趣骄逸，百姓欲静而徭役不休，百姓凋残而侈务不息[③]，国之衰弊，恒由此起。以斯而言，守成则难[④]。”

太宗曰：“玄龄昔从我定天下，备尝艰苦，出万死而遇一生，所以见草创之难也。魏徵与我安天下，虑生骄逸之端，必践危亡之地[⑤]。所以见守成之难也。今草创之难既已往矣，守成之难者，当思与公等慎之。”

注释

①天地草昧：国家开始兴办时。草创，兴办、创建。昧，蒙昧。②覆彼昏狡：消灭那些昏庸狡诈的人。覆，灭。昏狡，昏庸狡诈。③百姓欲静而徭役不休，百姓凋残而侈务不息：百姓想休养生息却徭役不断，百姓已经很贫困了却奢侈之事不断。侈务，奢侈浪费的事情。④守成则难：守业则更加难。⑤虑生骄逸之端，必践危亡之地：忧虑出现骄傲奢侈放纵的念头，必然会陷入危急甚至灭亡之地。

译文

贞观十年，唐太宗问身边的近臣：“帝王大业中，是创业难还是守业难?”当时任尚书左朴射的房玄龄回答说：“乱世混沌，各路豪杰英雄竞相起兵，被攻破了就会投降，战胜了就能成功。由此说来，创业更难。”魏徵则回答说：“帝王兴起，无疑是建立在世道混乱衰败的前提下，他推翻了昏庸害民的旧主，百姓自然乐意推举他，全天下的人也都愿意归顺他，上则顺应天命，下则百姓跟从，因此创建帝王大业并不算很难。然而既得天下后，难免心生骄奢安逸，在百姓应当得到休养生息时，却附加给他们连绵不断的徭役，百姓已经被徭役折磨得很贫困了，还要为国家大兴奢侈之事付出更惨重的代价，国家的衰败大都是由此而起的。所以这样来说，守业更难。”唐太宗说：“当年房玄龄跟我一起平定天下，饱受艰辛，可谓九死一生，所以他知道创建帝业的难处。魏徵则辅助我安定天下，深知骄傲奢侈放纵的念头必然会使国家陷入危险甚至灭亡，并时常为此担忧，因而他知道守业的难处。如今，我们已然历经艰难险阻创建了帝业，现在的当务之急便是请诸公与我一起谨慎地守业，以渡过难关。

解析

万事开头难，创业之路固然充满艰辛，然而对人们来说，成就事业之后仍能保持一个冷静的头脑亦是非常困难的。创业成功之后，守住成功往往比创业更加艰辛。

纵观史上帝王之业兴起，往往是在天下混乱之时，而混乱产生的原因则是贪图安逸和享受，所以人们要时刻牢记居安思危的道理，否则辛辛苦苦创建下来的事业很有可能就此付之一炬。创业难，守业更难。能否保持冷静头脑，不骄奢安逸，是这份事业能否长久存在的关键因素。

君道第一（四）

原典

贞观十一年，特进[1]魏徵上疏曰：

臣观自古受图膺运[2]，继体守文[3]，控御英雄，南面临下，皆欲配厚德于天地，齐高明于日月，本支百世，传祚无穷。然而克终者鲜，败亡相继，其故何哉？所以求之，失其道也。殷鉴不远，可得而言。

昔在有隋，统一寰宇，甲兵强锐，三十余年，风行万里，威动殊俗④，一旦举而弃之，尽为他人之有。彼炀帝岂恶天下之治安，不欲社稷之长久，故行桀虐，以就灭亡哉？恃其富强，不虞后患。驱天下以从欲，罄万物而自奉，采域中之子女，求远方之奇异。宫苑是饰，台榭是崇，徭役无时，干戈不戢⑤。外示严重，内多险忌，谗邪者必受其福，忠正者莫保其生。上下相蒙，君臣道隔，民不堪命，率土分崩。遂以四海之尊，殒于匹夫之手，子孙殄绝，为天下笑，可不痛哉！

圣哲乘机，拯其危溺，八柱倾而复正，四维弛而更张⑥。远肃迩安，不逾于期月⑦；胜残去杀，无待于百年。今宫观台榭尽居之矣，奇珍异物尽收之矣，姬姜淑媛尽侍于侧矣，四海九州尽为臣妾矣。若能鉴彼之所以失，念我之所以得，日慎一日，虽休勿休，焚鹿台之宝衣，毁阿房之广殿，惧危亡于峻宇，思安处于卑宫，则神化潜通，无为而治⑧，德之上也。若成功不毁，即仍其旧，除其不急，损之又损，杂茅茨于桂栋，参玉砌以土阶，悦以使人，不竭其力，常念居之者逸，作之者劳，亿兆悦以子来，群生仰而遂性，德之次也。若惟圣罔念，不慎厥终⑨，忘缔构之艰难，谓天命之可恃，忽采椽之恭俭，追雕墙之靡丽，因其基以广之，增其旧而饰之，触类而长，不知止足⑩，人不见德，而劳役是闻，斯为下矣。譬之负薪救火，扬汤止沸，以暴易乱，与乱同道，莫可测也，后嗣何观！夫事无可观则人怨，人怨则神怒，神怒则灾害必生，灾害既生，则祸乱必作，祸乱既作，而能以身名全者鲜矣。顺天革命之后⑪，将隆七百之祚⑫，贻厥子孙⑬，传之万叶，难得易失，可不念哉！

注释

①特进：官名。②受图膺运：得到河图，接受天命。其意为君主的权力是上天授予的。③继体守文：继承帝位，守着先王定下来的制度。④威动殊俗：声威震动了风俗奇异的地方。殊俗，风俗奇异的地方，也泛指异族外族。⑤干戈不戢：战争不息。戢（jí），指收藏兵器，意为战争停止。⑥四维弛而更张：使废弛的道德重新建立起

来。四维指礼义廉耻，泛称道德。⑦远肃迩安，不逾于期月：远方民族前来虔诚地朝拜，不超过一年的时间。期月，十二为一期，泛指一年。⑧神化潜通，无为而治：用精神去感化世间人，使他们与自己心意相通，这样虽然自己没有什么作为，天下却得到了治理。⑨惟圣罔念，不慎厥终：如果圣人不思为善，做事不考虑后果，那么也会成为狂人。罔念：不思为善。⑩触类而长，不知止足：一旦铺张了，那就会引发大规模的铺张，不知停止和满足。⑪顺天革命：顺应天命，改朝换代。⑫隆七百之祚：兴盛七百年之久，这里指统治长久。⑬贻厥子孙：留给子孙，指帝王之业传给子孙万代。

译文

贞观十一年，特进大臣魏徵上疏说：

我发现自古以来，那些“天命神授”的帝王，继承帝业以来都谨遵先王的制度，保存着前人的传统，用武功和谋略使各路英雄归顺，从而安坐帝王之位以号令天下。他们都希望能树立像天地一样深厚的德行，达到与日月齐光的智慧，让帝位代代相传，长盛不衰。然而真能做到这个地步，并能够善终的朝代却很少，多少朝代都相继灭亡，这是为什么呢？探求其中的原因，无非就是他们丧失了为君之道，这是从前人的教训中得出来的结论。

想当年，隋朝曾一统天下，兵强马壮，国力何其强盛，三十多年间便声威远扬，使那些遥远的外族异域听了都闻风丧胆。然而繁华如梦，一朝失去，国家已为他人所有。难道隋炀帝不想天下长治久安，不想社稷长久，所以才学亡国之君夏桀那样大行肆虐，自取灭亡的吗？当然不是。隋炀帝因国家富有强盛而心生骄奢，以致不思后患。他为了满足自己的私欲，不惜奴役天下百姓，耗尽天下万物来供自己享用。他挑选各地美女，搜刮各地奇珍异宝供自己把玩。他的宫苑装饰得奢华无比，台榭修建得宏伟壮观，然而百姓的徭役却不分时节地永不停息，与此同时还战事连连。朝廷外有列强虎视眈眈，内有大臣阴险奸诈，奸佞之徒扶摇直上，忠正良臣反而性命堪忧。朝堂上下相互蒙蔽，君臣彼此疏远，百姓疲于奔命，国家四分五裂。正是在这样一个背景下，隋炀帝以皇帝之尊沦为丧家之犬，被人所杀，并累及子孙，成为天下人的笑谈，实在是让人痛心啊！

贤明的君主趁机而起，力挽狂澜，救百姓于水火之中，让混乱的国家走向正道，使废弛的道德重建起来，不过仅靠一时的边境安定、国家安宁去维持统治，并不是长久之计。只有施行仁政，教化残暴之徒不再作恶，使死刑派不上用场，人心向善，才能统治百年。如今，宫殿台榭，都为吾皇所居住；各种珍奇异宝，尽被您所拥有；品貌双全的贤淑女子，侍奉在旁；四海九州，都朝拜于您。假如这时想一想前人为什么会失去天下，而自己又为什么会得到天下，自己就能一天比一天更谨慎起来，即使受到别人的赞赏也不会因此而沾沾自喜。鹿台的华衣丽服再美，阿房宫再庞大，也被毁之一炬，因此居住在高大房屋内要常怀恐惧灭亡之心，居住在低矮房屋中要保持内心的平和，这就是在用德行去感化世人，他们就能与你心意相通。这样，即使什么也不做，国家却得到了治理，这是为君之道最好的方法。获取成功而不损害原有的东西，使其保持本来的面目，放下那些不急着去做的，尽可能地节省用度，减少对百姓的徭役和赋税，用茅草来覆盖屋顶，用泥土来取代玉石雕刻的台阶，这样简朴的态度才能让老百姓心悦诚服，而不会耗尽他们的气力。同时还要思量着为君为官的安逸，以及百姓劳作者的苦累。这样亿万百姓就会投奔你、依赖你，这是为君之道的中等。如果不思为善，做事不谨慎地考虑后果，忘掉当初创建帝业的艰难，认为自己是天命神授，放弃居住陋室时的恭敬节俭，追求装修精美华丽的墙壁，在其原有的基础上加以扩建，在旧有的基础上不断增加装饰，让奢侈成风，不知道满足，那么人们便看不到他的德行，只能听到劳役二字，这是为君之道的下等。这就好比是用木柴救火，用开水止沸一样，以残暴代替残暴，与原先的动乱没有两样，后果甚至更不堪设想。既然继起之君拿不出什么政绩，那么百姓就只能怨恨，百姓怨恨则会触怒神灵，神灵愤怒，那么灾害就会频发，灾害一旦发生，就会有祸乱兴起，祸乱一起，能够保全性命全身而退的就很少了。所以，顺应天意，改朝换代之后，就要设法使朝代兴隆下去，将帝业留给子孙，传至千秋万代，以往的教训告诉我们，帝王之业难以得到却容易失去，难道这还不够让我们时时警惕吗？

解析

作为一代君王，唐太宗能够听从魏徵的建议已属不易，何况他还从谏如流，将居安思危贯彻在自己的生活中，日慎一日，戒骄戒躁，时刻牢记隋朝灭亡的原因，以免重蹈覆辙。

俗话说“未雨绸缪”，就是说趁着还没下雨时，先修葺下房屋。我们应该将危机意识贯彻在日常生活中，尤其是对管理者来说，拥有危机意识，能够帮助他在成就面前保持冷静的头脑，帮助他培养超前的眼光，早点发现身边存在的危机，这样他才能提前或及时采取有效措施解决危机。

君道第一（五）

原典

是月，徵又上疏曰：

臣闻求木之长者，必固其根本；欲流之远者，必浚其泉源；思国之安者，必积其德义。源不深而望流之远，根不固而求木之长，德不厚而思国之理，臣虽下愚，知其不可，而况于明哲乎！人君当神器之重[①]，居域中之大，将崇极天之峻[②]，永保无疆之休。不念居安思危，戒奢以俭，德不处其厚，情不胜其欲，斯亦伐根以求木茂，塞源而欲流长者也。

凡百元首[③]，承天景命，莫不殷忧而道著，功成而德衰。有善始者实繁，能克终者盖寡，岂取之易而守之难乎？昔取之而有余，今守之而不足，何也？夫在殷忧，必竭诚以待下；既得志，则纵情以傲物。竭诚则胡越为一体[④]，傲物则骨肉为行路。虽董之以严刑，震之以威怒，终苟免而不怀仁[⑤]，貌恭而不心服。怨不在大，可畏惟人，载舟覆舟，所宜深慎，奔车朽索[⑥]，其可忽乎！

君人者，诚能见可欲则思知足以自戒，将有作则思知止以安人，念高危则思谦冲而自牧[⑦]，惧满溢则思江海下百川，乐盘游则思三驱以为度[⑧]，忧懈怠则思慎始而敬终，虑壅蔽则思虚心以纳下，想谗邪则思正身以黜恶，恩所加则思无因喜以谬赏，罚所及则思无因怒而滥刑。总此十思，弘兹九德，简能而任之，择善而从之，则智者尽其谋，勇者竭其力，仁者播其惠，信者效其忠。文武争驰，君臣无事，可以尽豫游之乐，可以养松、乔之寿，鸣琴垂拱，不言而化。何必劳神苦思，代下司职，役聪明之耳目，亏无为之大道哉！

太宗手诏答曰：

省频抗表⑨，诚极忠款，言穷切至。披览忘倦，每达宵分。非公体国情深，启沃义重⑩，岂能示以良图，匡其不及！朕闻晋武帝自平吴已后，务在骄奢，不复留心治政。何曾退朝谓其子劭曰："吾每见主上不论经国远图，但说平生常语，此非贻厥子孙者，尔身犹可以免。"指诸孙曰："此等必遇乱死。"及孙绥，果为淫刑所戮。前史美之，以为明于先见。朕意不然，谓曾之不忠，其罪大矣。夫为人臣，当进思尽忠，退思补过，将顺其美，匡救其恶，所以共为理也。曾位极台司，名器崇重，当直辞正谏，论道佐时⑪。今乃退有后言，进无廷诤⑫，以为明智，不亦谬乎！危而不持，焉用彼相⑬？公之所陈，朕闻过矣。当置之几案，事等弦、韦。必望收彼桑榆，期之岁暮，不使康哉良哉，独美于往日，若鱼若水，遂爽于当今。迟复嘉谋，犯而无隐⑭。朕将虚襟静志⑮，敬伫德音。

注释

①神器之重：政权之重。神器指帝位或政权。②崇极天之峻：推崇上天那样的崇高。极天，达到天。峻，崇高。③元首：这里指国君。④胡越为一体：胡人和越人结为一体。胡，胡人。越，越人。⑤终苟免而不怀仁：最终也是为了避免责罚而不是心怀仁爱之心。⑥奔车朽索：用腐朽的绳索来拉奔跑的马车，比喻处在危险中。⑦自牧：自己的修养。⑧乐盘游则思三驱以为度：打猎时只围三面，使猎物有路可逃，比喻做事要有度、要节制。⑨省频抗表：多次查看你给我的奏章。省，查看。频，多次。抗表，给君主的奏章。⑩启沃义重：启发开导君王，情义深重。⑪论道佐时：谈论为君之道，辅佐当世之君治理国家。⑫进无廷诤：面对国君时没有直言进谏。廷诤：在朝廷上直言进谏。⑬危而不持，焉用彼相：国家危难时刻不去扶持，要这些辅弼大臣有什么用？⑭迟复嘉谋，犯而无隐：期待不久后看到你经世治国的良谋，希望你直言进谏，不要有所隐瞒。嘉谋：好的经世治国策略。犯：

这里指犯颜进谏。⑮虚襟静志：虚心，使心神安定。

译文

当月，魏徵又上疏说：

臣听说想要让树木长得高，就必须培固它的根；想让河流流得远，就必须疏通它的源泉；想要国家安定，就必须积累他的德行和道义。源泉不深却期望水流长远，根不培固却期望树能长得高，道德不深厚却期望国家治理有序，我虽然愚昧，却也明白这是行不通的，更何况是您这样的明君啊！国君担负着帝王的重任，为万乘之尊，应该推崇至高的皇权，永保无尽的美善。如果不居安思危、戒奢以俭，不能厚德万物、克己之欲，就无异于刨了树根却希望树木茂盛，阻塞源泉还要水流得更远。

历代君主，承接了上天赋予的使命，没有一个不是在忧患时德行高深，成功之后德行衰落的。善始者居多，善终者却很少，这难道就是说创业容易而守业难吗？过去取得帝业不易却能游刃有余，现在只是守住帝业却显得力不从心，为什么会这样呢？那是因为君主在忧患之时，对待子民必然竭诚以待，与之共患难；一旦成功，就会放纵情欲，高傲自负，轻视他人。竭诚待人，胡人和越人这样势不两立的民族都能够团结一致；高傲自负，轻视他人，那么即使是骨肉都将形同陌路。当然你可以用严酷的刑罚来警戒他们，用威严来震慑他们，但这样得来的臣服只不过是为了免于惩罚，即使外表恭敬，内心并不诚服。怨恨不怕大小，怕的是让人心向背，水能承载船也能把船覆没的道理，应当谨慎思考，用腐朽的缰绳去驾驭飞奔的马车，这可不能小觑啊！

作为君主，当看见想要的东西时，要想到知足常乐的道理，然后自我约束；当想要去做某些事时，要考虑到老百姓的休养生息而适可而止；想到越是处于高位越是危险的道理，就当用谦逊的心态来加强自身的修养；如果害怕自满自大，就要想想江海之所以大是因为能居于百川之下；游连忘返地打猎时，就要想到古人说的"一年三次"田猎为限度；忧虑自己松懈懒惰时，就要想到自始至终都要谨慎；怕自己耳目被堵塞、遮蔽，就要想到虚心接受下面的意见；担心有谗邪的人在自己身边，就想到要自身正直，斥退邪恶的人。施加恩惠，就要想到有没有因为偏爱而给予不适合的奖赏；给人惩罚时，要想到不要因为愤怒而滥用刑罚。总结这"十思"，弘扬“九德”，挑选有才能的人而任用，选择正确的谏言而听取，那么就能让智者发挥他们的才智，勇者充分施展他们的武力，仁者散播他们的恩惠，信者表现他们的忠义。文臣武将都能得到重用，君臣之间相安无事，那么君主就可以尽情享受游玩之乐，像松、乔两位神仙一样享受长寿之福，垂衣拱手间，便能达到无为而治，不发一言而百姓受到感化。又何必去心神劳累，事事过问，代替百官去行使职责，劳损聪明的耳目，这岂不违背无为而治的道理？

唐太宗亲自写诏书回答说：

朕已经多次查看了爱卿所上奏的奏章，言辞真诚，恳切忠直，以至于在看奏章时都忘记了疲倦，直到夜半时分。爱卿要不是对国家一片忠心，对我一番真心诚意，又怎能提出如此治国良策，来开导和纠正我的过失呢？我听说晋武帝自从平定吴国后，做事骄傲奢侈，不再将心思放在治理国家上。西晋大臣何曾退朝后对儿子子劭说：“我每次都看到君主不谈论经世治国的策略，而是谈论些日常生活琐事，这与治国的道理相去甚远，这不是将灾祸遗留给子孙后代吗？不过国家还不至于这么快就混乱，所以你是可以保全性命的。”然后指着几个孙子说：“不过等到你们长大的时候，必定会因朝政动乱而性命不保。”后来孙子何绥果然被重刑所杀。以往的史书都赞美何曾有先见之明，我却不这么认为，我认为他不忠心，罪过很大。作为臣子，在朝廷上应该直言进谏，下朝后则想办法来弥补君主的错失，将君主的美德不断发扬，帮助君主改正错误，这就是君臣同治的道理。何曾位及台司，地位崇高，更应该直言进谏，谈论为君之道，辅佐当世君主。然而他却是退朝后才敢小声谈论，在朝堂上却不敢有丝毫动静，竟然还有人认为他是明智之人，不是很荒谬吗？国君偏颇，国家危难的时候不去扶持，要他们这些辅佐大臣有什么用。你的奏章，我认真浏览过了，我把它们放在我的案头上，时时警戒，必有所获，等过些时日，“康哉良哉”的盛歌就不会只出现在以前的日子里了，你我君臣相得的美谈必定会在当今之世广为流传。期待不久后再次看到你的经世治国良策，请你直言进谏，不要有所隐瞒，我将虚心、静心等候你的善言。

解析

“得人心者得天下”，唐太宗很明白这个道理，于是一直以来皆礼贤下士，笼络了大量的人才。他知道百姓如水，朝廷就像一艘水上航行的船，船之所以能够航行，是因为有水的支撑，但水能支撑船，同样也能覆没船，要想这只船航行得稳且远，就必须得到百姓的支持。

领导者要学会放权，把合适的人才安排到合适的岗位上，这样人才才能施展其才华，领导也能从繁琐的事务中解脱出来。当然，领导者要想让下属心服口服，就要以身作则，树立好的领导形象，这样才能使领导和员工“目标一致，行动一致”。

政体第二（一）

原典

贞观元年，太宗谓黄门侍郎王珪曰：“中书所出诏敕，颇有意见不同，或兼错失而相正以否[①]。元置中书、门下，本拟相防过误[②]。人之意见，每或不同，有所是非，本为公事。或有护己之短，忌闻其失，有是有非，衔以为怨。或有苟避私隙[③]，相惜颜面，知非政事，遂即施行。难违一官之小情，顿为万人之大弊。此实亡国之政，卿辈特须在意防也。隋日内外庶官，政以依违，而致祸乱，人多不能深思此理。当时皆谓祸不及身，面从背言，不以为患[④]。后至大乱一起，家国俱丧，虽有脱身之人，纵不遭刑戮，皆辛苦仅免，甚为时论所贬黜[⑤]。卿等特须灭私徇公，坚守直道[⑥]，庶事[⑦]相启沃，勿上下雷同也。”

注释

①兼错失而相正以否：互相都有错误疏忽之处，然而可以相互纠正并且尊重各自不同的建议。②相防过误：相互防止发生过错。③苟避私隙：为了避免出现私人的矛盾，指徇私枉法。④面从背言：当面顺从说好话，背地里却搬弄是非。⑤贬

黜：谴责。⑥直道：正直之道。⑦庶事：凡事、任何事。

译文

贞观元年，唐太宗对黄门侍郎王珪说："中书省所发出的文告命令，与门下省有些不同，也许两者都有错误疏漏之处，但好在他们能够尊重彼此的意见。原来设置中书省、门下省就是为了相互防止出现过失、错误。人的意见常常会有些不同，有正确的也有错误的，大家原本也就是为公事提出这些建议的。有的人难免会偏袒自己的短处，不愿意听到别人谈论自己的过失，别人对他们作出是非评价，就会心生怨恨。有的人为了避免出现私人矛盾，相互顾惜对方的脸面，明知不属于政事范围内的事情，却立刻盲目去执行。结果为了维护一个小官的脸面，却给百姓带来了大祸端。这种行为是亡国之政，爱卿们要特别注意防范这一点。隋朝时期，内外官员处理政事都因此而酿成大祸，人们多不能仔细想想其中的道理。当时，大家都以为灾祸不会落到自己头上，于是当面说好话，背后搬弄是非。后来大乱发生，国破家亡，侥幸脱身的人，纵然不至于遭到刑罚和杀戮，也吃尽了苦头，还饱受当时舆论的谴责。爱卿们必须灭掉徇私枉法的念头，顺从政事要求，坚守正直之道，凡事相互借鉴以获得启发，不要上上下下都是同样的声音。"

解析

为人君者，最忌讳的就是听不到不同的建议，要是上下都持同一个建议，那么君主就该思考自己的为君之道了。孔子说过："君子和而不同，小人同而不和。"也就是说要尊重并倾听他人的不同建议，这样才能真正达到和谐。在国家的治理中，最需要的就是集思广益，要让百官能够各抒己见，这样才能避免凡事都模棱两可，以防酿成祸端。

同样，做人也要善于听取不同的建议来完善自己，要知道人无完人，人只有不断改正自身才能趋于完美的人。

政体第二（二）

原典

贞观二年，太宗问黄门侍郎王珪曰："近代君臣治国，多劣于前古，何也?"对曰："古之帝王为政，皆志尚清净①，以百姓之心为心。近代则唯损百姓以适其欲，所任用大臣，复非经术之士②。汉家宰相，无不精通一经，朝廷若有疑事，皆引经决定，由是人识礼教③，治致太平。近代重武轻儒，或参以法律，儒行既亏④，淳风大坏。"太宗深然其言。自此百官中有学业优长，兼识政体者，多进其阶品，累加迁擢⑤焉。

注释

①志尚清净：志向上崇尚清简无为。②非经术之士：不是精通经学的人。经术，经学。③人识礼教：人人都懂得礼仪教化。④儒行既亏：儒家的处事准则既然已经破坏。⑤迁擢：提拔、升迁。

译文

贞观二年，唐太宗问黄门侍郎王珪："近代君王和大臣治理国家，大多不如古代圣贤，这是为什么呢?"王珪说："古代帝王在治理国家时崇尚清简无为，做事都是从老百姓的切身利益出发。近代国君治理国家则只知道损害百姓的利益来满足自己的私欲，君主所任用的大臣也都不是精通经学的人。汉朝的宰相，无一不精通一种以上的经学，朝廷如果有什么难以解决的事情，都是按照经书的指导去做的，这样一来人人都懂得礼仪教化，就能把国家治理成太平盛世。近代国家都重视武力而轻视儒学，有的则是用律法来治理国家，儒家的行为准则既然遭到破坏，那么敦厚古朴的风俗也同样会受到损坏。”太宗听后表示赞同。从此以后，文武百官中在学业上比较优秀，又懂得为政要领的人，大都得以重用，并多次加以提拔。

解析

“志尚清净，无为而治”，并不是指君主要摒弃一些杂念，而是要学会合理地控制这些杂念，不要因杂念而去侵扰百姓，要以百姓之心为心，想百姓之所想，做百姓所希望做的，做到无为而治。这样，一个国家才能长治久安。

同样，一个人要善于控制自己的杂念，学会遵从内心的声音，不要因世俗琐事而迷失了自己。另外要注重学习经学等史书，读史明智，学习古人的经验和教训，遇事时才能避免重蹈古人的覆辙。

政体第二（三）

原典

贞观五年，太宗谓侍臣曰：“治国与养病无异也。病人觉愈，弥须将护①，若有触犯，必至殒命。治国亦然，天下稍安，尤须兢慎②，若便骄逸③，必至丧败。今天下安危，系之于朕，故日慎一日，虽休勿休④。然耳目股肱，寄于卿辈。既义均一体，宜协力同心，事有不安，可极言无隐。傥君臣相疑，不能备尽肝膈⑤，实为国之大害也。”

注释

①弥须将护：更加需要调养和护理。弥，更加。②尤须兢慎：尤其要兢兢业业、小心谨慎。③骄逸：骄傲奢侈。④虽休勿休：虽然受到赞许但却不能沾沾自喜。⑤备尽肝膈：完全说出肺腑之言。肝膈，人的内脏，在此用来指肺腑之言。

译文

贞观五年，唐太宗对身边的大臣说："治理国家和养病没有什么区别，病人觉着将要痊愈，那么就更加需要调养和护理，如果疾病重发，必然会导致死亡。治理国家也是这样的，天下稍微安定，就更加要兢兢业业、小心谨慎，如果骄傲奢侈，必然会导致衰败甚至亡国。现在全天下安危的重任落在了我的身上，所以我一天比一天更加小心谨慎，即使受到赞许也不能沾沾自喜。然而，这正需要你们充当耳目去监督和辅佐。我们既然君臣一体，那么就该同心协力，事情有不妥的地方，你们当知无不言，更不要有所隐瞒。倘若君臣之间相互猜疑，不能说尽肺腑之言，这对治国实在是有百害而无一利啊！

解析

唐太宗认为治国和养病是同样的道理，都应小心谨慎。另外，他认为只有大臣们知无不言，才能发挥耳目的作用，不至于阻塞视听而招惹祸端。要做到"知无不言"无疑是很难的，太宗的这段话正解了大臣们进谏的后顾之忧，从此大臣们真的做到了知无不言，言无不尽。

要想让下属信任，就要给予下属足够的重视，让他们明白自己的重要性，这样才能消除他们的忧虑。要知道，个人能力即使再强，也强不过团队，因此要注意发挥团队的作用。

政体第二（四）

原典

贞观六年，太宗谓侍臣曰："看古之帝王，有兴有衰，犹朝之有暮，皆为敝其耳目，不知时政得失，忠正者不言，邪谄者日进[①]，既不见过[②]，所以至于灭亡。朕既在九重[3]，不能尽见天下事，故布之卿等，以为朕之耳目。莫以天下无事，四海安宁，便不存意。《书》曰：'可爱非君，可畏非民。'天子者，有道则人推而为主，无道则人弃而不用，诚可畏也。"

魏徵对曰："自古失国之主，皆为居安忘危，处理忘乱[4]，所以不能长久。今陛下富有四海，内外清晏，能留心治道，常临深履薄，国家历数[5]，自然灵长。臣又闻古语云：'君，舟也；人，水也。水能载舟，亦能覆舟。'陛下以为可畏，诚如圣旨。"

注释

①邪谄者日进：狡诈献媚的人日益得势。②既不见过：君主既然无法看到自己的过失。③九重：古人认为天有九层，九重为天的最高处。此处是指朝廷。④处理忘乱：在清平时期忘记了还有可能会发生动乱。⑤历数：岁时节候的次序，这里指君主受天所托治理国家的次序，也指国运。

译文

贞观六年，唐太宗对身边的大臣说："纵观古代帝王，有兴起之时也有衰落之日，就好像有日出就必然有日落一样。其实这都是因为他们的耳目受到蒙蔽，不了解当时治理国家的得与失，从而导致忠诚正直者不敢进谏，狡诈献媚者日益得势，帝王看不到自己的过失，最终走向灭亡。我深居宫内，自然不能看见天下所有的事情，所以才将这个任务交给了爱卿们，让你们作为我的耳目去看去听。不要以为四海安宁，就对朝堂之事不在意。《尚书》里说：'民所爱的是君吗？君所畏的是民吗？'作为天子，如果有道，百姓就会推崇他；如果无道，那么百姓就会把他抛弃。这确实是应当敬畏的。"

魏徵回答说："自古以来失掉国家的君主，都是因为住在安定的环境中忘记了危难的存在，在清平时期忘记了动乱还是会可能发生的，所以国家才不能长久。现在陛下你富有四海、天下太平，却能够留心治理国家之道，经常如临深渊、如履薄冰，国家的运气自然能够广远绵长。我又听古语说：'君主就好比是船，老百姓就好比是水。水能够载动船，也能倾覆船。'陛下你认为百姓是可敬畏的，的确如此啊！"

解析

"君，舟也；人，水也。水能载舟，亦能覆舟。"魏徵用舟和水比喻君主与百姓的关系，让唐太宗认识到了民心的重要性，因而他在施政时能够从百姓的想法出发。这一点对于企业管理是非常重要的，成就企业的是员工，如果员工不能和企业同心，那么企业走向破产也是早晚的事。

对个人而言，就是学会尊重他人，学会合作，学会站在他人的角度看待问题，真诚对待他人，那么就能够得到众人的帮助，要知道任何人的成功都少不了他人的帮助。

政体第二（五）

原典

贞观七年，太宗与秘书监魏徵从容论自古理政得失。因曰："当今大乱之后，造次不可致理[①]。"徵曰："不然，凡人在危困，则忧死亡；忧死亡，则思理；思理，则易教。然则乱后易教，犹饥人易食也。"

太宗曰："善人为邦百年，然后胜残去杀。大乱之后，将求致理，宁可造次而望乎？"徵曰："此据常人，不在圣哲。若圣哲施化，上下同心，人应如响，不疾而速，期月而可，信不为难，三年成功，犹谓其晚。"太宗以为然。

封德彝等对曰："三代以后，人渐浇讹，故秦任法律，汉杂霸道[②]，皆欲理而不能，岂能理而不欲？若信魏徵所说，恐败乱国家。"

徵曰："五帝、三王，不易人而理。行帝道则帝，行王道则王，在于当时所理，化之而已。考之载籍，可得而知。昔黄帝与蚩尤七十余战，其乱甚矣，既胜之后，便致太平。九黎乱德，颛顼征之，既克之后，不失其理。桀为乱虐，而汤放之，在汤之代，既致太平。纣为无道，武王伐之，成王之代，亦致太平。若言人渐浇讹，不及纯朴，至今应悉为鬼魅[③]，宁可复得而教化耶？"德彝等无以难之，然咸以为不可。

太宗每力行不倦，数年间，海内康宁，突厥破灭，因谓群臣曰："贞观初，人皆异论，云当今必不可行帝道、王道，惟魏徵劝我。既从其言，不过数载，遂得华夏安宁，远戎宾服。突厥自古以来常为中国勍敌，今酋长并带刀宿卫，部落皆袭衣冠④。使我遂至于此，皆魏徵之力也。"

顾谓徵曰："玉虽有美质，在于石间，不值良工琢磨⑤，与瓦砾不别。若遇良工，即为万代之宝。朕虽无美质，为公所切磋⑥，劳公约朕以仁义，弘朕以道德，使朕功业至此，公亦足为良工尔。"

注释

①造次不可致理：匆忙之间不可能做到让人心受到感化。造次，仓促。②霸道：指用武力等来征服百姓或进行统治。③鬼魅：一般指鬼怪，这里用来指不明白事理，尚未开化。④袭衣冠：穿衣服戴帽子，这里指像中原人那样穿衣带帽。⑤琢磨：指对玉进行雕刻和打磨。⑥切磋：对玉进行加工，这里指对人进行教育。

译文

贞观七年，唐太宗与秘书监魏徵悠闲地谈论着自古以来帝王治理国家的得与失。太宗说道："现在国家刚好处在动乱之后，仓促间不可能让天下人得到教化而恢复太平。"魏徵回答说："臣不这样认为，一般说来，人越是在危难困苦之中，越容易忧虑死亡，而忧虑死亡就会期望改变，有了改变之心，就很容易教导他们。所以说动乱之后反而更容易受到教化，就好比饱受饥饿的人渴望食物那样简单。"

唐太宗说："圣贤之君想治理好国家需要百年之久，然后才能逐渐消灭残暴以及杀戮。动乱之后，就希望百姓得到教化，天下太平，如此短的时间怎么能做到呢？"魏徵说："这是针对普通人来说的，并不能用在圣贤身上。如果圣贤的人施行教化，那么上下同心，百姓就会快速响应，不想快都难，相信不足一年时间就能见成效，如果是三年才能成功，都嫌太晚了。"唐太宗听了表示认同。

封德彝等人对此却说："三代之后，人心逐渐变得狡诈献媚，所以秦朝才会采用法律治理政事，而汉朝则用武力来处理政事，这些都是想要教化却没能取得良好效果的例子，难道要指责秦汉明明能做到却不想这么去做吗？如果听了魏徵所说的，国家恐怕会陷入衰败、动乱之中。”

魏徵说：“五帝和三王时，并没有改变什么就实现了天下大治。施行帝道的成就帝业，施行王道的成就王业，这主要在于当时在位君王的治理，起到教化人心的作用而已。从书籍中可以得知，当时黄帝和蚩尤有七十余战，那时的祸乱更严重，等到获胜之后，天下便太平了。九黎族动乱，颛顼派兵征伐他们，等到战胜之后，也没有使九黎族百姓失去教化。夏桀昏乱残虐，商汤便放逐了他。等到商汤替代夏桀成为君王时，天下已经太平。商纣在位时无道，武王派兵征讨他，等到周成王治理国家时，国家已经实现了太平。如果说百姓逐渐变得狡诈献媚，越来越远离淳朴，那么到现在应该都成了未开化的人，怎么还能够再加以教化呢？”德彝等人不知如何应对，但是都对魏徵这段话不以为然。

唐太宗治理国家兢兢业业、不知疲倦，短短几年时间，国内便实现安定，国外则消灭了突厥，他于是对群臣说：“贞观初年，人们对治理国家都有着不同的言论和见解，说现在不必施行帝道、王道，只有魏徵一人竭力劝我，于是我听从了他的建议，果然不过几年时间，就实现了华夏安定，使远方的少数民族都前来归顺。比如突厥，自古以来就是中原的劲敌，而现在突厥首领却成为宫中的带刀禁卫，他部落的老百姓都像中原人那样穿衣戴帽。我能够得到这样的成就，都是魏徵的功劳啊。”

唐太宗回头对魏徵说：“玉虽然有好的质地，却藏在乱石中，如果没有工艺精良的工匠来雕琢和打磨，那么它与瓦砾就没什么区别。一旦遇到了好的工匠，就能成为传承万代的宝贝。我虽然没有玉那般好的质地来让你进行雕琢和打磨，但你通过仁义来约束我，用道德来光大我，也使我获得了今天这般的功绩，你也是个技艺超群的工匠啊。”

解析

教化是统治国家最好的手段之一，因而唐太宗格外重视，为了能够更好地教化百姓，他常常向大臣们请教，然后从大臣们的建议中择其善者而从之。对于管理者来说，要想让下属诚服，也应学会“教化”他们。

当然对个人而言，要想得到“教化”，就要不断地学习新的知识，不断地听取他人的意见，过则改之，无则加勉，这样才能让自己成为一个值得信赖、能够独当一面的人才。

政体第二（六）

原典

贞观九年，太宗谓侍臣曰："往昔初平京师，宫中美女珍玩无院不满。炀帝意犹不足，征求无已，兼东西征讨，穷兵黩武[①]，百姓不堪，遂致亡灭。此皆朕所目见，故夙夜孜孜[②]，惟欲清净，使天下无事。遂得徭役不兴，年谷丰稔，百姓安乐。夫治国犹如栽树，本根不摇，则枝叶茂荣。君能清净[③]，百姓何得不安乐乎？"

贞观十六年，太宗谓侍臣曰："或君乱于上，臣理于下；或臣乱于下，君理于上。二者苟逢[④]，何者为甚？"特进魏徵对曰："君心理，则照见下非[⑤]。诛一劝百，谁敢不畏威尽力？若昏暴于上，忠谏不从，虽百里奚、伍子胥之在虞、吴，不救其祸，败亡亦继。"太宗曰："必如此，齐文宣昏暴，杨遵彦以正道扶之得治，何也？"徵曰："遵彦弥缝暴主，救理苍生，才得免乱，亦甚危苦[⑥]。与人主严明，臣下畏法，直言正谏，皆见信用[⑦]，不可同年而语也。"

注释

①穷兵黩武：穷尽所有的兵力，随意发动战争，形容十分好战。②夙夜孜孜：白天黑夜都勤劳工作，不敢有所懈怠。③清净：清简，无为而治。④苟逢：如果相逢，这里指放在一起。⑤君心理，则照见下非：君主用心治理国家，自然能够察觉到下属的是非曲直。⑥甚危苦：非常危险和困苦。⑦信用：信任和任用。

译文

贞观九年，太宗对身边的大臣说："当初刚刚平定长安时，宫内美女、珍奇异宝无数，没有一个宫院不是满满的。隋炀帝却觉得还不够，仍横征暴敛，再加上东征西讨，穷尽兵力发动战争，百姓的生活苦不堪言，这正是导致隋朝灭亡的根源。这些都是我亲眼所见，于是我现在不分昼夜地勤勉理政，丝毫不敢有所懈怠，只希望能够实行清简的政策，实现无为而治，使天下太平美满，从而做到停罢徭役，百姓年年五谷丰收，然后安居乐业。治国就好像栽树，只要树的根不摇晃，那么就会枝叶繁茂。君主如果能够做到清净无为，那么百姓怎么可能不安居乐业呢？”

贞观十六年，唐太宗对身边的大臣说：“有时候是君主昏庸，而大臣竭诚；有时候是大臣作乱，而君主贤明。这两种情况加以比较，究竟哪一种情况危害更大呢？”特进魏徵说：“君主如果贤明，自然能够察觉到下面大臣们的是非曲直，可以杀一儆百，这样一来，谁敢不畏威严而不尽心尽力去处理政事？如果是君主自身昏庸，好的进谏不听从，即使有百里奚、伍子胥之类的大臣效力辅佐，也不能挽救他的祸端，衰败和灭亡就会相继而来。”唐太宗说：“如果是这样的话，那么齐文宣昏庸残暴，杨遵彦用正确的治国方略来扶持君主，从而使国家免于衰败和灭亡，这又是为什么呢？”魏徵说：“杨遵彦弥补君主的过错，虽然挽救天下百姓于水火，让国家免于动乱，但百姓仍然生活困苦，国家仍然危险。这样的境况怎能与君主威严贤明，臣子敬畏国法、直言进谏，君臣间相互信任的境况相提并论啊。”

解析

唐太宗从隋朝灭亡的经历中不断吸取教训，认为隋朝灭亡的根本原因就在于统治者自身，如果统治者清心寡欲，那么百姓就能安居乐业，反之百姓只能苦不堪言、疲于奔命。而魏徵之言，更是让唐太宗明白了君主自身素质的重要性。君正，则臣正；臣正，则百姓正；百姓正，则天下太平。因而唐太宗夙夜孜孜、日益谨慎。

这就是说，一个人遇到的那些困难，其实很有可能是跟其自身素质相关的。如果他能够修身养性，时时刻刻不断改正自己的缺点，那么他就会发现，一些困难在素养提升的同时便自动消失了。对管理者而言，自身素质往往能够决定他的管理水平。

政体第二（七）

原典

太宗自即位之始，霜旱为灾，米谷踊贵，突厥侵扰，州县骚然①。帝志在忧人，锐精为政，崇尚节俭，大布恩德。是时，自京师及河东、河南、陇右，饥馑尤甚，一匹绢才得一斗米。百姓虽东西逐食，未尝嗟怨②，莫不自安。至贞观三年，关中丰熟，咸自归乡，竟无一人逃散。其得人心如此。加以从谏如流③，雅好儒术，孜孜求士，务在择官，改革旧弊，兴复制度，每因一事，触类为善④。初，息隐、海陵之党，同谋害太宗者数百千人，事宁，复引居左右近侍，心术豁然，不有疑阻。时论以为能断决大事，得帝王之体。深恶官吏贪浊，有枉法受财者，必无赦免。在京流外有犯赃者，皆遣执奏，随其所犯，置以重法。由是官吏多自清谨。制驭王公、妃主之家，大姓豪猾之伍，皆畏威屏迹⑤，无敢侵欺细人。商旅野次，无复盗贼，囹圄常空⑥，马牛布野，外户不闭。又频致丰稔，米斗三四钱，行旅自京师至于岭表，自山东至于沧海，皆不赍粮⑦，取给于路。入山东村落，行客经过者，必厚加供待，或发时有赠遗。此皆古昔未有也。

注释

①骚然：动荡不安的样子。②嗟怨：嗟恨抱怨。③从谏如流：接受建议像流水向下般快速，比喻君主乐于接受大臣的正确建议。④触类为善：触类旁通、举一反三地做更多更有利的事情。⑤畏威屏迹：畏惧威严而销声匿迹，指不再作奸犯科。⑥囹圄常空：监狱常常是空的。⑦赍粮：携带粮食，指旅行的人携带的粮食。

译文

唐太宗刚即位时，便接二连三地遇到霜灾和旱灾，致使大米、谷物等价格不断上涨，不料又碰上突厥侵扰边疆，一时间国内动荡不安。太宗心系百姓的生活，更加励精图治，崇尚节俭，大力推广对百姓有利的德政。当时，从京城到河东、河南、陇右一带，庄稼收成都很差，有的地方甚至颗粒无收，以至于饥荒更为严峻，到了一匹绢才能换到一斗大米的地步。当时，老百姓虽然四处逃荒求粮，却没有一个人嗟恨抱怨，大家都安分守己。到了贞观三年，关中的粮食丰收了，百姓都回到了自己的家乡，竟然没有一个人流连在外。唐太宗竟如此受百姓的爱戴。再加上太宗乐于接受大臣的建议，又爱好儒学，重视举贤任能，改革旧有弊端，订立新制，每每遇到一件事情，便能触类旁通、举一反三，提出很多好的政策来。当初，李建成和李元吉一党，同时参与谋害唐太宗的有几百甚至上千人，事情平息后，他不但不对他们加以惩处，反而又聘用这些人为近侍，且太宗心怀坦荡，对他们无任何猜疑和隔阂。提到这件事，大家都认为太宗有断决大事的才能，有帝王的魄力。太宗非常厌恶官吏贪污，有不顾国法接受他人钱财的人，一定不会赦免。无论京城内外，只要有贪污的人，太宗都会派人去调查清楚，根据其犯罪情节加以重罚，因此官员们大都廉洁谨慎。太宗还控制着王公贵族、妃子公主的势力，使那些仗着家族强大而蛮横不守法纪的人都畏惧太宗的威严而不敢造次，不敢欺凌弱小。来往于各地的商人和在野外住宿的人，绝不会碰到小偷，因而太宗时期的监狱常常是空的；野外到处都是无人看守的马、牛等牲畜，家家夜不闭户。再加上连年收成不错，一斗大米只需三四钱，旅行的人从京城到岭外，从山东到东海，都不需要随身携带粮食，在路途中随时可以购买到便宜的粮食。在山东的乡村赶路，过往的行客必然会受到主人的热情款待，离开村子时，主人还会赠送一些东西。这些事都是亘古未有的。

解析

唐太宗不愧一代明主，即使在即位前几年，遭受各种灾害的困难时期，百姓仍爱戴他，不抱怨不嗟恨，在他的治理下，唐朝很快从内忧外患和民不聊生的痛苦中调整过来，开创了贞观之治的盛世。这主要是由于唐太宗采取的措施都是合理有效的。当然，之所以能够取得这样效果，与唐太宗的赏罚分明是分不开的。

因而，对管理者来说，要想让企业能够快速发展，就要学会采取合理有效的措施，对有功的员工进行奖励，对有错的员工进行惩罚，做到赏罚分明，这样才能激发员工的潜力，创造新的辉煌。

卷二

任贤第三（一）

原典

房玄龄[①]，齐州临淄人也。初仕隋，为隰城尉。坐事[②]除名，徙上郡。太宗徇地渭北，玄龄杖策谒于军门。太宗一见，便如旧识，署渭北道行军记室参军。玄龄既遇知己，遂罄竭心力[③]。是时，贼寇每平，众人竞求金宝，玄龄独先收人物，致之幕府，及有谋臣猛将，与之潜相申结[④]，各致死力。累授秦王府记室，兼陕东道大行台考功郎中。玄龄在秦府十余年，恒典管记。隐太子、巢刺王以玄龄及杜如晦为太宗所亲礼，甚恶之，谮之高祖，由是与如晦并遭驱斥。及隐太子将有变也，太宗召玄龄、如晦，令衣道士服，潜引入阁谋议。及事平，太宗入春宫，擢拜太子左庶子。贞观元年，迁中书令。三年，拜尚书左仆射，监修国史，封梁国公，实封一千三百户。既总任百司，虔恭夙夜[⑤]，尽心竭节，不欲一物失所[⑥]。闻人有善，若己有之。明达吏事，饰以文学，审定法令，意在宽平[⑦]。不以求备取人，不以己长格物[⑧]，随能收叙，无隔疏贱。论者称为良相焉。十三年，加太子少师。玄龄自以一居端揆十有五年，频抗表辞位，优诏不许。十六年，进拜司空，仍总朝政，依旧监修国史。玄龄复以年老请致仕，太宗遣使谓曰："国家久相任使[⑨]，一朝忽无良相，如失两手。公若筋力不衰，无烦此让。自知衰谢，当更奏闻。"玄龄遂止。太宗又尝追思王业之艰难，佐命之匡弼[⑩]，乃作《威凤赋》以自喻，因赐玄龄，其见称类如此[⑪]。

注释

①房玄龄：名乔，字玄龄，与杜如晦在历史上有“房谋杜断”的称号。②坐事：因事获罪。③罄竭心力：尽心竭力。④潜相申结：暗中与之交好。⑤虔恭夙夜：日夜虔诚恭敬，比喻尽心尽力。⑥不欲一物失所：不让一个物体失去其位置，比喻物尽其用、人尽其才。⑦宽平：宽容、公平。⑧不以求备取人，不以己长格物：对人不严苛求全，不拿自己的长处去苛求别人。⑨久相任使：良相久居其位。⑩匡弼：匡正辅佐，指纠正君主的错误。⑪见称：受人称赞。

译文

房玄龄是齐州临淄人。早年在隋朝为官，担任隰城县县尉。后来房玄龄因事革职，被派遣到上郡这个地区做官。唐太宗在渭水北边一代巡游时，房玄龄拄着拐棍在军营门口求见。太宗与他一见如故，于是任命他为渭北道行军记室参军。房玄龄蒙受知遇之恩，做事尽心竭力。当时，每平定一地的贼寇，大家都竞相搜刮金银珠宝，唯独房玄龄先网罗人才，将这些有识之士安置在他的营帐，等遇到良臣猛将，便私下与他们结交为好友，让他们竭诚效力于太宗。后来，房玄龄又多次升职，成为秦王府记室，同时兼陕东道大行台考功郎中的职位。房玄龄在秦王府十多年，长期担任记室一职。李建成和李元吉因房玄龄和杜如晦深得李世民的信任而心生厌恶，不断向高祖进谗言，结果两人遭到高祖的驱赶斥逐。后来李建成将要发动政变之际，唐太宗秘密召集房玄龄、杜如晦，让他们穿上道士的服装，暗中从宫中的小门进宫商议对策。后来玄武门事变被平息后，唐太宗入主东宫，提拔房玄龄为太子左庶子。贞观元年，又提拔房玄龄为中书令。贞观三年，提拔房玄龄为尚书左仆射，监督修改国史，封为梁国公，实际封赐的食邑有一千三百多户。后来房玄龄又被任命为宰相，总管文武百官，日夜虔诚恭敬，尽心尽力，做到人尽其才、物尽其用。房玄龄听到别人的优点，就好像说自己一样高兴。他熟读历史，撰写的文章很出彩，审查和制定法令也本着宽容公平的原则。他对人不严苛求全，不拿自己的长处去苛求别人，按照才能的高低来收录任用人才，对待出身低下、地位卑微的人也能一视同仁。当时人们都称房玄龄为良相。贞观十三年，房玄龄又被加封为太子少师。房玄龄被封为宰相的这十五年间，曾多次上书请求辞去宰相职位，太宗都是嘉奖他一番却不允许他辞官。贞观十六年，房玄龄被封为司空，仍然总管朝廷政务，同时还监督修改国史。房玄龄又以年老为由请求辞去官职，太宗派人带一封信对他说："国家需要好的宰相来主持政务，突然没有了你这个良相，我就好像被砍断了手臂一样势单力薄。如果你精力允许，就不要老是辞官。假如有一天你真的感到力不从心了，那么再上奏告诉我也不迟。"房玄龄于是不再请求辞官。后来太宗回想起创业的艰难，诸位大臣辅佐自己所立下的卓越功勋，不仅感慨万千，写下一篇《威凤赋》用来自比，并把它赏赐给房玄龄，由此可见他们君臣之间的深厚情谊。

解析

对于国家来说，人才无疑是非常重要的，唐太宗的身边就有不少有名的人才，如魏徵、杜如晦、房玄龄等。贤明的君主总是礼贤下士，让人才发挥其才华，从而帮君主分担一些治理国家的重担。

对于领导来说，身边有几个贤能的人帮助自己，无疑是件非常惬意的事情。对于个人而言，如果有个非常有能力的人帮助自己，那么对个人的前途也是非常有好处的。当然，最重要的还是要不断努力提高自己的才能，让自己成为那不可缺少的人才。

任贤第三（二）

原典

杜如晦[①]，京兆万年人也。武德初，为秦王府兵曹参军，俄迁陕州总管府长史。时府中多英俊，被外迁者众[②]，太宗患之。记室房玄龄曰："府僚去者虽多，盖不足惜。杜如晦聪明识达，王佐才也。若大王守藩端拱，无所用之[③]；必欲经营四方，非此人莫可。”

太宗自此弥加礼重，寄以心腹，遂奏为府属，常参谋帷幄。时军国多事，剖断如流④，深为时辈所服。累除天策府从事中郎，兼文学馆学士。隐太子之败，如晦与玄龄功第一，迁拜太子右庶子。俄迁兵部尚书，进封蔡国公，实封一千三百户。贞观二年，以本官检校侍中。三年，拜尚书右仆射，兼知吏部选事。仍与房玄龄共掌朝政。至于台阁规模，典章文物⑤，皆二人所定，甚获当时之誉，时称房、杜焉。

注释

①杜如晦：字克明，为唐太宗最重要的助手之一，和房玄龄齐名于世。②外迁者众：调任为外地官员的人很多。③守藩端拱：此处用来指守着王侯的地位。④剖断如流：形容能够快速地剖析决断。⑤典章文物：各种制度仪节。

译文

杜如晦是京兆万年人。唐高祖武德初年，杜如晦在秦王府担任兵曹参军，不久后被提升为陕州总管府长史。当时秦王府中出了很多贤明的人才，因而被调到外地做官的人也很多，唐太宗对此很是担忧，怕好不容易笼络来的人才就这样都被外调出去。记室房玄龄说：“虽然离开秦王府的幕僚很多，但大多都不值得可惜。杜如晦聪明、有见识，是辅佐帝王的人才。如果秦王您只是打算安守王侯这个位置，那么杜如晦这个人就没有什么用处；如果您想治理天下，那就一定需要这个人。”

唐太宗从此以后对杜如晦更加以礼相待，把他当作心腹，于是上奏高祖，升杜如晦为秦王府的属官，让其参与谋划决策。当时军中和国中的事情比较多，杜如晦却能够快速地剖析决断，令同僚们口服心服。数次提拔后，杜如晦被封为天策府的从事中郎，兼任文学馆学士。平息李建成政变的功劳，当属房玄龄和杜如晦第一，杜如晦因此被升职为太子右庶子。不久后升迁为兵部尚书，加封为蔡国公，实际封赐食邑有一千三百户。贞观二年，又被封为本官检校侍中。贞观三年，被提拔为尚书右仆射，同时兼任吏部选事，仍然与房玄龄共同执掌朝廷政务。有关中央机构的规模、典章制度等等都是由房玄龄和杜如晦决定的，当时人们很赞赏二人，称他们为房、杜。

解析

杜如晦之所以能够从众多幕僚中脱颖而出，最终坐到宰相的位置，最重要的就是因为有房玄龄的推荐。当然，除此之外，唐太宗对人才的赏识也是非常重要的原因。杜如晦之所以能做到“剖断如流”，除了其自才华横溢及做事果断外，最重要的原因还是深得太宗的信任。没有太宗的信任，杜如晦就会变得谨小慎微、游移不定，无法彰显出自己“剖断如流”的才能。

所以领导者要善于学习，同时在聘用人才时，要做到疑人不用，用人不疑，给予人才较大的施展空间，这样人才才能人尽其才。

任贤第三（三）

原典

魏徵，巨鹿人也。近徙家相州之内黄。武德末，为太子洗马。见太宗与隐太子阴相倾夺[①]，每劝建成早为之谋。太宗既诛隐太子，召徵责之曰：“汝离间我兄弟，何也？”众皆为之危惧。徵慷慨自若，从容对曰：“皇太子若从臣言，必无今日之祸。”太宗为之敛容[②]，厚加礼异，擢拜谏议大夫。数引之卧内，访以政术。徵雅有经国之才，性又抗直，无所屈挠。太宗每与之言，未尝不悦。徵亦喜逢知己之主，竭其力用。又劳之曰：“卿所谏前后二百馀事，皆称朕意。非卿忠诚奉国，何能若是！”三年，累迁秘书监，参预朝政，深谋远算，多所弘益[③]。太宗尝谓曰：“卿罪重于中钩，我任卿逾于管仲，近代君臣相得，宁有似我于卿者乎？”六年，太宗幸九成宫，宴近臣，长孙无忌曰：“王珪、魏徵，往事息隐，臣见之若仇[4]，不谓今者又同此宴。”太宗曰：“魏徵往者实我所仇，但其尽心所事，有足嘉者。朕能擢而用之，何惭古烈？徵每犯颜切谏，不许我为非，我所以重之也。”徵再拜曰：“陛下导臣使言，臣所以敢言。若陛下不受臣言，臣亦何敢犯龙鳞，触忌讳也！”太宗大悦，各赐钱十五万。七年，代王珪为侍中，累封郑国公。寻以疾乞辞所职，请为散官。太宗曰：“朕拔卿于仇虏之中，任卿以枢要之职，见朕之非，未尝不谏。公独不见金之在矿，何足贵哉？良冶锻而为器[5]，便为人所宝。朕方自比于金，以卿为良工。虽有疾，未为衰老。岂得便尔耶？”徵乃止。后复固辞，听解侍中，授以特进，仍知门下省事。十二年，太宗以诞皇孙，诏宴公卿。帝极欢，谓侍臣曰：“贞观以前，从我平定天下，周旋艰险[6]，玄龄之功无所与让。贞观之后，尽心于我，献纳忠谠，安国利人，成我今日功业，为天下所称者，惟魏徵而已。古之名臣，何以加也。”于是亲解佩刀以赐二人。庶人承乾在春宫，不修德业[7]；魏王泰宠爱日隆，内外庶寮咸有疑议。太宗闻而恶之，谓侍臣曰：“当今朝臣，忠謇无如魏徵，我遣傅皇太子，用绝天下之望。”十七年，遂授太子太师，知门下事如故。徵自陈有疾，太宗谓曰：“太子宗社之本，须有师傅，故选中正，以为辅弼。知公疹病，可卧护之。”徵乃就职。寻遇疾。徵宅内先无正堂，太宗时欲营小殿，乃辍其材为造，五日而就。遣中使赐以布被素褥，遂其所尚。后数日，薨。太宗亲临恸哭，赠司空，谥曰文贞。太宗亲为制碑文，复自书于石。特赐其家食实封九百户。太宗后尝谓侍臣曰：“夫以铜为镜，可以正衣冠；以古为镜，可以知兴替；以人为镜，可以明得失。朕常保此三镜，以防己过。今魏徵殂逝，遂亡一镜矣！”因泣下久之。乃诏曰：“昔惟魏徵，每显予过。自其逝也，虽过莫彰。朕岂独有非于往时，而皆是于兹日？故亦庶僚苟顺[8]，难触龙鳞者欤！所以虚己外求[9]，披迷内省[10]。言而不用，朕所甘心；用而不言，谁之责也？自斯已后，各悉乃诚[11]。若有是非，直言无隐。”

注释

①阴相倾夺：暗地里相互掠夺。②敛容：改变了脸色，很恭敬的样子。③多所弘益：大多都是有益的。弘益，更多的好处，增益。④往事息隐，臣见之若仇：过去侍奉李建成，我见到他们就像见到仇敌一样。隐，指李建成。⑤良冶锻而为器：好的工匠会把它锻造成器。⑥周旋艰险：在艰难危险的环境中转来转去。⑦不修德业：不修身养性，不讲求品德。⑧庶僚苟顺：百官苟且顺从。⑨虚己外求：虚心征求大家的建议。⑩披迷内省：剖析自己的迷惑以用来自省。⑪各悉乃诚：你们都应该要诚心诚意的。

译文

魏徵是河北巨鹿人，后来举家迁居到相州的内黄。唐高祖末年，魏徵在李建成的府中做太子洗马。他见太宗李世民暗地里与太子李建成争夺权力，于是常常劝导李建成要早做谋划。后来，太宗杀了李建成，便招来魏徵谴责他：“你为什么离间我们兄弟的关系？”众人都替魏徵感到担忧。魏徵慷慨自若，从容地回答说：“皇太子要是早听了我的话，那么一定不会招致今天的杀身之祸。”太宗听了被其忠心所感，脸色一变，对魏徵以厚礼相待，提拔他为谏议大夫。太宗还多次把他请到内宫之中，向他请教经世治国的方略。魏徵很有经世治国之才，性情又刚正不阿，不惧强权，没有什么可以让他屈服的。太宗每每和他谈话，无不愉悦。魏徵也感怀于君主的知遇之恩，因而竭尽才力来效劳太宗。太宗又安慰他说：“爱卿前前后已向我进谏了二百多件事，每次都言中我的心意。如果爱卿不是忠诚侍奉国家，怎么能够做到这个地步呢？”贞观三年，经多次提拔后，魏徵任秘书监，参与朝廷政事，他深谋远虑，提出了很多对国家大有好处的建议。太宗曾经对他说：“要论罪过，你的罪过比当年管仲射中齐桓公的带钩还要严重，而我对你的重视却超过了齐恒公重视管仲，看近代君臣之间相处默契的，有谁能做到像你和我这样的？”贞观九年，太宗在九成宫设宴招待近臣，长孙无忌说：“王珪、魏徵，以前在李建成那边做事，我见到他们就像见到仇人一样，从来没有想过会和他们一起参加宴会。”太宗说：“魏徵过去确实是我所仇恨的人，但他只不过是尽自己所能去做事，这很值得表彰。我现在提拔他任用他，也不算愧对古代先贤。魏徵能不顾情面直言劝谏，不许我犯错，这就是我重视他的原因。”魏徵再拜说：“陛下您引导臣提建议，所以臣才敢提。如果皇上您不听从臣的建议，那么臣怎么敢去冒犯您的威严呢?”太宗很高兴，于是赏赐每人十五万钱。贞观七年，魏徵替代王珪担任侍中，同时加封为郑国公。不久后，魏徵以犯病为由奏请太宗辞去官职，想做个闲职散官。唐太宗说：“我从仇敌中把你提拔出来，委以重要的职位给你，你也确实不负我所望，见到我有做的不对的地方，没有不直言进谏的。可是你怎么单单不明白黄金埋在矿里就毫无价值这个道理呢？只有好的工匠把它锻造成器，它才会变成人们眼中的宝贝。如今我就是那埋在矿里的黄金，而锻造我的好工匠就是你啊。你虽然生了些病，但不是还没老吗，让我怎么能同意你辞官啊!”魏徵于是不再请求辞官。后来魏徵又坚持辞官，太宗最终接受了他的建议，免除他侍中的官职，任命他为特进，仍然管理门下省的事务。贞观十二年，太宗以皇孙诞生的名义，设宴召集众大臣。太宗很高兴，对身边的大臣说：“贞观以前，跟从我平定天下动乱，在各种艰难危险的环境中周旋，房玄龄的功劳是最大的。贞观之后，尽心尽力辅佐我，忠诚正直地进谏，安定国家，造福百姓，使我能有今天这样的成就，成为天下所称赞的人，就只有魏徵了。古代的名臣，恐怕也不会比魏徵做得更好。”说罢，太宗亲自解下佩刀赏赐给房玄龄和魏徵。太子李承乾在被贬为庶人之前，不修身养性，不讲道德，于是魏王越来越得宠，内外百官对此都议论纷纷，想让魏王取代李承乾成为太子。唐太宗听到这话后很是厌恶，对近臣说：“当今朝廷众大臣中，没有人比魏徵对朝廷更忠诚，我派魏徵去做李承乾的老师，这样天下人就不会再议论纷纷了。”贞观十七年，太宗任命魏徵为太子太师，仍旧兼顾门下省的政事。魏徵推说自己身患疾病，太宗对他说：“太子是国家社稷的根本，必须有师傅，而且要选个正直忠诚的人辅佐太子。我体恤你有病，特准你躺在床上教导太子。”魏徵只好接受官职。不久后，魏徵得了重病。魏徵的房屋原先是没有正堂的，太宗当时本想给自己建个小殿，于是停止了建殿，而把材料用来为魏徵建造正堂，五天的时间就建成了。太宗特意顺从他的喜好，遣使者赏赐给他布被和素色的垫褥。没过几天，魏徵便去世了。太宗亲自到他灵柩前放声痛哭，追封他为司空，谥号文贞。太宗还亲自为他撰写碑文，又亲自刻到石头上，还赏赐魏徵一家食邑九百户。太宗后来曾对近臣说：“用铜当镜子，可以查看衣冠是否端正；以历史为镜子，可以知道朝代的兴起和替代；以人为镜子，可以了解自己的得失。我常常保存着这三面镜子，用来防止自己出错。如今魏徵去世，我失去了一面镜子。”说着眼泪落了下来，哭了很久。于是下诏说：“过去只有魏徵常常指出我的过错，自从他去世之后，即使有过错也没人能指出来。难道我只是过去犯错，而现在就不犯错了吗？恐怕是因为臣民都苟且顺从，不敢忤逆我的旨意吧。因而，我现在虚心征求大家的建议，剖析自己以求自省。如果你们直言进谏了，我却没有采纳，我也会甘心；要是想接纳建议却没有人肯说，那么这该是谁的责任呢？从今天开始，大家都要尽心尽力，如果我有做得不对的对方，请大家直言进谏，不要有所隐瞒。”

解析

“夫以铜为镜，可以正衣冠；以古为镜，可以知兴替；以人为镜，可以明得失。”对于好的建议，唐太宗从谏如流，通过谏言得知自己的得失，对过错之处加以改之，从而更好地治理国家。

人无完人，每个人都有自身的“短板”，因而要善于听取别人的建议，改正这些“短板”。同时也要记得“自古忠言多逆耳”，建议不在于话好话坏，只要能给你带来帮助的都是“好话”，所以即使是逆耳的言论，也要虚心听从，有则改之，无则加勉。

任贤第三（四）

原典

王珪[①]，太原祁县人也。武德中，为隐太子中允，甚为建成所礼。后以连其阴谋事，流于嶲州。建成诛后，太宗即位，召拜谏议大夫。每推诚尽节[②]，多所献纳。珪尝上封事切谏，太宗谓曰："卿所论皆中朕之失，自古人君莫不欲社稷永安，然而不得者，只为不闻己过[③]，或闻而不能改故也[④]。今朕有所失，卿能直言，朕复闻过能改，何虑社稷之不安乎?"太宗又尝谓珪曰："卿若常居谏官，朕必永无过失。"顾待益厚。贞观元年，迁黄门侍郎，参预政事，兼太子右庶子。二年，进拜侍中。时房玄龄、魏徵、李靖、温彦博、戴胄与珪同知国政，尝因侍宴，太宗谓珪曰："卿识鉴精通，尤善谈论，自玄龄等，咸宜品藻[⑤]。又可自量孰与诸子贤。"对曰："孜孜奉国，知无不为，臣不如玄龄。每以谏诤为心，耻君不及尧、舜，臣不如魏徵。才兼文武，出将入相，臣不如李靖。敷奏详明，出纳惟允[⑥]，臣不如温彦博。处繁理剧，众务必举[⑦]，臣不如戴胄。至如激浊扬清，嫉恶好善，臣于数子，亦有一日之长。"太宗深然其言，群公亦各以为尽己所怀，谓之确论。

注释

①王珪：字叔玠，是唐太宗的得力助手之一。②推诚尽节：竭诚竭力，尽心守节。③不闻己过：听不到别人指出自己的过错。④闻而不能改：听到别人指出自己的过错，却不能改正。⑤咸宜品藻：都可以品评他们一番。⑥敷奏详明，出纳惟允：上陈奏章写得详细清楚，向下传递帝王的命令准确合理。⑦处繁理剧，众务必举：处理众多繁琐事务，并且每件事都处理得很好。

译文

王珪是太原祁县人。唐高祖年间，王珪担任太子李建成的属官，受到太子的重视。后来，王珪因李建成的叛变而受到牵连，被流放到嶲州。李建成被诛杀后，唐太宗即位，重新召回王珪并任其为谏议大夫。王珪感念太宗宽怀，竭诚竭力，忠心守节，多次提出好的建议并被太宗采纳。王珪曾经上密封的奏章犯言直谏，太宗对他说："你的言论指出了我的过失，自古以来，没有哪个君主不想让国家长治久安的，之所以不能做到，就是因为他们听不到别人谈论自己的错失，或者是听到了自己的过错却不改正。如今我有过失的地方，爱卿能够直言不讳，我也能够知错就改，何必忧虑国家不能长治久安呢?"太宗还曾这样对王珪说："你若一直做个直言进谏的良臣，那么我必永远不会犯错。”从此对王珪更加照顾器重。贞观元年，太宗提拔王珪为黄门侍郎，使之参与处理朝廷政务，同时兼任太子右庶子。贞观二年，王珪又被提升为侍中，与房玄龄、魏徵、李靖、温彦博、戴胄共同处理国家政务。太宗宴请群臣时王珪曾陪侍在旁，太宗便对王珪说：“你有很强的识人能力，尤其善于评价他人，从房玄龄开始，你都可以评价一番，看这几位人才中谁是最贤明能干的？”王珪回答说：“兢兢业业、不知疲倦地效力国家，但凡自己能做的就一定去做，这点，臣不如房玄龄；心里所想的都是直言进谏，以自己的君主比不上尧、舜圣贤为羞耻，这点，臣不如魏徵；文才武略都兼备，在外可以做带兵的大将，在朝廷上可以做宰相，这点，臣不如李靖；上陈的奏章详细清楚，向下传递帝王的命令合情合理，这点，臣不如温彦博；处理众多繁琐的事务，并且每件事都处理得很好，这点，臣不如戴胄；在除恶扬善方面，臣和他们几位比起来，还是有所长的。”太宗认为他的评论很是深刻到位，各位大臣也都认为王珪对自己的评价很贴切，于是纷纷表示赞同。

解析

“知错能改，善莫大焉”，唐太宗就是因为能坦然接受他人的建议，从谏如流，才能成为一代明君，从而开创了贞观盛世。对领导者来说，闻过能改是非常重要的，因为每个人都不可能是十全十美的，在做事时也会存在或多或少的过失，因而能够接受他人的建议，把事情做得更好，何乐而不为呢？

从王珪对各位大臣的评价中我们也可得知，其实每个人都有自己的长处和短处，领导者任用人才，就要发挥他们的长处，纠正他们的短处，这样才能做到人尽其才。

求谏第四（一）

原典

太宗威容俨肃，百僚进见者，皆失其举措[①]。太宗知其若此，每见人奏事，必假颜色[②]，冀闻谏诤，知政教得失。贞观初，尝谓公卿曰："人欲自照，必须明镜；主欲知过，必藉忠臣。主若自贤，臣不匡正，欲不危败[③]，岂可得乎？故君失其国，臣亦不能独全其家[④]。至于隋炀帝暴虐，臣下钳口，卒令不闻其过，遂至灭亡，虞世基等，寻亦诛死。前事不远，公等每看事有不利于人，必须极言规谏。"

贞观元年，太宗谓侍臣曰："正主任邪臣，不能致理[⑤]；正臣事邪主，亦不能致理。惟君臣相遇，有同鱼水，则海内可安。朕虽不明，幸诸公数相匡救，冀凭直言鲠议[⑥]，致天下太平。"谏议大夫王珪对曰："臣闻木从绳则正，后从谏则圣[⑦]。是故古者圣主必有争臣七人，言而不用，则相继以死。陛下开圣虑，纳刍荛[⑧]，愚臣处不讳之朝，实愿罄其狂瞽[⑨]。"太宗称善，诏令自是宰相入内平章国计，必使谏官随入，预闻政事。有所开说，必虚己纳之。

注释

①失其举措：不知所措，形容紧张而不知如何是好。②必假颜色：一定会作出和颜悦色的样子。③臣不匡正，欲不危败：做臣子的不去纠正他的过错，却要想让国家不处在危险、衰败中。④独全其家：独自保全他的家庭。⑤致理：取得治理国家的胜利。⑥直言鲠议：直话直说，不要有所隐瞒。⑦木从绳则正，后从谏则圣：

木头上弹上墨线再锯就能锯得比较正，君主善于听从他人的建议就会变得圣明。⑧纳刍荛：采纳割草、打柴人的建议。⑨罄其狂瞽：比喻自己虽然比较愚昧，但是愿意尽到力量。

译文

唐太宗容貌威严雄武，百官前来觐见时都会被他的样子吓得手足无措。太宗了解情况后，每次接见大臣陈述奏章时，总会摆出一副和颜悦色的样子，就是希望能够听到臣下的谏诤，以便得知自己在政务、教化上的得失。贞观初年，唐太宗对诸多大臣说："一个人要想看到自己的容貌，就必须有个明镜；君主要想知道自己的过错，就必须借助忠诚大臣的帮助。君主若是自以为聪明，做大臣的又不匡正君主的过错，岂不是要把国家置于危险衰败之中吗？于是君主失掉他的国家，大臣的小家也不能得以保全。正如隋炀帝那样残暴淫虐，做臣子的都闭口不敢言，最终他因听不到自己的过失而亡了国，虞世基等大臣不久后也被杀。惨痛的教训过去还没多久，你们应当以此为警戒，看到我做的事情有不利于百姓的，一定要直言进谏。"

贞观元年，唐太宗对侍臣说："正直的君主任用了狡诈的臣子，就不可能治理好国家；同样，正直的臣子侍奉不贤明的君主，也不可能治理好国家。只有正直的君主和正直的大臣相得益彰、如鱼得水，那么天下才可以太平。我虽然不贤明，但幸运的是有诸位大臣一直匡正补救我的过错，希望你们可以直言进谏，从而实现天下太平。"谏议大夫王珪回答："我听说，木头弹上墨线再锯就可以锯得笔直，君主善于听取规谏就能变得贤明。所以古代贤明的君主必然会聘用七个能够直言不讳的大臣，如果他们所提的建议不被采纳，这些大臣就会一个接一个地以死相谏。陛下广开言路，连鄙陋之人的建议都愿意采纳，我等实在处在一个不避忌讳的圣朝，那么臣虽然愚昧，也愿意尽忠把愚昧之见都说出来。"唐太宗对他的话很是赞赏，下诏说，从今以后宰相进宫商议国之大计时，必须让谏官跟着进来，参与政务的处理过程。如果谏官有想说的，那么就必须虚心接受并采纳。

解析

唐太宗广开言路，让百官尤其是谏官能够犯言直谏。非但如此，太宗为了听到刚正直言，还格外注意进谏者的感受，由于相貌比较威严，他还故意在进谏者面前摆出一副和颜悦色的样子来，由此可见太宗对进谏的重视。

君王尚且如此，更不要说我们这些平凡之辈了。对于个人来说，如果身边有个人能指出自己的错误之处，从而改正自己的错误，无疑是件非常好的事情。对领导者来说，如果身边有几个善于提建议的人，那么就可以发现自身的不足或处事时的失误，从而加以改之，以减少或者避免一些不必要的损失。

求谏第四（二）

原典

贞观五年，太宗谓房玄龄等曰："自古帝王多任情喜怒[①]，喜则滥赏无功，怒则滥杀无罪。是以天下丧乱，莫不由此。朕今夙夜未尝不以此为心[②]，恒欲公等尽情极谏。公等亦须受人谏语，岂得以人言不同己意，便即护短不纳[③]？若不能受谏，安能谏人[④]？"

贞观十五年，太宗问魏徵曰："比来朝臣都不论事，何也？"徵对曰："陛下虚心采纳，诚宜有言者。然古人云：'未信而谏，则以为谤己[⑤]；信而不谏，则谓之尸禄[⑥]。'但人之才器各有不同，懦弱之人怀忠直而不能言；疏远之人恐不信而不得言；怀禄之人虑不便身而不敢言。所以相与缄默，俯仰过日[⑦]。"太宗曰："诚如卿言。朕每思之，人臣欲谏，辄惧死亡之祸，与夫赴鼎镬、冒白刃[⑧]，亦何异哉？故忠贞之臣，非不欲竭诚。竭诚者，乃是极难。所以禹拜昌言[⑨]，岂不为此也！朕今开怀抱，纳谏诤。卿等无劳怖惧，遂不极言。"

注释

①任情喜怒：任由自己喜怒哀乐。任，放任。②夙夜：白天和黑夜。③人言不同己意，便即护短不纳：别人说的话不符合自己的心意，便护着自己的短处不采纳别人的建议。④不能受谏，安能谏人；不能接受别人的批评，那么如何去批评别人呢？⑤谤己：诽谤自己。⑥尸禄：这里指拿着朝廷俸禄而不做事。⑦相与缄默，俯仰过日：相互沉默不言，随波逐流地过日子。⑧赴鼎镬（huò）、冒白刃：镬，古代烹饪器具。赴鼎镬被烹杀，冒刀剑被砍死，这里形容比较危险。⑨禹拜昌言：大禹听到他人好的建议，就会拜谢他人。

译文

贞观五年，唐太宗对房玄龄等人说："自古以来，帝王大多由着自己的性子来。高兴时就会滥行赏赐，哪怕没有功劳的人也会得到赏赐；愤怒时就会滥杀人，即使是没有罪过的人也会被诛杀。正因为如此，天下才会动乱不安。因此我十分警觉，无论是白天还是黑夜都把这件事铭记于心，希望各位大臣能够一直直言进谏。你们也要接受别人的谏言，不要因为谏言与自己不一致就不接受，甚至护着自己的短处不采纳他人的谏言？一个人如果不能接受别人的批评，又怎么能去批评他人呢？"

贞观十五年，唐太宗问魏徵："近来朝廷大臣们都不议论政事了，这是为什么呢？"魏徵回答说："陛下你虚心采纳别人的建议，本来是应该有人进谏的。然而古人曾说：'不被信任的人劝谏，就会被认为是诽谤自己；被信任的人不进谏，就是拿着朝廷的俸禄不做事。'但是人的才气和度量各有不同，懦弱的人虽然心存忠诚正直却不敢进谏；被疏远的人怕不被信任，从而无法进谏；贪恋禄位的人担心会给自己的官位带来影，不敢进谏。所以大家都互相沉默，随波逐流地混日子了。"唐太宗说："确实像你说的那样。我常想，大臣进谏，动辄就招致死亡之祸，这与赴鼎镬被烹杀、冒刀剑被砍死又有什么区别呢？所以忠诚坚贞的人不是不想竭尽忠诚，而是要做到这点实在是太难了。因而大禹听到别人好的建议，就会拜谢，不也是因这个缘故吗？我如今敞开胸怀，接纳谏言，你们不要因为害怕恐惧而不敢提建议。"

解析

俗话说“伴君如伴虎”，对臣子来说，无论是谏言还是做别的事情，无不小心翼翼的，唯恐不小心惹怒天子招来祸端。因而唐太宗对臣子说：“卿等无劳怖惧，遂不极言。”让臣子们尽情谏言，不必担忧会招惹祸端，以此打消群臣的恐惧之心。

这就是告诉我们，一个人要学会控制自己的情绪，不以物喜，不以己悲，这样在遇到事情时才能冷静去客观地处理。这点对领导者而言无疑是非常重要的，是其领导力的重要表现之一。

求谏第四（三）

原典

贞观十七年，太宗问谏议大夫褚遂良曰：“昔舜造漆器，禹雕其俎①，当时谏者十有余人。食器之间，何须苦谏？”遂良对曰：“雕琢害农事，纂组伤女工。首创奢淫，危亡之渐②。漆器不已，必金为之；金器不已，必玉为之。所以诤臣必谏其渐，及其满盈，无所复谏③。”太宗曰：“卿言是矣。朕所为事，若有不当，或在其渐，或已将终，皆宜进谏。比见前史，或有人臣谏事，遂答云‘业已为之④’，或道‘业已许之’，竟不为停改。此则危亡之祸，可反手而待⑤也。”

注释

①禹雕其俎：大禹雕饰祭祀用的俎。②首创奢淫，危亡之渐：首创了奢侈淫逸之风，那么离危险和灭亡就不远了。③及其满盈，无所复谏：等到事情完结时，再

劝谏也没什么用了。④业已为之：已经在做这件事了。⑤反手而待：反手就到，意思是很快就会到来。

译文

贞观十七年，唐太宗对谏议大夫褚遂良说："从前舜帝制作漆器，夏禹雕饰祭祀用的礼器，当时为此劝谏的有十多个人。不过是饮食器皿一类的小事，他们何必苦苦进谏呢?"褚遂良回答说："制作漆器会妨害农业生产，精美的织物则会妨碍女工正常的纺织事务。何况奢侈淫逸之风一旦形成，离危险和灭亡也就不远了。有了漆器还不满足，必然会希望用黄金来锻造漆器；有了金器还不满足，必然会用美玉来锻造漆器。因此，诤臣必须在事情刚开始时就加以阻止，否则等到错误百出之时，再进谏就没有用了。"唐太宗说："爱卿说得很对。我所做的事情，如果有不合适的地方，不论是在刚开始时还是在要结束时，都是可以进谏的。近来我翻阅了不少前朝史书，有时大臣进谏阻挠一件事时，君主会回答说：'已经做了'或者'别人已经同意这么做了'，最终不肯停止，也不愿意去补救过失。这样下去，危险甚至灭亡的灾祸将会很快到来。"

解析

俗话说"勿以善小而不为，勿以恶小而为之"，这里就揭示了一个道理，即要防微杜渐。唐太宗是明白这个道理的，因而他说"或在其渐，或已将终，皆宜进谏"。很多时候，祸端之所以能够避免，并不是因为兵强马壮，而是因为其君主懂得防微杜渐，在祸端还很小的时候就将其制止。

对个人来说，做任何事情都要学会防微杜渐，比如很多人都有拖延的习惯，这看似虽小，但如果不加以重视，放任它发展，慢慢地，拖延将会给你的生活带来许许多多的不便。

纳谏第五（一）

原典

贞观初，太宗与黄门侍郎王珪宴语，时有美人侍侧，本庐江王瑗之姬也，瑗败，籍没入宫①。太宗指示珪曰：“庐江不道，贼杀其夫而纳其室，暴虐之甚，何有不亡者乎！”珪避席曰：“陛下以庐江取之为是邪，为非邪?”太宗曰：“安有杀人而取其妻，卿乃问朕是非，何也?”珪对曰：“臣闻于《管子》曰：齐桓公之郭国，问其父老曰：‘郭何故亡?’父老曰：‘以其善善而恶恶也②。’桓公曰：‘若子之言，乃贤君也，何至于亡?’父老曰：‘不然。郭君善善而不能用，恶恶而不能去③，所以亡也。’今此妇人尚在左右，臣窃以为圣心是之④。陛下若以为非，所谓知恶而不去也⑤。”太宗大悦，称为至善，遽令以美人还其亲族。

注释

①籍没入宫：古代一种刑罚，即收录犯罪者的家口为奴婢，并没收财产入宫。②以其善善而恶恶也：喜欢善良的人而厌恶作恶的人。③善善而不能用，恶恶而不能去：喜欢善人而不能重用，厌恶恶人而不能除掉。④圣心是之：陛下心中觉着这样做是对的。⑤所谓知恶而不去也：这就是所谓的知道恶人在而不除掉。

译文

贞观初年，唐太宗与黄门侍郎王珪在宴会上不时交谈，旁边还有个美人侍候着。这个美人原本是庐江王李瑗的爱姬，李瑗叛乱失败后，她被籍没入宫。太宗指着这个美人对王珪说："庐江王荒淫无道，杀害了她的丈夫把她占为己有。暴虐到这种地步，怎会不灭亡呢?"王珪起身离开座位说："陛下认为庐江王强行夺取了这位妇人是做对了，还是做错了呢?"太宗说："哪有杀人而夺妻的道理，爱卿却问我对错，这是为什么呢?"王珪回答说："我听闻《管子》一书里说：齐桓公到了郭国，问本地的父老乡亲：'郭国为什么会灭亡?'父老乡亲说：'因为郭国国君喜欢好人而厌恶坏人。'齐桓公说：'如果像你说的那样，郭国国君当是个贤明的君主，又怎会灭亡呢?'父老乡亲说：'不是这样的，郭国国君喜欢好人却不能任用好人，厌恶坏人却不能除掉坏人，因而灭亡了。'眼前这个妇人还在陛下的左右，所以我猜测陛下心中觉着这样做是对的。如果陛下以为是错的，那么就是所谓的知道恶人在而不除掉啊。"唐太宗听了大为欣喜，连连称赞王珪讲得好，于是下令将这位美人送回她的亲族。

解析

"善善能用，恶恶能去。"说明光知道善恶是不够的，还要能做到用善除恶，而唐太宗把美人留在身边的行为就属于"恶恶而不能去"。在王珪的谏言中，唐太宗意识到了自己的错误，于是下令将美人归还她的亲族。由此可见，了解善与恶，最重要的还是要身体力行。

一个人要知善恶，还要用行动做到用善除恶，尤其是管理人员，更是要以身作则，这样才能服众，否则只是口头上说说，而不去行动，就无法服众。

纳谏第五（二）

原典

太宗有一骏马，特爱之，恒于宫中养饲，无病而暴死。太宗怒养马宫人，将杀之。皇后谏曰："昔齐景公以马死杀人，晏子请数其罪云：'尔养马而死，尔罪一也。使公以马杀人，百姓闻之，必怨[①]吾君，尔罪二也。诸侯闻之，必轻[②]吾国，尔罪三也。'公乃释罪。陛下尝读书见此事，岂忘之邪?"太宗意乃解。又谓房玄龄曰："皇后庶事[③]了相启沃，极有利益尔。"

贞观八年，陕县丞皇甫德参上书忤旨[④]，太宗以为讪谤[⑤]。侍中魏徵进言曰："昔贾谊当汉文帝上书云云'可为痛哭者一，可为长叹息者六[⑥]。'自古上书，率多激切[⑦]。若不激切，则不能起人主之心。激切即似讪谤，惟陛下详其可否。"太宗曰："非公无能道此者。"令赐德参帛二十段。

注释

①怨：怨恨。②轻：轻视。③庶事：凡事。④上书忤旨：奏章忤逆了皇上的心意。⑤讪谤：诽谤、诋毁。⑥可为痛哭者一，可为长叹息者六：可以为你痛哭的事情有一件，可以为你叹息的事情有六件。⑦率多激切：大多是言辞激烈的。率多，大多。激切，言辞激烈。

译文

唐太宗有一匹骏马，十分喜爱它，一直在宫中饲养，然而有一天这匹马竟无疾而终了。太宗将马死之过迁怒于养马人，要杀了他。这时长孙皇后进谏说："以前齐景公也是因为爱马死掉了要杀死养马人，晏子请求数说养马人的罪状，得到允许后，他便对养马人说：‘你把马养死了，这是你的第一条罪过；国君因为你把马养死了而要杀人，百姓要是听说了，必定会怨恨国君，这是你的第二条罪过；其他诸侯听到这件事，必定会轻视我们国家，这是你的第三条罪过。’齐景公听后便释放了养马人。陛下你读书时曾读到过这个故事，难道都忘了吗?”听了这话，太宗的心情逐渐平静下来。他将此事告诉房玄龄，并说：“皇后在很多事情上启发帮助我，对我大有好处。”

贞观八年，陕县丞皇甫德参上奏章触怒了太宗，太宗认为这是诽谤。侍中魏徵进谏说：“从前贾谊在给汉文帝上书时曾这样说：‘可以为陛下痛哭的事情有一件，可以为陛下长叹息的事情有六件。’自古以来，大臣们上书奏事大多是言辞激烈的。如果言辞不够激烈，那么就不能打动君主的心。况且言辞激烈只是看起来像诽谤而已，希望陛下能够详察我说的话对不对。”太宗说：“也只有你才能说出这番道理来。”下令赏赐皇甫德参帛二十段。

解析

唐太宗对待养马人和皇甫德参两件事情的态度转变，表明即使是圣明的太宗也有犯错的时候，但难能可贵的是他能做到知错就改，在听到皇后和魏徵的谏言后，马上就改变了心意，收回了成命。这种态度很值得今人去学习。

人的一生难免会犯很多错误，因而要善于听取别人的建议，知错能改。另外还要注意在指出别人的错误时，要注意说话的技巧，就如皇后并没有直接说唐太宗做错了， 而是讲了一个故事，让他自己意识到自己的错误。否则，很有可能不但不能指出别人的错误，反而会惹出很多麻烦来。

纳谏第五（三）

原典

贞观十五年，遣使诣西域立叶护可汗，未还，又令人多赍金帛[①]，历诸国市马[②]。魏徵谏曰："今发使以立可汗为名，可汗未定立，即诣诸国市马，彼必以为意在市马，不为专立可汗。可汗得立，则不甚怀恩，不得立，则生深怨。诸蕃闻之，且不重中国。但使彼国安宁，则诸国之马，不求自至。昔汉文帝有献千里马者，曰：'吾吉行日三十，凶行日五十[③]，鸾舆在前，属车在后，吾独乘千里马，将安之乎?'乃偿其道里所费而返之。又光武有献千里马及宝剑者，马以驾鼓车，剑以赐骑士。今陛下凡所施为，皆邈过三王之上，奈何至此欲为孝文、光武之下乎? 又魏文帝求市西域大珠，苏则曰：'若陛下惠及四海，则不求自至，求而得之，不足贵也。'陛下纵不能慕汉文之高行，可不畏苏则[④]之正言耶?"太宗遽令止之。

贞观十八年，太宗谓长孙无忌等曰："夫人臣之对帝王，多顺从而不逆，甘言以取容[⑤]。朕今发问，不得有隐，宜以次言朕过失。"长孙无忌、唐俭等皆曰："陛下圣化道致太平，以臣观之，不见其失。"黄门侍郎刘洎对曰："陛下拨乱创业，实功高万古，诚如无忌等言。然顷有人上书，辞理不称者[⑥]，或对面穷诘[⑦]，无不惭退。恐非奖进言者。"太宗曰："此言是也，当为卿改之。"

注释

①多赍金帛：携带着大量的金帛。赍，携带。②历诸国市马：到各个国家去购

买马匹。③吉行日三十，凶行日五十：在巡逻时每天行走三十里路，在打仗时每天行走五十里路。吉行：巡行各地或者巡逻。凶行，军行，指出兵打仗。④可不畏苏：可不是畏惧苏则。苏，苏则，三国时魏国人。⑤甘言以取容：用甜言蜜语来讨好别人以求自己安身。⑥辞理不称者：言辞道理与你的心意不相符。⑦穷诘：深入追问。

译文

贞观十五年，太宗派遣使者去西域封叶护为可汗，奉命前去的使者还没有回来，太宗又令人携带大量的金帛，到西域各国去购买马匹。魏徵劝谏说："现在派遣使者是以封立可汗为名，然而可汗尚未封立，就马上派人到西域各国去购买马匹，那么他们一定会认为我们志在马匹，而不是专程去封立可汗。这样，即使可汗接受了册封，也不会对我朝感恩；如果没有封立成功，恐怕就会怨恨我们。其他西域国家听说这件事，就不会尊重我们。只要能够让西域各国安定下来，那么各国的好马不用你去买也会有人送上门来。从前有个人要把千里马献给汉文帝，汉文帝说：'我巡逻时一天走三十里路，行军打仗时一天走五十里路，仪仗的车在前面，侍从的车在后面，我一个人独自乘千里马，能走到哪里去呢？'于是给了献马人一些路费，便打发他回去了。另外还曾有人要把千里马和宝剑送给光武帝，光武帝用千里马来驾鼓车，宝剑则赏赐给身边的骑士。现在陛下的成就远远超过了三王，为什么在这件事情上偏偏要落在汉文帝、光武帝之下呢？魏文帝曹丕曾打算购买西域的珍珠，苏则劝谏说：'如果陛下能够将恩泽惠及四海，那么珍珠不用买就会有人送来。通过购买得到的珍珠，不能称之为珍贵。'陛下即使不仰慕汉文帝的高尚德行，难道也不畏惧苏则的正义直言吗？"太宗于是下令停止购买马匹。

贞观十八年，唐太宗对长孙无忌等人说："做臣子的对待帝王，大多是顺从而不敢忤逆，不惜用甜言蜜语来讨得帝王的欢心。我现在提出问题，你们不得有所隐瞒，要一一说出我的过错和失误。"长孙无忌、唐俭等人纷纷说："陛下通过圣德教化百姓，使得天下太平，在臣看来，实在找不出有什么失误的地方。"黄门侍郎刘洎回答说："陛下拨乱反正，乱世中开创新帝业，确实功高万古，正如长孙无忌等人所说的一样。但是我听说不久前有人上书，有些言辞道理不符合陛下的心意，陛下有时就当面追问，让进谏的人无不羞惭告退，这恐怕不是在嘉奖进谏者吧？"

太宗说："你说的话很对，我一定会按照你的建议改正。"

解析

唐太宗很喜欢千里马，因此派人去西域各国购买，但这种行为从长远来看，是非常不理智的，是为了眼前利益而忽视了长远利益。所幸，太宗听取了魏徵的建议，及时纠正了自身的错误。所以管理者必须要目光长远，同时要知错能改。

很多人都被眼前的利益所迷惑，忽略了长远的利益，以至于在人生的道路上越走越迷茫，甚至迷失在其中无法自拔。所以人在做事时，要学会用长远的眼光来看待自己，不要计较眼前的得与失，而要从整体、大局出发。

直谏（一）

原典

贞观二年，隋通事舍人郑仁基女年十六七，容色绝姝[①]，当时莫及，文德皇后访求得之，请备嫔御，太宗乃聘为充华[②]。诏书已出，策使未发[③]。魏徵闻其已许嫁陆氏，方遽进而言曰："陛下为人父母，抚爱百姓，当忧其所忧，乐其所乐。自古有道之主，以百姓之心为心，故君处台榭，则欲民有栋宇之安；食膏粱，则欲民无饥寒之患；顾嫔御，则欲民有室家之欢。此人主之常道也。今郑氏之女，久已许人，陛下取之不疑，无所顾问[④]，播之四海，岂为民父母之道乎？臣传闻虽或未的，然恐亏损圣德，情不敢隐。君举必书，所愿特留神虑。"太宗闻之大惊，手诏答之，深自克责[⑤]，遂停策使，乃令女还旧夫。左仆射房玄龄、中书令温彦博、礼部尚书王珪、御史大夫韦挺等云："女适陆氏，无显然之状，大礼既行，不可中止。"又陆氏抗表云："某父康在日，与郑家往还，时相赠遗资财，初无婚姻交涉亲戚。"并云："外人不知，妄有此说。"大臣又劝进。太宗于是颇以为疑，问徵曰："群臣或顺旨，陆氏何为过尔分疏⑥?"徵曰："以臣度之，其意可识⑦，将以陛下同于太上皇。"太宗曰："何也?"徵曰："太上皇初平京城，得辛处俭妇，稍蒙宠遇。处俭时为太子舍人，太上皇闻之不悦，遂令出东宫为万年县，每怀战惧，常恐不全首领。陆爽以为陛下今虽容之，恐后阴加谴谪⑧，所以反复自陈，意在于此，不足为怪。"太宗笑曰："外人意见，或当如此。然朕之所言，未能使人必信。"乃出敕曰："今闻郑氏之女，先已受人礼聘，前出文书之日，事不详审⑨，此乃朕之不是，亦为有司之过⑩。授充华者宜停。"时莫不称叹。

注释

①容色绝姝：容貌非常美丽。姝，美丽。②充华：女官名。③策使未发：传旨的人还没有出发。④无所顾问：不做任何的询问。⑤深自克责：深深地自责。⑥过尔分疏：过分地分辨陈述。⑦其意可识：他的意图可以知道。⑧阴加谴谪：暗地里贬官或者谴责。⑨事不详审：事情不详细地审问。⑩有司之过：官署的过错。

译文

贞观二年，隋朝通事舍人郑仁基的女儿刚好十六七岁，容貌极为美丽，当时没有人能与其媲美，长孙皇后听说后便找到她，并请太宗把她留在后宫做嫔妃，太宗于是封她为充华。诏书已经写好了，就在奉命传旨的人出发前，魏徵听说这位姑娘已经许配给了陆氏，于是急忙进宫进谏："陛下是百姓的父母，抚爱百姓，就应该以百姓的忧愁为忧愁，以百姓的快乐为快乐。自古以来有道的君主，都能想百姓之所想，君主居住楼台亭榭时，就要想着百姓是否有房屋可以安身；君主吃美味佳肴时，就要想着百姓没有饥饿的祸患；看到嫔妃，就要想到百姓也要有成家的快乐。这才是作为君主最基本的道理。如今这郑氏之女早已许配了人家，陛下一道圣旨就要她进宫，丝毫不打听不询问，这件事传遍天下，难道是为人君为人父母者应该做的事情吗？我听说的传闻虽然不一定就是真的，但就怕这件事有损陛下圣明贤德的形象，所以不敢有丝毫隐瞒。陛下的一言一行都有史官记录着，所以希望陛下能够三思。”太宗听了魏徵的话很吃惊，亲自写诏书回答魏徵，并陷入深深的自责中，立刻停止派遣使者前往传旨，下令将郑家女儿还给其许配的夫家。左仆射房玄龄、中书令温彦博、礼部尚书王珪、御史大夫韦挺等人说：“虽然有传闻说这个女子许配给陆氏，但现在并没有确凿的证据，册封的典礼已经在进行了，不可以中途作废。”这时陆氏也上书说：“我父亲陆康在世时，与郑家来往频繁，有时还会互相赠送资产，当初并没有就婚姻一事达成约定。”还说：“外面的人不知道情况，因此才会乱说。”大臣们于是又劝太宗继续册立郑家女。太宗却觉得非常可疑，于是问魏徵：“诸位大臣或许是为了顺从我的旨意，那么陆氏为什么也如此竭力分辨呢?”魏徵说：“依我所见，他的意图是很清楚的，就是将陛下看成和太上皇一样了。”太宗说：“这话从何说起呢?”魏徵说：“太上皇当初刚刚平定京城时，得到了辛处俭的妻子，对其宠爱有加。辛处俭当时是太子舍人，太上皇听说后很不高兴，于是下令将其赶出太子宫去万年县做官，辛处俭常常心怀恐惧，担忧自己人头不保。陆爽认为虽然现在陛下能够容得下他，恐怕日后也会暗地里贬责他，因而多次陈述，以撇清关系，他的用意就在这里，没有什么奇怪的。”太宗笑着回答说：“外人的看法或许会这样。然而我所说的话，人家也未必相信。”于是发出诏令：“现在我听说郑家的女儿，在早前已经接受别人家的聘礼，先前发出诏书的时候，没能对此进行详细审查，这是我的不对，也是有关官署的过错。册立她为充华的事情应该停止。”当时人们对此无不赞叹。

解析

人不怕犯错，怕的是明明知道是错的，却不愿意改正。魏徵进谏之后，唐太宗意识到了自己的错误，立刻发布诏书宣告天下。在天下人面前承认错误，是需要极大的勇气和自信的，在这一点上，唐太宗的所作所为很值得人们学习。

即使是圣人也难免会有犯错的时候，何况是普通人。在面对错误时要有正确的态度，犯错并不丢人，丢人的是不肯承认错误，不愿意承担错误带来的后果。

直谏（二）

原典

简点使右仆射封德彝等，并欲中男[1]十八已上，简点入军。敕三四出[2]，徵执奏以为不可。德彝重奏："今见简点者云，次男内大有壮者。"太宗怒，乃出敕："中男已上，虽未十八，身形壮大，亦取。"徵又不从，不肯署敕。太宗召徵及王珪，作色而待之[3]，曰："中男若实小，自不点入军；若实大，亦可简取。于君何嫌？过作如此固执，朕不解公意！"徵正色曰："臣闻竭泽取鱼[4]，非不得鱼，明年无鱼；焚林而畋[5]，非不获兽，明年无兽。若次男已上，尽点入军，租赋杂徭。将何取给？且比年国家卫士，不堪攻战，岂为其少？但为礼遇失所[6]，遂使人无斗心。若多点取人，还充杂使，其数虽众，终是无用。若精简壮健，遇之以礼，人百其勇[7]，何必在多？陛下每云，我之为君，以诚信待物，欲使官人百姓并无矫伪之心。自登极已来，大事三数件，皆是不信，复何以取信于人？"太宗愕然曰："所云不信，是何等也？"徵曰："陛下初即位，诏书曰：'逋租宿债[8]，欠负官物，并悉原免。'即令所司，列为事条，秦府国司，亦非官物。陛下自秦王为天子，国司不为官物，其余物复何所有？又关中免二年租调，关外给复一年。百姓蒙恩，无不欢悦。更有敕旨：'今年白丁多已役讫，若从此放免，并是虚荷国恩[9]，若已折已输，令总纳取了，所免者皆以来年为始。'散还之后，方更征收，百姓之心，不能无怪。已征得物，便点入军，来年为始，何以取信？又共理所寄，在于刺史、县令，常年貌税，并悉委之。至于简点，即疑其诈伪。望下诚信，不亦难乎?”太宗曰：“我见君固执不已，疑君蔽此事。今论国家不信，乃人情不通。我不寻思，过亦深矣。行事往往如此错失，若为致理?”乃停中男，赐金瓮一口，赐珪绢五十匹。

注释

①中男：根据唐朝初期的法令，中男指十六岁以上、二十岁以下的年轻男子。②敕三四出：诏令发布了三四次。③作色而待之：脸色非常不好看地对待他们。④竭泽取鱼：把水放光来捕鱼。⑤焚林而畋：把树林烧光来打猎。⑥礼遇失所：没有得到应有的待遇。⑦人百其勇：一个人的勇气就会增加百倍。⑧逋租宿债：拖欠很久的房租和债务。⑨虚荷国恩：没有受到国家的恩惠。

译文

简点使右仆射封德彝等大臣，想把十八岁以上、二十岁以下的男丁都征召入伍。诏书发出了三四次，魏徵认为这样做不妥当，执意上奏给太宗。封德彝又向太宗上奏道：“听负责征兵的人说，次男中大有身体强健的，但并没有出来应征。”太宗听后很生气，于是下诏令说：“十六岁以上、二十岁以下的中男，即使没有年满十八岁，只要长得高大强壮，便可征召入伍。”魏徵又不赞同，不肯签名发布这道命令。太宗立刻召见魏徵和王珪，怒气冲冲地说：“中男年龄太小的，自然不会征召入伍；如果的确身强体壮，也是可以参军的。这有什么不妥的？非要如此固执，我实在不能理解你们的意思。”魏徵严肃地说道：“我听说把池塘的水放干来捕鱼，这样做当然能捕到大量的鱼，只是明年再没有鱼可以捕了；放火焚烧森林来打猎，当然能打到猎物，只是明年再没有猎物可打了；要是家中长子以外的男子都征召入伍，那么租税徭役将从哪里获得呢？况且近年来军队之所以战斗力差，不是因为人少，而是因为待遇不够好，他们才丧失了斗志。如果只是一味地征兵，征来只是让他们充当杂役而派不上用场，那么人数再多又有什么用。不如精简一些强壮的成年男子，尊重和厚待他们，相信一个人就可以发挥出百倍的勇气，又何必征得那么多人呢？陛下常说，作为君主，做事要诚实守信，使官员和百姓都没有虚伪狡诈的心思。可陛下自从登基以来，做的几件大事都无法让人信服，又凭什么取信于人呢？”太宗对此很是惊讶，问道：“你所说的不讲究诚信，失信于民的事是指哪些事情呢?”魏徵说:“陛下刚即位时,曾经下诏说:‘过去各种拖欠官府的田租和债务,如今全都一笔勾销。’命令刚下不久,陛下又下令管理财务的官吏把这些列为条目,同时说自己做秦王时所拥有的财物不属于官府。陛下自秦王成为如今的天子,既然做秦王时王府里的东西不是官家的财物,那今天其他人所拥有的官家财物又是从何而来的呢?另外还有在关中一带免两年的租税,关外的免一年。百姓蒙受皇恩,都很高兴。但不久陛下又下旨说:‘今年百姓的赋税大多已经上缴了,如果从现在开始施行这条政策,那么就会有很多人感受不到皇恩,所以不管是已经缴纳的还是尚未缴纳的,都一起缴纳上来,免除政策从明年开始。’已经下令将所收到的赋税返还给老百姓,却又再次征收,百姓的心里不可能不抱怨。已经征得的赋税便划拨给军队,所颁布的措施又要从第二年开始执行,凭什么让百姓相信呢?另外,地方的治理都交给刺史、县令等地方官,每年的赋税徭役的事情也交给他们办理,可挑选统计从军人员时又怀疑他们狡诈欺骗。现在陛下又要求这些属官们做到诚实守信,不是强人所难吗?”太宗回答说:“我见你对这件事一直固执己见,原本以为你是受人蒙蔽。现在听你说国家如此失信于民,才知道是我做事没有考虑周全。我只是对这些事没有详加思考,就已经犯了这么大的过错,如果做事总是犯这样的错误,那么怎么能治理好国家呢?于是,太宗下令停止征召中男入伍,并赏赐魏徵一口金瓮,赏赐王珪五十匹绢。

解析

“人无信不立”,对于统治国家的国君来说,取信于民无疑是非常重要的。百姓信任才能得到民心,自古以来得民心者得天下,否则不讲信用,失去民心,国家早晚会陷入混乱中,甚至会灭亡。“竭泽取鱼,焚林而畋”的故事说明做事不要只顾眼前利益,而要从整体、从大局出发,用发展的眼光来看待事情。

对个人来说,讲信用是其立身处世的根本,没人愿意跟一个不讲信用的人合作处事,从这点上来说,讲究诚信是非常重要的。另外还要注意,在做事时不要被眼前的小恩小惠所蒙蔽,而要着眼长远,从整体利益出发。

直谏（三）

原典

贞观五年，持书侍御史权万纪、侍御史李仁发，俱以告讦谮毁[①]，数蒙引见[②]，任心弹射，肆其欺罔，今在上震怒，臣下无以自安。内外知其不可，而莫能论诤。给事中魏徵正色而奏之曰："权万纪、李仁发并是小人，不识大体，以谮毁为是，告讦为直，凡所弹射，皆非有罪。陛下掩其所短，收其一切，乃骋其奸计，附下罔上[③]，多行无礼，以取强直之名。诬房玄龄，斥退张亮，无所肃厉[④]，徒损圣明。道路之人，皆兴谤议。臣伏度圣心，必不以为谋虑深长，可委以栋梁之任，将以其无所避忌，欲以警厉群臣。若信狎回邪[⑤]，犹不可以小谋大，群臣素无矫伪，空使臣下离心。以玄龄、亮之徒，犹不可得伸其枉直，其余疏贱，孰能免其欺罔？伏愿陛下留意再思。自驱使二人以来，有一弘益，臣即甘心斧钺，受不忠之罪。陛下纵未能举善以崇德，岂可进奸而自损乎？"太宗欣然纳之，赐徵绢五百匹。其万纪又奸状渐露，仁发亦解黜[⑥]。万纪贬连州司马。朝廷咸相庆贺焉。

注释

①告讦谮毁：告密诬陷他人。讦，揭发、告发。谮，说坏话诬陷他人。②数蒙引见：多次被唐太宗接见。③附下罔上：拉拢下属，欺骗君主。附，符合，这里指拉拢之意。④无所肃厉：并不能整肃激励。肃立，整肃激励。⑤信狎回邪：信任奸邪之人。狎、邪指狡猾、奸邪之人。⑥仁发亦解黜：李仁发也被解职并流放外地。

译文

贞观五年，持书侍御史权万纪和侍御史李仁发都因告密诬陷他人而多次被唐太宗召见。他们任意抨击别人，极尽欺蒙之能事，圣上听后龙颜大怒，朝中大臣更是惶恐不安。文武百官都知道不能再让他们这样肆意诽谤下去了，却没有人敢站出来直言进谏。给事中魏徵面色严肃地上奏说："权万纪、李仁发都是小人，不识大体，专以诬陷中伤别人为目的，以告发攻击他人为正直。凡是被他们告发的人都并非真的有罪，只不过陛下掩盖了他们的过错，对他们的诬陷之语深信不疑，才使得他们的奸计得逞。他们拉拢下属，欺骗君主，做了许多不守礼节的事情，并以此来博取耿直的美名。诬陷房玄龄，斥退张亮，这些事情并不能整肃朝廷，只不过是白白损害了皇上的圣明。大街小巷，人们都在指责议论他们。臣妄自猜测圣意，以为陛下一定不会认为他们是深谋远虑，可为栋梁之才，大概是要利用他们无可避忌的言行来警戒督促文武百官吧。然而即使真的亲近这些狡诈之人，也不能用他们来图谋大臣，更何况群臣中向来没有狡诈虚伪之辈，陛下这样做只会让群臣与陛下离心。连房玄龄、张亮这样的人，都没有办法证明自身的清白，至于其他关系疏远、地位较低的人，就更不能避免被他们污蔑了。臣恳请陛下能够再三思考一下，自从陛下任用这两人以来，哪怕做了一件对国家百姓有益的事，臣心甘情愿遭受斧钺之诛，承受不忠诚的罪名。陛下即使不能推举好人来弘扬美德，也不能亲近奸邪之徒而让您的名声受损?"唐太宗很高兴地接受了魏徵的建议，赏赐他五百匹丝绢。当下权万纪的奸计逐渐暴露出来，李仁发被解除官职并流放外地。权万纪被贬为连州司马后，朝廷上下无不互相庆贺、拍手称快。

解析

唐太宗任用权万纪等人，使得他们更加肆无忌惮，群臣惶恐不安，这对朝廷有百害而无一利。魏徵进言，阐述任用狡诈之徒的危害，唐太宗意识到自己的错误后，及时改正了。

对领导者来说，识人用人是最基本的，但是任用人才要首重其德，一个品行不端的人，即使再有才能，也不能任用，因为不知道哪天他会作出什么不道德的事情来。最好的人才就是德才兼备的人才。对个人来说，就是要努力成为德才兼备的人才。

直谏（四）

原典

贞观六年，有人告尚书右丞魏徵，言其阿党[1]亲戚。太宗使御史大夫温彦博案验其事，乃言者不直。彦博奏称，徵既为人所道，虽在无私，亦有可责。遂令彦博谓徵曰："尔谏正我数百条，岂以此小事，便损众美。自今已后，不得不存形迹[2]。"居数日，太宗问徵曰："昨来在外，闻有何不是事？"徵曰："前日令彦博宣敕语臣云：'因何不存形迹？'此言大不是。臣闻君臣同气，义均一体[3]。未闻不存公道，惟事形迹。若君臣上下同遵此路，则邦国之兴丧，或未可知！"太宗瞿然改容曰："前发此语，寻已悔之，实大不是，公亦不得遂怀隐避。"徵乃拜而言曰："臣以身许国，直道而行，必不敢有所欺负。但愿陛下使臣为良臣，勿使臣为忠臣。"太宗曰："忠良有异乎？"徵曰："良臣使身获美名，君受显号，子孙传世，福禄无疆。忠臣身受诛夷[4]，君陷大恶，家国并丧，独有其名[5]。以此而言，相去远矣。"太宗曰："君但莫违此言，我必不忘社稷之计。"乃赐绢二百匹。

注释

①阿党：阿谀奉承，结党营私，这里指偏袒。②不得不存形迹：不得不留意自己的言行举止。③君臣同气，义均一体：君臣之间意气相投，就像是一个整体一样。④诛夷：杀害。⑤独有其名：只有名声留了下来。

译文

贞观六年，有人告发尚书右丞魏徵，说他偏袒自己的亲戚。太宗便派御史大夫温彦博去调查这件事，结果查明是告密者歪曲事实。温彦博上奏章说，魏徵既然被人讲了坏话，即使他没有偏袒徇私之实，对此事也有一定的责任。太宗就叫温彦博这样对魏徵说："你直言进谏匡正了我几百件事，我怎么会因这点小事就否定你众多的优点呢！但从今天开始，你也当检点下自己的言行举止了。"过了几天，太宗问魏徵："这两日你在外面，有没有听到什么我做得不对的事情?"魏徵说："前几天你派温彦博向我传达圣意时说'为什么不注意自己的言行举止呢'，这句话就说得很不对。我听说君臣之间意气相投，就像是一个整体。我从来没有听说过心里没有公道，只注意下行为举止是否符合公道就可以了的，如果君臣都这样，那么国家的兴盛衰落恐怕就难测了。"太宗瞬间醒悟过来，脸色一变说："前几天说了那样的话后，很快就后悔了，这话实在是不对，你不要因此就心存退避。"魏徵再次下拜说："我把身心都交给了国家，做事公正公平，绝不敢有所欺瞒，只希望陛下能够让我做个良臣，千万不要让我做忠臣。"太宗说："良臣和忠臣有什么区别吗?"魏徵说："良臣能够使我获得美誉，君主也能够获得荣耀，这种美誉能够子子孙孙传递下去，福禄无穷无尽。忠臣则是自身蒙受诛戮后，还会让君主承担极大的恶名，进而使家与国都遭受灭顶之灾，最后他也不过是留个忠君的名声而已。就从这点来说，两者相差很大啊。"太宗说："你只要不违背你说的话，我也必定不忘记社稷安危。"于是，赏赐魏徵丝绢二百匹。

解析

衡量人才，最重要的不是看他的言行举止，而是看他的心思是否与管理者相同。一个人的言行举止是可以伪装的，所以只有知道人才内心所想，才能知道其是否与管理者意气相投。魏徵认为只有君臣同气，才能更好地治理国家。所以管理者不要因为下属的言行举止不好，就随便给其下定论。同时管理者也要注意自己的管理方法，不要让"良臣"变成"忠臣"。

对个人而言，要做个言行一致、表里如一的人，不要当面一套背后一套。

直谏（五）

原典

贞观六年，匈奴克平，远夷入贡，符瑞[1]日至，年谷频登。岳牧等屡请封禅，群臣等又称述功德，以为“时不可失，天不可违，今行之，臣等犹谓其晚”。惟魏徵以为不可。太宗曰：“朕欲得卿直言之，勿有所隐。朕功不高耶?”曰：“高矣。”“德未厚耶?”曰：“厚矣。”“华夏未安耶?”曰：“安矣。”“远夷未慕耶?”曰：“慕矣。”“符端未至耶?”曰：“至矣。”“年谷未登耶?”曰：“登矣。”“然则何为不可?”对曰：“陛下功高矣，民未怀惠。德厚矣，泽未旁流[2]。华夏安矣，未足以供事[3]。远夷慕矣，无以供其求[4]。符瑞虽臻，而罻罗犹密[5]。积岁丰稔，而仓廪尚虚。此臣所以切谓未可。臣未能远譬，且借近喻于人。有人长患疼痛，不能任持。疗理且愈，皮骨仅存，便欲负一石米，日行百里，必不可得。隋氏之乱，非止十年。陛下为之良医，除其疾苦，虽已乂安，未甚充实，告成天地，臣窃有疑。且陛下东封，万国咸萃，要荒之外，莫不奔驰。今自伊、洛之东，暨乎海、岱[6]，萑莽[7]巨泽，茫茫千里，人烟断绝，鸡犬不闻，道路萧条，进退艰阻。宁可引彼戎狄，示以虚弱？竭财以赏，未厌远人之望；加年给复，不偿百姓之劳，或遇水旱之灾，风雨之变，庸夫邪议[8]，悔不可追。岂独臣之诚恳，亦有舆人之论。”太宗称善，于是乃止。

注释

①符瑞：吉祥的征兆。②泽未旁流：恩泽没有流向四周。③供事：指办理大事

的能力和财力。④无以供其求：不能满足他们的要求。⑤罻（wèi）罗犹密：罻，本指捕鸟的网，这里借喻法网。罻罗犹密，监狱仍然还有很多。⑥海、岱：东海、泰山。⑦萑（huán）莽：萑，沼泽上芦苇很茂盛。⑧邪议：不好的议论。

译文

贞观六年，匈奴被平定，远方外族人纷纷前来进贡朝贺，吉祥的征兆也接连出现，谷物年年丰收。州府大吏、地方官员等多次请求唐太宗举行封禅大典，群臣纷纷歌颂太宗的功德，认为“时机不可错过，天命不可违抗，即使现在马上举行封禅大典，我们都觉得太迟了”。朝中大臣中只有魏徵认为不妥。太宗说：“请你直言进谏，不要有所隐瞒。难道是我的功劳不高吗?”魏徵说：“很高了。”太宗问：“是我的德行不够厚吗?”魏徵说：“很厚了。”太宗问：“天下还不够安定吗?”魏徵说：“安定了。”太宗问：“远方的外族人还没有仰慕归化吗?”魏徵说：“仰慕归化了。”太宗问：“吉祥的征兆还没有到吗?”魏徵说：“到了。”太宗问：“粮食还没有丰收吗?”魏徵说：“丰收了。”太宗问：“既然如此，那为什么还不能举行封禅大典呢?”魏徵回答说：“陛下的功劳已经很高了，但百姓并没有感怀您的恩惠。德行已经很厚了，但是恩泽并没有施于四方。天下已经安定了，却没有足够的财力、物力来做大事。远方的外族人仰慕归化，却没有更多的财物来供应他们的需求。吉祥的征兆虽然已经到了，但监狱里罪人还是很多。粮食虽然丰收了，但仓库还没有填满。这就是臣认为不妥的原因。不拿远的历史来说，就以“人”为例来说，有个人常年患病疼痛，身体难以支撑，尽管现在治疗就快结束了，但整个人瘦得皮包骨了，这时候便想着背起一石米，一天行走百里路，肯定是办不到的。隋朝祸乱不止十年，陛下作为良医，解除了天下百姓的疾苦。然而天下虽已太平，却还不是很充实，现在就要祭祀天地，举行封禅大典，我心里实在是有疑虑。况且陛下在泰山举行封禅大典，天下众多国家都要汇集于此，即使很远的国度，也要一路奔波而来。现在从伊水、洛水向东，到东海、泰山，一路上到处都是芦苇丛生的沼泽，一眼望去茫茫千里，人烟稀少，听不到鸡鸣狗叫，道路萧条，进退都十分艰难。难道陛下希望那些远来的外族，看到我们这副境况吗？即使用再多的财物去赏赐，恐怕也不能满足远方来人的期望；即使多免除徭役，也不能补偿百姓因封禅所付出的辛劳。要是遇到旱涝、风雨等灾害，百姓就会怨声载道，到时后悔也来不及了。难道只有我诚恳请求不要封禅吗？不是的，这是广大舆论的普遍看法。”唐太宗对他的话很是赞赏，于是停止了封禅大典。

解析

举行封禅大典，对身为君主的唐太宗来说无疑是极具诱惑力的，然而他在听取魏徵的建议后，才知眼下虽然国家已经初步繁荣，稍微殷实，百姓却刚过上温饱的日子，还没有足够的财力、物力去办封禅大典这样的盛世，也就是说现在还远未达到天时地利人和的地步，因而要量力而行，否则封禅不成，反受其累。

做事情要循序渐进，不要想着一蹴而就，而要量力而行，从一点一滴做起，等候时机成熟。因而做人不要被眼前的利益所迷惑，不要盲目追求力所不能及的东西，否则这样下去，路的尽头必然是失败。

直谏（六）

原典

贞观七年，蜀王妃父杨誉，在省竞婢[①]，都官郎中薛仁方留身勘问[②]，未及予夺。其子为千牛[③]，于殿庭陈诉云：“五品以上非反逆不合留身，以是国亲，故生节目[④]，不肯决断，淹留岁月[⑤]。”太宗闻之，怒曰：“知是我亲戚，故作如此艰难。”即令杖仁方一百，解所任官。魏徵进曰：“城狐社鼠皆微物，为其有所凭恃，故除之犹不易。况世家贵威，旧号难理，汉、晋以来，不能禁御，武德之中，以多骄纵，陛下登极，方始萧条。仁方既是职司，能为国家守法，岂可枉加刑罚，以成外戚之私乎！此源一开，万端争起[⑥]，后必悔之，将无所及。自古能禁断此事，惟陛下一人。备豫不虞[⑦]，为国常道。岂可以水未横流，便欲自毁堤防？臣窃思度，未见其可。”太宗曰：“诚如公言，向者不思。然仁方辄禁不言，颇是专权，虽不合重罪，宜少加惩肃。”乃令杖二十而赦之。

注释

①在省竞婢：在皇宫禁地追逐婢女。省，指皇宫禁地。竞，追逐。②留身勘问：拘留起来亲自审问。留，拘留。③千牛：官名，君王护卫。④故生节目：所以节外生枝。⑤淹留岁月：已经拖了很长一段时间了。⑥此源一开，万端争起：这个先例一开，那么各种争端就会相继而起。⑦备豫不虞：防备出乎意料的事情发生。备豫，防范。不虞，指想不到的事情。

译文

贞观七年，蜀王妃的父亲杨誉在皇宫内追逐婢女，被都官郎中薛仁方看到并拘留起来盘查审问，还没来得及处置。杨誉的儿子当时是千牛卫将军，在上朝时禀告太宗说：“唐朝的制度规定，凡五品以上的官员，除非是反叛的，就都不能直接拘留，薛仁方认为我父亲是皇亲国戚，于是节外生枝，迟迟不肯作出判决，已经拖了很长一段时间了。”太宗听到后，愤怒地说：“既然知道是我的亲戚，为何还这样故意刁难他？”于是下令杖击薛仁方一百下，并解除他的官职。魏徵进谏说：“连城墙洞里的狐狸、庙里的老鼠这些小东西，都因为有所凭仗而不能轻易除掉，何况是世禄之家、皇亲贵族，他们自古以来就很难处理，致使汉朝、晋朝以来都发生过外戚、宦官专权而导致国家祸乱的情况。高祖时期，已经对其很骄纵了，陛下登基后，情况才稍微有所改观。薛仁方是国家的官员，挺身维护国家法律是他的职责，怎么能无端加以刑罚，以包庇皇亲国戚呢？这个先例一旦开始，那么各种争端就会相继而起，到时候陛下即使后悔也没有办法改变了。自古以来能够禁断这类事情发生的，只有陛下一个人而已。防范出乎意料的事情，是国家治理的一般准则，难道大水还没有泛滥，就要自毁堤坝吗？所以臣暗自思量，这种做法并不可行。”太宗说：“你说得对，是我思虑不周。可薛仁方二话不说就直接把人囚禁起来还不上奏，也太擅作主张了。虽然不应该以重罪处罚他，但还是应该给他些颜色作为惩戒。”于是，太宗下令杖击二十大板后便放了薛仁方。

解析

做了坏事就应该接受惩罚，否则就会引起动乱。所以魏徵向唐太宗进谏“莫开坏事之源”，唐太宗听从了魏徵的建议，没有为坏事开先例，要知道先例一旦开启，就会导致更多的人争相效仿，那么到时再管理可就没那么简单了。“备豫不虞”则说明做任何事情都要事先有所准备，胸有成竹，这样才能更恰当合理地处理事情。

管理者要以身作则，遵纪守法，同时遵守所在行业或公司的规则。当下属犯错时，不要为他开脱，而是按照规则严肃处理。另外，管理者还要学会未雨绸缪，在公司胜利时要看到未来仍有失败的可能，于是加以警戒和防范，始终要保持一个“胜不骄，败不馁”的心态。

直谏（七）

原典

贞观八年，左仆射房玄龄、右仆射高士廉于路逢少府监窦德素，问北门近来更何营造[①]。德素以闻。太宗乃谓玄龄曰：“君但知南衙事，我北门少有营造，何预君事?”玄龄等拜谢。魏徵进曰：“臣不解陛下责，亦不解玄龄、士廉拜谢。玄龄既任大臣，即陛下股肱耳目[②]，有所营造，何容不知? 责其访问官司[③]，臣所不解。且所为有利害，役工有多少，陛下所为善，当助陛下成之，所为不是，虽营造，当奏陛下罢之。此乃君使臣、臣事君之道。玄龄等问既无罪，而陛下责之，臣所不解；玄龄等不识所守④，但知拜谢，臣亦不解。”太宗深愧之。

注释

①营造：指建筑工程。造，建造。②股肱耳目：比喻非常重要。股，大腿。肱，手臂。③官司：这里指官府。④不识所守：不知道自己的职责所在。

译文

贞观八年，左仆射房玄龄、右仆射高士廉在路上碰巧遇到了少府监窦德素，便问他宫城北门最近在施工建造什么？窦德素将此事讲给唐太宗听。太宗召见房玄龄，对他说：“你只要管好你南衙里的事情就行了，我在北门动些小工程，跟你有什么关系？”房玄龄等人下拜谢罪。魏徵听后进谏说：“臣不明白陛下为何要责怪他们，也不明白房玄龄、高士廉为什么要下拜谢罪，房玄龄作为朝廷大臣，就是陛下的得力助手，宫中有所营建，为什么不能让他知道？陛下指责他询问这件事，这是我不能理解的。况且所建造的工程是有利还是有害的，徭役杂工是多是少，陛下建造的工程如果是有利的，那么就来协助陛下；如果是有害的，即使已经在建造了，也当奏请陛下停止建造。这正是君主任用臣子、臣子侍奉君主的正道。房玄龄等人询问既然是无罪的，那么陛下责怪他们，是我所不能理解的；房玄龄等人不知道自己的职责所在，却下拜谢罪，这也是我不能理解的。”唐太宗听后对自己的所作所为很是愧疚。

解析

管理者的首要责任就是让下属在他的岗位做他应该做的事情，有时不要插手下属的工作，也不要无端责怪下属。管理者若有些事情不愿意让下属知道，那么就该采取措施来保密，而不要让事情处在下属的职责范围内，否则下属知道了，就不要责怪下属，而要怪自己没有保好秘。

工作中最重要的就是彼此信任，这样才能合作无间，才能发挥团队的作用。很多事情，让下属知道了又怎样呢？也许这才是增进彼此关系最重要的一步。

直谏（八）

原典

贞观十年，越王，长孙皇后所生，太子介弟，聪敏绝伦，太宗特所宠异。或言三品以上皆轻蔑王者，意在谮[①]侍中魏徵等，以激上怒。上御齐政殿，引三品已上入坐定，大怒作色[②]而言曰："我有一言，向公等道。往前天子，即是天子，今时天子，非天子耶？往年天子儿，是天子儿，今日天子儿，非天子儿耶？我见隋家诸王，达官已下，皆不免被其踬顿[③]。我之儿子，自不许其纵横，公等所容易过，得相共轻蔑。我若纵之，岂不能踬顿公等！"玄龄等战栗，皆拜谢。徵正色而谏曰："当今群臣，必无轻蔑越王者。然在礼，臣、子一例，《传》称，王人虽微，列入诸侯之上。诸侯用之为公，即是公；用之为卿，即是卿。若不为公卿，即下士于诸侯也。今三品以上，列为公卿，并天子大臣，陛下所加敬异[④]。纵其小有不是，越王何得辄加折辱？若国家纪纲废坏，臣所不知。以当今圣明之时，越王岂得如此。且隋高祖不知礼义，宠树诸王，使行无礼，寻以罪黜，不可为法，亦何足道？"太宗闻其言，喜形于色，谓群臣曰："凡人言语理到，不可不伏[⑤]。朕之所言，当身私爱[⑥]；魏徵所论，国家大法。朕向者忿怒，自谓理在不疑，及见魏徵所论，始觉大非道理。为人君言，何可容易[⑦]！"召玄龄等而切责之，赐徵绢一千匹。

注释

①谮：诽谤。②大怒作色：非常愤怒并表现在脸上。③踬（zhì）顿：侮辱。

踬，被绊倒。顿，事情停顿，指事情不顺。④所加敬异：更加敬重推崇。⑤不可不伏：不能不信服。伏，屈服、信服。⑥私爱：个人喜爱。⑦容易：轻易。

译文

贞观十年，越王李泰是长孙皇后的孩子，同时也是太子的弟弟，聪明机敏，太宗对他宠爱有加。有人说三品以上的官员都很轻视越王，目的是为了诽谤魏徵等人，以此来激怒太宗。太宗听后，摆驾齐政殿，把三品以上的官员都召集过来，等他们入座后，便怒气冲冲地说："我有一句话要问你们，以前的天子就是天子，现在的天子就不是天子了吗？以前天子的儿子，就是天子的儿子，现在天子的儿子，就不是天子的儿子了吗？我亲眼所见隋朝的王爷是如何羞辱捉弄朝中官员的。我的儿子，当然不允许他如此肆无忌惮，你们却因此而轻视他。我如果放纵他，他难道就不能反过来轻视戏弄你们吗？"房玄龄等人听后吓得浑身发抖，统统下拜谢罪。只有魏徵面色严肃地说："现在在座的众多大臣，绝没有轻视越王的人。然而从礼仪上来讲，大臣和陛下的儿子应该是同样看待的，《传》中说，王室的属官尽管小，但地位却在诸侯之上。君主任用诸侯为公，那么诸侯就是公；君主任用诸侯为卿，那么诸侯就是卿；如果君主既不把他们任用为公，也不任用为卿，那么他们就是地位低于士的诸侯。现在三品以上的都被陛下任用为公卿，全都是陛下的大臣，为陛下所敬重而推崇。大臣们纵然有一点小过错，越王也不能随意对其加以羞辱。当然，如果国家的法纪法纲已经废弃破坏，那我就不知道能不能做这件事了。但是陛下如此圣明，怎么能放纵越王这么做呢？况且，隋高祖因不知道礼仪信义而加恩扶持各个王子，使他们做事不遵守礼仪，最后竟被贬黜，这怎能去效法，又有什么值得称道的呢？"太宗听了魏徵的话后，转怒为喜，对众大臣说："只要人们说话能说出道理来，就不能不服气。我刚才的言论，是出自于个人的喜爱；魏徵所谈论的，是国家的大法。我刚才很愤怒，自以为理由充分不用怀疑，等听了魏徵所说的，才觉得自己的言论很没有道理。作为一国之君，说话怎么可以这样轻率呢？"于是把房玄龄等人严厉责备一番，赏赐魏徵一千匹正绢。

解析

人是非常注重感情的，尤其是国人，很多时候都是把感情摆在第一位，要做到公私分明是很难的。以至于有很多人公私不分，把私事当成公事来办理，这就不可避免地会出现一些矛盾。唐太宗也难免受此困扰，甚至一度无法处理好私事。魏徵的进言使唐太宗明白，公就是公，私就是私，并且在以后的时间把握好了公与私之间的平衡。

“用之为公，即是公；用之为卿，即是卿。若不为公卿，即下士于诸侯也。”也就是说，有时人才的价值是由他所处的岗位所决定的，所以管理者要把人才放在合适的岗位上。

直谏（九）

原典

贞观十二年，太宗谓魏徵曰：“比来所行得失政化，何如往前①？”对曰：“若恩威所加，远夷朝贡，比于贞观之始，不可等级而言②。若德义潜通③，民心悦服，比于贞观之初，相去又甚远。”太宗曰：“远夷来服，应由德义所加。往前功业，何因益大？”徵曰：“昔者四方未定，常以德义为心。旋④以海内无虞，渐加骄奢自溢。所以功业虽盛，终不如往初。”太宗又曰：“所行比往前何为异？”徵曰：“贞观之初，恐人不言，导之使谏。三年已后，见人谏，悦而从之。一二年来，不悦人谏，虽勉强听受⑤，而意终不平，谅有难色。”太宗曰：“于何事如此？”对曰：“即位之初，处元律师死罪，孙伏伽谏曰：‘法不至死，无容滥加酷罚。’遂赐以兰陵公主园，直钱百万。人或曰：‘所言乃常事，而所赏太厚。’答曰：‘我即位来，未有谏者，所以赏之。’此导之使言也。徐州司户柳雄于隋资妄加阶级[6]。人有告之者，陛下令其自首，不首与罪。遂固言是实，竟不肯首。大理推得其伪，将处雄死罪，少卿戴胄奏法止合徒[7]。陛下曰：'我已与其断当讫[8]，但当与死罪。'胄曰：'陛下既不然，即付臣法司。罪不合死，不可酷滥。'陛下作色遣杀，胄执之不已，至于四五，然后赦之。乃谓法司曰：'但能为我如此守法，岂畏滥有诛夷。'此则悦以从谏也。往年陕县丞皇甫德参上书，大忤圣旨，陛下以为讪谤[9]。臣奏称上书不激切，不能起人主意，激切即似讪谤。于时虽从臣言，赏物二十段，意甚不平，难于受谏也。"太宗曰："诚如公言，非公无能道此者。人皆苦不自觉，公向未道时，都自谓所行不变。及见公论说，过失堪惊。公但存此心，朕终不违公语。"

注释

①何如往前：与以前相比如何？②不可等级而言：不可以当成同样的等级来说。等级而言，意思与同日可语相似。③德义潜通：德行道义与百姓是一样的。④旋：不久后。⑤勉强听受：勉强听从并接受。⑥阶级：古代的等级秩序，指所在的等级。⑦徒：古代的一种刑罚。⑧断当：作出判决。⑨讪谤：诽谤。

译文

贞观十二年，唐太宗问魏徵："最近这段时间以来我的行为得失与政治教化，跟以前相比有什么变化吗？"魏徵回答说："就陛下的恩泽威严日渐远播，远方外族前来朝贡而言，那么这与贞观初年相比是不可同日而语的。若是论德行道义在百姓心中的潜移默化，使得民心所向，那么和贞观初年比起来却相差很远。"太宗说："远方的外族人归顺我们，应该是德行道义增加的结果。为什么反而说以往的功业大呢？"魏徵说："以前天下还没稳定下来，陛下常常以德行道义作为行事准则，不久后天下太平，陛下逐渐变得骄傲奢侈自满。因此虽说功业高了，但还是比不上当初。"太宗又问："我所做的和以前比起来有什么差别呢？"魏徵回答说："贞观初年，陛下害怕别人不说真话，便引导他人来进谏。三年过后，陛下看到有人进谏，会十分高兴并且接纳他人的建议。最近一两年来，您已经不高兴有人前来进谏了，即使能够勉强听取并接受建议，心里也始终有所不平，所以脸上会露出不快的表情。”太宗说：“在什么事情上我是这样做的?”魏徵说：“陛下刚即位时，判决元律师死刑，孙伏伽谏言说：‘按照法律，他的罪还不至于判死刑，不可滥加刑罚。’于是陛下赏赐孙伏伽兰陵公主园，价值百万。有人说：‘孙伏伽所说的都是一些平常事，而陛下的赏赐太丰厚了。’陛下回答说：‘自登基以来，没有人进谏，因此才赏赐他。’这就是引导他人说真话。徐州司户柳雄私自提高自己在隋朝时的官阶，有人告发了他，太宗命令柳雄自首，不自首就降罪于他。柳雄坚称这是事实，不肯自首。大理寺官员审查出他作伪，打算判他死刑，少卿戴胄上奏说，根据法律只能拘禁。陛下说：‘我已经给出了判决，就是死罪。”戴胄说：‘陛下既然认为我说的不对，那么立即把我送到法司吧。他的罪不至于死，不可以滥用酷刑。’陛下脸色突变并派人去杀柳雄，戴胄仍坚持自己的看法，这样争持四五次之后，您最终听从戴胄的建议放了柳雄。陛下对法司说：‘如果人人都能为我这样守法，还怕有人被滥杀吗?’这就是高兴地接受谏言。前几年，陕西县丞皇甫德参上书，因为不符合陛下的心意，您就觉得这是诽谤。臣当时上奏章说上书不言辞激烈，就不能引起君主的注意，言辞激烈看起来很像诽谤，却不是诽谤。当时你虽然听从我的建议，赏赐我二十段丝绢，可是你的心里仍有不平之处，这就是难以接受进谏。”太宗回答说：“确实像你说的那样，除了你谁也无法说出这样的话来。人们常苦于无法自我察觉，在你说这些话之前，我还觉得自己的言行从来没有发生过改变。你说完后，我才知道我的过失已经很大了。你只要永远保存这样的心意，那么我就永远不违背你说的话。”

解析

很多人都是凭借三分钟热度做事，因而常常虎头蛇尾。善始简单，善终难，这是因为一个人能够从头到尾保持同样的态度去处事，是十分艰难的。人每天都在变化，有些变化甚至连自己都不知道，就像唐太宗，如果魏徵没有指出他做事的变化，他就会一直以为自己没有变。

做任何事情都要有始有终，不要半途而废，这需要很大的毅力。这个故事也说明，一个人要是想有所改变，那么就可以每天改变一点点，假以时日，一个崭新的自己将会出现在他人面前。

卷三

君臣鉴戒第六（一）

原典

贞观三年，太宗谓侍臣曰："君臣本同治乱，共安危，若主纳忠谏，臣进直言，斯故君臣合契①，古来所重②。若君自贤，臣不匡正③，欲不危亡，不可得也。君失其国，臣亦不能独全其家。至如隋炀帝暴虐，臣下钳口④，卒令不闻其过，遂至灭亡，虞世基等寻亦诛死。前事不远，朕与卿等可得不慎，无为后所嗤！"

注释

①合契：和谐默契。②所重：所重视。重，重视。③匡正：匡救纠正。④钳口：闭口不言。

译文

贞观三年，唐太宗对侍臣说："无论国家是混乱还是安定，是安全还是危险，君臣皆应同舟共济。如果君主能够采纳忠谏良言，大臣敢于直言进谏，那么君臣之间就能够和谐默契，这是自古以来治国所重视的方法。要是君主自以为贤明，大臣又不去纠正君主的过失，那就无异于将国家置于危险甚至灭亡的境地。最后君主失了国，大臣丢了家。以至于像隋炀帝那样残暴淫虐，大臣们不敢进言，最终因不知自己的过错而导致亡了国，大臣虞世基等人不久后也被诛杀。这件事刚过去不久，我们要吸取教训，我与诸位大臣不可不慎，千万不要被后人耻笑啊！"

解析

唐太宗用"君失其国，臣亦不能独全其家"一语，将大臣的命运和国家的命运联合起来，国家好，大臣们就好。国家灭亡，大臣们就无法保全他的家庭。同时，他又用“共安危”来激励大臣们。当然，这样的情景在生活中很常见。如公司里常见这样的横幅：“公司荣，则我荣；公司衰，则我衰。”这也是将公司的命运和员工个人的命运有机结合起来，让员工有种主人翁的感觉，觉着辛苦工作就是为了自己。

优秀的管理者总是让员工有主人翁的感觉，使员工发挥主观能动性，并采用合理的激励措施激励他们。

君臣鉴戒第六（二）

原典

贞观四年，太宗论隋日。魏徵对曰：“臣往在隋朝，曾闻有盗发，炀帝令於士澄[①]捕逐，但有疑似，苦加拷掠，枉承贼者二千余人，并令同日斩决。大理丞张元济[②]怪之，试寻其状，乃有六七人，盗发之日先禁他所，被放才出，亦遭推勘[③]，不胜苦痛，自诬行盗。元济因此更事究寻，二千人内惟九人逗遛不明[④]。官人有谙识者[⑤]，就九人内四人非贼。有司以炀帝已令斩决，遂不执奏，并杀之。”太宗曰：“非是炀帝无道，臣下亦不尽心，须相匡谏，不避诛戮，岂得惟行谄佞[⑥]，苟求悦誉。君臣如此，何得不败？朕赖公等共相辅佐，遂令囹圄空虚[⑦]。愿公等善始克终，恒如今日！”

注释

①於士澄：隋朝官员，隋朝灭亡后，降唐。②大理丞：官名，大理寺是古代最

高的法庭。③推勘：审问。④逗遛不明：不清楚在哪里停留。⑤谙识者：熟识的人。⑥惟行谄佞：做事阿谀奉承，附下罔上。⑦囹圄空虚：监狱常常是空的。囹圄，这里指监狱。

译文

贞观四年，唐太宗议论隋朝时期的一些事情。魏徵回答说："我以前在隋朝为官时，曾听说某地出现盗贼，隋炀帝命令於士澄去追捕盗贼，只要是行迹可疑的都抓起来严刑拷问，有些人受不住，只好含冤承认自己是盗贼，人数多达二千余，於士澄竟下令将这些人在同一天斩首。大理寺的官员张元济对此深有疑虑，于是试着去寻找真相。他发现竟然有六七个人在盗贼出现时已经被收押在其他地方，后来才得以释放，但他们同样遭到审问，熬不过严刑的痛苦，便被屈打成招。张元济于是做了进一步调查，发现两千多人中只有九个人的行踪无法确定。官府中还有些人认识这九人中的一些人，这样一来又排除掉其中四人的嫌疑。有关官署认为隋炀帝既然已经下了处决令，便决定不再上奏，于是就将这两千余人全部杀了。"唐太宗说："很多时候并不是隋炀帝无道，而是做臣子的不够尽心尽力。做臣子的一定要为了匡救纠正君主的错误而去进谏，不要害怕遭到刑罚甚至诛杀，难道只能阿谀奉承，才能讨君主的欢心吗？君臣之间到了这个地步，国家如何能够不败落呢？如今我依赖各位大臣的共同辅佐，使监狱里没有犯人。希望你们能够善始善终，永远像今天这样。"

解析

因为臣子没有上奏，隋炀帝并不知道事情的详情，因为而坑杀了两千多人。由此可见，臣子提出建议是难能可贵的，相信当时只要有大臣敢于上奏，那么这两千多人也许就会免于死刑。当然，臣子不敢上奏，主要原因还是在于隋炀帝自己，因为他并没有创造一个让大臣能够进谏而不遭受刑罚的环境。

所以，企业管理者首先要创造一个敢于提建议的好氛围，然后才是听从建议、采纳建议，从而避免出现一些损失。

君臣鉴戒第六（三）

原典

贞观六年，太宗谓侍臣曰："朕闻周、秦初得天下，其事不异①。然周则惟善是务②，积功累德，所以能保八百之基。秦乃恣其奢淫③，好行刑罚，不过二世而灭。岂非为善者福祚延长，为恶者降年不永④？朕又闻桀、纣帝王也，以匹夫比之，则以为辱；颜、闵匹夫也，以帝王比之，则以为荣。此亦帝王深耻也。朕每将此事以为鉴戒⑤，常恐不逮⑥。为人所笑。"魏徵对曰："臣闻鲁哀公谓孔子曰：'有人好忘者，移宅乃忘其妻。'孔子曰：'又有好忘甚于此者，丘见桀、纣之君乃忘其身。'愿陛下每以此为虑，庶免后人笑尔。"

注释

①其事不异：处理政事的方法没有什么不同。②惟善是务：只做一些好的事情。③恣其奢淫：恣意放纵，奢侈淫逸。④降年不永：这里指秦朝很快就灭亡了。⑤鉴戒：借鉴，引以为戒。⑥常恐不逮：常常害怕自己有不足之处。

译文

贞观六年，唐太宗对侍臣说："我听说周朝、秦朝刚开始得到天下时，治理国家的方法并没有什么区别，但周朝只做符合善的事情，积累功德，所以才能有八百年的基业。秦朝却恣意放纵、奢侈淫逸，喜好用刑罚来处理政事，只经历了两代就灭亡了。这难道不是为善者能够福禄绵长，作恶者很快就会自取其亡的道理吗？我又听说过，夏桀、商纣两个帝王，拿普通老百姓和他们相比较，老百姓都会感到羞耻；孔子的学生颜回、闵损都是普通的老百姓，但是把他们跟帝王相比，帝王都以此为荣。这是帝王应该感到羞愧的。我总是引以为戒，常常害怕自己有什么过失的地方，被人们嘲笑。”魏徵回答说：“我听说鲁哀公对孔子说：‘有个人比较好忘，搬家时竟然把妻子给忘了。’孔子回答说：‘有人的忘性比这个人还大，我看夏桀、商纣就忘记了自身的职责。’只希望陛下能够常常以此为戒，这样就能免于被后人耻笑。”

解析

俗话说：“前事不忘，后事之师。”唐太宗从周朝和秦朝所存在的时间得出，要想福禄长久就得为善，就得修身养性，不恣奢淫，不以刑罚服人，而要以德服人。尤其是不要做一个善忘者，不要忘记自身的职责，不要忘记创业之艰辛，这样才能守业。

对个人来说，要时刻记得自己奋斗的目标，不要因眼前的些许成就就沾沾自喜，忘了自己身在何处，而要勇于争取更大的成就。

君臣鉴戒第六（四）

原典

贞观十四年，太宗以高昌平，召侍臣赐宴于两仪殿，谓房玄龄曰：“高昌若不失臣礼，岂至灭亡？朕平此一国，甚怀危惧，惟当戒骄逸以自防①，纳忠謇以自正②。黜邪佞，用贤良，不以小人之言而议君子，以此慎守，庶几于获安也。”魏徵进曰：“臣观古来帝王拨乱创业，必自戒慎③，采刍荛之议，从忠谠之言。天下既安，则恣情肆欲④，甘乐谄谀，恶闻正谏。张子房，汉王计画之臣，及高祖为天子，将废嫡立庶，子房曰：‘今日之事，非口舌所能争也。’终不敢复有开说[5]。况陛下功德之盛，以汉祖方之[6]，彼不足准[7]。即位十有五年，圣德光被[8]，今又平殄高昌。屡以安危系意，方欲纳用忠良，开直言之路，天下幸甚。昔齐桓公与管仲、鲍叔牙、宁戚四人饮，桓公谓叔牙曰：‘盍起为寡人寿乎[9]?’叔牙奉觞而起曰：‘愿公无忘出在莒时，使管仲无忘束缚于鲁时，使宁戚无忘饭牛车下时。’桓公避席而谢曰：‘寡人与二大夫能无忘夫子之言，则社稷不危矣！’”太宗谓徵曰：“朕必不敢忘布衣时，公不得忘叔牙之为人也。”

注释

①戒骄逸以自防：戒掉骄傲奢逸用来自我防护。②纳忠謇以自正：采纳忠诚正直的言论来自我纠正。③戒慎：警惕谨慎。④恣情肆欲：恣意纵情，放纵情欲。⑤不敢复有开说：不敢有再次进言的。⑥汉祖方之：用汉高祖来比较。⑦彼不足准：他是无法比得上的。⑧圣德光被：圣德已经遍及天下。⑨盍起为寡人寿乎：为什么不向我敬酒呢?

译文

贞观十四年，唐太宗以高昌被平定为由，在两仪殿宴请众臣，并对房玄龄说：“高昌如果不是丧失了臣子的礼仪，怎么会招致灭亡呢？我每平定一个地方，心里都恐惧难安，勉励自己戒掉骄傲奢逸来自我防护，接纳忠正良言来自我匡正。治理国家当贬黜奸诈虚伪之人，不听信小人谗言来妄断君子，谨慎地坚守这些原则，才差不多可以获得安定吧。”魏徵进言说：“我看自古以来，帝王在平定祸乱开创新帝业初期，都能够做到自我警惕谨慎，倾听平民百姓的呼声，听从忠诚正直之人的言论。然而天下一旦安定，就会恣意纵情，听到阿谀奉承就会高兴，听到正直谏言就会厌恶。张良是汉高祖刘邦手下出谋划策的开国元勋。汉高祖称帝后，想废掉嫡长子，立庶出的儿子为太子，张良说：‘今天的事情，并不是口舌之争就能解决的。’之后再没有人敢提这件事了。更何况陛下功德之高，汉高祖是远远比不上的。陛下即位十五年来，圣德已经遍及四海，如今又平定了高昌，却还能把国家安危挂在嘴上，采纳忠言，广开言路，这是国之大幸。从前齐恒公与管仲、鲍叔牙、宁戚四人在一起喝酒，齐恒公对鲍叔牙说：‘你怎么不向我敬酒呢?’鲍叔牙捧着酒杯站起来说：‘只希望主公不要忘了在莒国逃亡的情景，管仲不要忘了被鲁国拘禁起来的事情，宁戚也不要忘了当年在车下喂牛时的境遇。’齐恒公听后离席而拜谢说：‘我和二位大夫若是不忘记你这番话，那么国家一定永远没有危险。’”太宗对魏徵说：“我一定不忘记自己身为百姓时的情景，你也不得忘记鲍叔牙的为人之道。”

解析

创业难，守业更难，这是因为创业成功后，往往会忘记当初创业时的艰难，变得骄傲奢侈、随心所欲起来，因而鲍叔牙才出言提醒齐恒公、管仲、宁戚不要忘记当初的艰难境地。要想帝业恒久，就要戒骄戒躁、小心谨慎，唯有如此，才能一直守业下去。

对个人来说，眼前取得再大的成就，如果不懂得去珍惜，小心谨慎对待，那么成就就有可能在瞬间失去，因而要学会始终以初心来对待自己的事业，不忘初心，方能始终。

君臣鉴戒第六（五）

原典

贞观十四年，特进魏徵上疏曰：

臣闻君为元首，臣作股肱，齐契同心，合而成体，体或不备，未有成人[①]。然则首虽尊高，必资手足以成体；君虽明哲，必藉股肱以致治。《礼》云：“民以君为心，君以民为体，心庄则体舒，心肃则容敬。”《书》云：“元首明哉！股肱良哉！庶士康哉！”“元首丛脞哉！股肱惰哉！万事堕哉！”然则委弃股肱，独任胸臆，具体成理[②]，非所闻也。

夫君臣相遇[③]，自古为难。以石投水，千载一合[④]，以水投石，无时不有。

其能开至公之道，申天下之用，内尽心膂[5]，外竭股肱，和若盐梅[6]，固同金石者，非惟高位厚秩，在于礼之而已。昔周文王游于凤凰之墟，韈系解，顾左右莫可使者，乃自结之。岂周文之朝尽为俊乂，圣明之代独无君子者哉？但知与不知，礼与不礼耳！是以伊尹，有莘之媵臣；韩信，项氏之亡命，殷汤致礼，定王业于南巢，汉祖登坛，成帝功于垓下。若夏桀不弃于伊尹，项羽垂恩于韩信。宁肯败已成之国，为灭亡之虏乎？又微子，骨肉也，受茅土于宋；箕子，良臣也，陈《洪范》于周，仲尼称其仁，莫有非之者。《礼记》称："鲁穆公问于子思曰：'为旧君反服，古欤？'子思曰：'古之君子，进人以礼，退人以礼[7]，故有旧君反服之礼也。今之君子，进人若将加诸膝，退人若将队诸泉。毋为戎首，不亦善乎，又何反服之礼之有？'"齐景公问于晏子曰："忠臣之事君如之何？"晏子对曰："有难不死，出亡不送。"公曰："裂地以封之，疏爵而待之，有难不死，出亡不送，何也？"晏子曰："言而见用，终身无难，臣何死焉？谏而见纳，终身不亡，臣何送焉？若言不见用，有难而死，是妄死也；谏不见纳，出亡而送，是诈忠也。"《春秋左氏传》曰："崔杼弑齐庄公，晏子立于崔氏之门外，其人曰：'死乎？'曰：'独吾君也乎哉！吾死也？'曰：'行乎？'曰：'吾罪也乎哉！吾亡也？故君为社稷死则死之；为社稷亡则亡之。若为己死，为己亡，非其亲昵[8]，谁敢任之？'门启而入，枕尸股而哭，兴，三踊而出[9]。"孟子曰："君视臣如手足，臣视君如腹心；君视臣如犬马，臣视君如国人；君视臣如粪土，臣视君如寇仇。"虽臣之事君无二志，至于去就之节，当缘恩之厚薄，然则为人主者，安可以无礼于下哉？

注释

①体或不备，未有成人：身体要是缺少某些器官，就不能算是一个完整的人。②具体成理：指政事处理得恰当而有条理。③相遇：相处很融洽。④以石投水，千载一合：将石头投入水中，让石头配合水流，千年才能碰到一次。⑤内尽心膂：对内能够尽心尽力。⑥和若盐梅：像盐和梅子那样和谐。⑦进人以礼，退人以礼：任用人时遵循礼节，辞退人时也遵循礼节。进人，指任用人、聘用人。退人则是指辞

退人、罢免人。⑧非其亲昵：不是他亲近的人。⑨三踊而出：行了哭踊之礼就出来了。三踊，古代的丧礼仪式之一。

译文

贞观十四年，特进魏徵上奏章说：

我听说国君就好比一个人的脑袋，大臣就好比一个人的四肢，脑袋和四肢同心齐力配合默契，才能成为一个整体。身体任何一个器官缺失了，都不能成为一个完整的人。脑袋虽然地位崇高，但必须有手足的帮助才能成为一个整体。君主虽然贤明聪慧，但必须借助大臣们的辅佐来治理好国家。《礼记》中说：“老百姓把国君看作自己的心，君主把百姓看作自己的体。内心端庄正直，身体就会舒服健康；内心严肃，面容才会恭敬。《尚书》中说：“君主圣明，大臣圣明，那么天下事就会朝着健康的方向发展。”“君主做事不守章法，大臣们做事懒惰懈怠，那么天下事就会朝着不好的方向发展。”因此，君主舍弃大臣，完全按照自己的心意去做就能把国家治理得井井有条，这是从来没有听说过的。

君臣之间融洽相处，自古以来就是一个难题。把石头投入水流中，让石头顺从水流，大概千年才得以一见；而让水流顺从石头，随时都能见到。君臣能够开辟公平公正的道路，让天下人都各尽其才，国君对内尽心尽力，大臣在外竭力辅佐，君臣像盐和梅子那样和谐融洽，像金子和石头那样坚固，做到这些并不是靠高官厚禄，而在于以礼相待。从前周文王在凤凰台游玩，系袜子的带子开了，他环顾四周发现没有一个人可以供使唤的，便自己把带子系上了。这难道是因为周文王朝中都是俊才，而当今朝中却没有这样的人吗？只在于是否了解、是否礼遇罢了。商初，伊尹是辛氏之女陪嫁过来的人；韩信，是项羽手下逃亡的人。当时商王以礼仪对待伊尹，最终成就了王业，汉高祖刘邦则靠着韩信成就了帝业。如果夏朝君主不弃用伊尹，项羽对韩信恩德有加，又怎么会丢了自己的国家而成为他人的俘虏呢？还有微子，是商纣王的骨肉同胞，武王灭商后被分封到宋地；箕子是位良臣，曾经陈述《洪范》给周王，孔子称赞他仁义，没有人对此有异议。《礼记》上说：“鲁穆公曾经问子思：‘遭到放逐的朝臣，仍然为原来的君主服丧，自古以来就是这样的吗？’子思说：‘古代的君主，任用人以礼仪相待，辞退人时也是以礼相待，所以即使君臣不再有隶属关系，但仍有为旧君主服丧的礼仪。现在的君主，任用人时希望将他留在自己身边，辞退人时恨不得推到深渊里。那些被辞退的人不发动战争来攻打旧君主就不错了，何谈什么服丧之礼呢？'”齐景公问晏子：“忠诚的大臣是如何对待他的君主的？”晏子说：“君主有难时，忠臣不以身殉；君主流亡在外时，忠臣不会相送。”齐景公说：“国君给臣子封地和高官厚禄，国君有难时却不以身殉，流亡时却不相送，这是为什么呢？”晏子说：“忠臣的建议被君主采用，君主一生都不会遇难，那么何来以身殉的说法？忠臣进谏被接纳，君主终身不会逃亡，臣子又何须相送呢？如果忠臣的建议不被采用，君主遇难而死，这是枉死；如果忠臣进谏不被接纳，君主逃亡时去相送，那是虚伪的忠诚。”《春秋左氏传》上说：“崔杼杀死了齐庄公，晏子在崔府大门外站立了很久，这时有人问他：‘齐庄公死了？’晏子说：‘难道只有我的国君死了吗，我也死了。’有人问：‘你要逃亡吗？’晏子说：‘我有什么罪过吗？我为何要逃亡？君主为社稷而死，那么我也会跟着死；君主为社稷而逃亡，我也会跟着逃亡。如果君主是为了自己死，为了自己逃亡，不是他亲近的人，谁会这样做呢？’崔府大门打开后，晏子进去，抱着齐庄公的尸体痛哭，行了礼之后转身离去。”孟子说：“君主如果把臣子看成手足般重要，那么做臣子的就会把君主看作心腹；君主把臣子当成犬马对待，做臣子的就会把君主视作一般人；君主把臣子当粪土看待，做臣子的就会把君主视作仇敌。”即使做臣子的对君主没有异心，进退之礼还是应当根据君主的恩德来决定。既然如此，做君主的，怎么可以对做臣子的无礼呢？

解析

君主和大臣通力合作，彼此成为一个整体，才能够有所作为，才能把国家治理得好，否则就会成为一群乌合之众，不能够在治理国家上达成默契，这样就会造成混乱，甚至带来灭顶之灾。

如今随着时代的发展，过去那种单打独斗的模式已经不适应时代的需要，现在需要的是团队模式，需要的是合作。要想彼此合作无间，那么首先就要有共同的目标，也就是有共同的利益；其次就是要善于听取团队成员的建议；然后就是对待团队成员的态度，即视其如手足，则其视你如腹心。

君臣鉴戒第六（六）

原典

窃观在朝群臣，当主枢机之寄者[①]，或地邻秦、晋，或业与经纶[②]，并立事立功，皆一时之选，处之衡轴[③]，为任重矣。任之虽重，信之未笃，则人或自疑。人或自疑，则心怀苟且。心怀苟且，则节义不立。节义不立，则名教不兴。名教不兴，而可与固太平之基，保七百之祚，未之有也。又闻国家重惜功臣，不念旧恶，方之前圣，一无所间[④]。然但宽于大事，急于小罪，临时责怒，未免爱憎之心，不可以为政。君严其禁，臣或犯之，况上启其源，下必有甚，川壅而溃[⑤]，其伤必多，欲使凡百黎元，何所措其手足？此则君开一源，下生百端之变，无不乱者也。《礼记》曰："爱而知其恶，憎而知其善。"若憎而不知其善，则为善者必惧；爱而不知其恶，则为恶者实繁。《诗》曰："君子如怒，乱庶遄沮[⑥]。"然则古人之震怒，将以惩恶，当今之威罚，所以长奸[⑦]。此非唐、虞之心也，非禹、汤之事也。《书》曰："抚我则后，虐我则仇[⑧]。"荀卿子曰："君，舟也；民，水也。水所以载舟，亦所以覆舟。"故孔子曰："鱼失水则死，水失鱼犹为水也。"故唐、虞战战栗栗，日慎一日。安可不深思之乎？安可不熟虑之乎？

注释

①当主枢机之寄者：担负朝廷重要部门责任的大臣。②业与经纶：有的参与国家大事的处理。经纶，这里指处理国家大事。③衡轴：比较重要的岗位。④一无所

间：没有什么区别。⑤川壅而溃：河流因为壅塞而溃决。⑥乱庶遄沮：混乱就会很快被阻止。⑦所以长奸：用来助长狡诈奸恶。⑧抚我则后，虐我则仇：安抚百姓的国君就是百姓的国君，虐待百姓的国君就是百姓的仇人。

译文

我私下观察朝廷中担当要职的大臣，有的是在西北边塞担任边防，有的是在朝廷参与处理国家大事，他们都是立过战功或功勋卓著的贤能之士。这些人身负要职，因此责任重大。虽然如此，朝廷却没有给他们以足够的信任，这难免会让人感到疑惑。人一旦心生疑惑，就会有随波逐流、得过且过的态度，一旦有了这种态度，忠君报国的节气和义气就树立不起来，而节义丧失，礼教就无法兴起。礼教缺失，却想巩固太平的根基，保国家长久，这是不可能的。我又听说国家重用怜惜功臣，不计较他过去所做的错事，这点和以前的圣贤之人相比没有差异。但如果只是对大事宽宏大量，对小事小罪却十分苛刻严厉，动不动就责备发怒，无法去掉这种偏爱憎恨之心，就不能很好地处理国家政事。君主严厉地推行法令，还有大臣敢于触犯，更何况是身负要职的大臣，一旦他们开了先例，那么下面的群臣就会争相效仿，各种弊端也会相继而起，这样就会导致纲纪混乱。《礼记》上说："爱一个人要知道他的缺点，憎恨一个人要知道他的优点。"如果憎恶一个人就抹杀他所有的优点，那么为善的人一定会心生恐惧；如果爱一个人却忽略他所有的缺点，那么为恶的人就会越来越多。《诗经》上说："君主如果对谗佞者发起怒来，作乱者很快就会收敛。"然而，古代君主的愤怒是为了惩罚为恶的人，当今的严刑酷吏却助长了狡诈的风气。这不是尧、舜那样的圣明之君的本意，也不是禹、汤那样的贤明之君会做的事。《尚书》中说："爱抚百姓的人就是百姓的国君，虐待百姓的人就是百姓的仇人。"荀子说："君主就像是船，百姓就像是水。水可以载船，也可以让船覆没。"因此孔子说："鱼失去了水就会死，水失去了鱼还是水。"所以，尧、舜才总是如履薄冰地处理国家政事，从而一天比一天谨慎。因此，治理国家怎么可以不深思？怎么可以不熟虑呢？

解析

人有七情六欲，做事时难免会带点感情色彩。心情好的时候，看任何事情都顺眼；心情不好的时候，做任何事情都觉得麻烦。作为君主，唐太宗不以个人喜好、主观感情来对待属下，而是努力去除个人的喜好和憎恶心理，做到公平公正，这样才能创造一个适合人才施展才华的氛围。

对每个人来说，在做事对人时如果能够不掺杂自己的感情，始终坚持公平公正，那么就会赢得他人的尊重，这对个人的前途是非常有利的。

君臣鉴戒第六（七）

原典

夫委大臣以大体[①]，责小臣以小事，为国之常也，为理之道也。今委之以职，则重大臣而轻小臣；至于有事，则信小臣而疑大臣。信其所轻，疑其所重[②]，将求至治，岂可得乎？又政贵有恒，不求屡易[③]。今或责小臣以大体，或责大臣以小事，小臣乘非所据[④]，大臣失其所守，大臣或以小过获罪，小臣或以大体受罚。职非其位，罚非其辜，欲其无私，求其尽力，不亦难乎？小臣不可委以大事，大臣不可责以小罪。任以大官，求其细过，刀笔之吏[⑤]，顺旨承风，舞文弄法，曲成其罪。自陈也，则以为心不伏辜；不言也，则以为所犯皆实。进退惟谷[⑥]，莫能自明，则苟求免祸。大臣苟免，则谲诈萌生[⑦]。谲诈萌生，则矫伪成俗[⑧]。矫伪成俗，则不可以臻至治矣。

注释

①大体：重要的责任。②信其所轻，疑其所重：相信他所看轻的，怀疑他所看重的。③不求屡易：不要总是轻易改变。④乘非所据：占据了本不该占据的位置。⑤刀笔之吏：指执掌文案的官吏。⑥进退惟谷：形容前进和后退都十分艰难。⑦谲诈萌生：狡诈就会发生。⑧矫伪成俗：狡诈虚伪成为风俗。

译文

把重要的事情交给大臣去做，将小事交给小臣去负责，这是治理国家最普遍的道理，也是治理国家的法则。然而现在委任职责时，却总是重视大臣而轻视小臣；遇到事情时，却又相信小臣而怀疑大臣。相信自己所轻视的，怀疑自己所重视的，这样怎么能实现天下大治呢？另外，治理国家最重要的是要有稳定的规章制度，不要轻易变更。现在，陛下有时让小臣去处理重要的事情，有时让大臣去处理小事，小臣处在了他本不该处的位置，大臣又失去了他应有的职责。结果，或者大臣因为小事情没处理好而获罪，或者小臣因为重要的事情没处理好而受到惩罚。职责与职位不相符，惩罚也不合理，这种情况下还要求他们摒除私欲、尽心尽力，岂不是很难吗？对待小臣，不能将重要的事情委托给他，也不能因为小过错就处罚大臣。给予臣子以高官，却又总是追究他细小的过错，使得那些执掌文案的官员迎合君主的意图，捕风捉影，曲解法律，歪曲事实给他定罪。大臣若是自己辩解，怕被认为他不服罪；若不为自己辩解，又被认为他所犯的罪都是真实的。辩解不对，沉默也不对，不能证明自己的清白，唯一能做的就是苟且免祸。大臣一旦决定苟且免祸，那么狡诈欺骗的事就会滋生，进而形成狡诈虚伪的风气。狡诈虚伪成风，那么就很难实现国家大治了。

解析

“用人不疑，疑人不用”，既然决定任用这个人了，就要给予他足够的信任，否则连最基本的信任都没有，那么如何成事呢？在任用人才时，要注意人才的长处与短处，职位与职责最好是相符的，不要将人才安置在不能发挥他长处的岗位，或者让人才做些与他短处相关的事情，这样就会造成人才的浪费。

另外在惩罚人才时，要注意人才犯错是不是因为上级安排得不恰当，或者上级太过于纠结一些小过错了。总之，赏罚要公平公正，这样才能服人。

君臣鉴戒第六（八）

原典

又委任大臣，欲其尽力，每官有所避忌不言，则为不尽①。若举得其人，何嫌于故旧②。若举非其任，何贵于疏远。待之不尽诚信，何以责其忠恕哉！臣虽或有失之，君亦未为得也。夫上之不信于下，必以为下无可信矣。若必下无可信，则上亦有可疑矣。《礼》曰："上人疑，则百姓惑。下难知，则君长劳③。"上下相疑，则不可以言至理矣。当今群臣之内，远在一方④。流言三至而不投杼者⑤，臣窃思度，未见其人。夫以四海之广，士庶之众，岂无一二可信之人哉？盖信之则无不可，疑之则无可信者，岂独臣之过乎？夫以一介庸夫结为交友，以身相许，死且不渝，况君臣契合，寄同鱼水。若君为尧、舜，臣为稷、契，岂有遇小事则变志，见小利则易心哉？此虽下之立忠未有明著⑥，亦由上怀不信，待之过薄之所致也。岂君使臣以礼，臣事君以忠乎？以陛下之圣明，以当今之功业，诚能博求时俊⑦，上下同心，则三皇可追而四，五帝可俯而六矣。夏、殷、周、汉，夫何足数！

太宗深嘉纳之。

注释

①不尽：没有尽心尽力。②嫌于故旧：嫌弃他是故人旧知。嫌，嫌弃。③下难知，则君长劳：不知道下面人的想法，那么君主就会长期操劳。④远在一方：离得比较远，在远方。⑤不投杼者：不扔下梭子逃走的人，比喻谣言听多了就会信以为

真。⑥立忠未有明著：不够忠心。⑦时俊：当代的才俊。

译文

朝廷任命大臣，就是希望他们能够尽心尽力。每当官员因避讳而不敢说话，就会被认为未尽全力。如果选拔的人才很合适，那么即使是故人旧友又有什么关系？如果选拔的人才不合适，即使没有借着关系也没什么可贵的。君主不给他们以充分的信任，又怎么能责怪他们不够尽心尽力呢？做臣子的也许会有犯错的时候，但君主也不见得每件事都做得很正确。君主既然对臣子不信任，那么必然认为臣子无可信之处。如果臣子都不可取信，那么君主也必然会有值得怀疑的地方。《礼记》上写道："君主对臣子有疑心，那么百姓就会无所适从；如果臣子心怀狡诈、行为莫测，那么君主就会不放心而操劳。"君主和臣子之间相互猜疑，那就谈不上天下大治了。现如今各位大臣天各一方，谣言三番五次地传来，不像曾参母亲那样丢下梭子而逃走的人，据我私下观察，几乎没有。国家疆域辽阔，人口众多，难道就没有一两个值得信任的人吗？用信任的态度去选择，就会发现有很多人是可以信任的；用怀疑的态度去选择，就会发现没有人可以信任。难道这只是臣子的过错吗？老百姓交朋友，都可以生命相许，至死都不改变，何况君臣之间默契和谐得如同鱼和水一样的关系呢？如果君主能够做到像尧、舜那样，臣子能够做到像稷、契那样，哪里会遇到小事就改变志向，遇到小的利益就变心的呢？这既在于臣子不够忠心，也在于君主心怀猜疑，对待臣子过于苛刻。这怎么能谈得上是君以礼待臣，臣以忠心侍主呢？凭陛下的圣贤聪慧，凭借当今的功业，要是能够诚恳地去寻求当代的人才，上下同心协力，那么三皇就可以再增加一人成为四皇，五帝也可以再增加一人成为六帝，夏朝、商朝、周朝、汉朝这几个朝代与您相比，又算得了什么呢？

唐太宗很赞赏他的话，并且接纳了这个建议。

解析

唐太宗是个用人高手，玄武门之变后，由于魏徵和王珪都是李建成的旧部署，因而有人劝唐太宗将两人杀了，但他却没有这么做，反而任用两人为朝中大臣。有人问："难道你不怕他们图谋不轨吗？"唐太宗回答说："我信任他们。"正是因为有了唐太宗的信任，魏徵和王珪都成了他的得力助手，为贞观之治的盛世作出了卓越的贡献。

人和人之间，不管是工作也好，还是其他也好，信任都是彼此合作的基础，缺乏信任双方就相处不下去，做任何事都难以取得预期的效果。

择官第七（一）

原典

贞观元年，太宗谓房玄龄等曰："致治之本，惟在于审①。量才授职，务省官员②。故《书》称：'任官惟贤才。'又云：'官不必备，惟其人。'若得其善者，虽少亦足矣；其不善者，纵多亦奚为③？古人亦以官不得其才，比于画地作饼，不可食也。《诗》曰：'谋夫孔多，是用不就④。'又孔子曰：'官事不摄⑤，焉得俭？'且'千羊之皮，不如一狐之腋'。此皆载在经典，不能具道。当须更并省官员，使得各当所任，则无为而治矣。卿宜详思此理，量定庶官员位。"玄龄等由是所置文武总六百四十员。太宗从之，因谓玄龄曰："自此倘有乐工杂类，假使术逾侪辈者⑥，只可特赐钱帛以赏其能，必不可超授官爵，与夫朝贤君子比肩而立，同坐而食，遣诸衣冠以为耻累。"

注释

①惟在于审：只在对于官员的审查。②务省官员：务必减少官员的数量。③奚为：有什么用呢？④是用不就：反而不知采用哪个，因而最终不能成功。⑤摄：处理政事。⑥侪辈：同辈。

译文

贞观元年，唐太宗对房玄龄等人说："要使国家太平，其根本就在于对官员的审查和任用上，要根据官员的才能来授予官职，务必要减少官员的数量。所以《尚书》里说：'任用官员要唯才是举。'又说：'官员数量不用太多，在于任用贤能的人。'如果选拔了贤明之士，那么即使数量少也足以让天下大治。如果任用了无才之人，那么人数再多又有什么用呢？古人曾把不按才能来任用官员，比喻成画饼充饥。《诗经》里说：'谋划的人多了，决策时反而会无所适从。'孔子说：'官员不去处理政事，怎么能做到精简呢？'而且'一千只羊的皮毛，比不上一只狐狸腋下的皮毛。'这些至理名言都是记载在经书典籍上的，就不一一列举了。现在必须进一步合并官府机构，减少官员数量，使得官员都能够量才而用，那么就可以达到无为而治了。爱卿们应该详细思考下，看是不是这个道理，从而衡量下裁定官员的数量。"房玄龄等人于是拟定文武百官共六百四十人，唐太宗同意了这个方案，对房玄龄说："从今以后，如果乐工、做杂事的人中有技能超过常人的，只可以赏赐他们钱财丝帛，一定不能奖赏过度，授予他们官职，从而让他们和朝中的贤明君子相提并论，同坐在一张桌子上吃饭，使得那些士大夫认为这是对他们的羞辱。"

解析

不管在哪个朝代，最好的人才永远是德才兼备的。唐太宗选拔官员的标准就是有才能、有品德，这样的人才能够在官职上作出应有的贡献。假设选拔一个没有才能的人，那么这个人不惹乱子就不错了，还能指望他作出什么贡献呢？因而官员的数量不在于多少，而在于所选拔的官员都能够尽到他们的职责。另外，官员数量减少，就减少了国家的开支，人民的负担也会轻一些。

所以管理者要学会依据才能来选择员工，不要大材小用，也不要小材大用，而是要把员工放在合理的岗位上发挥其才能。

择官第七（二）

原典

贞观二年，太宗谓房玄龄、杜如晦曰：“公为仆射，当助朕忧劳，广开耳目[①]，求访贤哲。比闻公等听受辞讼[②]，日有数百。此则读符牒不暇[③]，安能助朕求贤哉?”因敕尚书省，细碎务皆付左右丞，惟冤滞大事合闻奏者[④]，关于仆射。

贞观三年，太宗谓吏部尚书杜如晦曰：“比见吏部择人，惟取其言词刀笔[⑤]，不悉其景行[⑥]。数年之后，恶迹始彰，虽加刑戮，而百姓已受其弊。如何可获善人?”如晦对曰：“两汉取人，皆行著乡闾，州郡贡之，然后入用，故当时号为多士。今每年选集，向数千人，厚貌饰词[⑦]，不可知悉，选司但配其阶品而已。铨简之理[⑧]，实所未精，所以不能得才。”太宗乃将依汉时法令，本州辟召，会功臣等将行世封事，遂止。

注释

①广开耳目：广泛地听取他人建议，尽可能地多见多闻。②听受辞讼：听取处理的诉讼。③读符牒不暇：读公文尚且时间不够。④冤滞大事：拖了很久的冤案或重大事件。⑤言词刀笔：言论和文笔。⑥悉其景行：知道他们的德行。⑦厚貌饰词：过多地掩饰自己的面貌，过多地修饰自己的言辞。⑧铨简之理：衡量选拔的方法。

译文

贞观二年，唐太宗对房玄龄、杜如晦说：“你们身为仆射，应当帮助我排忧解难，广泛地听取他人建议，尽可能地多见多闻，寻访贤能的人才。近来听说你们每天听取处理的诉讼达数百件之多，这样下来连读公文的时间都不够，怎么能够帮助我寻找人才呢?”于是太宗下令尚书省，将细琐繁杂的事务都交给左右丞去处理，只有那些拖了很久的冤案或重大事件需要上奏时，才交给仆射去处理。

贞观三年，唐太宗对吏部尚书杜如晦说：“近来我发现吏部选拔人才，只是根据他们的言论和文笔来做决定，而不去了解他们的德行是否高尚。几年之后，这些人的恶劣行径逐渐显现出来，即使加以刑罚，百姓也已经受到他们的迫害，那么如何才能选拔到好的官员呢?”杜如晦回答说：“两汉时期选拔的人才，在乡里都是德行高尚的人，经由州郡向朝廷举荐，然后才可以选拔任用，因此那个时代以人才辈出而著称。现在选拔人才都是集中选拔，大约有几千人，这些人外表装扮得谨慎忠厚，言语巧加掩饰，怎么可能对其进行全面的了解，最后吏部也只能根据他们的表现来给予一定的官阶品级。选拔人才的规章制度还不够完善，因此不能够得到真正的人才。”太宗于是打算按照汉代寻求人才的方法，先由各州征召人才，但恰好赶上功臣们世袭封官的事宜，这件事就这样停止了。

解析

唐太宗认为房玄龄、杜如晦等大臣对政事不必事事躬亲，细琐繁杂的事情完全可以交给下面的人去处理，毕竟每个人的时间和精力都是有限的，应该把时间和精力放在最重要的事情，即寻找人才上。选拔人才不仅要察其言、观其行，还要对人才的德行有一定的了解，不要被其表象所迷惑，毕竟一个人的行为可以伪装，言论可以粉饰，但德行在短时间内是无法改变的。

择官第七（二）

原典

贞观六年，太宗谓魏徵曰："古人云，王者须为官择人，不可造次①即用。朕今行一事，则为天下所观；出一言，则为天下所听。用得正人，为善者皆劝；误用恶人，不善者竞进。赏当其劳，无功者自退；罚当其罪，为恶者戒惧②。故知赏罚不可轻行，用人弥须慎择③。"徵对曰："知人之事，自古为难，故考绩黜陟④，察其善恶。今欲求人，必须审访其行。若知其善，然后用之，设令此人不能济事，只是才力不及，不为大害，误用恶人，假令强干⑤，为害极多。但乱世惟求其才，不顾其行。太平之时，必须才行俱兼，始可任用。"

贞观十一年，侍御史马周上疏曰："治天下者以人为本，欲令百姓安乐，惟在刺史、县令。县令既众，不可皆贤，若每州得良刺史，则合境苏息⑥，天下刺史悉称圣意，则陛下可端拱岩廊之上⑦，百姓不虑不安。自古郡守、县令，皆妙选贤德，欲有迁擢为将相，必先试以临人，或从二千石入为丞相及司徒、太尉者。朝廷必不可独重内臣，外刺史、县令，遂轻其选⑧。所以百姓未安，殆由于此。"太宗因谓侍臣曰："刺史朕当自简择；县令诏京官五品已上，各举一人。"

注释

①不可造次：不可草率。造次，匆忙、草率。②罚当其罪，为恶者戒惧：根据他的罪行来惩罚，那么作恶的人就会警惕害怕。③弥须慎择：更须谨慎选择。④绩黜陟：按照考核的成绩来决定官员官职的升降。⑤假令强干：假设他精明能干。⑥合境苏息：全州都能够休养生息。⑦可端拱岩廊之上：可以端坐在朝廷中。⑧遂

轻其选：于是轻视对他们的选拔。

译文

贞观六年，唐太宗对魏徵说："古人说，君王必须根据官职来选拔人才，不能草率地任用。我如今每做一件事，天下的人都能看得到；每说一句话，天下的人都能听得到。任用了正直的人，那么为善者就会得到劝勉；如果不小心误用了恶人，那么为恶者就会不断地出现。根据他的功劳来决定赏赐，那么没有功劳的人自己就会退下去；根据他的过错而惩罚，那么为恶者就会警惕恐惧。因此，赏罚不能轻易施行，任用人才更须谨慎。"魏徵回答说："知人善用，自古以来就很难做到，因此在对官员进行考核、决定贬降时，要观察他的德行是善还是恶。现在想求得人才，一定要考察他的德行。如果知道他的德行是好的，那么就可以任用。假设这个人只是能力有所不及处理不好事情，那没有什么大害，但如果误用了恶人，他越是精明能干，那么造成的危害就越大。乱世时期求人才只能看他的才能，而不讲究他的德行，但如今是太平盛世，选拔人才，必须德才兼备者才能任用。"

贞观十一年，侍御史马周上奏章说："治理天下的人要把人才当作根本。要想让百姓安居乐业，关键是选拔好刺史、县令等地方官。县令那么多，不可能都是贤能的人，但如果每个州都能够得到一个好的刺史，那么全州就可以安定繁荣了。如果全天下的刺史都能够符合陛下的心意，那么您就可以端坐在朝廷之中高枕无忧了，百姓也不用忧虑不能安居乐业了。自古以来，郡守、县令都是精心挑选出来的有贤能、德行高尚的人，如果打算提拔他们为将相，那么就必须先让他们做一段时间的地方官来进行考察，或者从郡守中选拔人才担任丞相、司徒或太尉。朝廷千万不可只重视朝廷内的大臣的选拔，忽视朝廷外刺史、县令的选拔。老百姓之所以不能安居乐业，大多是由此引起的。"唐太宗对侍臣说："刺史一职，我应该自己亲自选拔，县令的人选就由朝中五品以上的官员每人选拔一个人。"

解析

选拔人才应该根据需要来选拔，另外要注重人才是否德才兼备，只有德才兼备的人才，方可任用。当然，要找到德才兼备的人才往往要费很多时间和精力，但这是很值得的。就像文中说的："设令此人不能济事，只是才力不及，不为大害。误用恶人，假令强干，为害极多。"由此可见，只有德才兼备的人才才能成就一番事业。

另外，还需要注意奖励和惩罚措施。赏罚必须公正公平，对事不对人，否则就会让人才产生一些负面的想法，从而影响其能力的发挥。

择官第七（三）

原典

贞观十一年，治书侍御史刘洎以为左右丞宜特加精简，上疏曰："臣闻尚书万机，实为政本，伏寻此选，授任诚难。是以八座比于文昌[①]，二丞方于管辖，爰至曹郎[②]，上应列宿，苟非称职，窃位兴讥[③]。伏见比来尚书省诏敕稽停，文案壅滞，臣诚庸劣，请述其源。贞观之初，未有令、仆，于时省务繁杂，倍多于今。而左丞戴胄、右丞魏徵并晓达吏方[④]，质性平直，事应弹举，无所回避，陛下又假以恩慈，自然肃物[⑤]。百司匪懈，抑此之由。及杜正伦续任右丞，颇亦厉下。比者纲维不举[⑥]，并为勋亲在位，器非其任，功势相倾。凡在官寮，未循公道，虽欲自强，先惧嚣谤。所以郎中予夺，惟事咨禀[⑦]；尚书依违，不能断决。或纠弹闻奏，故事稽延，案虽理穷，仍更盘下。去无程限，来不责迟[⑧]，一经出手，便涉年载。或希旨失情[⑨]，或避嫌抑理。勾司以案成为事了，不究是非；尚书用便僻为奉公，莫论当否，互相姑息，惟事弥缝[⑩]。且选众授能，非才莫举，天工人代，焉可妄加？至于懿戚元勋，但宜优其礼秩，或年高及耄，或积病智昏，既无益于时宜，当置之以闲逸。久妨贤路，殊为不可。将救兹弊，且宜精简尚书左右丞及左右郎中。如并得人，自然纲维备举，亦当矫正趋竞，岂惟息其稽滞哉！"疏奏，寻以洎为尚书左丞。

注释

①八座比于文昌：把尚书省的官员比作文曲星。八座，指尚书省的六位长官和左右仆射。②曹郎：指尚书省所属的职官。③窃位兴讥：窃取了位置来嘲笑他人。④晓达吏方：通晓官吏事务。⑤肃物：整肃事务。⑥纲维不举：纲纪不正。⑦惟事咨禀：遇到难以处理的事情才会向上咨询禀告。⑧去无程限，来不责迟：公文发出去就没有期限，即使回复得迟也不责怪他们延迟。⑨希旨失情：迎合上面的意旨而不考虑是否符合实际情况。⑩惟事弥缝：出了事就想办法掩盖。

译文

贞观十一年，治书侍御史刘洎认为尚书省左、右丞官员的人选应特别精心挑选，于是上疏说："我听说尚书省官员日理万机，是处理国家政事的中枢机构，因而这里官员的选用任命确实不简单。所以尚书省的六位长官和左右仆射就好像天上文昌宫的六星，二丞处理的事情更是重中之重，从二丞到曹郎，都与天上的星辰相映，如果不能称职，那就会惹人嘲笑了。我看到近来尚书省的诏书发布得很慢，文案积压很久，我固然平庸无能，但也请允许我说一下造成这样情况的根源。贞观初年，还未设尚书令和仆射等职位，公务要比现在繁杂几倍。然而左丞戴胄、右丞魏徵都是通晓政务的人，办事公平公正，应该弹劾检举的事情从来都不回避，陛下又十分仁慈爱护他们，自然能够整肃政务。各个部门的官员都不敢懈怠，这就是因为陛下任用戴胄、魏徵得当。杜正伦继任右丞时，也能够严格要求下属。近来纲纪不正，都是因为有人倚仗功勋和姻亲关系而占据了职位，他们无才胜任，又凭借功勋、倚仗势力相互倾轧，使得朝中百官无法秉公办事，即使想有所作为，也会先因畏惧毁谤而退缩。所以简单的事情就由郎中定夺，遇到难事就向上面请示；尚书也犹豫不决，不能很快作出决断。有的弹劾的奏章本应该上奏的，也故意拖延，案件虽然已经理得很清楚了，还要盘问下属。公文发出去就不知道什么时候能回来，即使回复得比较迟也不予以责怪；事情一经交给他人去办，就会拖延几月甚至几年。有的人只顾着迎合上面的质疑而不考虑是否与实际情况相符，有的为了避嫌而不敢伸张正义。办理案子的部门只要把事情办成就好了，而不考虑办理得是对还是错；尚书任用阿谀奉承的人，还以为这是为君主着想，而不论是应当还是不应当。相互姑息迁就，有了问题就想方设法掩盖。官员应该根据才能进行选拔，不是人才的就不应举荐，天子和官吏是替上天来管理百姓的，怎么可以随便选拔人来做呢？至于皇亲国戚、朝廷元勋，只能在礼仪上厚待他们，他们有的年事已高，有的久病而神智昏聩，既然对现在的事都做不出什么贡献来，就应当把他们安置在清闲的位置上。他们久居其位，只会妨碍贤能人士的仕途，这是不可以的。想要改正这一弊端，就应该精心挑选左、右丞和左、右郎中，如果这些位置上都任用了合适的人才，那么纲纪就会树立，就能够纠正争名夺利的风气，这岂止是仅仅解决了办事拖拉延迟的问题啊。”上疏后不久，刘洎便被任命为尚书左丞。

解析

关键位置上必须安置有才能，同时德行又非常高的人，这样才能提高整个团体的效率，让之前拖拉延迟的风气一扫而光。无论是公司还是其他机构，人才都是其成败与否的关键因素。选择合适的人才才是公司和其他机构正常运行的根本。

有时公司或其他机构难免会安置几个没有实际能力的人，应安置一些空闲职位给他们，这样既能让这些人安心，腾出来的位置又能安置合适的人才，让人才发挥其才能。

择官第七（四）

原典

贞观十四年，特进魏徵上疏曰：

臣闻知臣莫若君，知子莫若父。父不能知其子，则无以睦一家；君不能知其臣，则无以齐万国。万国咸宁，一人有庆，必藉忠良作弼[①]，俊乂在官，则庶绩其凝[2]，无为而化也。故尧、舜、文、武见称前载，咸以知人则哲，多士盈朝[3]，元、凯翼巍巍之功[4]。周、召光焕乎之美[5]。然则四岳、九官、五臣、十乱[6]，岂惟生之于曩代，而独无于当今者哉？在乎求与不求。好与不好耳！何以言之？夫美玉明珠，孔翠犀象，大宛之马，西旅之獒，或无足也，或无情也，生于八荒之表，途遥万里之外，重译入贡[7]，道路不绝者，何哉？盖由乎中国之所好也。况从仕者怀君之荣，食君之禄，率之以义，将何往而不至哉？臣以为与之为孝，则可使同乎曾参、子骞矣；与之为忠，则可使同乎龙逄、比干矣；与之为信，则可使同乎尾生、展禽矣；与之为廉，则可使同乎伯夷、叔齐矣。

注释

①藉：借助。②庶绩其凝：各种事情都能够成功处理。③多士盈朝：贤明的人才挤满朝廷。④元、凯：传说中的贤明人才。元，八元，指八个德才兼备的人才。凯，八凯，也指德才兼备的人才。⑤周、召：周，周公。召，召公。⑥四岳、九官、五臣、十乱：都是指传说中的贤能人才。⑦重译入贡：由于言语不通，因而需要借助翻译来进贡。

译文

贞观十四年，特进魏徵上疏说：

我听说没人比君主更了解大臣的了，没人比父亲更了解自己儿子的了。父亲不了解孩子，就无法使家庭和睦；君主不了解大臣，就无法治理好国家。要想天下太平，君主无忧无患，必须借助忠诚德良的大臣来辅佐。有才能的人做官，那么各种事情都能得到有效的处理，君主就能够无为而治，天下百姓也能得到教化。尧、舜、文王、武王之所以能够在历史上留名，就是因为他们知人善用，使得贤才汇聚于朝廷。有八元、八凯之类的贤臣来辅佐成就伟业，有周公、召公等贤臣光大君主的美德。难道‘四岳’、‘九官’、‘五臣’、‘十乱’这样的贤臣，只有前朝才有，现在就没有吗？江山代有人才出，关键在于国君求与不求、喜不喜欢而已。为什么这样说呢？那些美玉明珠、孔雀翡翠、犀牛大象、大宛的汗血宝马、西部地区的獒，有的无手脚，有的无感情，产于异邦，远在万里之外，进贡的人由于语言不通要靠翻译才能入朝进贡，即便如此，仍有不少人前来进贡，为什么会这样呢？大概是由于中原地区的人喜欢这些。况且做官的人都仰慕陛下的尊荣，享受君主赐予的俸禄，如果君主能用道义来引导这些大臣，他们怎能不尽职尽责呢？如果用孝道来指导他们，就可以使他们像孝子曾参、子骞那样委以重任；如果以忠诚的思想去指导他们，那么就可以把他们当作龙逄和比干一样加以提拔；教导他们讲究诚信，那么就可以让他们像尾生、展禽那样；教导他们要廉洁，那么他们就会像伯夷、叔齐一样。

解析

要想成为一块美玉，必然要经过工匠的层层雕刻，忍受千锤万刀之苦。同样，要想成为真正的人才，就必须接受磨练和教育，就像魏徵所说的，用“孝、忠、信、廉”等来指导他们，把他们培养成能够独当一面的人才。

要做到这点，就要对人才有一定的了解，知道他们的长处和短处，这样才能有目的地去磨练他们，教育他们，使他们的长处更加长，短处往长处转变，以发挥他们的才能。这也说明，要用发展的眼光来看待人才。

择官第七（五）

原典

然而今之群臣，罕能贞白卓异者[1]，盖求之不切，励之未精[2]故也。若勖之以公忠，期之以远大[3]，各有职分，得行其道；贵则观其所举，富则观其所养，居则观其所好，习则观其所言，穷则观其所不受[4]，贱则观其所不为；因其材以取之，审其能以任之，用其所长，掩其所短[5]；进之以六正，戒之以六邪，则不严而自励，不劝而自勉矣。

注释

①罕能贞白卓异者：德行清白、才能卓越的人很少见。贞白卓异，指德行清白、才能卓越。②励之未精：不能够恰到好处地激励他们。③期之以远大：用远大的目标去要求他们。④穷则观其所不受：贫穷的时候就观察他们不能接受什么物品。⑤用其所长，掩其所短：任用他们的长处，掩盖他们的短处。

译文

然而现在的文武百官，洁身自好、才能卓越的很少，这大概是因为求贤之心不够急切，劝勉激励得不够吧。如果要求他们公正忠诚，用远大的目标去激励他们，让他们各尽其职、各安其位，就能够施展他们的才能。官位高的，就观察他们所举荐的人；富贵的，就观察他们所养育的人；闲居的，就观察他们的爱好；学习时，就观察他们的言论；贫穷时，就观察他们不接受什么物品；地位低下时，就观察他们不去做什么。根据他们的长处来选拔他们，审查他们的才能来任用他们，让他们发挥长处，克服短处，用“六正”去勉励他们，以“六邪”警惕他们，那么即使不严厉地对待他们，他们也会自我激励，不用苦口婆心地劝告他们，他们也会自我劝勉。

解析

选拔合适的人才无疑是非常困难的，魏徵建议从各个方面来考察人才。事实上，直至今日，魏徵考察人才的方法仍有着很好的借鉴意义。任用人才，要任用他们的长处，扬长避短，用好的行为激励他们，用坏的行为警惕他们，这样才能发挥人才的主动性，让他们自动自发，主动要求进步。

要想成为一个好的人才，就要学会从各个方面约束自己，不要因为一些细节而损害了自己的形象。同时要注意培养自己的长处，改正自己的短处，用严格的标准来要求自己，假以时日，必然是个出类拔萃的人才。

择官第七（六）

原典

故《说苑》曰："人臣之行，有六正六邪，行六正则荣，犯六邪则辱。何谓六正？一曰萌芽未动，形兆未见，昭然独见存亡之机[①]，得失之要，预禁乎未然之前，使主超然立乎显荣之处，如此者，圣臣也。二曰虚心尽意，日进善道，勉主以礼义，谕主以长策，将顺其美，匡救其恶[②]，如此者，良臣也。三曰夙兴夜寐，进贤不懈，数称往古之行事，以厉主意[③]，如此者，忠臣也。四曰明察成败，早防而救之，塞其间，绝其源[④]，转祸以为福，使君终以无忧，如此者，智臣也。五曰守文奉法，任官职事，不受赠遗，辞禄让赐，饮食节俭，如此者，贞臣[⑤]也。六曰家国昏乱，所为不谀，敢犯主之严颜，面言主之过失，如此者，直臣[⑥]也。是谓六正。何谓六邪？一曰安官贪禄，不务公事，与世浮沉，左右观望，如此者，具臣[⑦]也，二曰主所言皆曰善，主所为皆曰可，隐而求主之所好而进之，以快主之耳目，偷合苟容，与主为乐，不顾其后害，如此者，谀臣也。三曰内实险诐，外貌小谨，巧言令色，妒善嫉贤，所欲进，则明其美、隐其恶，所欲退，则明其过、匿其美，使主赏罚不当，号令不行，如此者，奸臣也。四曰智足以饰非，辩足以行说，内离骨肉之亲，外构朝廷之乱，如此者，谗臣也。五曰专权擅势，以轻为重，私门成党，以富其家，擅矫主命，以自贵显，如此者，贼臣[⑧]也。六曰谄主以佞邪，陷主于不义，朋党比周[⑨]，以蔽主明，使白黑无别，是非无间，使主恶布于境内，闻于四邻，如此者，亡国之臣也。是谓六邪。贤臣处六正之道，不行六邪之术，故上安而下治。生则见乐，死则见思，此人臣之术也。”《礼记》曰：“权衡诚悬，不可欺以轻重。绳墨诚陈，不可欺以曲直。规矩诚设，不可欺以方圆。君子审礼，不可诬以奸诈。”然则臣之情伪，知之不难矣。又设礼以待之，执法以御之，为善者蒙赏，为恶者受罚，安敢不企及乎？安敢不尽力乎？

国家思欲进忠良，退不肖⑩，十有余载矣，徒闻其语，不见其人，何哉？盖言之是也，行之非也，言之是，则出乎公道，行之非，则涉乎邪径。是非相乱，好恶相攻。所爱虽有罪，不及于刑；所恶虽无辜，不免于罚。此所谓爱之欲其生，恶之欲其死者也。或以小恶弃大善，或以小过忘大功。此所谓君之赏不可以无功求，君之罚不可以有罪免者也。赏不以劝善，罚不以惩恶，而望邪正不惑，其可得乎？若赏不遗疏远，罚不阿亲贵，以公平为规矩，以仁义为准绳，考事以正其名，循名以求其实，则邪正莫隐，善恶自分。然后取其实，不尚其华⑪，处其厚，不居其薄，则不言而化，期月而可知矣。若徒爱美锦，而不为民择官，有至公之言，无至公之实，爱而不知其恶，憎而遂忘其善，徇私情以近邪佞，背公道而远忠良，则虽夙夜不怠，劳神苦思，将求至理⑫，不可得也。

书奏，甚嘉纳之。

注释

①昭然：很清楚的。②将顺其美，匡救其恶：君主有好的行为就要顺从，有坏的行为就要匡正补救。③以厉主意：用来激励君主的意志。④塞其间，绝其源：堵塞它的缝隙，断绝它的源头。⑤贞臣：德行高尚的大臣。⑥直臣：正直公正的大臣。⑦具臣：指白拿俸禄的大臣。⑧贼臣：如小偷般的大臣。⑨朋党比周：拉帮结派，罗网党羽。⑩不肖：指没有才能的人。⑪取其实，不尚其华：选拔具有真才实学的人，而不是崇尚外在表现。⑫至理：指达到治理国家的目标。

译文

因此《说苑》中说：“臣子的行为，有六正六邪。臣子做事遵循‘六正’则能流芳百世，效法‘六邪’则会遗臭万年。那么什么是‘六正’呢？一是事先预见事情的发展方向和趋势，洞察其得失要害，在事情没有发生之前就加以阻止，使君主能免于祸端，永保江山稳固，这样的臣子是圣臣。二是尽心尽力操劳国事，直言进谏，用礼仪道义来劝勉君主，告诉君主治国良策，顺从君主好的行为，匡正补救君主坏的行为，像这样的臣子，就是良臣。三是废寝忘食，不断地向朝廷推荐人才，不断地以古代圣贤来勉励君主，让君主能励精图治，这样的臣子，就是忠臣。四是明察秋毫，防微杜渐，将祸患断于源头，转危为安，不让君主担忧，这样的臣子，是智臣。五是遵守制度，奉公守法，当官做事不接受他人的馈赠和贿赂，辞掉俸禄，把赏赐让给他人，饮食节俭，这样的臣子，是贞臣。六是国君昏庸，国家混乱时，不阿谀奉承，敢冒天下之大不韪直言进谏，当面谈论君主的过与失，这样的大臣，是直臣。以上就是所谓的‘六正’。那么，什么是‘六邪’呢？一是贪得无厌，不理政事，随波逐流，得过且过，这样的臣子，就是具臣。二是君主说什么他都说好，君主做什么他都说是对的，暗中寻找君主所喜好的东西以博取君主的欢心，保住自己的官位，与君主一起寻欢作乐，不顾后果，这样的臣子，就是谀臣。三是内心阴险狡诈，外在小心谨慎，花言巧语，嫉妒有才能的人，想提拔谁，就彰显他们的长处，隐瞒他们的短处；想辞退谁，就彰显他们的过错，隐瞒他们的长处，让君主赏罚不能公正，号令不得施行，这样的臣子，就是奸臣。四是凭借自己的机巧辩才来掩过饰非，对内离间骨肉之情，对外制造朝廷混乱，这样的臣子，就是馋臣。五是手握重权，专横跋扈，颠倒是非，结党营私，聚敛财富，擅自伪造君主的诏令，用来彰显自己的地位，这样的臣子，就是贼臣。六是以歪门邪道来蛊惑君主，使君主不辨黑白，不明是非，四处散布君主的恶行丑闻，这样的臣子，是亡国之臣。以上就是所谓的‘六邪’。贤能的臣子行‘六正’，克‘六邪’，所以朝廷安宁，国家太平。这样的人生为百姓爱戴，死后被人们怀念，这才是做臣子应具备的基本原则。”《礼记》说：“秤杆一提，物体的轻重就称出来了；绳墨一弹，曲直就显现出来了；规矩一定，方圆就清楚了；君子用礼仪来审查，忠奸自辨。”由此可见，辨别臣子是忠是奸，并不是很难。如果朝廷能够以礼相待，以法理来约束，行善的加以褒奖，为恶的加以惩罚，这样谁还敢不行正道、不尽力做事呢？

朝廷想提拔忠正良善的大臣，辞退不贤之人，已经有十多年了，但也只是说说而已，没有见朝廷真正这样去做，这是为什么呢？就是因为说是说，做起来却是另一回事。说是出自对公道的考虑，没有这样做则是走上了邪途。这样是非不分、善恶不明。所喜欢的人即使有罪，也不去惩罚他；所厌恶的人即使没有罪过，也免不了遭受惩罚。这就是所谓的爱一个人就希望他能够好好活着，厌恶一个人则希望他能够死掉，或者因为小小的过失而忘记他的高尚品德和丰功伟绩。因此，君主不可以赏赐无功之人，不可以惩罚没有过错的人。如果赏赐不以劝善为目标，惩罚不是为了惩治恶行，那么还去指望善恶分明，怎么可能呢？如果赏赐时不忘被疏远的臣子，处罚时不包庇亲近的人，把公平公正作为原则，将仁义道德作为准绳，通过考察官员的所作所为来委以职责名分，根据他们的官职来考察他们的业绩，那么就能做到正邪分明、善恶明辨。然后选拔人才时，要讲实际才能而不要只图表面，应扬长避短，那么就能做到不发一言而使百姓得到教化，一年的时间就可以看到成果。如果只是喜爱徒有其表而不注重为民选官，只说符合道义的话，却不做符合道义的事，喜欢哪个臣子就忽视他的短处，厌恶哪个臣子就忘记他的好处，只从个人恩怨出发去亲近邪恶狡诈的臣子，背离公道而疏远忠诚正直的大臣，一旦这样，即使是夜以继日地操劳政事，耗费精神苦苦思虑，也不可能使天下大治。

看过奏章后，唐太宗很赞赏，并且接纳了这些建议。

解析

任用人才，不可徒爱其表，而要选拔一些具有真才实学的人，否则任用徒有其表的人，就会造成岗位浪费，甚至这些人还会惹来一些祸端，这是非常不可取的。另外在赏赐和惩罚时，要做到公平公正，不要因私情而赏赐无功之人，也不要因厌恶而惩罚无过错的人。

做人要言行一致、说到做到，要有“至公之言”，更要有“至公之实”。言到而行不到，就会给人一个不诚信的印象，而诚信是一个人能够成功的基本。

封建第八（一）

原典

贞观十一年，太宗以周封子弟，八百余年，秦罢诸侯，二世而灭，吕后欲危刘氏，终赖宗室获安，封建亲贤[①]，当是子孙长久之道。乃定制，以子弟荆州都督荆王元景、安州都督吴王恪等二十一人，又以功臣司空赵州刺史长孙无忌、尚书左仆射宋州刺史房玄龄等一十四人，并为世袭刺史。礼部侍郎李百药奏论驳世封事曰：

臣闻经国庇民，王者之常制；尊主安上，人情之大方[②]。思闻治定之规，以弘长世之业，万古不易，百虑同归[③]。然命历有赊促之殊[④]，邦家有治乱之异，遐观载籍，论之详矣。咸云周过其数，秦不及期，存亡之理，在于郡国。周氏以鉴夏、殷之长久，遵皇王之并建，维城磐石[⑤]，深根固本，虽王纲弛废，而枝干相持，故使逆节不生，宗祀不绝。秦氏背师古之训，弃先王之道，剪华恃险[⑥]，罢侯置守，子弟无尺土之邑，兆庶罕共治之忧，故一夫号呼而七庙隳圮[⑦]。

注释

①封建亲贤：分封亲族和贤臣。②人情之大方：这是人之常情。大方指常道，即基本之道。③万古不易，百虑同归：自古以来没有改变，各种不同的忧虑结果都殊途同归。④赊促之殊：有长短的区别。赊促，长短。⑤维城磐石：连城守卫王室，稳若磐石。⑥剪华恃险：凭借地势险要。⑦隳圮（huī pǐ）：倒塌。隳，毁掉。圮，毁坏。

译文

贞观十一年，唐太宗认为，周朝之所以能够延续八百多年，就是因为实行分封制。秦朝废除了分封制，只经历了两代就灭亡了。吕后想夺取汉朝刘氏的天下，刘氏靠宗室的力量让吕后阴谋落败，因此分封亲族和贤臣应当是能够让李氏王朝长久的办法。于是太宗定下制度，分封荆王元景、安州都督吴王恪等二十一人，以及功臣司空赵州刺史长孙无忌、尚书左仆射宋州刺史房玄龄等十四人以世袭爵位。礼部侍郎李百药上奏章反驳分封制，他说：

臣听说，治理国家、庇护百姓是帝王应该做的；尊重君主，使君主安心，这是人之常情。思考安定国家的方策，以保帝业千秋万代，这是古往今来所有帝王的共同想法。然而，历代王朝的命运有长有短，国家有治有乱，查看历代典籍，对此都有很详细的记载。都说周朝的统治超过了其本来命数，秦朝的统治则短于其应该享有的命数，这一长一短就在于是否分封诸侯。周朝借鉴了夏朝和商朝能够长久统治的经验，遵循了前人所制定的制度，分封子弟，因而能够团结起来守卫王室，使王室稳若磐石，根基深厚坚固，即使纲纪废弛，也能靠众位诸侯的扶持而无作乱发生，王位也得以继承。秦朝违背古人的做法，背弃古人治理国家之道，凭借华山等险要地势，废弃分封制而改为郡县制，结果子孙没有一寸土地的封地，庶民百姓不能为国家分忧，所以一介平民陈涉揭竿而起，政权立时土崩瓦解，秦朝也灭亡了。

解析

无论是治理国家还是管理其他组织，有个好的制度是非常重要的。唐太宗从历代历朝的兴衰败落中得知，分封制是最好的制度，能够“维城磐石，深根固本”，因而打算以分封制来治理天下，但唐太宗却忘了深究其背后的根源。

合理的制度是要与时俱进的，过去的那种制度在过去使用得很好，但却未必适应现在的状况，因而最好的制度是符合当今情况的制度，能够让国家或组织安定有序，人才能够尽其才，物能够尽其用。

封建第八（二）

原典

臣以为自古皇王，君临宇内，莫不受命上玄[①]，册名帝录，缔构遇兴王之运，殷忧属启圣之期。虽魏武携养之资，汉高徒役之贱，非止意有觊觎，推之亦不能去也。若其狱讼不归[②]，菁华已竭[③]，虽帝尧之光被四表[④]，大舜之上齐七政，非止情存揖让，守之亦不可焉。以放勋、重华之德，尚不能克昌厥后，是知祚之长短，必在于天时，政或兴衰，有关于人事。隆周卜世三十，卜年七百，虽沦胥之道斯极[⑤]，而文、武之器尚存，斯龟鼎之祚，已悬定于杳冥也。至使南征不返，东迁避逼，禋祀阙如[⑥]，郊畿不守，止乃陵夷之渐，有累于封建焉。暴秦运距闰余，数终百六，受命之主，德异禹、汤，继世之君，才非启、诵，借使李斯、王绾之辈咸开四履，将闾、子婴之徒俱启千乘，岂能逆帝子之勃兴，抗龙颜之基命者也?

然则得失成败，各有由焉。而著述之家，多守常辙[⑦]，莫不情忘今古，理蔽浇淳[⑧]，欲以百王之季，行三代之法，天下五服之内，尽封诸侯，王畿千里之间，俱为采地。是则以结绳之化行虞、夏之朝，用象刑之典治刘、曹之末，纪纲弛紊，断可知焉。锲船求剑，未见其可[⑨]；胶柱成文，弥多所惑[⑩]。徒知问鼎请隧，有惧霸王之师；白马素车，无复藩维之援。不悟望夷之衅，未堪羿、浞之灾；既罹高贵之殃，宁异申、缯之酷。此乃钦明昏乱，自革安危，固非守宰公侯，以成兴废[⑪]。且数世之后，王室浸微，始自藩屏，化为仇敌。家殊俗，国异政，强凌弱，众暴寡，疆埸彼此，干戈侵伐。狐骀之役，女子尽髽[⑫]；崤陵之师，只轮不反[13]。斯盖略举一隅，其余不可胜数。陆士衡方规规然云："嗣王委其九鼎，凶族据其天邑[14]，天下晏然，以治待乱。"何斯言之谬也！而设官分职，任贤使能，以循良之才，膺共治之寄[15]，刺举分竹[16]，何世无人。至使地或呈祥，天不爱宝，民称父母，政比神明。曹元首方区区然称："与人共其乐者人必忧其忧，与人同其安者人必拯其危。"岂容以为侯伯则同其安危，任之牧宰则殊其忧乐？何斯言之妄也！

注释

①上玄：上天。②狱讼不归：这里指天下百姓不归顺。③菁华已竭：精华已经枯竭。菁华，精华。④光被四表：光照耀四方极远的地区。⑤沦胥：沦陷。⑥禋祀阙如：祭祀停止。⑦多守常辙：大多是守着常规的。⑧理蔽浇淳：理不清醇厚的风气和浅薄的风气。⑨锲船求剑：这里指迂腐、不知变通。⑩胶柱成文：把弦柱胶住，想弹奏出乐章。⑪以成兴废：用来成就国家的兴盛和衰亡。⑫狐骀之役，女子尽髽：出征的伤亡男子被送回来，女人都披麻戴孝地送葬。⑬只轮不反：就连一辆战车都没有返回。⑭凶族据其天邑：敌对的民族占据了京城。⑮膺共治之寄：担当共同治理国家的重任。⑯刺举分竹：举荐有才能的人，委任官职。分竹，指授予官职。

译文

臣认为自古以来帝王君临天下，没有一个不是受命于上天，载录于帝王之册的。缔造国家时恰逢天命所托，忧国忧民时便有机会开拓神圣事业。因此做人家养子的曹操、出身卑微的刘邦，虽然并非有意要夺取天下，但天命难违，想推都推不掉。相反，如果天下百姓民心不归，命数已尽，即使尧帝的圣贤之名普照天下，舜帝的政绩可与日月同辉，不是他们不想禅让，而是他们的不肖子孙想守帝业都守不住。像尧舜这样的德行，都不能够使他们的后代永葆基业，由此可知帝业存在的长短，必然是由天时来决定的，而国家的兴与衰则在于人如何治理。周朝根据占卜的结果统治了三十多代，共七百多年，即使后期朝政渐微，但文王、武王留下的制度还存在，可见帝业存在时间的长短是冥冥中早已注定了的。至于后来周昭王巡视南方结果一去不返，周平王为了躲避犬戎而向东迁都到洛邑，祭祀的烟火已断，京城都守不住了，这一系列祸患正预示着国运渐衰，灭亡的时日将近了，与当时的分封制没有什么关系。暴秦短命的运数，上苍早就注定了。秦朝的国君，德行和禹、汤有很大的差别；秦朝的继承者，才能又比不上启、诵。这个时候即使有李斯、王绾等功臣，就算将闾、子婴诸子弟分封为诸侯，亦无法阻止汉朝兴起，汉高祖称帝了。

然而，得失成败各有各自的原因。写书的人也多是墨守成规之辈，无法分辨古今差异，也弄不清醇厚的风气和浅薄风气的区别。在相隔这么多朝代之后，再去施行夏、商、周三代的分封制，将全天下的国土分封给诸侯，王城周围方圆上千里的土地也分封给卿大夫，这就像在虞舜、夏禹的时代还使用结绳记事，在汉朝和魏朝推行象刑法典一样，必然导致纲纪废弛紊乱。刻舟求剑的做法是行不通的，胶柱鼓瑟更是弹不出乐章。只知道楚庄王问鼎和晋文公请隧的事件后，大家都很害怕霸王的军队；秦王子婴白马素车向汉高祖投降时，各路诸侯并没有前来帮助。不能够从秦二世被杀的事情中有所领悟，就不知道秦二世被杀与寒浞杀害后羿所带来的灾难相比，后者更甚；曹髦被司马昭杀死，与申侯和缯侯勾结杀了周幽王的悲惨遭遇，是没有什么区别的。这其实都是帝王自己昏庸，才导致国家由太平走向灭亡，跟分封制和郡县制没有什么关系。况且几代之后，王室逐渐势衰，原来作为屏障的诸侯顿时就会变成敌人，以致诸侯间自行其是，政令不一，强国吞并弱国，大国欺凌小国，彼此互相攻击，干戈相见。狐骀之战后，鲁国的妇女都披麻戴孝地送葬。崤陵之战，秦军全军覆没，就连一辆战车都没能返回。这里只是简单举个例子，像这样的例子不胜枚举。陆士衡却装模作样地说："继任的君主抛弃了天下，凶狠的敌人占据了京城，天下却没有大乱，终会扭转乾坤，化乱世为太平。"这种话是多么荒谬啊！再说实行郡县制，也要设官分职，任用贤能的人才，以担当起共同治理国家的重任。是问哪个朝代没有贤良之人呢？这样做就会使大地开始呈现祥瑞、上天开始赏赐宝物，百姓就会称君主为父母，治理国家有如神明。曹元首却有些武断地说："君主能够和其他诸侯分享自己的快乐，那么诸侯就会把君主的烦恼当作烦恼；君主与诸侯能够共享安乐时期，那么君主处于危亡时，诸侯必定会前来拯救。"怎么可以说分封诸侯就能让诸侯与君主共同承担安危，而任用他们为地方官就不能与君主共同承担安危呢？这话是何等的荒谬啊！

解析

创业成功要讲究天时地利人和，三者缺一不可，世间的事都是有定数的，兴衰都有其规律，因而要学会顺势而为，不要与其相悖，这样才能创业成功。守业无疑比创业更加艰难，一旦采取不合理的措施，就有可能功亏一篑。

在任用人才时，最好不要用利益来捆绑他。要知道为了利益而选择留下来的人才，如果有一天你无法给予他利益了，那么他就会选择离开。

封建第八（三）

原典

封君列国，藉其门资①，忘其先业之艰难，轻其自然之崇贵，莫不世增淫虐，代益骄侈。离宫别馆，切汉凌云②，或刑人力而将尽，或召诸侯而共落。陈灵则君臣悖礼，共侮徵舒③；卫宣则父子聚麀，终诛寿、朔。乃云为己思治，岂若是乎？内外群官，选自朝廷，擢士庶以任之，澄水镜以鉴之，年劳优其阶品④，考绩明其黜陟。进取事切，砥砺情深⑤，或俸禄不入私门⑥，妻子不之官舍。班条之贵，食不举火；剖符之重，居惟饮水。南阳太守，弊布裹身；莱芜县长，凝尘生甑⑦。专云为利图物，何其爽欤！总而言之，爵非世及，用贤之路斯广；民无定主，附下之情不固。此乃愚智所辨，安可惑哉？至如灭国弑君，乱常干纪，春秋二百年间，略无宁岁。次睢咸秩⑧，递用玉帛之君；鲁道有荡⑨，每等衣裳之会。纵使西汉哀、平之际，东汉桓、灵之时，下吏淫暴，必不至此。为政之理，可以一言蔽焉。

伏惟陛下握纪御天，膺期启圣，救亿兆之焚溺，扫氛祲于寰区[10]。创业垂统，配二仪以立德；发号施令，妙万物而为言。独照神衷，永怀前古，将复五等而修旧制，建万国以亲诸侯。窃以汉、魏以还，余风之弊未尽；勋、华既往，至公之道斯乖。况晋氏失驭，宇县崩离；后魏乘时，华夷杂处[11]。重以关河分阻，吴、楚悬隔，习文者学长短纵横之术，习武者尽干戈战争之心，毕为狙诈之阶，弥长浇浮之俗[12]。开皇在运，因藉外家。驱御群英，任雄猜之数[13]；坐移明运，非克定之功。年逾二纪[14]，民不见德。及大业嗣立，世道交丧，一人一物，扫地将尽。虽天纵神武，削平寇虐，兵威不息，劳止未康[15]。

注释

①藉其门资：凭借他的门第和资望。藉，借助。门资，门第和资望。②切汉凌云：直达云霄。切汉，靠近天宇。切，接近。③共侮徵舒：都侮辱了徵舒。④优其阶品：给予优厚的品阶官职。⑤砥砺情深：相互激励，情深义厚。⑥私门：自己家门，指受贿。⑦凝尘生甑：甑子生了灰尘。⑧次睢咸秩：到睢水祭祀。⑨鲁道有荡：鲁国的大道平坦宽阔。⑩扫氛祲于寰区：扫除天下的凶云妖气。⑪华夷杂处：指汉族和少数民族居住在一块。⑫弥长浇浮之俗：更加主张了狡诈轻浮的风气。⑬任雄猜之数：使用猜疑的心计，指玩弄权术。⑭年逾二纪：已经超过二十四年。纪，十二年为一纪。⑮劳止未康：费尽千辛万苦仍然无法安定。

译文

被分封的皇亲国戚，凭借的是他们的门第和资望，这往往使他们忘记祖先创业时的艰难，自以为生下来就该享受富贵荣华，于是一代比一代更加荒淫暴虐，一代比一代更加骄傲奢侈。他们到处修建雄伟壮丽的离宫别馆，一边驱使耗尽民力，一边召集诸侯共同玩乐。夏朝大臣陈灵违背君臣之礼，与其他大臣一同侮辱皇子徵舒。卫宣公则违背了父子之道，娶儿子的妻子为妻，最后杀死了自己的两个儿子，还说自己想使国家安定，难道就是这样安邦定国的吗？朝廷内外官员要选拔而来，平民百姓中有才能的也应加以提拔任用，然后用明净如水的镜子来考察他们，根据他们任职期间的劳苦程度给予相应的品阶官职，考核他们的政绩，以确定之后的升迁和罢免，只有这样才能调动他们的进取之心，使他们认真办事并相互激励。这些为官的有的只领取俸禄，从不接受贿赂；有的只身赴任，不带妻儿；有的官位显贵，却为了节省柴火只吃干饭；有的身负朝廷重任，居官期间只喝清水而已。南阳太守常用破衣遮体；莱芜县令因为忙于公务，家里的甑子都生尘了。都说做官是为了贪图财物，那么他们为什么会这么做呢？总而言之，只要爵位不是代代相传的，任用贤才的道路就会越来越广；老百姓要是没有固定的君主，他们就会人心惶惶。这是任何人都懂的道理，为什么还会迷惑不解呢？对于灭国弑君、败坏朝纲的事情，春秋二百多年间从来没有中断过。到睢水祭祀，就杀掉小国的国君来当祭品；鲁国的大道倒是平坦宽广，然而却为鲁庄公的夫人与齐侯幽会提供了方便。到了西汉哀帝、平帝时期，东汉恒帝、灵帝时期，下面官吏的淫秽残暴也不至于这样。治理国家的道理，可以一句话来概括。

陛下掌握纲纪治理天下，顺从上天的号召开创帝业，挽救亿万百姓于水火之中，扫除天下的凶云妖气。开创帝业，传承子孙，已能够与天地媲美；发布文书施行政令，言行有道。陛下圣心独照，一直缅怀古代贤人，如今要重新恢复古代传下来的五等爵位，分封子弟，封赏诸侯。臣私下认为自汉朝、魏朝以来，分封制留下来的弊端从未消除殆尽；自从尧帝和舜帝之后，至公之道就已经背离得很远了。何况晋朝分封诸侯后对其难以驾驭，发生了八王之乱，使国家分崩离析；后来北魏在这个时机兴起，汉人和少数民族杂居在一起，国家重新出现了关山分割、大河阻挡、吴楚相隔的分裂局面；求学的人还在学习治理国家的要略，习武的人心里都希望战争不断，因为这些都是实现他们野心的阶梯，结果却更加助长了狡诈轻浮的风气。隋文帝之所以能够开创帝业，就是因为借助了外戚的帮助。他驾奴天下英雄豪杰，玩弄权术，篡周自立，几乎是坐享其成，并非借武力打下来天下。他在位二十四年间，老百姓看不到他的恩德，到了隋炀帝继位时，世道衰落，一时间各种风云人物纷纷退出历史的舞台。虽然陛下神明威武，带兵铲除了贼寇，然而战争带来的影响尚未消除，疲惫的百姓尚未得到安定。

解析

李百药认为分封制虽然有一定的好处，但是其弊端更大，尤其是实行分封制的后期，遗患无穷。各个诸侯相互发动战争，王室渐微，朝纲败落，社会风气也变得狡诈浮夸，百姓深受其苦，因而他总结分封制是弊大于利的，是不可取的。

而采用郡县制则能够提拔有才能的人去做刺史和县令，这样人才能适应职位的需要，以帮助唐太宗更好地治理天下。因而对管理者来说，要采用合理的管理制度和人才使用制度，不要任人唯亲，而要任人唯贤。

封建第八（四）

原典

自陛下仰顺圣慈，嗣膺宝历[①]，情深致理，综核前王。虽至道无名，言象所纪[②]，略陈梗概，安所庶几。爱敬烝烝[③]，劳而不倦，大舜之孝也。访安内竖[④]，亲尝御膳，文王之德也。每宪司谳罪，尚书奏狱，大小必察，枉直咸举[⑤]，以断趾之法，易大辟之刑[⑥]，仁心隐恻，贯彻幽显，大禹之泣辜也。正色直言，虚心受纳，不简鄙讷，无弃刍荛，帝尧之求谏也。弘奖名教，劝励学徒，既擢明经于青紫[⑦]，将升硕儒于卿相，圣人之善诱也。群臣以宫中暑湿，寝膳或乖，请移御高明，营一小阁，遂惜十家之产，竟抑子来之愿，不吝阴阳之感，以安卑陋之居。顷岁霜俭，普天饥馑，丧乱甫尔，仓廪空虚。圣情矜愍，勤加赈恤，竟无一人流离道路，犹且食惟藜藿，乐彻簨簴[⑧]，言必凄动，貌成癯瘦。公旦喜于重译，文命矜其即叙。陛下每见四夷款附，万里归仁，必退思进省，凝神动虑，恐妄劳中国，以求远方，不藉万古之英声，以存一时之茂实。心切忧劳，志绝游幸，每旦视朝，听受无倦，智周于万物，道济于天下。罢朝之后，引进名臣，讨论是非，备尽肝膈，惟及政事，更无异辞。才日昃，必命才学之士，赐以清闲，高谈典籍，杂以文咏，间以玄言，乙夜忘疲，中宵不寐。此之四道，独迈往初[⑨]，斯实生民以来，一人而已。弘兹风化，昭示四方，信可以期月之间，弥纶天壤。而淳粹尚阻，浮诡未移[10]，此由习之久，难以卒变。请待斫雕成器，以质代文，刑措之教一行，登封之礼云毕，然后定疆理之制，议山河之赏，未为晚焉。《易》称："天地盈虚，与时消息，况于人乎?"美哉斯言也。

中书舍人马周又上疏曰：

伏见诏书令宗室勋贤作镇藩部，贻厥子孙，嗣守其政，非有大故，无或黜免。臣窃惟陛下封植之者，诚爱之重之，欲其绪裔承守[11]，与国无疆。可使世官也。何则？以尧、舜之父，犹有朱、均之子。况下此以还，而欲以父取儿，恐失之远矣。傥有孩童嗣职，万一骄逸，则兆庶被其殃，而国家受其败。政欲绝之也，则子文之治犹在；政欲留之也，而栾黡之恶已彰[12]。与其毒害于见存之百姓，则宁使割恩于已亡之一臣，明矣。然则向之所谓爱之者，乃适所以伤之也。臣谓宜赋以茅土，畴其户邑，必有材行，随器方授，则翰翮[13]非强，亦可以获免尤累。昔汉光武不任功臣以吏事[14]，所以终全其世者，良由得其术[15]也。愿陛下深思其宜，使夫得奉大恩，而子孙终其福禄也。

太宗并嘉纳其言。于是竟罢子弟及功臣世袭刺史。

注释

①嗣膺宝历：继承皇位。宝历，指皇位。②言象所纪：用言语大概地描述一下。象，描述。纪，要领。③爱敬烝烝：喜爱尊敬，德行深厚。烝烝（zhēng），德行深厚。④访安内竖：亲自向侍奉的小童询问父亲是否安好。⑤枉直咸举：是非曲直都能得到合理处置。⑥以断趾之法，易大辟之刑：用斩断脚趾地办法来替换死刑。⑦擢明经于青紫：提拔精通经书的人为官。⑧食惟藜藿，乐彻簨簴（zhuàn jù）：只吃粗茶淡饭，停止了音乐演奏。⑨独迈往初：指只有唐太宗一人超过了以往的圣贤。⑩淳粹尚阻，浮诡未移：淳厚纯粹的风气推行还有些阻力，轻浮诡诈的风气还没有完全消除。⑪绪裔承守：后代继承职位。⑫栾黡之恶已彰：他本人的罪恶已经昭然若揭。⑬翰翮：本意指羽毛，这里用来指德行。⑭不任功臣以吏事：不任用功臣去做官吏做的事。⑮良由得其术：实在是因为方法得当。

译文

自从陛下顺从高祖的旨意，继承皇位以来，很用心地在治理国家，并借鉴了古人治理国家的经验。虽然您的至善之道难以名状，但就某些方面的具体表现来说，也可以粗略地说下梗概。陛下对父母敬爱有加，侍奉高祖，即使劳累仍然不知疲倦，这和舜帝一样拥有孝道。陛下亲自询问太上皇的健康状况和饮食起居，亲自为太上皇品尝菜肴，这和周文王一样有着深厚的德行啊。负责律法的官员审定罪犯的案情，尚书省所上奏的案件，无论大小，陛下都仔细审查，是非曲直都要厘清，并用断趾的刑罚来替代死刑，可见陛下宅心仁厚，跟大禹一样因怜悯罪犯而引咎自责。陛下表情严肃、直言直语，能够虚心接纳他人的建议，不怠慢没有见解的言论，不放弃采纳普通老百姓的建议，这是和帝尧一样乐于接受意见啊。陛下鼓励推广礼教，劝勉读书人，提拔精通经书的人为官，提拔大儒为卿相，像圣人一般循循善诱。群臣觉着宫中很湿热，不利于食宿，于是请陛下到宽敞明亮的地方居住，在那里建造一个小阁楼。陛下却珍惜这点钱财，违背了群臣的心愿，让自己感受寒暑，在简陋的地方安居下来。近年来霜灾造成百姓收入减少，全国遭受饥荒之灾，大乱刚刚平定，仓库空虚。陛下怜悯百姓，不断地开粮仓救济百姓，竟然没有一个人流离失所。而陛下只吃些粗茶淡饭，停止钟鼓之乐，时刻想着百姓疾苦，身体都消瘦了很多。过去周公因听到远方有人来朝贡而感到欣喜，大禹也因四方平定而感到骄傲。陛下每次见到四方少数民族诚心归顺，不远万里来归附仁德之君，必定会小心谨慎、仔细考虑，唯恐劳累百姓来达到征服远方的目的，不去想是否能够留名青史，而是想着保证百姓能够丰衣足食。关心百姓疾苦，杜绝出去游玩，每天早上听取朝政，不知疲倦，以至于智慧遍及万物，道义遍及天下。退朝之后，陛下还要召见近臣，讨论政事处理的得失，听取肺腑之言，只谈政事，其余一概不谈。太阳刚刚偏西，一定会命令有才华的人进宫，与他们高谈阔论一些经典书籍，有时吟诗作赋，有时谈论玄言，每每废寝忘食。陛下在孝、德、仁、勤这四个方面，都已经超过了以往的圣贤，身体力行者，只有您一个人做到了。弘扬这样的风气教化，昭示于天下，相信一年的时间就可以使其遍布于天地间。然而现在淳朴仁德的风气尚未推行开来，浮夸狡诈的风气还没有完全移除，这都是由于积习太久，一时难以改变。请耐心等待，一旦狡诈的风气完全被移除，用质朴取代浮夸，搁置刑罚，天下得到教化，待登山封禅完毕之后，再决定如何治理疆域，谈论分封诸侯的事情，也不算晚。《周易》里说："天地间的盈虚会跟着时间有所变化，更何况是人呢？"

这话说得很好。

中书舍人马周又上奏章说：

臣见陛下的诏书中下令要宗室子弟和有功的大臣去镇守藩国，并加以世袭，要是没有大的变故，便永不罢免。臣暗自猜测陛下之所以分封皇族，是出于对他们的爱护和重视，想他们的后代能够世袭职位，与大唐王朝一样万寿无疆。怎么可以这么做呢？像尧、舜这样贤明的君王，尚且有丹朱、商均这样无能的儿子，更何况是普通的君王呢？根据父亲的才能和成就去推断他们的儿子，恐怕会相差得很多。要是后辈在孩童时期就承袭父职，一旦他们起了骄傲奢逸之心，那么亿万百姓就会遭殃，国家也会受到拖累。这时如果取消他们的封国，可他们祖先的功业尚在；如果保留他们的封国，可他们的罪恶已经开始彰显。再三考虑下，与其留下他们毒害百姓，还不如割舍掉对一位已故大臣的恩德，这才是适当的做法。这样一来，过去陛下给予的分封原本是出处于对他们的爱护重视，现在却恰恰成了伤害他们的毒药。所以，我认为可以给予他们封地，犒赏封邑，但他们一定要有真才实学，根据他们的长处授予官职，这样就算他们能力不强，那么也可免受过失的拖累。从前汉光武帝就从不让有功之臣担当地方官，因而能够保全他们一生，这种方法实在不错。只希望陛下能够认真思考下这件事情该如何处理，使宗亲功臣在蒙受陛下恩德的同时，其子孙后代也能够终生享受这些福禄。

唐太宗对他们的话很赞赏，并且接纳了他们的建议，于是废除了子弟和功臣世袭刺史的规定。

解析

唐太宗分封有功之臣，并且让他们的子孙能够世代继承，永享福禄，这是他知恩图报的表现，也给天下人树立了一个好的形象。要知道，自古以来多少君主，都是能够与大臣共患难，却不能共享福的。但唐太宗却忽略了一个最基本的道理，即赏赐功臣和治理国家本该是两件事，他却把它们放在了一起，这就有些公私不分了。

对待有功之臣以及他们的子孙，唐太宗可以赏赐他们封地和食邑，但任用他们还是要遵循一个基本原则——任人唯贤。有才能就任用，没有才能就不任用，这样就能做到公私分明。

卷四

太子诸王定分第九（一）

原典

贞观七年，授吴王恪齐州都督。太宗谓侍臣曰："父子之情，岂不欲常相见耶？但家国事殊①，须出作藩屏。且令其早有定分，绝觊觎之心②，我百年后，使其兄弟无危亡之患也。"

贞观十一年，侍御史马周上疏曰："汉、晋以来，诸王皆为树置失宜③，不预立定分，以至于灭亡。人主熟知其然，但溺于私爱，故前车既覆而后车不改辙也，今诸王承宠遇之恩有过厚者，臣之愚虑，不惟虑其恃恩骄矜④也。昔魏武帝宠树陈思，及文帝即位，防守禁闭，有同狱囚，以先帝加恩太多，故嗣王从而畏之也。此则武帝之宠陈思，适所以苦之也。且帝子何患不富贵，身食大国，封户不少，好衣美食之外，更何所须？而每年别加优赐，曾无纪极⑤。俚语曰：'贫不学俭，富不学奢⑥。'言自然也。今陛下以大圣创业，岂惟处置见在子弟而已，当须制长久之法，使万代遵行。"疏奏，太宗甚嘉之，赐物百段。

注释

①家国事殊：家事国事不一样。殊，不一样。②绝觊觎之心：断绝他的企图心，这里指断绝当太子的想法。③树置失宜：树立安置不当。树置，树立安置。④不惟虑其恃恩骄矜：不只是考虑他会恃宠而骄。惟，只。⑤曾无纪极：没有限度。⑥贫不学俭，富不学奢：贫困时不用学习就知道俭朴，富裕时不用学习就知道奢侈。

译文

贞观七年，唐太宗任命齐王李恪为齐州都督。太宗对侍臣说："论父子之情，怎么会不想时时团聚呢？但是家事和国事不一样，必须让他们出去担当重任，成为国家的屏障。并且要及早确定他们的名分，断绝他们的野心，这样我死后，他们兄弟之间就不会因争夺皇位而遭致危险和灭亡了。"

贞观十一年，侍御史马周上奏章说："汉朝、晋朝以来，被分封的各位王爷都觉得君主给自己安置得不恰当，没有预先确定他们各自的名分，以至于他们互相残杀，最终国破家亡。君主对此大都十分了解，只是摆脱不了一个偏私之情，结果未能借鉴'前车之覆，后车之鉴'的教训。如今诸位王爷中就有的过于受宠，臣愚昧，担忧的不只是他恃宠而骄。过去魏武帝曹操宠爱曹植，文帝曹丕继承皇位后，对曹植严加防范并将他关押起来，就像监狱里的囚犯一样。这正是由于先帝给予他的恩德太多，继承皇位的皇子对他很是防备。这说明曹操宠爱曹植，却恰恰害了他。况且帝王的后代哪里用得着担心无荣华富贵可享，身封大国，食邑不少，衣食无忧，除此之外还有什么非要得到不可的呢？而且每年陛下还另外给予他们优厚的赏赐，全无规定限度。俗话说：'贫困的时候不用学就知道节俭，富裕的时候不用学就会奢侈。'这是很自然的。如今陛下凭借贤德开创帝业，难道只是为了处理安置这些子弟吗？应当制定能够使帝业长存的方法，让后代子孙遵照执行。"奏章上奏后，唐太宗甚是赞赏，赐给他百段绢帛。

解析

历史上不预立定分而导致的皇子夺权的事例有很多，即使预立定分，即位的皇子也会对先皇最重视的那个皇子有所忌惮，因而导致兄弟相疑，甚至相残。因而有智慧的帝王总是预立定分，断绝其他皇子的非分之想。在管理上也是如此，一些重要岗位最好安排好人选，否则就有可能导致众多人为了争夺岗位而互相竞争，甚至采取一些不好的手段。

另外从曹丕对待曹植的态度上可以得知，管理者对待人才要一视同仁，不要因个人喜爱而格外宠爱某一个人，一旦有一天其他人上位，对这个备受宠爱的人来说也许一场灾难的开始。

太子诸王定分第九（二）

原典

贞观十三年，谏议大夫褚遂良以每日特给魏王泰府料物，有逾于皇太子，上疏谏曰："昔圣人制礼，尊嫡卑庶[①]。谓之储君，道亚霄极[②]，甚为崇重，用物不计，泉货财帛，与王者共之。庶子体卑，不得为例，所以塞嫌疑之渐，除祸乱之源。而先王必本于人情，然后制法，知有国家，必有嫡庶。然庶子虽爱，不得超越嫡子，正体特须尊崇[③]。如不能明立定分，遂使当亲者疏，当尊者卑，则佞巧之徒承机而动，私恩害公，惑志乱国。伏惟陛下功超万古，道冠百王，发施号令，为世作法。一日万机，或未尽美，臣职谏诤，无容静默。伏见储君料物[④]，翻少魏王，朝野见闻，不以为是。臣闻《传》曰：'爱子教以义方。'忠、孝、恭、俭，义方之谓。昔汉窦太后及景帝并不识义方之理，遂骄恣梁孝王，封四十余城，苑方三百里，大营宫室。复道弥望[⑤]，积财镪巨万计，出警入跸[⑥]，小不得意，发病而死。宣帝亦骄恣淮阳王，几至于败，赖其辅以退让之臣，仅乃获免。且魏王既新出阁，伏愿恒存礼训[⑦]，妙择师傅，示其成败。既敦之以节俭，又劝之以文学。惟忠惟孝，因而奖之道德齐礼，乃为良器。此所谓圣人之教，不肃而成者也。"太宗深纳其言。

注释

①尊嫡卑庶：尊重正妻所生的孩子，不重妾所生的孩子。②道亚霄极：德行接近君主。亚，接近。霄极，云霄的最高处，这里指君主。③正体特须尊崇：承宗的嫡长子需要特别尊崇。④伏见储君料物：我发现供给太子的物品。⑤复道弥望：阁

道充满视野。复道，指楼阁间架空的通道。弥望，指望眼过去四处都是。⑥出警入跸：出入时有护卫守护。⑦恒存礼训：常常用礼仪来教导。

译文

贞观十三年，谏议大夫褚遂良见每天供给魏王李泰的物品远远超过了皇太子的，上奏章说："从前圣人制定礼仪，尊重嫡子，轻视庶子。太子作为诸君，德行仅仅次于君主，地位很是崇重，所用的东西和财物丝帛不加以限制，和君主的一样。庶子地位比较卑微，不得与太子享受同样的待遇，这样才能防止猜疑的发生，根除产生祸患的根源。前面的君王一定是从人情出发的，然后制定律法，但只要有国家的存在，就会有嫡子和庶子的分别。即使帝王十分疼爱庶子，也不能超过嫡子，要继承皇位的嫡子必须更加尊崇。如果不能明确树立名分，就会使本该亲近的人疏远，本当尊崇的人卑贱，那么奸佞取巧的人就会趁机而动，用私人恩怨迷惑人心，祸害国家。陛下的功劳超过万古，德行在历朝历代君王中居首，发号施令，为天下人制定了法则。陛下每天日理万机，或许有些事情还没有做到尽善尽美，然而我的职责便是直言进谏，看到您有过失而不能静默不言。我看见供给太子的物品少于供给魏王的，朝中文武百官见到或者听到这事，都觉着这样做是不对的。《左传》上说：'宠爱孩子就要用礼仪、行事的规则来教育他们。''忠、孝、恭、俭'就是礼仪和行事的规则。从前汉朝窦太后和汉景帝不明白这个道理，于是放纵娇宠梁孝王，封给他四十多座城，园林方圆三百里，还大肆建造宫殿。他的宫室四处可见，累积耗费的钱财更是数以万计，出入时都有护卫开路。后来他由于太过养尊处优，稍有不适便得病死了。宣帝也放纵宠爱淮阳王，差点导致国破人亡，幸亏有贤能的大臣辅佐，才能够免于灾难。何况魏王的年纪不大，只希望陛下常常用礼仪来教导他，选择好的师傅教他成败的道理。既教导他学会节俭，又劝导他学习文章。用忠孝的道理来教育他，以道德礼仪来约束他，那么才能够使他成为有才能的人。这就是所说的圣人教育人，不必对人严苛就能够使他成才。"太宗接纳了他的建议。

解析

古代的等级制度是非常严格的，魏王李泰只不过是用的物品超过了太子，褚遂良就上奏说这是不可以的。他向唐太宗讲述了其中的利害，并建议他加强对魏王的教育，尤其是道德上的教育。这点对于管理者来说，是非常有借鉴意义的。管理者培训下属时，往往只注重能力方面的培养，而忽略了对其品德的培养。有时一个道德不完善的人一旦拥有了足够的能力，他所带来的危害是非常大的。

俗话说："头等人才是有才又有德，二等人才是没才有德，三等人才是有才没德，四等人才是没才没德。"德与才是同样重要的，二者相辅相成，因而要像注重人才能力的培养一样注重人才品德的培养。

太子诸王定分第九（三）

原典

贞观十六年，太宗谓侍臣曰："当今国家何事最急？各为我言之。"尚书右仆射高士廉曰："养百姓最急。"黄门侍郎刘洎曰："抚四夷急。"中书侍郎岑文本曰："《传》称：'道之以德，齐之以礼①。'由斯而言，礼义为急。"谏议大夫褚遂良曰："即日②四方仰德，不敢为非，但太子、诸王，须有定分，陛下宜为万代法以遗子孙，此最当今日之急。"太宗曰："此言是也。朕年将五十，已觉衰怠③。既以长子守器④东宫，诸弟及庶子数将四十，心常忧虑在此耳。但自古嫡庶无良⑤，何尝不倾败家国。公等为朕搜访贤德，以辅储宫，爰及诸王，咸求正士。且官人事王，不宜岁久。岁久则分义情深⑥，非意窥窬⑦，多由此作，其王府官寮，勿令过四考⑧。"

注释

①道之以德，齐之以礼：用道德来约束百姓，用礼仪来教导百姓。②即日：当前。③衰怠：衰老怠慢，比喻人老能力也下降了。④守器：看守宗庙的祭器，这里

指太子。⑤嫡庶无良：嫡子和庶子没有贤能的人辅佐。⑥分义情深：感情深厚。分义，情义。⑦窥窬（yú）：等待可乘之机。⑧四考：考，指官员的考核。四考，这里指四年。

译文

贞观十六年，唐太宗对侍臣说："现在国家最急需解决的事情是什么呢？你们各自跟我说说。"尚书左仆射高士廉说："让百姓休养生息最急迫。"黄门侍郎刘洎说："安抚四方的少数民族最迫切。"中书侍郎岑文本说："《左传》中说：'用道德约束老百姓，用礼仪教导老百姓。'从这里来说，推行礼义教化天下是最急迫的。"谏议大夫褚遂良说："如今天下都仰慕陛下的高尚品德，不敢胡作非为，但是太子和诸位王爷必须有个确定的名分，陛下应该制定一个法则，让后世子孙都遵守，这是当前最急需解决的事情。"唐太宗说："这话说得很对。我已经快五十岁了，已经开始觉得力不从心了。虽然我已经立了嫡长子为太子，但是我的兄弟以及众位孩子加起来近四十个人，我常常为此担忧。自古以来，无论是嫡子还是庶子，要是没有贤能的人来辅佐，难免倾家败国。你们要为我寻访有德行的人来辅佐太子，至于其他几位王爷，也都需要正直的人才来辅佐。不过辅佐诸王的官员，时间不应该太长，时间长了他们的感情就会深厚，对皇位便会有非分之想。所以，王府里的官员，不要让他们辅佐王爷超过四年。"

解析

治理国家要面临很多需要解决的问题，如养百姓、抚四夷、教化、礼仪等，但其中至少会有一个最最急需解决的问题，这个问题放在哲学里来说，就是主要矛盾。主要矛盾对事物的发展能够起到决定性作用。褚遂良认为确定皇子的名分是主要矛盾，因为自古来出了不少皇子争权夺位的例子，这个矛盾威胁到王室安危、天下兴衰，因此最急需解决。

很多时候人难免会面对一堆问题，这时要做的不是遇到什么问题就解决什么问题，而是从这些问题中找出最关键的问题加以解决，然后依次而来，这样即使不能解决全部问题，也会把损失降到最小。

尊敬师傅第十（一）

原典

贞观三年，太子少师李纲[①]有脚疾，不堪践履[②]。太宗赐步舆，令三卫举入东宫，诏皇太子引上殿，亲拜之[③]，大见崇重。纲为太子陈君臣父子之道，问寝视膳之方[④]，理顺辞直，听者忘倦。太子尝商略古来君臣名教，竭忠尽节之事，纲懔然曰："托六尺之孤，寄百里之命[⑤]，古人以为难，纲以为易。"每吐论发言，皆辞色慷慨，有不可夺之志[⑥]，太子未尝不耸然礼敬。

注释

①李纲：字文纪，贞观初年，曾被任命为太子少师。②践履：穿上鞋子走路。履，鞋子。③亲拜之：亲自拜见。④寝视膳之方：睡觉和进餐的礼节。⑤托六尺之孤，寄百里之命：指受君主委托辅佐太子。六尺之孤，指年龄在十五岁以下的孤儿。百里之命，指管理各个诸侯国的政令。⑥不可夺之志：不可夺走的志向。

译文

贞观三年，太子少师李纲患有脚疾，不能穿鞋走路。唐太宗便赏赐给他一乘步舆，命令侍卫将他抬到太子宫，还下诏让皇太子搀扶李纲到上殿，亲自行礼作揖，以示对李纲的尊重。李纲向太子讲述君臣、父子之间的礼仪，还有日常饮食起居的礼节。讲述得很诚恳顺畅，让听到的人不知疲倦。太子曾经与李纲谈论过一些自古以来君臣之间的伦理纲常，以及臣子竭尽忠诚的事，李纲正色说："接受君主所托辅佐太子，古人认为这个任务很艰巨、很困难，但是臣认为这任务很简单。"每当论及此事，李纲都一脸正气，言辞激昂，透露出一种坚定不可夺的志向，太子每次都为之肃然起敬。

解析

尊师重道，自古以来都是如此。唐太宗作为一代君主，仍然不断地向臣子请教，同时也要求自己的孩子能够做到这点，因此他让太子亲自拜见李纲，亲自搀扶李纲，这些都是尊师重道的表现。在古代，人们接受教育的途径比较少，较多的还是来自于师傅的教导。从这点来说，师傅对于一个人是否成才是至关重要的。好的师傅，再遇上懂得尊师重道的学生，那么学生不想成才都难。

即使在今天，师傅的言传身教仍有着重要的作用，因此尊师重道吧，就像尊重自己一样尊重师傅。

尊敬师傅第十（二）

原典

贞观六年，诏曰："朕比寻讨经史，明王圣帝曷尝无师傅哉？前所进令遂不睹三师之位①，意将未可，何以然？黄帝学大颠②，颛顼学录图，尧学尹寿，舜学务成昭，禹学西王国，汤学威子伯，文王学子期，武王学虢叔。前代圣王，未遭此师，则功业不著乎天下，名誉不传乎载籍。况朕接百王之末，智不同圣人，其无师傅，安可以临兆民者哉？《诗》不云乎：'不愆不忘③，率由旧章④。'夫不学，则不明古道，而能政致太平者未之有也。可即著令，置三师之位。"

注释

①三师之位：指太傅、太保、太师。②黄帝学大颠：皇帝向大颠求学。③不愆

不忘：不犯错不懈怠。④旧章：旧的典章制度。

译文

贞观六年，唐太宗下诏说："我近来研读经书史籍，了解到贤明的君王都是有师傅的。先前看到你们所进谏的法令没有设立三师的职位，我认为这样是不行的，为什么这么说呢？黄帝曾经向大颠求教，颛顼向录图求学，唐尧跟尹寿学习，舜跟着务成昭学习，禹在西王国求学，商汤拜威子伯为师，文王拜子期为师，武王学习虢叔。古代那些贤明的君王，如果没有名师的点化，那么他们的功业就不能为天下人所知，声名也不会在史书典籍上记载。何况我承继于百王之后，才智也比不上圣人，要是没有师傅，怎么能够安定天下治理百姓呢？《诗经》上不是说：'不犯错不懈怠，谨遵古代的典章制度。'一个人要是不学习，就不会了解古代的典章制度。没有名师的教导就想让天下大治、太平长久，这在历史上还不曾有过。因此，应该立即颁布命令，设置三师职位。

解析

唐太宗自己就是才华横溢、饱读诗书的贤才，但即便如此，他仍然要设置三师，因为在他看来，古代贤能的帝王之所以能够成就伟业、名垂青史，就是因为他们曾拜师学艺。而唐太宗是有野心的，他希望后世之人能够将自己与三皇、五帝相比，因而他励精图治，设置三师，不断学习。

孔子曾说，三人行，必有我师焉。因而要保持一颗谦虚而虔诚的心，不耻下问，这样你才能学得真知识，掌握真技能。

尊敬师傅第十（三）

原典

贞观八年，太宗谓侍臣曰：“上智之人，自无所染[1]，但中智之人无恒，从教而变，况太子师保，古难其选。成王幼小，周、召为保傅。左右皆贤，日闻雅训，足以长仁益德[2]，使为圣君。秦之胡亥用赵高作傅，教以刑法，及其嗣位，诛功臣，杀亲族，酷暴不已，旋踵而亡。故知人之善恶，诚由近习[3]。朕今为太子、诸王精选师傅，令其式瞻礼度，有所裨益。公等可访正直忠信者，各举三两人。”

贞观十一年，以礼部尚书王珪兼为魏王师。太宗谓尚书左仆射房玄龄曰：“古来帝子，生于深宫，及其成人，无不骄逸，是以倾覆相踵[4]，少能自济[5]。我今严教子弟，欲皆得安全。王珪，我久驱使，甚知刚直，志存忠孝，选为子师。卿宜语泰[6]：每对王珪，如见我面，宜加尊敬，不得懈怠。”珪亦以师道自处，时议善之也。

注释

①染：熏染、改变。②长仁益德：增长他的仁义道德。③诚由近习：确实是受周边人的影响。④倾覆相踵：相继而亡。相踵，一个接着一个。⑤自济：自救，即自己救自己。⑥泰：这里指魏王李泰。

译文

贞观八年，唐太宗对侍臣说：“拥有上等智慧的人，自然不会沾染什么恶习，但中等智慧的人就无法做到一直不受影响，他们会随着教育情况的不同而有所改变。何况教导太子的老师，自古以来就是很难选的。成王年纪小的时候，周公、召公为他的老师，两人都是贤人，成王每天听到的都是有益的教诲，这足以增长他的仁义道德，使他成为圣明的君主。秦朝时的胡亥，则任用赵高为老师，教导他刑法。等胡亥继位后，诛杀有功劳的臣子和手足亲人，残酷暴虐，不久便灭亡了。由此可见，一个人的善恶观的确是受身边人影响的。我今天为太子以及诸位王爷精心挑选老师，让他们敬仰并效法礼仪法度，这对他们是很有好处的。你们去寻访正直忠诚且有信用的人，各自举荐两三个人。”

贞观十一年，唐太宗让礼部尚书王珪兼任魏王李泰的老师。太宗对尚书左仆射房玄龄说：“自古以来帝王的孩子，都生长于深宫之中，等到他们长大成人继承皇位后，没有不骄傲淫逸的，因此国家相继灭亡，很少有能摆脱这种局面的。我今天严格教导这些子弟，就是希望能够保全他们。王珪长期以来为我做事，我知道他正直不阿，忠诚孝顺，所以选他为皇子的老师。你应当告诉李泰，每次面对王珪时，就像见到我一样，应当倍加尊重，不可怠慢。”王珪也用为师之道来要求自己，当时人们都称赞他做得好。

解析

“近朱者赤，近墨者黑”的典故和孟母三迁的故事告诉人们，人是受周围环境影响的，在与人交往的过程中，接近善良的人就会学习他的善良，接近为恶的人就会学习他的恶，因此选择良师益友是非常重要的。所以，在生活中要尽量远离那些为恶的人或者不健康的环境。

荀子说：“得贤师而事之，则所闻者尧舜禹汤之道也。”选择一个好的老师，所闻的都是尧舜禹汤之道，这说明了选择老师的重要性，因而唐太宗才格外注重皇子老师的选择。

尊敬师傅第十（四）

原典

贞观十八年，高宗初立为皇太子，尚未尊贤重道，太宗又尝令太子居寝殿之侧，绝不往东宫。散骑常侍刘洎上疏曰：

臣闻郊迎四方，孟侯所以成德，齿学三让①，元良由是作贞。斯皆屈主祀之尊，申下交之义。故得刍言咸荐，睿问旁通②，不出轩庭，坐知天壤，率由兹道③，永固鸿基者焉。至若生乎深宫之中，长乎妇人之手，未曾识忧惧，无由晓风雅。虽复神机不测④，天纵生知⑤，而开物成务，终由外奖⑥。匪夫崇彼干籥⑦，听兹谣颂，何以辨章庶类，甄核彝伦⑧？历考圣贤，咸资琢玉。是故周储上哲，师望、奭而加裕；汉嗣深仁，引园、绮而昭德。原夫太子，宗祧是系，善恶之际，兴亡斯在，不勤于始，将悔于终。是以晁错上书，令通政术，贾谊献策，务知礼教。窃惟皇太子玉裕挺生，金声夙振，明允笃诚之美⑨，孝友仁义之方，皆挺自天姿，非劳审谕，固以华夷仰德，翔泳希风矣。然则寝门视善，已表于三朝，艺宫论道，宜弘于四术。虽富于春秋，饬躬有渐⑩，实恐岁月易往，堕业兴讥，取适晏安⑪，言从此始，臣以愚短，幸参侍从，思广储明，暂愿闻彻，不敢曲陈故事，切请以圣德言之。

注释

①齿学三让：按年龄的大小来决定礼让顺序。这里指太子与其他大臣的孩子相互礼让。②旁通：这里指听到四周的声音。③率由：沿着、遵循。④神机：天赋异禀。⑤天纵生知：不用学习就知道。⑥开物成务，终由外奖：通晓世间万物的道理

并且按照道理去做取得了成功，最终仍要靠外人的帮助。⑦匪夫崇彼干籥：不尊崇好的音乐。匪，非。干籥（yuè），乐器。⑧辨章庶类，甄核彝伦：能够辨别万物，甄别考察万物的常理。甄，甄别。彝伦，事物的常理。⑨明允笃诚之美：明察忠厚诚实的美德。⑩饬躬有渐：修养自身，逐渐有所成就。饬躬，自我修养。⑪堕业兴讥，取适晏安：荒废学业引起他人的讥笑，追求安逸享受。

译文

贞观十八年，唐高宗刚被立为太子时，还不懂尊贤重道，唐太宗又曾命令太子居住在自己寝殿的旁边，不准他住到太子宫去。散骑常侍刘洎上奏章说：

臣听说要走出门向多方学习，太子才能成就德行；同普通人一样学习“三让”之礼，太子才能成长为贤明之君。历代皇子都不怕屈尊之举，以显示与臣民交往的仁义。因此，才能够听到百姓的各种言论，不用走出宫廷，就能对天下的事情了如指掌。遵循这个方法，王业便能永远巩固。从小生长在皇宫中的太子，他一直在侍女身边长大，从来没有经历过忧患恐惧，更无从通晓诗文辞章，那么即使天赋异禀，要想通晓世间万物的道理并成就大业，最终也需要臣下的辅佐。如果不尊崇诗书礼乐的教化，又怎么能够辨别真假，甄别考察万物的常理呢？纵观历代的圣贤，都必须经过学习和磨砺。所以，周文王即使贵为天子，依然崇尚贤哲，以太公、周公为老师，不断学习，让自己的德行更加深厚；汉惠帝虽然深怀仁义之心，仍用礼仪欢迎东园公、绮里季等，以彰显自己的德行。太子的成长决定着国家的命运，天下的兴亡就在于太子的善恶之念。如果一开始不注重太子的教育，将来一定会后悔。因此晁错上书，要求太子精通政务处理的方法，贾谊进献策论，是为了让太子知道礼仪和教化。我认为，我朝太子天生聪慧，美誉早就在民间广为流传，他明察诚信、忠厚诚实、孝顺友爱、宽厚仁义，这些都来自太子的天性，并非太子师傅的功劳，所以天下百姓都很仰慕太子的德行，飞鸟和游鱼都羡慕他的操守。太子殿下在陛下身边侍奉寝食，已经在朝廷文武大臣面前作出了表率，在谈论艺术方面也彰显了太子的聪明才智，大可以加强诗、书、礼、乐方面的学习。虽然太子还很年轻，有足够的时间来逐渐修养自身，但我实在是担心随着岁月的流逝，太子开始荒废学业，追求安逸享受，各种言论便由此传播开来。我愚昧浅薄，有幸做太子的侍从，想使太子广开思路，希望不久后他能够闻名四方，我不敢详述旧事，只希望能够以陛下的德行为例来说明。

解析

人非生而知之，人的天赋是上天给予的，但要想有一番作为，除了天赋，最重要的还是后天的努力。加强各方面知识的学习，掌握各种正确的礼仪，修身养性，就能不断地完善自己，培养自身的才能，成就一番事业。

个人的努力是一个人事业成功的基础，否则纵然有贵人相助，也逃不过失败的下场。特别是在低谷时期，当才华与能力还不足以撑起梦想时，更要学会放下姿态，努力学习，完善自己，这样才能在机遇来临时不会因自身的不足而错过。

尊敬师傅第十（五）

原典

伏惟陛下诞睿膺图①，登庸历试。多才多艺，道著于匡时；允文允武，功成于纂祀②。万方即叙，九围清晏。尚且虽勿休③，日慎一日，求异闻于振古，劳睿思于当年。乙夜观书，事高汉帝；马上披卷，勤过魏王。陛下自励如此，而令太子优游弃日，不习图书，臣所未谕一也。加以暂屏机务，即寓雕虫④。纡宝思于天文，则长河韬映⑤；摛玉华于仙札，则流霞成彩。固以锱铢万代，冠冕百王，屈、宋不足以升堂，钟、张何阶于入室⑥。陛下自好如此，而太子悠然静处，不寻篇翰，臣所未谕二也。陛下备该众妙，独秀寰中，犹晦天聪，俯询凡识，听朝之隙，引见群官，降以温颜，访以今古，故得朝廷是非，闾里好恶，凡有巨细，必关闻听。陛下自行如此，而令太子久趋入侍，不接正人，臣所未谕三也。陛下若谓无益，则何事劳神；若谓有成，则宜申贻厥[7]。蔑而不急，未见其可。伏愿俯推睿范，训及储君，授以良书，娱之嘉客。朝披经史，观成败于前踪；晚接宾游，访得失于当代。间以书札，继以篇章，则日闻所未闻，日见所未见。副德愈光[8]，群生之福也。

注释

①诞睿膺图：天生睿智多谋，承受天命担任帝王。②功成于纂祀：在继承帝业的基础上获得成功。③虽休勿休：虽然别人赞赏，但仍不敢骄傲自满。④暂屏机务，即寓雕虫：暂时放下要处理的政务，去写些文章来抒发自己的心意。⑤纡宝思于天文，则长河韬映：你的文章构思巧妙、才华横溢，使银河都隐藏了光芒。纡，盘结。长河，指银河。韬映，隐藏光芒。⑥屈、宋不足以升堂，钟、张何阶于入室：屈原、宋玉的辞赋都比不上你的，钟繇、张芝的书法都无法与你相比。屈、宋，指屈原、宋玉。升堂，登上大雅之堂。钟、张，指钟繇、张芝。⑦宜申贻厥：应当留下规范给子孙后代。⑧副德愈光：太子的德行就更加光辉。副德，指太子的德行。

译文

臣认为陛下天生睿智多谋，承受天命担任帝王，身经百战。陛下多才多艺，德行彰显于天下；文武双全，在继承帝业上功成名就。如今天下有序，四方安定，即便如此，陛下在听到溢美之词时仍不自满不懈怠，一天更比一天谨慎勤勉，从历史兴亡中获得新知，十年如一日地苦思操劳于政事。陛下常读书到深夜，比汉光武帝还要刻苦；在马上手不释卷，比魏王曹操还要勤奋。陛下如此自我鞭策，却让皇太子整日悠闲游乐，不修习书文，这是臣不明白的第一件事。另外，陛下一搁下政务，就去写些文章来抒发自己的心意。文章构思巧妙、才华横溢，使银河都顿失光彩；书法结构之精，令流霞飞彩黯然失色。因此，万代的文章都显得不值一提，百王莫及，屈原、宋玉的辞赋都不足以相比，钟繇、张芝的书法也难以企及。陛下如此努力，然而皇太子却无所事事，不学习诗文，这是臣第二个不明白的地方。陛下博采众长、一枝独秀，仍然虚怀若谷、不耻下问。朝会的空暇时间，陛下便召见百官，温和待人，询问古今处理政事的方法，因而能够知道朝廷上的是非、百姓间的善恶，凡事不论大小，一定会亲自过问。陛下自己如此谦虚谨慎，却让皇太子长久在自己身边侍奉，不接触正直有才能的人，这是臣第三个不明白的地方。陛下如果觉得自己这样做毫无益处，那么何必任劳任怨地去做；如果觉得有收获，那么就该加以申明，让子孙后代效法。陛下如果对此不加以重视，恐怕不行。我希望陛下能够拿自己做典范，教育太子，给他一些好的书籍，让太子和德才兼备的人来往。早上查看经书史籍，了解历代帝业成败的原因；到了晚上接待有才之人，考察当代政事的得失。有时间还可以写些诗文、做做文章，这样都能增加见闻、开阔眼界。太子的德行将会愈来愈完美，这可是百姓的洪福啊！

解析

唐太宗严格要求自己，却忽略对太子的要求，因而刘洎建议唐太宗像要求自己一样去要求太子，这样才能“副德愈光”。

作为管理者，严格要求自己，让自己的行为趋于完美，这是正确的，但其不仅要完善自身，还要帮助属下完善自身。一个人的能力再强也是有限的，因而要学会与他人合作。在处理事情的过程中，管理者最常遇到的就是下属，因而帮助下属提升能力，其实就是在帮助自己。

尊敬师傅第十（六）

原典

窃以良娣[①]之选，遍于中国。仰惟圣旨，本求典内，冀防微，慎远虑，臣下所知。暨乎征简人物，则与聘纳相违[②]，监抚二周[③]，未近一士。愚谓内既如彼，外亦宜然者，恐招物议，谓陛下重内而轻外也。古之太子，问安而退，所以广敬于君父；异宫而处，所以分别于嫌疑。今太子一侍天闱，动移旬朔[④]，师傅已下，无由接见。假令供奉有隙，暂还东朝，拜谒既疏，且事俯仰[⑤]，规谏之道，固所未暇。陛下不可以亲教，宫寀无因以进言，虽有具寮，竟将何补？

伏愿俯循前躅，稍抑下流[⑥]，弘远大之规，展师友之义，则离徽克茂，帝图斯广[⑦]，凡在黎元，孰不庆赖[⑧]！太子温良恭俭。聪明睿哲，含灵所悉[⑨]，臣岂不知，而浅识勤勤，思效愚忠者，愿沧溟益润[⑩]，日月增华也。

太宗乃令洎与岑文本、马周递日往东宫，与皇太子谈论。

注释

①良娣：太子姬妾，常泛指太子嫔妃。②聘纳相违：和以礼娶亲不同。聘纳，指以礼娶亲。③监抚二周：指太子监国已经两年。两周，指两年。④动移旬朔：动辄十多天甚至一月。十日为旬，一月为朔。⑤俯仰：俯仰之间，形容时间很短。⑥俯循前躅，稍抑下流：遵循前人的遗风，稍微抑制向下流淌。⑦离徽克茂，帝图斯广：礼乐教化更加繁茂，帝业将会更加宽广。⑧凡在黎元，孰不庆赖：全天下的百姓，谁不庆幸能有个依靠呢。⑨含灵所悉：老百姓所熟悉的。含灵，具有灵性的，这里指老百姓。⑩沧溟：大海。

译文

臣认为太子嫔妃的挑选，应该遍及全天下。臣揣测陛下的心意，想来是为了找到掌管内宫事务的合适人选，以便防微杜渐、未雨绸缪，这是我所知道的。然而选拔人才与选拔嫔妃是不相同的，太子监国已有两年，却没有接近一位贤士。我认为既然选取嫔妃都能如此谨慎重视，那么选择人才就更应该十分重视了，否则就会遭致非议，认为陛下重视选拔嫔妃的事情而轻视选拔人才的事情。古代的太子，向父亲问安之后便会离开，表示对父王的尊重；太子和皇上居住在不同的宫殿，是为了避免君主和太子的嫌隙。而现在太子侍奉陛下，动不动就是十多天，甚至一个月，除了太子师傅，其他的人都见不到太子。即使太子在侍奉的空暇时间暂时回到东宫，东宫属官拜访谒见太子的人也很少，对太子规谏之类的事情也根本无暇顾及。陛下不能亲自教导太子，太子的属官又没有机会进言，即使朝廷有再多的官员辅佐，又有什么用呢？

我只是希望陛下教导太子遵循前人的做法，不能让太子得过且过、随波逐流，而是教育他树立远大的志向，与师友切磋，这样情义和学问都能得到增长，太子的美德就会更深厚，帝业就会更加宽广，那么普天之下的老百姓，有谁不会为之庆幸和信赖呢？太子性情温和、恭敬节俭、聪明睿智，普天之下的老百姓都知道，臣怎么会不知道呢？因而臣虽才疏学浅，但仍不忘进言，忠心效劳，只希望能为沧海添一滴水，给日月增加一丝光华。

唐太宗于是任命刘洎和岑文本、马周轮流到太子宫与皇太子谈经论道。

解析

太子是未来的君主，太子的德行事关天下百姓与国家的命运，因而刘洎向唐太宗进言，希望太子能够与有才能的人交往，这样就能耳濡目染，向这些有才能的人看齐，增强自身素养。

管理者不要总想着把人才留在自己身边，而要给予人才一定的时间去学习、进修，这样人才才能不断进步。当然，管理者也可以让他跟更加有才能的人在一起，彼此共事，相处学习。对个人来说，就是要抽出时间去学习，和比自己有才能的人交往，这样才能慢慢进步，成为更加优秀的人才。

教戒太子诸王第十一（一）

原典

贞观七年，太宗谓太子左庶子于志宁、杜正伦曰："卿等辅导太子，常须为说百姓间利害事。朕年十八，犹在民间，百姓艰难，无不谙练[①]。及居帝位，每商量处置，或时有乖疏[②]，得人谏诤，方始觉悟。若无忠谏者为说，何由行得好事？况太子生长深宫，百姓艰难，都不闻见乎！且人主安危所系，不可辄为骄纵。但出敕云，有谏者即斩，必知天下士庶无敢更发直言。故克己励精，容纳谏诤③，卿等常须以此意共其谈说。每见有不是事，宜极言切谏，令有所裨益也。”

贞观十八年，太宗谓侍臣曰：“古有胎教世子④，朕则不暇。但近自建立太子，遇物必有诲谕。见其临食将饭，谓曰：‘汝知饭乎?’对曰：‘不知。’曰：‘凡稼穑艰难⑤，皆出人力，不夺其时，常有此饭。’见其乘马，又谓曰：‘汝知马乎?’对曰：‘不知。’曰：‘能代人劳苦者也，以时消息⑥，不尽其力，则可以常有马也。’见其乘舟，又谓曰：‘汝知舟乎?’对曰：‘不知。’曰：‘舟所以比人君，水所以比黎庶，水能载舟，亦能覆舟。尔方为人主，可不畏惧！’见其休于曲木之下，又谓曰：‘汝知此树乎?’对曰：‘不知。’曰：‘此木虽曲，得绳则正，为人君虽无道，受谏则圣。此傅说所言，可以自鉴。’”

注释

①谙练：熟悉、通晓。②乖疏：违背礼仪，有遗漏。③克己励精，容纳谏诤：克制自己励精图治，容纳别人的谏言。④古有胎教世子：相传周文王之母，为人端庄，很有德操。在怀孕期间，她“目不视恶色，耳不听淫声，口不出傲言”。生下文王之后，文王聪敏异常。人称文王之母为能胎教。⑤稼穑艰难：田间艰难的农活。⑥消息：休息。

译文

贞观七年，唐太宗对太子左庶子于志宁、杜正伦说：“你们辅佐教导太子，要经常给太子讲述百姓生活中的种种艰辛。我十八岁时还在民间，因此对百姓生活的艰辛再清楚不过了。当了皇帝后，每次商议政事，有时还难免出现错误和疏漏，直到听到别人进谏，才恍然大悟。如果没有这些忠言直谏，事情怎么能做好呢？何况太子生长于深宫之中，听不到也看不到百姓的艰辛。而君主是关系到天下安危的人，不可动辄骄奢放纵，只要发布诏令说，有进谏的人立即处死，那么天下的官员百姓肯定就没有人敢直言进谏了。因此太子更要克制私欲，励精图治，容纳他人的谏言，你们要经常把这些道理讲给他听。每当看见有做得不对的事情，应当勇敢进谏，让他有所获益。”

贞观十八年，唐太宗对侍臣说：“古时候有胎教世子的说法，我却没有时间去考虑这件事。但最近自册立太子以来，我每遇到事情必然对他教导一番。见他将要吃饭，就问他：‘你知道饭是怎样来的吗？’太子回答说：‘不知道。’我说：‘凡是田间的农活，都要付出艰辛的人力，只有不占据他们的劳作时间，才能经常有这样的饭吃。’看到他骑马，又问他：‘你知道马有什么作用吗？’他说：‘不知道。’我说：‘能够代替人去做一些苦活累活，然而隔段时间必须让它休息，不用尽它的力气，那么才可以常常有马用。’看到他乘船，问他：‘你了解船吗？”他说：‘不了解。’我说：‘船可以用来比作君主，水可以用来比作百姓，水能载船而行，也能够将船覆没。你很快要做君主了，怎么能不敬畏恐惧百姓呢？’看到他在弯曲的树下休息，问他说：‘你知道这个弯树的道理吗？’他回答说：‘不知道。’我说：‘这棵树虽然长得弯曲，但经过木匠的切刨加工，打上绳墨就可以锯成方正的木柴。这就像做君主的有时难免犯错，但只要虚心接受谏言就能变得圣明。这是傅说所讲的道理，你可以把此当作借鉴。’”

解析

“为人君虽无道，受谏则圣”，这说明即使自身的才能或德行上存在缺陷，但只要善于听取接纳他人的建议，就能够变得圣明。因而天生不足并不可怕，可怕的是明知不足，却不通过后天教育改正。另外唐太宗让于志宁、杜正伦给太子多讲述一些民间疾苦，同时说明想要对方拥有什么样的思想品德或才能，就要从相应的方面去给予帮助。

不怕自身不足，就怕听不进别人的建议，尤其是身居要职的人，更要善于听取别人的建议，这样才能避免因决策偏差而带来的损失。

教戒太子诸王第十一（二）

原典

贞观七年，太宗谓侍中魏徵曰："自古侯王能自保全者甚少，皆由生长富贵，好尚骄逸。多不解亲君子远小人故尔。朕所有子弟欲使见前言往行，冀其以为规范。"因命徵录古来帝王子弟成败事，名为《自古诸侯王善恶录》，以赐诸王。其序曰：

观夫膺期受命，握图御宇，咸建懿亲[①]，藩屏王室，布在方策[②]，可得而言。自轩分二十五子，舜举一十六族[③]，爰历周、汉，以逮陈、隋，分裂山河，大启磐石者众矣[④]。或保乂王家，与时升降；或失其土宇，不祀忽诸[⑤]。然考其隆替，察其兴灭，功成名立，咸资始封之君，国丧身亡，多因继体之后。其故何哉？始封之君，时逢草昧，见王业之艰阻，知父兄之忧勤，是以在上不骄，夙夜匪懈，或设醴以求贤，或吐飧而接士[⑥]。故甘忠言之逆耳，得百姓之欢心，树至德于生前，流遗爱于身后。暨夫子孙继体，多属隆平，生自深宫之中，长居妇人之手，不以高危为忧惧，岂知稼穑之艰难？昵近小人，疏远君子，绸缪哲妇[⑦]，傲狠明德，犯义悖礼，淫荒无度，不遵曲宪，僭差越等。恃一顾之权宠，便怀匹嫡之心；矜一事之微劳，遂有无厌之望。弃忠贞之正路，蹈奸宄[⑧]之迷途。愎谏违卜，往而不返。虽梁孝、齐冏之勋庸，淮南、东阿之才俊[⑨]，摧摩霄之逸翮，成穷辙之涸鳞[⑩]，弃桓、文之大功，就梁、董之显戮[⑪]。垂为炯戒[⑫]，可不惜乎！皇帝以圣哲之资，拯倾危之运，耀七德以清六合，总万国而朝百灵，怀柔四荒，亲睦九族，念华萼于《棠棣》，寄维城于宗子。心乎爱矣，靡日不思，爰命下臣，考览载籍，博求鉴镜，贻厥孙谋。臣辄竭愚诚，稽诸前训。凡为藩为翰[13]，有国有家者，其兴也必由于积善，其亡也皆在于积恶。故知善不积不足以成名，恶不积不足以灭身。然则祸福无门，吉凶由己，惟人所召，岂徒言哉！今录自古诸王行事得失，分其善恶，各为一篇，名曰《诸王善恶录》，欲使见善思齐[14]，足以扬名不朽；闻恶能改，庶得免乎大过。从善则有誉，改过则无咎[15]。兴亡是系，可不勉欤！

太宗览而称善，谓诸王曰："此宜置于座右，用为立身之本。"

注释

①懿亲：亲人。②布在方策：在书籍中有记载。③分，举：分封，举用。④大启磐石者众矣：分封诸侯的人很多。⑤不祀忽诸：诸侯国突然灭亡，不得祭祀。⑥吐飧而接士：指急于见到贤士。⑦绸缪哲妇：缠绵美妇。绸缪，缠绵。哲妇，美丽的妇人。⑧奸宄：犯法作乱。⑨梁孝、齐冏之勋庸，淮南、东阿之才俊：汉代梁孝王刘武、晋代齐王司马冏那样的功业。⑩摧摩霄之逸翮，成穷辙之涸鳞：鸟折断了翅膀，快干涸的湖水中的鱼，指陷入困境。⑪弃桓、文之大功，就梁、董之显戮：抛弃齐恒公、晋文公那样的匡天下的大功，最终不过和东汉时期梁冀、董卓同样的下场。⑫垂为炯戒：作为后人的警戒。⑬为藩为翰：诸王，保卫国家的重臣。⑭见善思齐：看见好的就要想着也要做到这点。⑮无咎：没有过错。

译文

贞观七年，唐太宗对侍中魏徵说："自古以来，王侯能够自我保全的很少，这都是因为他们生长于富贵之中，骄纵奢逸，不了解亲近君子、疏远小人的道理。我想让我所有的子女都能够了解古人的言行，希望他们能够以此作为指导自己言行的规范。"于是任命魏徵记录自古以来帝王子弟成败的事迹，编成《自古诸侯王善恶录》，把它赏赐给诸王。序中这样写道：

看那些承受天命而统治国家的帝王，没有一个不分封自己的宗亲来守卫王室的，这些在史书典籍中都有记载，查看一下就知道了。自从黄帝分封二十五子，舜帝举用十六个家族以来，历经周朝、汉朝，直到陈朝、隋朝，划分藩国与分封皇亲的人非常多。被分封的诸侯有的保卫王室，与王室共兴衰荣辱；有的则失去封地，瞬间灭亡，断绝了祭祀王室的使命。然而再看他们的兴衰成败，但凡功成名就、青史留名的，大多是开国时受封的王；国破家亡的，大多是后世承袭的子孙。这是什么原因呢？开国之初受封的藩王，经历过混乱的时代，亲眼见识过创业的艰难，深切知道父兄创业的忧愁和辛劳，因此能够做到身处高位而不骄傲自满，白天黑夜不敢对政务有所懈怠，有的像楚元王那样设醴以求贤，有的像周公那样吐飧而接士。他们还乐于接纳一些听起来非常不顺耳的忠诚言论，因此深得民心，生前德行高尚，死后也将仁爱遗留给了百姓。到了子孙承袭王位时，国家已日渐兴盛，天下太平，他们生长于皇宫内院中，在侍女的呵护中成长，因此从不因身处高位而担忧，更不晓得百姓生活的艰难。于是，他们开始亲近小人，疏远君子，宠爱美妾而轻视美德，违背道义和礼仪，淫荒无度，不遵守制度和律法，超越自身本分等级，依仗皇帝的宠爱，萌生了夺嫡的野心；还会倚仗一些细微的功劳，萌生无穷的欲望。他们抛弃忠诚坚贞的道路，走上犯法作乱的道路，且刚愎自用，不听从谏言，在迷途上越走越远。即使有汉代梁孝王刘武、晋代齐王司马冏那样的功业，有汉代淮南王刘安、东阿王曹植那样的才华，也难免会陷入困境，从而抛弃齐恒公、晋文公那样宏伟的功劳，最终落得和东汉时期梁冀、董卓同样的下场，被后世当作彰著的警戒，这难道还不值得痛惜吗？吾皇以圣明的天赋，挽救国家于兴亡之际，功耀千秋，统一天下，百姓拥戴，安抚四方，亲睦九族，吟诵《棠棣》来巩固兄弟情义，把保护王室的重任交给了宗室子孙。爱子之心无时不有，于是命令臣子考察浏览古代的书籍，广泛寻求可以当作警戒的事例，用来遗留给子孙后代。我竭尽所能去寻找历史上的经验和教训，见凡诸侯藩王有国有家者，他们的兴盛大都从不断为善开始，他们的衰亡也由不断作恶引起。因此从中得知，不行善不足以成就名声，不积恶就不会遭致灭亡。然而福祸毫无定数，凶吉全在于自己，这可不是无稽之谈。现在收录自古以来诸王所作所为的得失情况，按照善恶不同来分类，各有一篇，名字叫《诸王善恶录》，希望各位诸王能够见贤思齐以流芳百世，知恶能改以避免造成更大的过错。从善者必然能获得名誉，改过者必然能免于罪咎。天下兴亡都系于此，怎么能不以此共勉呢？

唐太宗浏览后连声说好，对诸王说："这本书应该当作你们的警戒，用来作为立身处世的基本原则。"

解析

"祸福无门，吉凶由己，惟人所召，岂徒言哉。"这说明祸福都是由人自己决定的，积善就能得福，积恶就会导致祸端，没人愿意承受祸端，因而平时多积善行，多做好事，这样就能避免祸端。唐太宗用过去诸侯王的得失、兴亡等来教育诸王，意图能够让他们"以史为鉴，知兴替"。

对个人来说，就是要多致力于公益事业，多做好事，塑造好的公众形象，就能够提升个人的影响力，增加他人的信任度。而这恰恰是事业成功的关键。

教戒太子诸王第十一（三）

原典

贞观十年，太宗谓荆王元景、汉王元昌、吴王恪、魏王泰等曰："自汉已来，帝弟帝子，受茅土、居荣贵者甚众，惟东平及河间王最有令名，得保其禄位，如楚王玮之徒，覆亡非一，并为生长富贵，好自骄逸所致。汝等鉴诫，宜熟思之。拣择贤才，为汝师友，须受其谏诤，勿得自专[①]。我闻以德服物，信非虚说。比尝梦中见一人云虞舜，我不觉竦然敬异，岂不为仰其德也！向若梦见桀、纣，必应斫之[②]。桀、纣虽是天子，今若相唤作桀、纣，人必大怒。颜回、闵子骞、郭林宗、黄叔度，虽是布衣。今若相称赞道类此四贤，必当大喜。故知人之立身，所贵者惟在德行，何必要论荣贵。汝等位列藩王，家食实封，更能克修德行，岂不具美也[③]？且君子小人本无常，行善事则为君子，行恶事则为小人，当须自克励，使善事日闻，勿纵欲肆情，自陷刑戮。"

贞观十年，太宗谓房玄龄曰："朕历观前代拨乱创业之主，生长民间，皆识达情伪[4]，罕至于败亡。逮乎继世守文之君，生而富贵，不知疾苦，动至夷灭[5]。朕少小以来，经营多难，备知天下之事，犹恐有所不逮。至于荆王诸弟，生自深宫，识不及远[6]，安能念此哉？朕每一食，便念稼穑之艰难；每一衣，则思纺绩之辛苦，诸弟何能学朕乎？选良佐以为藩弼[7]，庶其习近善人，得免于愆过尔[8]。”

注释

①勿得自专：不要独断专行。②斫（zhuó）：砍杀。③具美：完美。④识达情伪：见多识广，能够分辨人情的真实与虚假。⑤动至夷灭：动荡而导致灭亡。⑥识不及远：见识短浅。⑦藩弼：辅佐藩王的人。⑧愆过：过错、损失。

译文

贞观十年，唐太宗对荆王李元景、汉王李元昌、吴王李恪、魏王李泰等王子说：“自从汉代以来，帝王的兄弟和儿子受封为诸侯王、得荣华富贵的人很多，其中只有闻名于世的东汉的东平王和西汉的河间王，能够保全他们的爵位和俸禄。像楚王司马玮这样的奸佞之徒，覆亡的不止一个。究其原因，都在于他们自幼成长于富贵之中，喜好骄傲淫逸。你们要引以为戒，挑选贤能的人士作为你们的师友，接受他们的谏言，而不要独断专行。我听说以德才能服人，相信这并不是信口胡说。近来曾在梦中出现一个自称虞舜的人，不由得对他肃然起敬，这难道不是我仰慕他的德行才会如此吗？如果我梦见的是夏桀、商纣，一定会因为愤慨而将他们砍死。夏桀、商纣虽然是天子，但如果你称呼某人为夏桀、商纣，这个人一定非常生气。颜回、闵子骞、郭林宗、黄叔度四人，虽然是平民百姓，如果你称赞某人与这四位贤人相似，那么这个人必定会非常高兴。因此可以知道，人立身处世最重要的就是德行，哪用得着谈及荣华富贵呢？你们几个都是藩王，每家都有封地食邑，更应当克制私欲，加强德行的修养，这岂不是两全其美？况且君子小人本来就没有固定的界限，为善的就是君子，为恶的就是小人，你们应当自我克制，励精图治，多行善事，不要放纵欲望，从而陷自己于刑戮之中。”

贞观十年，唐太宗对房玄龄说：“我看历代创业开国之君，都生长于民间，都能够识别人情的真伪，因此少有败亡的。等到继承帝业的君主，由于他们从小生长在富贵之中，不了解民间疾苦，国家因动荡不安而灭亡。我从小到现在，经历了许多艰难处境，详细了解天下的事情，但仍然害怕还有自己做不到的地方。更何况荆王等诸王，在深宫中成长，见识短浅，又哪里能想到这些问题呢？我每次吃饭时，都会想起百姓种植庄稼的艰难；每次穿衣时，则会想起纺织工织布的辛苦劳累。我那些皇室子弟能够学习我这点吗？看来有必要挑选贤能的人才来辅佐他们，让他们的行为习惯向品德高尚的人看齐，这样才能避免出现大的过失。”

解析

让人信服的也许是权势，也许是能力，但最能让人信服的是一个人的品德，因而才有以德服人的说法。只有品德高尚、以德服人，才能够赢得人们的信任。因而如果想提升自己的影响力，想要获得成功，那么就必须修炼自己的道德素养。纵观历史可知，奸诈的人也许能够获取一时的成功，但很难长久，唯有品德高尚的人才能拥有大事业并且能长久经营下去。

当然，道德的修养在于实践和教育，实践就是通过做好事来磨练，教育的范围则是很宽广的，如可以通过书本学习，也可以通过与品德高尚的人交往学习，但无论采取哪种方法，只要能增进自身道德修养的就是好方法。

教戒太子诸王第十一（四）

原典

贞观十一年，太宗谓吴王恪曰：“父之爱子，人之常情，非待教训而知也。子能忠孝则善矣。若不遵诲诱，忘弃礼法，必自致刑戮，父虽爱之，将如之何？昔汉武帝既崩，昭帝嗣立，燕王旦素骄纵①，诪张不服②，霍光遣一折简诛之，则身死国除。夫为臣子不得不慎。”

贞观中，皇子年小者多授以都督、刺史，谏议大夫褚遂良上疏谏曰："昔两汉以郡国治人，除郡以外，分立诸子，割土分疆，杂用周制。皇唐郡县，粗依秦法。皇子幼年，或授刺史。陛下岂不以王之骨肉，镇捍四方，圣人造制，道高前古？臣愚见有小未尽。何者？刺史师帅③，人仰以安。得一善人，部内苏息④；遇一不善人，阖州劳弊。是以人君爱恤百姓，常为择贤。或称河润九里，京师蒙福；或与人兴咏，生为立祠。汉宣帝云：'与我共理者，惟良二千石乎⑤！'如臣愚见，陛下子内年齿尚幼，未堪临民者，请且留京师，教以经学。一则畏天之威，不敢犯禁；二则观见朝仪，自然成立。因此积习，自知为人，审堪临州。然后遣出。臣谨按汉明、章、和三帝，能友爱子弟。自兹以降，以为准的。封立诸王，虽各有土，年尚幼小者，召留京师，训以礼法，垂以恩惠。讫三帝世，诸王数十百人，惟二王稍恶，自余皆冲和深粹⑥。惟陛下详察。"太宗嘉纳其言。

注释

①燕王旦：燕王刘旦。②诪张：狂妄。③师帅：表率。④部内苏息：州内休养生息。苏息，休养生息。⑤与我共理者，惟良二千石乎：与我共同治理国家的，只有享有两千石俸禄的贤德之士。⑥自余皆冲和深粹：其他的都德行高尚、品行良好。

译文

贞观十一年，唐太宗对吴王李恪说："父亲疼爱子女，这是人之常情，不用教也自然懂得。子女能够尽忠尽孝那就最好不过了。如果孩子不遵守父亲的教诲，抛弃礼法，那么必然会自惹祸端、自取灭亡。父亲即使爱护他，那又有什么办法？从前汉武帝驾崩后，昭帝继承皇位，燕王旦向来骄横放纵、狂妄自大、图谋不轨，霍光有辅佐昭帝的使命，于是建议昭帝发布诏书诛杀燕王旦，撤销封国。因此，作为臣子的不得不谨慎一些啊。"

贞观年间，皇子中年纪较小的大多被授予都督、刺史等职位，谏议大夫褚遂良上奏章说："从前两汉都是用郡国的方法来治理国家，管理百姓，除州郡外，还分封诸位皇子，分割土地，建立封国，这是沿袭了周朝的体制。现在我们采用的是郡县制，大致沿用的是秦朝的体制。如今皇子还很小，便授予他们刺史职位，陛下难道是想用帝王的骨肉来镇守四方吗？以为圣人创立的制度就很高明，依臣看来，恐怕不全是这样的。为什么呢？刺史是一州的统帅，百姓依靠他得以安宁。如果遇到一个好的刺史，那么全州就能休养生息；如果遇到一个不好的刺史，那么就会令全州劳苦、民生凋零。所以君主爱护百姓，常常选择贤能的人去做刺史。有的刺史施恩广泛，就像河流浸润各地，连京城也受益。有的刺史被百姓歌颂赞美，立下生祠纪念。汉宣帝说：'和我共同治理国家的，只有享受两千石俸禄的品德高尚的人才。'臣以为，陛下皇子中年龄尚小，还不能统领一方百姓的，请让他们暂时留在京城，用经学来教育他们。一来，皇子们畏惧您的威严，不敢违法犯禁；二来可以让他们观摩朝堂的事宜，自然而然就学会怎样处理政务了，等到他们能够治理国家管理百姓时，再派遣他们为刺史。我谨慎地考察过汉代明帝、章帝、和帝，他们都能够友爱子弟，自从那以后，后世都将此作为准则。当时分封的诸王，虽然都有自己的领土，但其中年龄较小的，便将他们召回京城，用礼仪和法令来教育他们，给予他们恩德。结果数百位王爷中，只有楚王刘英、广陵思王刘荆两个王爷稍微不好，其余的都正直谦和。希望陛下能够详细考察一番。"唐太宗嘉奖了他，并且接纳了他的建议。

解析

很多管理者在使用人才时常常会犯一个错误，就是把下属安置在他能力不能胜任的工作岗位上。管理者认为这样能够尽快把岗位缺口补上，另外还能用这个岗位来锻炼人才，使人才的能力得以提升，从而适应岗位需要。其实能力的提升不是一时半会儿就能做到的，因而这种做法往往会适得其反。

如果没有相关的经验，也没有足够的能力，那就不要轻易去做不在自己能力范围之内的工作，否则等待你的将会是失败。

规谏太子第十二（一）

原典

贞观五年，李百药为太子右庶子。时太子承乾颇留意典坟，然闲宴之后，嬉戏过度。百药作《赞道赋》以讽焉，其词曰：

下臣侧闻[①]先圣之格言，尝览载籍之遗则。伊天地之玄造，洎皇王之建国，曰人纪与人纲，资立言与立德。履之则率性成道，违之则罔念作忒[②]。望兴废如从钧，视吉凶如纠纆[③]。至乃受图膺箓，握镜君临。因万物之思化，以百姓而为心。体大仪之潜运，阅往古于来今。尽为善于乙夜，惜勤劳于寸阴。故能释层冰于瀚海，变寒谷于蹛林。总人灵以胥悦，极穹壤而怀音[④]。

赫矣圣唐，大哉灵命；时维大始，运钟上圣[⑤]。天纵皇储，固本居正；机悟宏远，神姿凝映。顾三善而必弘。祗[⑥]四德而为行。每趋庭而闻礼，常问寝而资敬。奉圣训以周旋，诞天文之明命。迈观乔而望梓[⑦]，即元龟与明镜[⑧]。自大道云革，礼教斯起，以正君臣，以笃父子。君臣之礼，父子之亲，尽情义以兼极，谅弘道之在人。岂夏启与周诵，亦丹朱与商均。既雕且琢，温故知新。惟忠与敬，曰孝与仁。则可以下光四海，上烛三辰。昔三王之教子，兼四时以齿学；将交发于中外，乃先之以礼乐。乐以移风易俗，礼以安上化人。非有悦于钟鼓，将宣志以和神。宁有怀于玉帛，将克己而庇身。生于深宫之中，处于群后之上，未深思于王业，不自珍于匕鬯[⑨]。谓富贵之自然，恃崇高以矜尚，必恣骄狠，动愆礼让，轻师傅而慢礼仪，狎奸谄而纵淫放。前星之耀遽隐[⑩]，少阳之道斯谅[⑪]。虽天下之为家，蹈夷俭之非一[⑫]。或以才而见升，或见谗而受黜。足可以省厥休咎⑬，观其得失。请粗略而陈之，觊披文而相质⑭。

注释

①侧闻：从旁得知。②履之则率性成道，违之则罔念作忒：遵循伦常纲纪就能够养成美德，成就大道，违背伦常纲纪则会造成祸害与差错。履，遵循。③望兴废如从钧，视吉凶如纠纆：看待帝王的兴盛和衰亡，就像是冥冥之中自有天意，观察吉凶，就像是缠绕联结绳索。④总人灵以胥悦，极穹壤而怀音：让全天下老百姓都感到喜悦，整个天下都感受到恩惠而从化。怀音，感受到恩惠而从化。⑤时维大始，运钟上圣：从天地万物开始出现起，世运都集结在前代的圣人那里。⑥祇：敬奉。⑦迈观乔而望梓：奉行父子之道。乔、梓是两种树木，后来用来比喻父子。⑧元龟与明镜：元龟，可借鉴的事物；明镜，用来自省的事物。⑨匕鬯（chàng）：宗庙祭祀的用物，这里指宗庙，转指国家政权。⑩前星之耀遽隐：太子的光芒就会逐渐削弱、隐没。前星指太子。⑪少阳之道斯谅：太子的道路就会充满阴暗。少阳，指太子。⑫蹈夷俭之非一：经历的险阻各不一样。⑬省厥休咎：考察其吉凶祸福。⑭觊披文而相质：透过文辞而看到实质。

译文

贞观五年，李百药为太子右庶子。当时太子李承乾对《三坟》、《五典》等古典书籍很感兴趣，只是闲暇时间，嬉戏玩耍得有些过分。于是李百药写了篇《赞道赋》来讽刺进谏李承乾的这种做法，赋里说：

臣从旁得知古代圣贤遗留下的格言，也曾经浏览过记载在典籍上的前人遗训。自从开天辟地以来，直到帝王建立国家，都是依靠君主的德性言行来建立和巩固社会的伦常纲纪的。遵循伦常纲纪就能够养成美德，成就大道，违背伦常纲纪则会造成祸害。看待历史的兴亡仿佛冥冥之中自有天意，观察吉凶造化就像缠绕联结的绳索一样。现在我朝接受天命，应运而生，手执明镜，统治天下。应该遵循万物的变化规律来实施教化，时刻把老百姓记在心里。体会世间万物暗自运转的规律，仔细品阅古往今来的历史。为治好朝政能废寝忘食，为造福百姓能珍惜光阴。这样才能融化浩瀚海洋里的层层冰冻，将寒冷的山谷变成祭祀的秋林，使政教通达遥远偏僻的地方，让普天之下的百姓都感到喜悦，让整个天地都沐浴您的恩德。

我大唐赫赫天威，上承天命，开创出前无古人的丰功伟绩，这是时代所赋予的高尚使命。上天派遣您为皇位继承人，巩固国家根本，维系皇室正统，您果然才思敏捷、神态端庄、光彩照人。念及臣事君、子事父、幼事长三善事并加以弘扬，崇尚孝悌忠信四种美德并身体力行。常常拜见父皇以聆听教训，常常来寝宫向父皇问安致敬。能够遵守并按照圣人的教导来待人接物，用来发扬光大上天的旨意，遵循奉行父子之道，以此作为明镜。自从治理国家的大道变革以后，礼教就兴起了，这使君臣之礼得以匡正，父子之情更加深厚。使君臣之礼、父子之情两者兼顾，原来在于人的作为。不是只有夏启和周诵是这样的，丹朱和商均也是如此。您要反复不断地钻研琢磨来温习旧的知识，让心灵受到启发而获取新的知识。关键还在忠诚尊敬、孝顺仁义，那么德行就能下照耀四海，上照耀日月星辰。从前三王教导子女，是按照年龄顺序来安排入学而不是以太子为首；想要太子出宫做事，都是先用礼乐来教导他。学习乐是为了改变风俗，学习礼是用来安定天下百姓。学习乐并非是喜欢音乐，而是用来表示自己的志向和心思。学习礼不是爱惜玉器丝绢，而是克制自己的私欲来保护自身。太子生长在深宫之中，地位在诸王之上，不去思考王业，不珍惜国家政权，认为富贵天定，因此而骄傲自大，必然会产生骄横之心，从而使行为违背礼节，轻视师傅并且怠慢礼仪，亲近奸诈献媚之徒而纵情淫乱。如果这样，那么太子的光芒就会逐渐削弱，甚至淹没，太子的道路也会充满阴暗。虽然诸王都以天下为自家，但经历的险阻却各不相同，有的因才能而得到升迁，有的因诬陷而遭到罢免。这就足以用来预知吉凶祸福，感悟得失成败的道理。请允许我粗略地陈述一下过去的历史，希望能通过文辞看到它的实质。

解析

古时，国家的管理都是依靠君主个人来完成的，而太子是未来的国君，因此太子的德行才能往往决定国家的兴衰，所以太子应该善于学习、德行高尚，应该珍惜时间，而不是嬉戏过度。每个人都应该珍惜时间去学习，去完善自己，同时遵守各行各业的规章制度，制度就是为了保护更多人的利益。

在闲暇之余，培养一下对高雅艺术的喜爱，这样就能提高自己的审美情操，这对个人的道德修养是十分有益的。

规谏太子第十二（二）

原典

在宗周之积德，乃执契而膺期[1]；赖昌、发而作贰，启七百之鸿基。逮扶苏之副秦[2]，非有亏于闻望，以长嫡之隆重，监偏师于亭障[3]。始祸则金以寒离，厥妖则火不炎上[4]；既树置之违道，见宗祀之遄丧。伊汉氏之长世，固明两之递作[5]。高惑戚而宠赵[6]，以天下而为谑。惠结皓而因良，致羽翼于寥廓。景有惭于邓子，成从理之淫虐；终生患于强吴，由发怒于争博。彻居储两[7]，时犹幼冲，防衰年之绝议，识亚夫之矜功，故能恢弘祖业，绍三代之遗风。据开博望，其名未融[8]。哀时命之奇舛，遇谗贼于江充，虽备兵以诛乱，竟背义而凶终。宣嗣好儒，大猷行阐[9]，嗟被尤于德教[10]，美发言于忠謇。始闻道于匡、韦，终获戾于恭、显。太孙杂艺[11]，虽异定陶[12]，驰道不绝，抑惟小善。犹见重于通人[13]，当传芳于前典。中兴上嗣，明、章济济，俱达时政，咸通经礼，极至情于敬爱，惇友于兄弟，是以固东海之遗堂，因西周之继体。五官在魏，无闻德音[14]。或受讥于妲己，且自悦于从禽。虽才高而学富，竟取累于荒淫。暨贻厥于明皇，构崇基于三世。得秦帝之奢侈，亚汉武之才艺，遂驱役于群臣，亦无救于凋弊。中抚宽爱，相表多奇[15]。重桃符而致惑，纳巨鹿之明规[16]。竟能扫江表之氛秽，举要荒而见羁。惠处东朝，察其遗迹。在圣德其如初，实御床之可惜。悼愍怀之云废[17]，遇烈风之吹沙。尽性灵之狎艺[18]，亦自败于凶邪。安能奉其粢盛[19]，承此邦家！

注释

①执契：接受天命。②逮扶苏之副秦：等到扶苏成为秦朝的太子。逮，等到。③监偏师于亭障：在边塞要地监督军队。亭障，边塞要地。④始祸则金以寒离，厥妖则火不炎上：祸端便由此产生，想废掉太子，最终灾难降临，太子被杀害。⑤固明两之递作：因而太子能够相继而起。⑥高惑戚而宠赵：汉高祖宠爱戚夫人而宠爱赵王。⑦彻居储两：汉武帝为太子时。⑧据开博望，其名未融：汉武帝为太子刘彻立博望苑来结交天下贤士，但他的名望并没有得到彰显。⑨大猷行阐：大道得到了阐述。⑩嗟被尤于德教：感叹他因德教而受人质疑。⑪太孙杂艺：汉成帝多才多艺。⑫虽异定陶：虽然比不上元帝庶子定陶。⑬犹见重于通人：这点被通晓道义的人看重。⑭无闻德音：没有受到德行教育。⑮相表多奇：相貌威武不凡。⑯重桃符而致惑，纳巨鹿之明规：司马昭因为偏信弟弟因而对立太子的事情产生了困惑，但是他能够听取大臣的谏言，立司马炎为太子。⑰悼愍怀之云废：哀叹愍怀被废掉太子之位。⑱尽性灵之狎艺：将全部的才智用于嬉笑玩耍。⑲安能奉其粢盛：怎么能够继位成为君主。

译文

周朝以德服人，于是承受天命统治天下，依靠周文王、周武王开创了七百年的宏基伟业。等到扶苏做秦朝太子时，并非声望不佳，却以嫡长子的身份被派往边塞督军。祸端由此而生，最初想要废掉太子之位，最终灾难降临，太子被杀。胡亥被立为太子违反了正道，所以秦朝很快就灭亡了。汉代之所以能够统治长久，是因为太子能够相继继承皇位。汉高祖宠爱戚夫人而偏爱赵王，把天下大事当作玩笑。汉惠帝做太子时听从张良的建议结交四皓，使自己在朝廷站稳了脚跟。汉景帝做太子时因侍奉父皇比不上宠臣邓通，心生内疚而怨恨邓通，还杀死了功臣周亚夫，又在争执时错杀了吴国世子，使得吴国成为他一生中最大的祸患。汉武帝为太子时，年领还很小就开始提防自己不要老了以后不听进谏而受人非议，更认识到周亚夫居功自傲，因此他能够把祖业发扬光大，继承三代的遗风。汉武帝专门为太子刘据设立博望苑，用来结交天下贤士，但太子的名望并没有得到彰显。更可叹的是他命运不济，遭遇了大臣江充的诽谤，虽然最后杀了引起祸乱的江充，但太子自己也因违背礼仪而招惹杀身之祸。汉元帝在做太子时就喜好儒术，讲究理法，可叹之处在于他因大施儒道而被指责，可赞之处在于他所发表的意见忠诚正直。即位之初，他从匡衡、韦玄成那里确实学到了治国之道，但最终因听信弘恭、石显的言论而错杀忠臣。汉成帝做太子时，才艺上虽比不上元帝庶子定陶，但仁义为重，比如从不在御道上奔跑，事情虽小却说明他具备谨小慎微的优点，所以得到了当时的一些贤者的称赞，由此留芳史册。汉光武帝中兴汉业，更是注重皇嗣问题。在东汉的各个太子中，汉明帝、汉章帝庄重诚信，都通晓政务和儒术，重情重义，兄弟和睦，因此能够使帝国大业得以延续。魏文帝曹丕为五官中郎将时，没有听到他好的德行，不是因私纳美女而被人讥笑，就是放纵于打猎游玩。他虽然才华横溢、学识渊博，却最终被自己的荒淫所拖累。不但如此，这种荒唐的行为还传给了魏明帝，明帝竟然用三年的时间在御花园中建筑土山。他有秦始皇的奢侈淫逸，却没有汉武帝那样的雄才大略，于是驱使朝廷百官做劳役，最终导致国家败落。晋武帝司马炎宽厚仁爱、相貌不凡。司马炎的父亲司马昭因偏信弟弟而对立太子的事情产生了疑惑，好在他能够听取大臣的谏言，立司马炎为太子。司马炎继承皇位后扫除祸乱，一统天下。到了晋惠帝时，观察他的言行，其德行还和原先一样恶劣不堪，实在是可惜了皇帝的宝座。晋惠帝后来废掉其长子愍怀的太子之位，这固然让人叹惜，但更为惋惜的是被废之后愍怀就像遇到劲风的沙子一样，一副溃败之象。愍怀被废之后将全部的才智统统用于嬉笑玩耍，结果自取败亡，这样的人即使继承帝业又如何能担当起安邦定国的重任呢？

解析

李百药列举了许多太子的事例，就是想说明作为太子，德行是非常重要的，要是不遵守道义，违背礼仪，难免会落得个身败国亡的下场。而只有那些德才兼备的太子才能继承大统，治理好国家，使自己青史留名。另外也告诉当今太子，在面对困难时，不要自暴自弃，而要将此当作考验，如果因此而自暴自弃，安能“奉其粢盛，承此邦家”!

因此要加强自身的道德修养，这样才能趋吉避凶，才能保全自己，成为合格的人才。

规谏太子第十二（三）

原典

惟圣上之慈爱，训义方于至道。同论政于汉幄，修致戒于京鄗。鄙《韩子》之所赐，重经术以为宝。咨政理之美恶，亦文身之黼藻[①]。庶有择于愚夫，惭乞言于遗老。致庶绩于咸宁，先得人而为盛。帝尧以则哲垂谟[②]，文王以多士兴咏，取之于正人，鉴之于灵镜。量其器能，审其检行。必宜度机而分职，不可违方以从政。若其惑于听受，暗于知人，则有道者咸屈，无用者必伸[③]。谗谀竞进以求媚，玩好不召而自臻[④]。直言正谏，以忠信而获罪；卖官鬻狱，以货贿而见亲[⑤]。于是亏我王度，斁我彝伦。九鼎遇奸回而远逝，万姓望抚我而归仁。盖造化之至育，惟人灵之为贵。狱讼不理，有生死之异涂，冤结不伸，乖阴阳之和气。士之通塞，属之以深文；命之修短，悬之于酷吏。是故帝尧画像，陈恤隐之言；夏禹泣辜，尽哀矜之志。因取象于《大壮》，乃峻宇而雕墙。将瑶台以琼室，岂画栋以虹梁。或凌云以遐观，或通天而纳凉。极醉饱而刑人力，命痿蹶而受身殃[⑥]。是以言惜十家之产，汉帝以昭俭而垂裕；虽成百里之囿，周文以子来而克昌。彼嘉会而礼通，重旨酒之为德。至忘归而受祉，在齐圣而温克。若其酗蔷以致昏，酰湎而成忒[⑦]，痛毁受与灌夫，亦亡身而丧国。是以伊尹以酣歌而作戒，周公以乱邦而贻则。咨幽闲之令淑[⑧]，实好述于君子。辞玉辇而割爱，固班姬之所耻；脱簪珥而思愆，亦宣姜之为美。乃有祸晋之骊姬，丧周之褒姒，尽妖妍于图画，极凶悖于人理。倾城倾国，思昭示于后王；丽质冶容，宜永鉴于前史。复有蒐狩之礼，弛射之场，不节之以正义，必自致于禽荒。匪外形之疲极，亦中心而发狂。夫高深不惧，胥靡之徒[9]；鞲绁为娱，小竖之事[10]。以宗社之崇重，持先王之名器，与鹰犬而并驱，凌艰险而逸辔。马有衔橛之理，兽骇不存之地[11]，犹有靦于获多，独无情而内愧[12]。

注释

①文身之黼藻：修身养性。②帝尧以则哲垂谟：尧帝以知人善任给后人留下榜样。③有道者咸屈，无用者必伸：有才能的人受到压制，没有才能的人反而得到重用。④谗谀竞进以求媚，玩好不召而自臻：阿谀奉承的人竞相去讨好献媚来寻求宠幸，玩乐之物不招自来。⑤卖官鬻狱，以货贿而见亲：卖官受贿的人，因为受贿而得以亲近。⑥极醉饱而刑人力，命痿蹶而受身殃：为了自己的私欲而使百姓劳苦，必定会导致生命萎靡虚弱而身体遭殃。⑦酖湎而成忒：沉湎美酒而造成过错。⑧咨幽闲之令淑：温婉娴静的女子。⑨胥靡之徒：无知之辈。⑩小竖之事：这都是小孩子做的事情。⑪衔橛之理：摔倒的时候。⑫独无情而内愧：难道因为无情而没有愧疚吗？

译文

陛下向来仁爱，用至善的道理来教导太子，在宫中共同讨论政事的得失，把前代的教训当作借鉴。对晋元帝赐予太子《韩非子》一书的行为表示鄙视，重视儒家经世治国的方法并把它当作珍宝。学习儒学，可以了解政事的得失，也可以提高自身的修养；可以看一个人是否因知书达理而欣喜，并由此来辨别愚者，还可以因不知道典故而向长者请教，并由此感到惭愧。国家兴盛安宁，最重要的就是要得到人心。尧帝以知人善任而留下榜样，文王以朝中人才济济而为世人歌颂。从正人君子中选拔人才并加以鉴别，衡量他的才能，审查他的言行举止，一定要根据他的实际才能来安排职位，不能违背道义使他参与处理政事。如果偏听迷信，不能知人善任，那么就会使有才能的人受到压制，没有才能的人反而得到重用；阿谀奉承的人就会竞相讨好献媚而寻求宠幸，玩乐之物不招自来；敢于直言进谏的人，因为忠诚守信而获罪；卖官受贿的人，因为受贿而得以亲近。于是就破坏了国家的法度，败坏了伦理纲常。九鼎遇到暴君竟远远逃遁，百姓希望得到安抚而愿意归顺仁义之人。天地万物，只有人最为宝贵。官司得不到恰当的处理，使人的生死适得其反；冤情无法伸张，就会毁坏阴阳之气的调和。有才能的人是否被任用，取之于严苛的刑法；性命的长短，取之于酷吏。所以，尧帝画五刑图就是为了表达对百姓的体恤，夏禹看见罪人就会哭泣，充分展示了他对罪人的哀怜之情。古人根据易经卦象的启发，建造高楼亭台、雕刻墙壁。像桀那样雕饰瑶台，像纣王那样做结构精巧的琼室，这可不是雕梁画栋那么简单！有的帝王修建凌云台是用来观望远方，有的修建通天台是为了乘凉休息。为了自己的私欲而使百姓劳苦，必定会导致生命萎靡虚弱而身体遭殃。因此汉文帝听说建造露台要耗费十家人的财产而停止施工，正是这种节俭的行为给后人留下了榜样。周文王虽然建造了百里的园林，却是出于老百姓的自愿帮助，不但没有失掉民心反而迎来更多百姓的归顺。在宴会上也应该注重礼节，喜欢美酒的应该注重酒德，即使开怀畅饮，圣明之人也能温恭自持。若是像纣与灌夫那样因酒乱德，那么就会落个身死国亡的下场，因此伊尹因为人们沉湎于饮酒而作出禁酒的训诫，周公因为酒能误国而确立戒酒的规定。温婉娴静的女子，的确是君主的好配偶。汉班婕妤耻于媚主惑上之名，谢绝与汉成帝同车而行；拔掉簪子而反思皇上沉溺后宫的罪过，也是宣姜被世人称赞的美德。但也有给晋国带来动乱的骊姬，使周幽王丧命的褒姒。这些女子妖艳非常，行为举止却违背伦理纲常。面对倾国倾城的女子，应当想想怎样才能给后世之君留下榜样；面对容貌姣好、气质脱俗的女子，应该以前史为鉴。还有狩猎驰射，如果不遵循礼仪，那么必然会沉迷于此。这样不但使人身劳体乏，也会使人内心放纵。高山深谷都不害怕，这是无知；沉迷于打猎娱乐，这都是庸俗之辈所为。身居庙堂之高，承袭帝业重任的太子，怎能与打猎的鹰犬并列驱赶，临近险途却不知悬崖勒马呢？马也有失前蹄的时候，野兽也会因找不到生存之地而变得恐慌。因此要为捕获过多而感到羞愧，岂能冷血无情而丝毫没有愧疚之色呢？

解析

李百药说：“致庶绩于咸宁，先得人而为盛。”就是说若要政事处理得当，天下安定，就必须先得到大量的人才。古代君王治理天下都是靠着大量的人才，因此要想实现天下太平，必须多笼络人才，人才是治理国家的根本。

人要学会克制私欲，如不沉湎于美酒，不沉溺于美色，不放纵于玩乐。每个人都有惰性，都有不想奋斗而想享受的时候，但是由俭入奢易，由奢入俭难，一旦纵情享乐，就会迷失斗志，最终会一败涂地。因而要善于克制自己，这样才能不断完善自己。

规谏太子第十二（四）

原典

以小臣之愚鄙，忝不赀之恩荣①。擢无庸于草泽，齿陋质于簪缨②。遇大道行而两仪泰，喜元良会而万国贞。以监抚之多暇，每讲论而肃成。仰惟神之敏速，叹将圣之聪明。自礼贤于秋实，足归道于春卿。芳年淑景，时和气清③。华殿邃兮帘帏静④，灌木森兮风云轻，花飘香兮动笑日，娇莺啭兮相哀鸣。以物华之繁靡，尚绝思于将迎。犹允蹈而不倦，极耽玩以研精⑤。命庸才以载笔，谢摛藻于天庭⑥。异洞箫之娱侍，殊飞盖之缘情⑦。阙雅言以赞德，思报恩以轻生。敢下拜而稽首，愿永树于风声。奉皇灵之遐寿，冠振古之鸿名。

太宗见而遣使谓百药曰："朕于皇太子处见卿所作赋，述古来储贰事以诫太子，甚是典要。朕选卿以辅弼太子，正为此事，大称所委，但须善始令终耳。"因赐厩马一匹，彩物三百段。

贞观中，太子承乾数亏礼度⑧，侈纵日甚，太子左庶子于志宁撰《谏苑》二十卷讽之。是时太子右庶子孔颖达每犯颜进谏⑨。承乾乳母遂安夫人谓颖达曰："太子长成，何宜屡得面折？"对曰："蒙国厚恩，死无所恨。"谏诤愈切。承乾令撰《孝经义疏》，颖达又因文见意，愈广规谏之道。太宗并嘉纳之，二人各赐帛五百匹，黄金一斤，以励承乾之意。

注释

①忝不赀之恩荣：实在有愧于陛下给的恩情与荣耀。②齿陋质于簪缨：以愚笨的资质与各位达官贵人同朝为官。③芳年淑景，时和气清：年华正好，风景独美。④华殿邃兮帘帏静：华美的宫殿很深而且帘幕帷帐都很平静。⑤极耽玩以研精：沉迷于学问以求精通。⑥谢摛藻于天庭：在朝廷上做赋。⑦殊飞盖之缘情：这和曹植的"飞盖相追随"有所不同。⑧数亏礼度：多次违背礼仪和法度。⑨犯颜进谏：冒犯威严进言。

译文

微臣见识浅陋，实在有愧于陛下所赐的恩情与荣耀。陛下将我从百姓之中选拔出来，使我有幸能与各位达官贵人同朝为官。一个国家遇到有道之君则国泰民安、天下安定；再有幸有一个贤明向善的太子，那么四方顺从。太子殿下在监国抚军的空隙，常常谈论道义以修身养性，实在是难能可贵。臣因此仰慕太子的神思敏捷，赞叹太子的聪明才智。太子对贤人以礼相待的行为也符合礼仪的要求。太子正值美好的年华，应该珍惜时光勤学。华美的宫殿幽深寂静，帘幕帷帐宁静和祥，繁茂的树木郁郁葱葱，微风轻轻吹拂着白云，花儿飘香，让人心旷神怡，黄莺互相对唱、婉转动听。太子面对这样的美景竟然毫不动心，尚且能思考迎来送往的为人之道；且恪守礼仪而不知疲倦，沉迷于学问以求精通。让我这平庸之人执笔作文，在朝堂上铺陈辞藻，实在不同于王褒为汉元帝献上《洞箫赋》那样讨人欢心，也和曹植的"飞盖相追随"有所不同。我不擅长用溢美之词来赞美您的德行，只是想着如何用我卑微的生命来报答您的知遇之恩。请让我下拜稽首，愿您英名永树，继承前人的基业传至后世万代，盛名超过万古以来的圣人。

唐太宗看到后就派人对李百药说："我在皇太子那里见到爱卿所作的辞赋，阐述古往今来诸位太子的事情用来警戒太子，十分经典恰当。我选爱卿来辅佐太子，就是为了让你做这类事情，你很称职，但是必须要有始有终。"于是，唐太宗赏赐李百药马一匹和彩帛三百段。

贞观年间，太子李承乾多次违背礼仪和法度，一天比一天奢侈，太子左庶子于志宁撰写了《谏苑》，共有二十卷，对他进行讽刺劝谏。当时太子右庶子孔颖达也经常冒犯太子的威严直言进谏，李承乾的乳母遂安夫人对孔颖达说：“太子已经长大了，怎么能够当面多次指责他的过失呢?”孔颖达回答：“蒙受国家的厚恩，当竭诚报答，虽死无憾。”自那以后，进谏更是诚恳激烈。李承乾命孔颖达撰写《孝经义疏》，孔颖达又把劝谏太子的言辞写到经书中，让进谏的机会更多了。唐太宗对两人的做法都很赞赏，于是赏赐二人各丝帛五百匹，黄金一斤，用来勉励他们对太子劝谏的行为。

解析

对于李百药以及其他臣子的劝谏，李承乾虽然倾听了，却没有按照他们说的去做，其知而不行，在品德修养上也是失败的。才与德中，才可以通过学习文史典籍等获得，德却要由心而发，因而在这两者中，品德的培养比才能的培养要难得多。

平时在培养自身能力的同时，也要加强在待人接物等礼仪上的培养，学会以礼待人，培养高尚的道德情操，这样才能成为有才能、有品德的精英人物。

规谏太子第十二（四）

原典

贞观十三年，太子右庶子张玄素以承乾颇以游畋废学[①]，上书谏曰：臣闻皇天无亲，惟德是辅，苟违天道，人神同弃。然古三驱之礼，非欲教杀，将为百姓除害。故汤罗一面，天下归仁。今苑内娱猎，虽名异游畋，若行之无恒，终亏雅度[2]。且傅说曰："学不师古，匪说攸闻[3]。"然则弘道在于学古，学古必资师训。既奉恩诏，令孔颖达侍讲，望数存顾问，以补万一。仍博选有名行学士，兼朝夕侍奉。览圣人之遗教，察既往之行事，日知其所不足，月无忘其所能。此则尽善尽美，夏启、周诵焉足言哉！夫为人上者，未有不求其善，但以性不胜情，耽惑成乱。耽惑既甚，忠言尽塞，所以臣下苟顺，君道渐亏。古人有言："勿以小恶而不去，小善而不为。"故知祸福之来，皆起于渐。殿下地居储贰，当须广树嘉猷[3]。既有好畋之淫，何以主斯匕鬯[4]？慎终如始，犹恐渐衰，始尚不慎，终将安保！

承乾不纳，玄素又上书谏曰：

臣闻称皇子入学而齿胄者，欲令太子知君臣、父子、尊卑、长幼之道。然君臣之义，父子之亲，尊卑之序，长幼之节，用之方寸之内，弘之四海之外者，皆因行以远闻，假言以光被。伏惟殿下，睿质已隆，尚须学文以饰其表。窃其孔颖达、赵弘智等，非惟宿德鸿儒[5]，亦兼达政要。望令数得侍讲，开释物理，览古论今，增辉睿德。至如骑射畋游，酣歌妓玩，苟悦耳目，终秽心神。渐染既久，必移情性。古人有言："心为万事主，动而无节即乱[6]。"恐殿下败德之源，在于此矣。

承乾览书愈怒，谓玄素曰："庶子患风狂耶？"

十四年，太宗知玄素在东宫频有进谏，擢授银青光禄大夫，行太子左庶子。时承乾尝于宫中击鼓，声闻于外，玄素叩阁请见，极言切谏。乃出宫内鼓对玄素毁之，遣户奴伺玄素早朝，阴以马柭击之[7]，殆至于死。是时承乾好营造亭观，穷极奢侈，费用日广。玄素上书谏曰：

臣以愚蔽，窃位两宫[8]，在臣有江海之润，于国无秋毫之益，是用必竭愚诚，思尽臣节者也。伏惟储君之寄，荷戴殊重，如其积德不弘，何以嗣守成业？圣上以殿下亲则父子，事兼家国，所应用物不为节限。恩旨未逾六旬，用物已过七万，骄奢之极，孰云过此？龙楼之下，惟聚工匠；望苑之内，不睹贤良。今言孝敬，则阙侍膳问竖之礼；语恭顺，则违君父慈训之方；求风声，则无学古好道之实；观举措，则有因缘诛戮之罪[9]。宫臣正士，未尝在侧，群邪淫巧，昵近深宫。爱好者皆游伎杂色，施与者并图画雕镂。在外瞻仰，已有此失；居中隐密，宁可胜计哉！宣猷禁门，不异阛阓，朝入暮出，恶声渐远。右庶子赵弘智经明行修，当今善士，臣每请望数召进，与之谈论，庶广徽猷[10]。令旨反有猜嫌，谓臣妄相推引。从善如流，尚恐不逮；饰非拒谏，必是招损[11]。古人云："苦药利病，苦口利行。"伏愿居安思危，日慎一日。

书入，承乾大怒，遣刺客将加屠害，俄属宫废[12]。

注释

①游畋废学：打猎荒废学业。②终亏雅度：最终违背了典章法度。③广树嘉猷：努力增长自身的才智。④主斯匕鬯：支持国家政事的处理。⑤宿德鸿儒：德行高深、学富五车的人。⑥心为万事主，动而无节即乱：心是万事的主人，如果毫无章法地动心，就会带来祸乱。⑦阴以马檛（zhuā）击之：暗里用马鞭来击打他。⑧窃位两宫：在两宫中都有职位。两宫指朝廷和太子宫。⑨因缘诛戮之罪：凭借权势加害他人的罪过。⑩庶广徽猷：增进美德与才能。⑪饰非拒谏，必是招损：掩饰过错拒绝谏言，必然会导致损失。⑫俄属宫废：不久后太子被废掉。

译文

贞观十三年，太子右庶子张玄素因太子李承乾沉迷于打猎而荒废学业，上书进谏说：

臣听说上天并不偏袒任何人，只会辅佐那些有德行的人，若是违背了天道，那么上天和人民都会抛弃他。古时候，打猎时有三驱的礼治。打猎并非教导人们杀生，而是为老百姓除害。因此商汤见野外捕猎四面张网，便去掉其中的三面，只留一面，天下的人都因他的仁慈而归顺于他。现在太子在皇宫内院中打猎，虽然名义上与在外打猎有所不同，但要是没有节制，终究会违背典章法度。况且相傳说："学习而不遵循古训，这是闻所未闻的。"因此弘扬道义就在于学习古礼，而学习古礼就要借助于老师的帮助。既然我奉皇上的圣旨教太子读书，让孔颖达在你身边教授学问，希望你能多多询问他，以此弥补自己学问上的不足。另外再选一些博学的名士，日夜来教导太子。遍览圣人遗留的教训，考察以往历史事件中的得失，每天都能发现新的不足之处，每月都不会忘记自己所掌握的知识。这样一来就能做到尽善尽美，夏启、周诵这样的贤太子又何足称道呢？作为人君，没有不想追求完美的，但是因为不能克制自己的情欲，沉迷其中才导致了祸乱。一旦过于沉迷，忠言进谏的道路就会被阻塞，进而导致臣下苟且顺从，君主之道逐渐败坏。古人有句话是这么说的："不要因为是小的过错就不加以改正，不要因为是小的好事就不愿意去做。"由此可知祸福都是逐渐产生的。殿下你身居太子之位，应当多方面增长自己的才智。要是沉迷于打猎，那么如何处理那些国家政务呢？小心谨慎，善始善终，还会担心逐渐衰落，何况开始时就不谨慎，最终又该如何保持呢？

李承乾不接纳张玄素的建议，张玄素又上奏章说：

臣听说皇子入学时是以年龄大小为次序的，为的是要太子知道君臣、父子、尊卑、长幼的道理。君臣之间的忠义、父子之间的亲情、尊卑之间的秩序、长幼之间的礼节，要从内心去遵行，然后将它弘扬于天下，这是因为要靠行动来让远方的人知晓，借助言论来广泛传播。我认为殿下天赋很高、聪明睿智，但仍需要学习知识来提高自身的修养。我认为，孔颖达、赵弘智等人并非只是很有学问、很有道德的人，他们还通晓处理政务。希望你常常让他们侍奉在身边，听他们授课，以便通晓事理、谈古论今，为陛下圣明之德增光添彩，让你更加聪明睿智。至于骑马射击、声情美色之类的活动，只能满足一时的耳目之娱，最终只会扰乱心神。如果过多沉溺其中，必定会改变您的性情。古人有句话说："心是万事的主宰，没有节制的心动就会导致心乱，违背常理。"我害怕殿下道德败坏的根源就在于这些活动啊。

李承乾浏览奏章，更加愤怒，对张玄素说："你难道患了疯病吗？"

贞观十四年，唐太宗得知张玄素在太子宫中多次进谏，便提拔他为银青光禄大夫，同时兼任太子左庶子。有一回，李承乾在宫中击鼓作乐，在外面都能听到击鼓的声音，张玄素于是在宫门外求见太子，态度极其诚恳地进谏。太子于是拿来鼓，并当着张玄素的面把鼓毁掉，还派遣奴仆在张玄素早朝时，暗地里用马鞭抽他，结果差点把张玄素打死。那时李承乾喜好建造亭台楼阁，很是奢侈，所花的费用一天比一天多。张玄素又上书进谏：

臣生性愚钝，却担当朝廷和东宫的要职，这是因皇恩浩荡，而我却对国家没有一丝一毫的贡献。因此臣务必尽职尽忠，更要尽到人臣的责任。太子的身上承担着很重的责任，如果不积累德行、不弘扬德行，怎么能够继承皇位守护帝业呢？圣上因为与您有父子之情，又因为您于家于国都事关重大，因此对您的日常用度从来不曾限制过。可是圣上颁布圣旨还不到六十天，你所用的财物已经超过七万，奢侈至极，到了无以复加的地步？太子宫殿下聚集着无数工匠，内苑之中却看不到贤才良臣的半点踪影。论孝敬，陛下则有违侍奉皇上膳食的礼节；论恭顺，殿下则违背了皇上仁慈的教导；论名声，殿下则没有学习古代人追求道义的美德；论行为，殿下则有网罗罪名陷害忠臣的罪过。殿下没有正直的人侍奉在旁，却有一帮邪恶淫逸、巧取豪夺之徒藏于深宫。对于喜欢的那些玩耍技艺的奴仆，你便赏赐他们图画雕刻之类的玩物。在外面看来，就已经有这么多的过失了；更何况深宫内隐秘的大事情，大概已经不胜可数了。宣布法令的官门已经和市区街巷没有什么区别，早晚都有各色人等进进出出，坏名声已经传播得很远了。右庶子赵弘智通晓经术、德行高尚，是当今的贤士。臣多次希望陛下能够召见他，和他讲论学问，以增进您的德行修养。现今殿下却猜疑他，还说臣妄自推荐引见。一个人从善如流，尚且还怕来不及，何况掩饰过错，拒绝谏言，必定会招致损失。古人说："良药苦口利于病，忠言逆耳利于行。"只希望殿下能够居安思危，一天比一天更加谨慎。

奏章送入东宫，李承乾看后不由得大怒，派遣刺客想要杀害张玄素，不久后李承乾被废黜。

解析

张玄素一心为主，提出了许多有用的建议，如日知不足、防微杜渐、善始善终、战胜私欲等，可惜李承乾没有听进去，最终落个被废黜的下场。

日知不足，就是告诉人们要反思自己的所作所为，从中发现不足，才会加以改进。只要坚持每天改正一点点，假以时日，必然会由量变转为质变，提升自己的能力和道德。防微杜渐是指不要觉着一些小事情起不到什么作用，但是当小事情积累得越来越多时，人们的事业往往会遭受致命的打击。善始善终，做事要有头有尾，既然做了就要做完、做好。战胜私欲，每个人都有七情六欲，都有自己想要的东西，但是只有克制自己的私欲，才能做到心如止水，警惕外物的诱惑。

规谏太子第十二（五）

原典

贞观十四年，太子詹事于志宁，以太子承乾广造宫室，奢侈过度，耽好声乐，上书谏曰：

臣闻克俭节用，实弘道之源；崇侈恣情，乃败德之本。是以凌云概日[①]，戎人于是致讥[②]；峻宇雕墙，《夏书》以之作诫。昔赵盾匡晋，吕望师周，或劝之以节财，或谏之以厚敛。莫不尽忠以佐国，竭诚以奉君，欲使茂实播于无穷③，英声被乎物听。咸著简策，用为美谈。且今所居东宫，隋日营建，睹之者尚讥其侈，见之者犹叹甚华。何容于此中更有修造，财帛日费，土木不停，穷斤斧之工，极磨砻之妙？且丁匠官奴入内，比者曾无复监。此等或兄犯国章，或弟罹王法，往来御苑，出入禁闱，钳凿缘其身，槌杵在其手。监门本防非虑，宿卫以备不虞，直长既自不知，千牛又复不见。爪牙在外，厮役在内，所司何以自安，臣下岂容无惧？

又郑、卫之乐，古谓淫声。昔朝歌之乡，回车者墨翟[④]；夹谷之会，挥剑者孔丘。先圣既以为非，通贤将以为失。顷闻宫内，屡有鼓声，大乐伎儿，入便不出。闻之者股栗[⑤]，言之者心战。往年口敕，伏请重寻，圣旨殷勤，明诫恳切。在于殿下，不可不思；至于微臣，不得无惧。

臣自驱驰宫阙，已积岁时，犬马尚解识恩，木石犹能知感[⑥]，臣所有管见，敢不尽言。如鉴以丹诚，则臣有生路；若责其忤旨，则臣是罪人。但悦意取容，臧孙方以疾疢[7]；犯颜逆耳，《春秋》比之药石。伏愿停工巧之作，罢久役之人，绝郑、卫之音，斥群小之辈。则三善允备，万国作贞矣。

承乾览书不悦。

十五年，承乾以务农之时，召驾士等役，不许分番[8]，人怀怨苦。又私引突厥群竖入宫。志宁上书谏曰：

臣闻上天盖高，日月光其德；明君至圣，辅佐赞其功。是以周诵升储，见匡毛、毕[9]；汉盈居震，取资黄、绮[10]。姬旦抗法于伯禽[11]，贾生陈事于文帝，咸殷勤于端士[12]，皆恳切于正人。历代贤君，莫不丁宁于太子者，良以地膺上嗣，位处储君。善则率土沾其恩，恶则海内罹其祸。近闻仆寺、司驭、驾士、兽医，始自春初，迄兹夏晚，常居内役，不放分番。或家有尊亲。阙于温凊；或室有幼弱，绝于抚养。春既废其耕垦，夏又妨其播殖。事乖存育[13]，恐致怨嗟。倘闻天听，后悔何及？又突厥达哥支等，咸是人面兽心，岂得以礼义期[14]，不可以仁信待。心则未识于忠孝，言则莫辩其是非，近之有损于英声，昵之无益于盛德。引之入閤，人皆惊骇，岂臣庸识，独用不安？殿下必须上副至尊圣情，下允黎元本望，不可轻微恶而不避，无容略小善而不为。理敦杜渐之方，须有防萌之术。屏退不肖，狎近贤良。如此，则善道日隆，德音自远。

承乾大怒，遣刺客张师政、纥干承基就舍杀之。是时丁母忧[15]，起复为詹事。二人潜入其第，见志宁寝处苫庐[16]，竟不忍而止。及承乾败，太宗知其事，深勉劳之。

注释

①凌云概日：秦穆公夸奖宫殿宏伟高大。②戎人于是致讥：被西戎人讥笑。③欲使茂实播于无穷：想要使君主的美德流传得更广、更远。④回车者墨翟：乘车返回的是墨翟。⑤闻之者股栗：听到的人两腿都发抖。⑥犬马尚解识恩，木石犹能知感：犬马尚且知道知恩图报，木石也能做到知恩感德。⑦臧孙方以疾疢：鲁国大夫臧孙认为这种行为和疾病相同。⑧不许分番：不允许他们轮值。⑨周诵升储，见匡毛、毕：因此周诵当上太子，有毛叔、郑毕公来辅佐匡正他。⑩汉盈居震，取资

黄、绮：汉朝的刘盈当了太子，得到了夏黄公、绮里季的帮助。⑪姬旦抗法于伯禽：周成王有错误，周公就会打自己的儿子伯禽，这样来向成王表明规矩。⑫贾生陈事于文帝，咸殷勤于端士：贾谊多次上书文帝讨论国家政事，他们都是品德高尚的贤良名士，都是刚正不阿的人。⑬事乖存育：这件事违背了养育百姓的道理。⑭岂得以礼义期：怎么能够用礼仪和道义来期待他们。⑮丁母忧：指丁母丧。⑯苫庐：草垫、土枕。

译文

贞观十四年，太子詹事于志宁因太子李承乾大肆扩建宫殿，奢侈无度，沉迷于声乐，而上书进谏说：

臣听说克制节俭，实为弘扬道义的源泉；崇尚奢侈，是败坏德行的根本。所以秦穆公夸奖宫殿宏伟高大，被西戎人讥笑；《夏书》中把楼阁高大、装饰华丽的墙壁作为警戒。从前赵盾向晋灵公犯颜进谏，周太师吕望勉励周文王，或者劝告君王要节约财物，或者进谏君王不要暴敛于民。他们无不尽职尽忠地辅佐国家，竭诚地侍奉君主，想要使君主的美德流传得更广、更远，美好的名声远播，载入史册，成为美谈。如今殿下所居住的太子宫，是隋朝建造的，看到的人无不觉得奢侈非常，感叹它的富丽堂皇。您怎么还要在这样的宫殿中再修宫室，耗费财力，大兴土木，穷尽雕琢精妙之能事？况且如此多的工匠、官奴出入太子宫，又没人监视。这些人或许其兄触犯了国家法律，或许其弟被法律制裁，就这样出入禁宫，身上还带着斧凿等危险器具。皇宫的守卫是为了防止意外发生，禁卫军是用来以备不测的，然而现在负责守卫的直长和千牛卫对此都视而不见。这样，武官们在宫外，工匠们在宫内，负责守卫的官署怎么能够安心，臣怎么能不忧虑呢？

另外，春秋时期的郑国、卫国两国的音乐，自古以来就被认为是靡靡之音。从前墨子经过商朝的朝歌，就因为地名不符合他“非乐”的思想便调转车头；鲁定公与齐侯夹谷会盟，孔子挥剑斩杀了戏子，因为他们用乐舞蛊惑诸侯。古代的圣人认为醉心歌舞是大非，通达的贤人也认为这样做是错误的。近来却听到太子宫内常常传来击鼓的声音，大乐府的人只进不出。听到这件事的人都双腿战栗，说起来都胆战心惊。往年陛下是如何教育太子的，请您重新温习，圣上的意图诚恳殷切，那些告诫都说得非常清楚。对于殿下来说，不可不深思；对于臣来说，不能不感到害怕。

臣自蒙圣恩，为朝廷效劳已有多年。犬马木石尚且能知恩图报，臣的一些小小建议，怎么敢不竭尽所言呢？如果您觉得臣忠正坦诚，那么臣就有了活路；如果您责备臣忤逆您的旨意，那么臣就是个罪人。但是为了取悦您就阿谀奉承，鲁国大夫臧孙将这种行为比作疾病；冒犯威严说下不好听的话，《春秋》里将它比作良药。只希望殿下能让工匠们停止建造，释放那些久做劳役的人，断绝郑国、卫国那样的靡靡之音，斥退那些奸诈卑鄙的小人，那么就会使三善完备、天下安宁。

李承乾看过奏章后很不高兴。

贞观十五年，李承乾在百姓农忙时期，征召抬轿驾车的苦力，还不允许他们轮流换班，臣民苦不堪言，无不心怀怨恨。李承乾又私下将突厥的宦官带入宫中。于志宁因此上书进谏说：

臣听说苍天高远，日月显耀它的德行；君主贤明，臣下匡扶他的功业。因此周朝的姬诵当上太子，有毛叔、郑毕公来辅佐匡正他；汉朝的刘盈当了太子，得到了夏黄公、绮里季的帮助。周成王有错误，周公就会打自己的儿子伯禽，以告诫成王；贾谊则多次上书文帝讨论国家政事。他们都是品德高尚的贤良名士，都是正直不阿的人。历代的君王，没有不告诫太子的，这是因为太子身为王储，将来是要继承大统的。如果太子善良，那么百姓就会感受到他的恩德；如果太子为恶，那么天下百姓就会遭受他的祸害。近来我听说仆寺、司驭、驾士、兽医等，从初春开始，一直到夏天，长久地在宫中服役，不允许他们轮流换班。他们有的家有双亲，你这样做，他们的双亲就无人侍奉。有的则是家有幼小，这样做就让他们的孩子得不到抚养教育。春天已经耽误了他们的春耕，夏天又妨碍了他们播种。这违背了养育百姓的道理，恐怕会招致怨恨。如果民怨传到圣上的耳朵里，后悔可就来不及了。还有，突厥达哥支等人都人面兽心，怎么能够用礼仪和道义来对待他们？他们不知忠孝、不辨是非，靠近他们只会败坏您的名声，亲近他们则对你的德行没有一点好处。现在您还把他们带入宫中，没有一个人不对此惊恐万分的，岂止是臣一个人见识庸俗而感到忧虑？殿下做事向上要符合你崇高的身份，向下则符合百姓的期望，不能轻视小的恶行而不去改正，不能因小的善行而不愿意去做。理应防微杜渐，斥退狡诈取巧的人，亲近贤良忠诚的人。如果能做到这样，那么你的美德就能日渐隆盛，美名自然远扬。

李承乾看过奏章后十分生气，派遣刺客张师政、纥干承基到于志宁家去刺杀他。当时于志宁正为母守丧，可是守丧期限还没到又被太宗任命为太子詹事。当张师政、纥干承基偷偷潜入于志宁家中时，看到他正睡在草垫子上，用土块当枕头来为母守丧，二人竟然不忍心下手，最后放弃了杀他的念头。后来李承乾事迹败露后，唐太宗知道了这件事，对他深加勉励慰劳。

解析

使用人才时，必须要劳逸结合，不要一直让人才处于劳累状态，否则会招致人才的埋怨，这对笼络人才是非常不利的。另外就是要注重防微杜渐，要注重细节，善于从细节着手，把未来的危险扼杀在刚出现之时。李承乾的事情表明多行不义必自毙，因而要坚守正道，多做善事，不做恶事，这样才能有好报。

犬马尚且识恩，木石犹能知感，做人要懂得知恩图报，尤其是那些真心帮助你的贵人，不要觉着别人的帮助是理所应当的，要知道没人欠你什么，要懂得感恩，哪怕只是对真心帮助你的人说声“谢谢”。

卷五

仁义第十三（一）

原典

贞观元年，太宗曰："朕看古来帝王以仁义为治者，国祚延长①，任法御人者②，虽救弊于一时，败亡亦促。既见前王成事，足是元龟③。今欲专以仁义诚信为治，望革近代之浇薄也④。"黄门侍郎王珪对曰："天下凋丧日久，陛下承其余弊，弘道移风⑤，万代之福。但非贤不理，惟在得人。"太宗曰："朕思贤之情，岂舍梦寐！"给事中杜正伦进曰："世必有才，随时听用，岂待梦傅说，逢吕尚，然后为治乎？"太宗深纳其言。

注释

①国祚延长：国运长久。②任法御人者：用严刑峻法治理国家、管理百姓的人。③元龟：古时用来占卜用的，这里指借鉴。④望革近代之浇薄也：希望革除近代以来狡诈刻薄的风气。⑤弘道移风：弘扬正道，移除不好的风气。

译文

贞观元年，唐太宗说："我看自古以来的君王，凡用仁义来统治国家、治理百姓的，都能够使国运绵长；用严刑峻法治理国家的，虽然能够改正国家一时的弊端，但国家很快就会灭亡。既然看到了前代帝王的这些教训，那么就要把它当作借鉴。如今我希望用仁义诚信来治理国家，希望能够改变近代以来刻薄狡诈的风气。"黄门侍郎王珪回答说："天下风气已经败坏很久了，陛下在天下有弊端之际统领国家，发扬正道，改变不好的社会风俗，这是天下百姓的福气。但没有贤能的人才是治理不好国家的，因而要唯贤是举。”唐太宗回答说：“我求贤若渴，即使在睡梦中也不忘寻找人才。”给事中杜正伦进言说：“哪个时代都有贤能的人，随时等待陛下发掘任用，哪里用得着去梦傅说，遇吕尚，然后才治理国家呢?”太宗十分同意，并接纳了他的建议。

解析

严刑峻法虽然能够管理百姓，但也只能起到一时的作用，若想要长久，就要学会用仁义去感化百姓，让百姓心甘情愿被管理，这样国家才能长治久安，这也就是“仁政”。对待人才时，赏罚分明只是一个中等的手段，而最高的手段就是用言行举止感染他们、影响他们，让他们心悦诚服，这样人才自然乐意追随，这才是管理人才的最高境界。

任何单位都要认识到人才的重要性，即使唐太宗富有四海，满朝文武，仍然夜不能寐、渴求人才。如今社会竞争越来越激烈，而竞争的本质就是人才的竞争，要把寻找人才、任用人才当作第一要务。

仁义第十三（二）

原典

贞观二年，太宗谓侍臣曰：“朕谓乱离之后，风俗难移，比观百姓渐知廉耻，官民奉法，盗贼日稀，故知人无常俗，但政有治乱耳。是以为国之道，必须抚之以仁义，示之以威信，因人之心，去其苛刻，不作异端[①]，自然安静，公等宜共行斯事也。”

贞观四年，房玄龄奏言："今阅武库甲仗，胜隋日远矣。"太宗曰："饬兵备寇[2]虽是要事，然朕唯欲卿等存心理道，务尽忠贞[3]，使百姓安乐，便是朕之甲仗。隋炀帝岂为甲仗不足，以至灭亡？正由仁义不修，而群下怨叛故也。宜识此心。"

贞观十三年，太宗谓侍臣曰："林深则鸟栖，水广则鱼游，仁义积则物自归之。人皆知畏避灾害[4]，不知行仁义则灾害不生。夫仁义之道，当思之在心，常令相继，若斯须懈怠，去之已远[5]。犹如饮食资身，恒令腹饱[6]，乃可存其性命。"王珪顿首曰："陛下能知此言，天下幸甚！"

注释

①不作异端：不做违背伦常纲纪的事情。②饬兵备寇：整修兵器以备倭寇。③存心理道，务尽忠贞：心里长存治理国家的道理，务必竭尽忠诚。④人皆知畏避灾害：人们都知道敬畏躲避灾害。⑤斯须懈怠，去之已远：片刻懈怠，离它就很远了。⑥饮食资身，恒令腹饱：饮食有助于身体健康，常常让肚子吃饱。

译文

贞观二年，唐太宗对侍臣说："我原以为社会动荡混乱之后，民间风俗必定难以改变，然而近来发现百姓渐渐懂得了廉耻，官吏和百姓都能够遵守法律，盗贼的数量逐渐减少，这才知道民间并没有一成不变的风俗，关键还在于治理得好还是坏。因此我认为治国之道在于用仁义来安抚百姓，还要显示出朝廷的威信。顺应百姓的心思，去掉其中苛刻的不符合百姓心意的法令，不做违背伦常纲纪的事情，这样国家自然能够安定。你们应该共同来做好这件事。"

贞观四年，房玄龄上奏说："如今我查看武库的兵器储备，发现已经比隋朝时期的强过百倍。"唐太宗说："整修兵器以备倭寇虽然也是要紧事，然而我还是希望爱卿能够把心思用在治理国家上，务必竭尽忠诚，让百姓安居乐业，这才是我真正想要的兵器。隋炀帝难道是因为兵器储备不足，才灭亡的吗？是因为他不修仁义，部下和百姓便心生怨恨叛离他。你们应当了解这个道理。"

贞观十三年，唐太宗对侍臣说："林子深了，自然有鸟来栖息；水广了，自然有鱼来遨游，积累仁义，百姓自然会来归顺。人们都因恐惧而知道躲避灾害，却不知道施行仁义之举，灾害就不会发生。仁义的道理，应当在心里思考，经常施行仁义，若有片刻的懈怠，那么离仁义之道就远了。就好像饮食有助于身体，常常让肚子吃饱，才能保存他的性命一样。”王珪叩拜说：“陛下能够了解这些道理，是天下人的幸运啊。”

解析

古时君主治理国家，最重要的是采取仁政，只有采取仁政才能让百姓归心、天下安定，因此在治理国家时要以百姓之心为心，实施有利于百姓的政策，不能采取严刑峻法，否则就会失去民心，没有了民心，统治者的统治就会土崩瓦解。

因此，在任用人才时，要尽量从人才的角度出发，采取对人才有利的措施，这样才能笼络人才，才能让人才心甘情愿地追随。

仁义第十四（一）

原典

冯立，武德中为东宫率，甚被隐太子亲遇。太子之死也，左右多逃散，立叹曰：“岂有生受其恩，而死逃其难！”于是率兵犯玄武门，苦战，杀屯营将军敬君弘，谓其徒曰：“微以报太子矣。”遂解兵遁于野[①]。俄而来请罪，太宗数之曰：“汝昨者出兵来战，大杀伤吾兵，将何以逃死？”立饮泣而对曰：“立出身事主[②]，期之效命，当战之日，无所顾惮。”因歔欷悲不自胜，太宗慰勉之，授左屯卫中郎将。立谓所亲曰："逢莫大之恩幸而获免，终当以死奉答。"未几，突厥至便桥，率数百骑与虏战于咸阳，杀获甚众，所向皆披靡，太宗闻而嘉叹之。时有齐王元吉府左车骑谢叔方率府兵与立合军拒战，及杀敬君弘、中郎将吕衡，王师不振，秦府护军尉尉迟敬德乃持元吉首以示之，叔方下马号泣，拜辞而遁。明日出首，太宗曰："义士也。"命释之，授右翊卫郎将。

贞观元年，太宗尝从容言及隋亡之事，慨然叹曰："姚思廉不惧兵刃[③]，以明大节，求诸古人，亦何以加也！"思廉时在洛阳，因寄物三百段，并遗其书曰："想卿忠节之风，故有斯赠。"初，大业末，思廉为隋代王侑侍读，及义旗克京城时，代王府僚多骇散，惟思廉侍王，不离其侧。兵士将升殿，思廉厉声谓曰："唐公举义兵，本匡王室，卿等不宜无礼于王！"众服其言，于是稍却，布列阶下。须臾，高祖至，闻而义之，许其扶代王侑至顺阳阁下，思廉泣拜而去。见者咸叹曰："忠烈之士，仁者有勇，此之谓乎！"

贞观二年，将葬故息隐王建成、海陵王元吉，尚书右丞魏徵与黄门侍郎王珪请预陪送。上表曰："臣等昔受命太上，委质东宫[④]，出入龙楼，垂将一纪[⑤]。前宫结衅宗社，得罪人神，臣等不能死亡，甘从夷戮，负其罪戾，置录周行[⑥]，徒竭生涯，将何上报？陛下德光四海，道冠前王，陟冈有感，追怀棠棣，明社稷之大义，申骨肉之深恩，卜葬二王，远期有日。臣等永惟畴昔[⑦]，忝曰旧臣，丧君有君，虽展事君之礼；宿草将列，未申送往之哀[⑧]。瞻望九原，义深凡百[⑨]，望于葬日，送至墓所。"太宗义而许之，于是宫府旧僚吏，尽令送葬。

注释

①遁于野：在野外躲起来。②出身事主：不惜生命侍奉主子。③姚思廉不惧兵刃：姚思廉不畏惧刀剑的威胁。④委质东宫：在太子宫为职做官。⑤垂将一纪：将近二十年。⑥置录周行：置身录名于仕官的行列。⑦永惟畴昔：永远追忆往昔。⑧宿草将列，未申送往之哀：野草都要长出来了，还没有表达送旧君主的哀伤。⑨瞻望九原，义深凡百：展望目的，深切怀念以前的情义。九原，指墓地。

译文

冯立是唐武德年间的东宫统帅，深得太子李建成的厚待。李建成死后，他的随从大多逃跑了，冯立见状很是感叹，说："哪有在太子生前享受他的恩德，而在太子死后却逃跑避难的道理呢?"于是亲自率兵在玄武门与当今圣上的军队苦战到底，最后杀死了太宗手下的屯营将军敬君，然后对手下的士兵说："只能做这些微不足道的事情来报答太子了。"然后便解散士兵躲藏起来。不久后，冯立面见唐太宗请求惩罚他的罪过，太宗对他说："你之前派兵来打我，让我的士兵死伤众多，如今你如何逃得了这项死罪呢?"冯立哭着回答说："我不惜生命来做这件事就是为了能够报答李建成的知遇之恩，只希望能为他卖命，因此战斗那天没有考虑太多。"说完悲痛不已，太宗安慰劝勉他，并封他为左屯卫中郎将。冯立对他的心腹说："遇到秦王这样大的恩德才能免于死罪，我一定以死报答。"不久后，突厥攻打便桥，冯立率领几百名骑兵与突厥在咸阳苦战，杀死和俘虏了很多突厥人，所到之处战无不胜，唐太宗听说后赞叹他的所作所为。玄武门之变时，与冯立一同作战的还有齐王李元吉府上左车骑谢叔方，导致敬君弘、中郎将吕衡被杀。正当太宗的军队士气低落时，秦王府护军军尉尉迟敬德拿着李元吉的人头示众，谢叔方当即下马痛哭，叩拜之后便撤离了。第二天便前来自首，太宗说："谢叔方是个仁义之人啊。"于是下令释放谢叔方，并封他为右翊卫郎将。

贞观元年，唐太宗曾经提到过隋朝灭亡的事情，很感慨地说："姚思廉不惧刀剑，以此表明臣子的深明大义和节操，即使拿古人的事迹来跟他相比，也没有能做得更好的。"姚思廉当时正在洛阳，唐太宗赏赐给他三百段丝帛，并写了一封书信说："想起爱卿忠诚守节的风骨，因此赏赐给你这些物品。"当初，隋朝已经到了末年，姚思廉担任隋代王侑的侍读，等到唐军的军队攻克京城时，代王府的幕僚大多逃散了，只有姚思廉仍在侍奉代王，不离开代王的身边。士兵想要到殿上抓捕代王，姚思廉大声地说："唐公之所以举兵，本是为了匡扶王室，你们不要在代王面前无礼、放肆!"众士兵对他的言论很是敬服，于是悄悄地退下，立在台阶的两侧。片刻后，高祖到了，听说这件事后觉着姚思廉很忠义，允许他搀扶代王到顺阳阁，姚思廉哭泣着叩拜后离开。眼见这件事的人都说："这是忠诚刚烈的人，常言说仁义的人有勇气，说的不就是他这种人吗?"

贞观二年，唐太宗将要安葬息隐王李建成、海陵王李元吉，尚书右丞魏徵与黄门侍郎王珪请求陪灵送葬。上奏章说：“臣等曾受命于太上皇，在太子宫为职，出入太子居住的地方，近二十年，太子李建成对宗庙社稷犯下了大错，以至于得罪了百姓和天神，臣等不能与太子同生共死，甘愿接受杀戮承担他的罪过，而陛下宽容大量，不但不杀了我们，反而让我们在朝廷上为官做事，如此大恩，如何才能报答圣上？陛下的德行照耀四海，如今还想着兄弟手足之情，选择合适的时间重新安葬两位王爷。现在离安葬的时间很近了，臣等怀念起往昔，就会觉得有愧于称为旧臣。旧的君主死去了就侍奉新的君主，虽然履行了侍奉新君主的礼仪，然而旧主的坟墓上都长出草来了，我们还没有表达送葬的哀伤。展望墓地，回忆起往昔的情义，希望能够在安葬那天，把他送到墓地。”唐太宗赞赏魏徵等人的忠义，于是下令让二王府以前的官僚都去为二王送葬。

解析

论语中说：“仁者必有勇”，冯立、谢叔方、姚思廉以及魏徵等人都是仁义之人，因而他们能够得到唐太宗的赏识和重用。姚思廉能够以一己之力对抗众多的士兵吗？当然不能，士兵之所以退却，是因为姚思廉心中的凛然正气，士兵被其仁义所感化，所以退却。仁义也成就了唐太宗不计前嫌善用人才的千古佳话。

在使用人才时，不要因为人才过去的所作所为而否定人才，应看他是否有仁义之心，只要有仁义之心，即使他过去是敌对身份，也应大度地任用。

仁义第十四（二）

原典

贞观五年，太宗谓侍臣曰："忠臣烈士，何代无之，公等知隋朝谁为忠贞?"王珪曰："臣闻太常丞元善达在京留守，见群贼纵横，遂转骑远诣江都，谏炀帝，令还京师。既不受其言，后更涕泣极谏①，炀帝怒，乃远使追兵②，身死瘴疠之地③。有虎贲郎中独孤盛在江都宿卫，宇文化及起逆，盛惟一身，抗拒而死④。"太宗曰："屈突通为隋将，共国家战于潼关，闻京城陷，乃引兵东走。义兵追及于桃林，朕遣其家人往招慰⑤，遽杀其奴。又遣其子往，乃云：'我蒙隋家驱使，已事两帝，今者吾死节之秋，汝旧于我家为父子，今则于我家为仇雠。'因射之，其子避走，所领士卒多溃散。通惟一身，向东南恸哭尽哀，曰：'臣荷国恩⑥，任当将帅，智力俱尽，致此败亡，非臣不竭诚于国。'言尽，追兵擒之。太上皇授其官，每托疾固辞⑦。此之忠节，足可嘉尚。"因敕所司，采访大业中直谏被诛者子孙闻奏。

贞观六年，授左光禄大夫陈叔达礼部尚书，因谓曰："武德中，公曾进直言于太上皇，明朕有克定大功，不可黜退云。朕本性刚烈，若有抑挫，恐不胜忧愤，以致疾毙之危⑧。今赏公忠謇，有此迁授。"叔达对曰："臣以隋氏父子自相诛戮，以致灭亡，岂容目睹覆车，不改前辙？臣所以竭诚进谏。"太宗曰："朕知公非独为朕一人，实为社稷之计。"

注释

①后更涕泣极谏：后来更是哭泣着直言进谏。②远使追兵：派遣他到边远地区从军。③瘴疠之地：指南方湿热、瘴气弥漫的地区。④盛惟一身，抗拒而死：只有孤独盛一个人奋力抵抗被杀死。⑤招慰：招安慰劳。⑥荷：承担、蒙受。⑦托疾固辞：假说有病而拒绝接受。⑧恐不胜忧愤，以致疾毙之危：恐怕承受不起忧伤愤怒之情，以至于疾病缠身终至死亡。

译文

贞观五年，唐太宗对侍臣说："忠臣烈士，哪个朝代没有呢？你们知道隋朝时谁是最忠贞的人吗？"王珪说："我听说太常丞元善达留下来守护京城，见到群贼作乱，于是骑马来到江都，向隋炀帝进谏，想让隋炀帝下令班师回京。隋炀帝不接纳他的建议，元善达便再次流泪痛哭进谏，这一举动把隋炀帝惹怒了，于是派遣元善达到边远地区从军，最后死在南方湿热之地。还有虎贲郎中独孤盛，当时他是皇帝身边的侍卫，宇文化及起兵叛逆时，独孤盛一人奋力抵抗，最后被杀。"唐太宗说："屈突通为隋朝将领，同我军在潼关作战，听到京城被攻陷的消息，便领兵朝京城的方向而去。我军追到桃林时，我派遣他的家仆去招安慰劳他，他便杀掉了他的家仆。后来我又派遣他的儿子前去招安他，他说：'我蒙受隋朝的恩德在隋为官，已经侍奉了两个皇帝，现在是我以死报效国家、保全名节的时候，你过去与我是父子关系，如今与我则是敌人关系。'因此用箭射他的儿子，他的儿子躲开后逃走了，他所率领的士兵也大多溃散逃走，只剩下屈突通一个人，于是他面向东南方向放声大哭，十分哀伤地说：'我蒙受国家的恩德，被任用为统帅，用尽了才智和力量，然而还是落得今天这个败局，并非是臣没有竭尽忠诚报效国家。'话刚说完，追兵就捉住了他。太上皇授予他官职，但是他都假说有病而固执地不肯接受。这种忠节之举，足以令人赞美。"于是命令有关官署，去调查隋炀帝年间因敢于直谏而被诛杀之人的子孙，找到后上奏给朝廷。

贞观六年，唐太宗提拔左光禄大夫陈叔达为礼部尚书，并对他说："武德年间，你曾经向太上皇犯颜进谏，告诉太上皇我有打败敌人安定天下的功劳，不可以贬斥降职。我的性格本来就很刚烈，当时如果受到压抑挫折，恐怕承受不起忧愁愤怒之情，以至于疾病缠身而亡。如今为了表彰你的忠心正直，因而才有这次的升迁。”陈叔达回答：“臣认为隋朝父子互相残害杀戮，因而导致灭亡，怎么能够目睹我朝也重蹈覆辙呢？这就是臣竭诚进谏的缘故。”唐太宗说：“我知道你进谏并非只是为了我一个人，而是为了国家的大计考虑。”

解析

自古以来就有很多忠臣为国而死的故事，也有很多人把所谓的忠臣定义为不事二主之人，而在唐太宗看来，忠臣并不是不事二主，而是在事二主时都能竭尽所能辅佐君主，即使敌军兵临城下，也不背叛君主，这就是忠贞而有气节的行为。唐太宗的大度实在令人汗颜。

做人要大气、大度，不拘小节，不要在意一个人过去做了什么，而要看他现在做了什么，即使对方过去有错，只要肯改过，就应该给对方一个机会。因此，学习唐太宗大度能容的精神吧。

仁义第十四（三）

原典

贞观八年，先是桂州都督李弘节以清慎[①]闻，及身殁后，其家卖珠。太宗闻之，乃宣于朝曰："此人生平，宰相皆言其清，今日既然，所举者岂得无罪？必当深理之，不可舍也。"侍中魏徵承间言曰："陛下生平言此人浊，未见受财之所，今闻其卖珠，将罪举者，臣不知所谓。自圣朝以来，为国尽忠，清贞慎守[②]，终始不渝，屈突通、张道源而已。通子三人来选，有一匹羸马，道源儿子不能存立[③]，未见一言及之。今弘节为国立功，前后大蒙赏赉[④]，居官殁后，不言贪残，妻子卖珠，未为有罪。审其清者，无所存问，疑其浊者，旁责举人，虽云疾恶不疑，是亦好善不笃⑤。臣窃思度，未见其可，恐有识闻之，必生枉议。”太宗抚掌曰："造次不思⑥，遂闻此语，方知谈不容易，并勿问之。其屈突通、张道源儿子，宜各与一官。”

注释

①清慎：清廉谨慎。②清贞慎守：恪守清廉。③存立：生存下来，指生活艰难。④赏赉：赏赐。⑤笃：指坚定。⑥造次：匆匆、仓促之间。

译文

贞观八年，原来的桂州都督李弘节因清廉谨慎而广为天下人知，等到李弘节死后，他的家里要变卖些珠宝。唐太宗听说这件事后，便在朝廷上宣布："这个人活着的时候，宰相们都说他很清廉，今天既然发生了这样的事情，那么举荐他的人怎么能没有罪过呢？一定要认真追究，不能掉以轻心。”侍中魏徵趁这个机会对太宗说道："陛下你一直说这个人贪婪不清白，何曾见过他收受贿赂？今天听说这个人的家里卖珠宝，就将罪过归咎于当初举荐他的人。臣不明白您为何这样做。自从圣朝建立以来，能够为国尽忠、廉洁谨慎，即使死了仍不改变志向的，只有屈突通、张道源。屈突通三个儿子来接受朝廷的选拔，只有一匹瘦弱的马；张道源的儿子生存艰难，从来没有见过陛下有一句话提到他们。李弘节曾为国家立下了不少功劳，前后多次受到赏赐，他死后也从没有听说他贪婪的言论，如今他的妻子变卖珠宝首饰，也不能说是有罪。认为一个人是清白的，人家死后却对其家属不加以关怀；怀疑一个人是贪婪的，就连举荐他的人也责罚。虽说憎恨坏人坏事没有什么过错，但是喜欢好人好事却也不是那么坚定。我私下里认为，陛下这样做是没有什么道理的，恐怕传到有识之士的耳朵里，定遭受非议。”唐太宗听后拍手称赞说："我一时考虑不周，才说了这样的话，现在才知道一个人要不说错话也并不容易啊。李弘节的事情就到此为止，至于屈突通、张道源的儿子，当各授一个官职。”

解析

“虽云疾恶不疑，是亦好善不笃”，魏徵直言进谏说憎恨坏人坏事没有什么不对的，但喜欢好人好事却也不是那么坚定。对一个人的看法是很容易受主观情绪影响的，就连一向贤明的唐太宗也不免会这样。唐太宗要求大臣尽忠，却又不考虑大臣的利益。试想，如果一个大臣连生存都很困难，他怎能全心全意地报效国家。

对待人才时，要看到他们的所作所为，更要帮助他们解决后顾之忧，只有那样人才才会死心塌地努力工作。一个人要是有各种忧虑的事情，那么他做事时又如何能够全心全意呢?

仁义第十四（四）

原典

贞观八年，太宗将发诸道黜陟使，畿内道未有其人[①]，太宗亲定，问于房玄龄等曰："此道事最重，谁可充使?"右仆射李靖曰："畿内事大，非魏徵莫可。"太宗作色曰："朕今欲向九成宫，亦非小，宁可遣魏徵出使?朕每行不欲与其相离[②]者，适为其见朕是非得失[③]。公等能正朕不?何因辄有所言，大非道理。"乃即令李靖充使。

贞观九年，萧瑀为尚书左仆射。尝因宴集，太宗谓房玄龄曰："武德六年已后，太上皇有废立之心，我当此日，不为兄弟所容，实有功高不赏之惧。萧瑀不可以厚利诱之，不可以刑戮惧之，真社稷臣也。"乃赐诗曰："疾风知劲草[④]，板荡识诚臣[⑤]。"瑀拜谢曰："臣特蒙诫训，许臣以忠谅，虽死之日，犹生之年。"

贞观十一年，太宗行至汉太尉杨震墓，伤其以忠非命，亲为文以祭之。房玄龄进曰："杨震虽当年夭枉⑥，数百年后方遇圣明，停舆驻跸，亲降神作，可谓虽死犹生，没而不朽，不觉助伯起幸赖欣跃于九泉之下矣。伏读天文，且感且慰，凡百君子，焉敢不勖励名节⑦，知为善之有效！"

注释

①畿内道：京城，指建都的地方，也叫关内道。②相离：相互离开。③适为其见朕是非得失：就是为了让他看见我所做的事是正确的还是错误的。④疾风知劲草：猛烈的大风中才见识坚韧的草。劲草，也常用来形容坚韧不拔的人。⑤板荡识诚臣：社会动荡时才能知道谁是忠臣。诚臣，指忠臣。⑥夭枉：短命早死，死得冤枉。夭，早死。枉，冤枉。⑦焉敢不勖（xù）励名节：怎么敢不用名誉忠节来勉励自己？

译文

贞观八年，唐太宗准备派官员去各地考察官吏的政绩，只有京城关内道没有找到合适的人去考察，唐太宗便决定亲自确定这个地方的人选，于是问房玄龄等人："这个道的事务是最重要的，谁可以当使者呢？"右仆射李靖说："京城关内道的事务很重要，只有魏徵才可以。"唐太宗脸色一变，十分严肃地说："我如今想到九成宫，这件事可不算小，怎么可以派遣魏徵出使外面呢？我每次出行都不想与魏徵分开，为的就是让他查看我的是非得失。难道你们能匡正我吗？怎么说出这样的话来，这很没有道理。"于是立即下令让李靖担任关内道黜陟使。

贞观九年，萧瑀担任尚书左仆射的官职。一次在宴会上，唐太宗对房玄龄说："武德六年以后，太上皇有废立太子的想法，而我那个时候因为功劳的确很大，被兄弟们所忌惮，害怕被人陷害。而萧瑀在面对丰厚的财物时却能做到不动心，在面对严刑杀戮时却能不恐惧，真是国家的忠臣啊。"于是赏赐了一首诗给萧瑀，诗是这样写的："疾风知劲草，板荡识诚臣。"萧瑀叩拜说："臣蒙受陛下专门训示，赞许臣的忠贞正直，即使为国而死也心甘情愿。"

贞观十一年，唐太宗在外时经过汉太尉杨震的墓地，哀伤他为国尽忠却死于非命，亲自撰写文章来祭祀他。房玄龄进谏说："杨震当年短命早死，死得很冤，几百年后才遇到贤明的君主，为他停车驻足，亲自撰写祭文，可以说是死了但仍像活着一样，死而不朽，他在九泉之下也会因此而欢呼雀跃。拜读你的祭文，很是感动和欣慰，所有的君子，怎么敢不在名誉忠节上勉励自己，知道为善终有好报！”

解析

李靖是比魏徵有才华的，但唐太宗却希望魏徵能够一直留在自己身边，这是因为魏徵能够指出唐太宗的错误之处，这样唐太宗才能发现自己的不足之处，并加以改正。由此可见，用人要人尽其才。

一个真正有志向的人，无论是在逆境还是顺境中都不会改变自己的志向，就像萧瑀在财物面前不动心，在刑罚杀戮面前不害怕，并且坚守自己的看法，这才是有志向的人。而唐太宗祭祀杨震则说明善有善报，一个人只要坚持做好事，终究会得到他人的认可。

仁义第十四（五）

原典

贞观十一年，太宗谓侍臣曰：“狄人杀卫懿公，尽食其肉，独留其肝。懿公之臣弘演呼天大哭，自出其肝[①]，而内懿公之肝于其腹中。今觅此人，恐不可得。”特进魏徵对曰：“昔豫让为智伯报仇，欲刺赵襄子，襄子执而获之[②]，谓之曰：‘子昔事范、中行氏乎？智伯尽灭之，子乃委质智伯，不为报仇；今即为智伯报仇，何也？’让答曰：‘臣昔事范、中行，范、中行以众人遇我，我以众人报之[③]。智伯以国士遇我，我以国士报之[④]。’在君礼之而已。亦何谓无人焉？”

贞观十二年，太宗幸蒲州，因诏曰：“隋故鹰击郎将尧君素，往在大业，受任河东，固守忠义，克终臣节。虽桀犬吠尧[5]，有乖倒戈之志，疾风劲草，实表岁寒之心[6]。爰践兹境，追怀往事，宜锡宠命，以申劝奖。可追赠蒲州刺史，仍访其子孙以闻。"

贞观十二年，太宗谓中书侍郎岑文本曰："梁、陈名臣，有谁可称？复有子弟堪招引否？"文本奏言：'隋师入陈，百司奔散，莫有留者，惟尚书仆射袁宪独在其主之旁。王世充将受隋禅，群僚表请劝进，宪子国子司业承家，托疾独不署名。此之父子，足称忠烈。承家弟承序，今为建昌令，清贞雅操，实继先风。"由是召拜晋王友，兼令侍读，寻授弘文馆学士。

注释

①自出其肝：自己取出自己的肝。②执而获之：抓获了他。③众人：一般人、普通人。④国士：古代时称杰出的人为国士。⑤桀犬吠尧：夏桀的狗见到尧帝也会狂吠。⑥岁寒：一年中的严寒时节，常用来指高尚的节操。

译文

贞观十一年，唐太宗对侍臣说："狄人杀死卫懿公，把他身上的肉都吃干净了，只留下了他的肝。卫懿公的臣子弘演痛哭不已，用刀取出自己的肝，而把卫懿公的肝放在自己的腹中。如今要找到这样的人，恐怕是找不到了。"特进魏徵回答说："从前豫让为了给智伯报仇，便想刺杀赵襄子，赵襄子抓获了他，对他说：'你曾经侍奉过范氏、中行氏吧？后来智伯把他们全部杀了，你这才投身智伯，为何你不为他们报仇，如今却要为智伯报仇呢？'豫让回答说：'我以前侍奉范氏和中行氏时，他们待我就像待一般人一样，因此我也用一般人报答的方法来报答他们。而智伯用国士的待遇来待我，因此我也用国士的报答方式来报答他。'可见，这取决于君主对待臣子的态度，怎么可以说现在就没有这样的人了呢？"

贞观十二年，唐太宗来到了蒲州，因此下诏说："隋朝已故的鹰击郎将尧君素，在大业年间曾受命守护黄河以东的地区，他一直忠诚守义，最终保全了臣子的名节。虽然他明珠暗投，不懂得弃暗投明的道理，但就像在疾风中才知道哪棵草最强劲，腊月寒冬才显示出松柏的气节一样，他的做法正表明了他的一片忠心。如今重游旧地，追忆往昔，想来应该给予他更加崇高的名誉，以示褒奖，可追封他为蒲州刺史，同时寻找他的子孙，然后将情况上奏朝廷。”

贞观十二年，唐太宗对中书侍郎岑文本说：“南朝梁、陈两代有名望的大臣，有谁最值得称道？他们可还有子孙值得引见的吗？”岑文本说：“隋朝军队攻入陈朝时，文武百官纷纷逃跑散离，没有留下来的人，只有尚书仆射袁宪独自留在他君主的身边。后来王世充要接受隋朝越王杨侗的禅让，文武百官纷纷上奏章劝王世充当皇帝，只有袁宪的儿子国子司业袁承家借口有病，没有在劝进表上签名。这一对父子，可以称得上忠烈。袁承家的弟弟袁承序现在是建昌县令，清廉忠贞，实在是继承了父兄的风骨。”于是太宗召见袁承序，任命他为晋王友，兼任晋王的侍读，不久后袁承序又被提拔为弘文馆学士。

解析

孟子说：“君之视臣如手足，则臣视君如腹心；君之视臣如犬马，则臣视君如国人；君之视臣如土芥，则臣视君如寇仇。”国君如何对待臣子，臣子就会如何对待国君，因此魏徵说并不是找不到忠臣，而是国君并没有以忠臣的礼仪来对待臣子。如果国君用礼仪来对待臣子，就不愁没有忠臣。

想要别人怎样对你，首先你就要怎么对待别人。人和人之间的交往是相互的，有些人总觉得自己在人际关系上不怎么样，其实与其埋怨别人对自己不好，不如反思一下自己是如何对待别人的。

仁义第十四（六）

原典

贞观十五年，诏曰："朕听朝之暇，观前史，每览前贤佐时，忠臣徇国，何尝不想见其人，废书钦叹[①]！至于近代以来，年岁非远，然其胤绪[②]，或当见存，纵未能显加旌表，无容弃之遐裔[③]。其周、隋二代名臣及忠节子孙，有贞观已来犯罪配流者，宜令所司具录奏闻。"于是多从矜宥[④]。

贞观十九年，太宗攻辽东安市城，高丽人众皆死战，诏令耨萨延寿、惠真等降，众止其城下以招之，城中坚守不动。每见帝幡旗，必乘城鼓噪。帝怒甚，诏江夏王道宗筑土山，以攻其城，竟不能克。太宗将旋师[⑤]，嘉安市城主坚守臣节，赐绢三百匹，以劝励事君者。

注释

①废书钦叹：合上书本赞叹不已。②然其胤绪：然而他们的子孙。③遐裔：后裔。④矜宥：怜悯宽恕。⑤旋师：班师回朝。

译文

贞观十五年，唐太宗下诏说："我在处理政事的闲暇时间，会观看前朝的书籍，每次看到前代贤臣辅佐君主，忠臣以死殉国时，无不希望能见一见他们，奈何只能合上书本赞叹一下罢了！近代以来，时间还不算久远，我们还能找到这些忠烈之士的子孙，即使不能表彰他们，也不要对他们不闻不问。其中周朝、隋朝两代名臣和忠节之士的子孙，在贞观以来，有犯了罪并发配流放的，命令有关官署把这些情况整理好报上朝廷。”于是这些人大多数都被从轻发落，得到抚慰。

贞观十九年，唐太宗攻打辽东的安市城，高丽军民都誓死守城。唐太宗诏令高丽守将高延寿、高惠真等人投降，唐军则停止攻城并驻扎在城下以便于招降他们，但是城中仍坚守不动。每当看见唐太宗的幡旗，高丽守将必定会登上城头擂鼓呐喊。唐太宗很生气，于是诏令江夏王李道宗修筑土山攻城，但始终也无法把城攻下来。唐太宗将要班师回朝的时候，很赞赏安市城守将坚守忠臣的节操，于是赏赐给他丝绢三百匹，用来鼓励褒奖忠诚侍奉君主的人。

解析

唐太宗在位期间，一直很注重表彰忠臣，甚至表彰忠臣的子孙，即使兵败之际，他仍然不忘记表彰安市城城主的忠节，用此来激励臣属。其实所有的表彰都只不过是为了树立一个榜样，这种榜样无疑会起到很大的作用。

每个人都可以给自己树立一个榜样，要知道榜样的力量是无穷的，每年有多少人正是因为有了榜样的激励才获得了成功。有了榜样，你对自己也就有了要求，你的言行举止都会向榜样靠拢，你会学着从榜样的角度去思考、去看待问题，最终找到成功之道。

孝友第十五（一）

原典

司空房玄龄事继母，能以色养[①]，恭谨[②]过人。其母病，请医人至门，必迎拜垂泣[③]。及居丧，尤甚柴毁[④]。太宗命散骑常侍刘洎就加宽譬[⑤]，遗寝床、粥食、盐菜。

虞世南，初仕隋，历起居舍人。宇文化及杀逆之际，其兄世基时为内史侍郎，将被诛，世南抱持号泣，请以身代死，化及竟不纳。世南自此哀毁骨立者数载⑥，时人称重焉。

韩王元嘉，贞观初，为潞州刺史。时年十五，在州闻太妃有疾，便涕泣不食，及至京师发丧，哀毁过礼⑦。太宗嘉其至性，屡慰勉之。元嘉闺门修整⑧，有类寒素士大夫⑨，与其弟鲁哀王灵夔甚相友爱，兄弟集见，如布衣之礼。其修身洁己，内外如一，当代诸王莫能及者。

注释

①能以色养：和颜悦色地侍奉。②恭谨：恭敬谨慎。③迎拜垂泣：留着泪迎着并拜谢大夫。④柴毁：指骨瘦如柴、面容憔悴。⑤宽譬：劝说安慰。⑥哀毁骨立者数载：悲痛万分、骨瘦如柴了好几年。⑦哀毁过礼：悲痛得超过了礼仪的规定。⑧闺门修整：宫廷简单整洁。⑨有类寒素士大夫：像寒门的士大夫一样。

译文

司空房玄龄侍奉继母，能够做到和颜悦色地顺承继母的脸色，恭敬谦谨过人。继母生病时，他每次请大夫上门看病，都会流着泪迎接并拜谢大夫。在居丧时，他更是悲痛万分，以至骨瘦如柴、面容憔悴。唐太宗命令散骑常侍刘洎前往劝说安慰房玄龄，并给他带去了寝床、粥食和盐菜等物。

虞世南，刚开始时在隋朝为官，担任起居舍人。宇文化及造反杀死隋炀帝的时候，虞世南的哥哥虞世基为内部侍郎，也要被一同诛杀。虞世南抱着哥哥痛哭，请求能够代替哥哥去死，宇文化及没有接纳他的请求。虞世南自此以后好几年都悲痛万分、骨瘦如柴，赢得了世人的尊重推崇。

韩王李元嘉，贞观初年时在潞州做刺史。当时他只有十五岁，在潞州听说母亲患了病，他便痛哭不已，不肯吃饭，等到到京城为母发丧时，他更是悲痛过度。唐太宗赞赏他至情至性，多次安慰勉励他。李元嘉家里非常简单整洁，就像寒门士大夫的家一样；他与弟弟鲁哀王李灵夔很友爱，兄弟二人相见，就像普通百姓一样亲切随和。李元嘉洁身自好，表里如一，当时诸王中无人能及。

解析

在古代，孝顺父母和对国君忠诚是一样的，很多统治者都极力推行孝道，因而古代才会有忠孝难两全的说法。除了孝顺父母，兄弟之间的道义也是非常重要的，因此虞世南愿意代替哥哥死去，哥哥死后的几年间，他悲痛万分，不能自已。李元嘉和李灵夔也作出了一个好榜样，二人见面，如布衣之礼。

有一句话是这么说的：一个孝顺的人，即使坏，他也坏不到哪去。由此可知，孝在道德中的分量是很重的。无论如何，一个人只有对父母孝顺，对兄弟友爱，才能书写出一个“人”字。

孝友第十五（二）

原典

霍王元轨，武德中，初封为吴王。贞观七年，为寿州刺史，属高祖崩，去职，毁瘠过礼①。自后常衣布服，示有终身之戚②。太宗尝问侍臣曰：“朕子弟孰贤?”侍中魏徵对曰：“臣愚暗，不尽知其能，惟吴王数与臣言，臣未尝不自失。”太宗曰：“卿以为前代谁比?”徵曰：“经学文雅，亦汉之间、平③，至如孝行，乃古之曾、闵④也。”由是宠遇弥厚，因令妻徵女焉。

贞观中，有突厥史行昌直玄武门，食而舍肉，人问其故，曰：“归以奉母。”太宗闻而叹曰：“仁孝之性，岂隔华夷⑤?”赐尚乘马一匹，诏令给其母肉料。

注释

①毁瘠过礼：悲伤过度，超过丧礼的礼仪。②终身之戚：终生都会悲痛。③经

学文雅，亦汉之间、平：经学上的文才，可与汉代河间献王德和东平献王苍相比。④至如孝行，乃古之曾、闵：若论孝道德行，与古代的曾参、闵子骞不相上下。⑤仁孝之性，岂隔华夷：仁义孝顺的本性，哪里有汉人和夷人之分呢？

译文

霍王李元轨，在武德年间最初被封为吴王。贞观七年，被封为寿州刺史，唐高祖去世后，他便辞去了官职，居丧期间悲痛万分，以至骨瘦如柴。从那以后，他经常穿布衣，以此来表示对高祖的终生怀念。唐太宗曾经问侍臣："我的儿女和兄弟中，谁是最贤德的人？"魏徵回答说："臣愚笨，不能详细地了解他们，只有吴王和我多次交谈，我感觉自己不如他。"唐太宗说："你认为他可以跟前代的谁相比呢？"魏徵回答说："要是论经学上的文才，那么他和汉代的河间献王刘德、东平献王刘苍一样。若论孝道德行，与古代的曾参、闵子骞不相上下。"由此，唐太宗对霍王更加宠爱、待遇更丰厚，并命他娶了魏徵的女儿。

贞观年间，有突厥人史行昌在玄武门任看守，他吃饭的时候总是留下肉不吃，有人问他为什么这样做，他说："回家后给母亲吃。"唐太宗听说这件事后感叹道："仁义孝顺的本性，哪里有汉人和夷人之分呢？"于是赏赐给他一匹御马，同时命人给他的母亲送去肉食。

解析

孝行是德行中最重要的组成部分，李元轨在高祖去世后，常穿着布衣，用来表示对高祖的怀念，因而唐太宗非常看重他，这是因为一个人的孝道，往往决定了这个人的德行，而只有有德行、有才能的人才能被称为人才。

史行昌吃饭时不吃肉，而是把肉带回家给母亲吃。这种孝行非常感人，由此唐太宗认为孝顺是人的天性，不会因种族、民族等因素而有所不同。所以做个孝子吧，不要有"子欲养而亲不待"的遗憾。

公平第十六（一）

原典

太宗初即位，中书令房玄龄奏言："秦府旧左右未得官者，并怨前宫及齐府左右处分之先己①。"太宗曰："古称至公者，盖谓平恕无私②。丹朱、商均，子也，而尧、舜废之③。管叔、蔡叔，兄弟也，而周公诛之④。故知君人者，以天下为公，无私于物。昔诸葛孔明，小国之相，犹曰'吾心如称，不能为人作轻重'，况我今理大国乎？朕与公等衣食出于百姓，此则人力已奉于上，而上恩未被于下，今所以择贤才者，盖为求安百姓也。用人但问堪否，岂以新故异情？凡一面尚且相亲，况旧人而顿忘也⑤！才若不堪，亦岂以旧人而先用？今不论其能不能，而直言其嗟怨，岂是至公之道耶？"

贞观元年，有上封事者，请秦府旧兵并授以武职，追入宿卫。太宗谓曰："朕以天下为家，不能私于一物，惟有才行是任，岂以新旧为差？况古人云：'兵犹火也，弗戢将自焚⑥。'汝之此意，非益政理。"

注释

①处分：安置。②平恕无私：公平宽容无私心。③丹朱、商均，子也，而尧、舜废之：丹朱、商均是太子，然而尧帝和舜帝废黜了他们。④管叔、蔡叔，兄弟也，而周公诛之：管叔、蔡叔都是周公的兄弟，然而周公却诛杀了他们。⑤凡一面尚且相亲，况旧人而顿忘也：普通人见一面尚且会觉着很亲近，更何况是本就认识的人，哪能那么快就忘了。⑥兵犹火也，弗戢将自焚：士兵就像火一样，若不能控

制就会烧到自己。戢，停止。

译文

唐太宗刚刚继承皇位时，中书令房玄龄上奏章说："从前在秦王府做事而今还没有当上官的人，都在埋怨陛下，说原来太子宫李建成的人和齐王府李元吉的人都比他们先安排好了职位。"太宗说："古时候被称为至公之人，都是公平无私的。丹朱、商均是尧、舜的儿子，但是尧帝和舜帝却废黜了他们，另立君主；管叔、蔡叔是周公的兄弟，但是周公却诛杀了他们。由此可知，治理百姓的人，都是以天下为公的，没有私心。从前诸葛亮，只是小小蜀国的一名宰相，尚且会说'我的心就像秤，不能因为人不同而有轻重的区别'。何况我现在治理的是如此一个泱泱大国？我和你们的衣食都是百姓给予的，这就是说，百姓已经付出了他们的劳力，而君主的恩德还没有惠及民间，如今朝廷之所以选拔贤能的人才，就是为了能够安定百姓。任用人只问是否能够胜任职位，怎么能因为亲疏、情义不一样而有所区别呢？但凡见过一面的人尚且会觉着亲近，更何况是旧属下，怎么会一下子就忘了呢？才能若是不能胜任职位需要，怎么能因为是旧识而予以任用呢？如今你们不去衡量他们能不能胜任职位，而在这里向我转达他们的抱怨，这难道就是至公之道吗？"

贞观元年，有人上奏章，请求唐太宗把原先秦王府的旧兵都授予武职，补进宫禁侍卫中当值。唐太宗对他说："我把天下当作自己的家，不能够私自对一个人偏袒，只有才能德行兼备的人才能任用，怎么可以论亲疏关系而任用呢？何况古人曾经说：'士兵就像火一样，使用它却不能掌控它就会烧到自己。'你的这个建议，并非对国家治理有好处。"

解析

任用人才时要做到公平正直，不能因为关系亲疏而有所偏袒，只有当人才确实能够胜任这个职位时，再予以任用，否则就是不利于团队管理的。"人不患寡而患不均"，这里的均指的就是公平。任用人才时如果做不到公平公正，等待他的将是事业的一败涂地。

而要做到公平公正，就要有主人翁精神，即把工作当成分内的事，不偏袒任何一个人，摒弃私心，一心为了工作，这样自然就能做到公平公正。

公平第十六（二）

原典

贞观元年，吏部尚书长孙无忌尝被召，不解佩刀入东上阁门，出阁门后，监门校尉始觉。尚书右仆射封德彝议，以监门校尉不觉，罪当死，无忌误带刀入，徒二年，罚铜二十斤。太宗从之。大理少卿戴胄驳曰："校尉不觉，无忌带刀入内，同为误耳。夫臣子之于尊极[1]，不得称误，准律云：'供御汤药、饮食、舟船，误不如法者，皆死。'陛下若录其功，非宪司所决；若当据法，罚铜未为得理。"太宗曰："法者非朕一人之法，乃天下之法，何得以无忌国之亲戚，便欲挠法[2]耶？"更令定议。德彝执议如初，太宗将从其议，胄又驳奏曰："校尉缘无忌以致罪，于法当轻，若论其过误，则为情一也[3]，而生死顿殊[4]，敢以固请。"太宗乃免校尉之死。

是时，朝廷大开选举，或有诈伪阶资者[5]，太宗令其自首，不首，罪至于死。俄有诈伪者事泄，胄据法断流以奏之。太宗曰："朕初下敕，不首者死，今断从法，是示天下以不信矣。"胄曰："陛下当即杀之，非臣所及，既付所司，臣不敢亏法。"太宗曰："卿自守法，而令朕失信耶？"胄曰："法者，国家所以布大信于天下，言者，当时喜怒之所发耳。陛下发一朝之忿，而许杀之，既知不可，而置之以法，此乃忍小忿而存大信[6]，臣窃为陛下惜之。"太宗曰："朕法有所失，卿能正之，朕复何忧也！"

注释

①臣子之于尊极：臣子的地位极崇高。②挠法：阻扰法律，指徇私枉法。③则为情一也：那么情况是一样的。④生死顿殊：有着生和死这般大的差别。⑤诈伪阶资者：狡诈地伪造官阶、资历的人。⑥忍小忿而存大信：忍住小的愤怒而保存大的信用。

译文

贞观元年，吏部尚书长孙无忌曾经被唐太宗召见，在进入东上阁门时，忘记解下腰间的佩刀，等出了阁门后，守门的官员才发觉这一失误。尚书右仆射封德彝进谏说，守门的官员由于疏忽没有察觉，其罪应当处死，长孙无忌失误将佩刀带入阁门，应该判刑两年，罚铜二十斤。唐太宗接纳了他的建议。大理少卿戴胄反驳说："守门的官员没有察觉与长孙无忌带刀入阁，的确都是失误。然而臣子的地位很高，不能称之为失误。按照律法所说：'汤药、饮食、舟船等供给皇上使用的，因为失误而违反法律规定的，都应该处死。'皇上如果因为长孙无忌有功而想要从轻处理，司法部门无话可说；如果是按照法律的规定，那么罚铜未免太轻了些。"唐太宗说："法律不是我一个人的法律，而是天下人的法律，怎么能够因为长孙无忌是皇亲国戚，便想着徇私枉法？"于是便让臣子们重新讨论定罪。德彝仍然坚持他原来的建议，唐太宗打算接纳他的建议，然而大理少卿戴胄又驳斥说："守门的官员是因为长孙无忌的缘故而获罪，从法律来说，应当从轻处理。况且要是根据他们的失误来处理，两人同是失误，而对他们的处理却是一生一死，差别也太大了，为此臣斗胆固执地请求重新定他们的罪罚。"最后，唐太宗听从戴胄的建议，免除了看门官员的死罪。

恰好这个时候，朝廷正在大规模地选拔有才能的人，有的人伪报官阶、资历，唐太宗下令让这样做的人自首，不自首的人，一旦查明其罪当诛。不久后，有诈骗伪报的人事败露，戴胄按照法律将其判刑，并上奏给太宗。太宗说："我刚开始下诏书时说，不自首的人要判处死刑，如今你却根据法律规定来判决，这是在告诉天下人我不守信用啊。"戴胄说："皇上要是想立即杀了他们，那么臣无话可说，但既然交给了司法部门来处理，那么臣不敢违背法律。"唐太宗说："你是遵守法律规定了，却让我在天下人面前失信吗?”戴胄说：“之所以创建法律，就是因为国家要用它来表明大信用的，说出的话，只是一时喜怒的表现。陛下你因一时的愤怒而在朝廷上说要杀了他们，其实心里明白这是不可以的，而应该按照法律规定来处置，这叫作忍小忿而存大信，为臣私底下替陛下小心呵护着这一点。”唐太宗说：“我对待法律有些行为存在过失，而你能够匡正我，我又有什么可忧虑的呢?”

解析

规定一旦公布实施，就要作为准则，不能因为某些人位高权重而违背规定，这样对其他人是不公平的，同时也会让规定失去约束力，成为一纸空文。制定规定本来就是为了取信于大家，而当规定能因某人的喜怒而随意改变时，那么这个规定在大家眼里也就没有了信用。

按照规定进行赏罚时，不能因为对方劳苦功高或地位卑微而有所区别，就像文中，长孙无忌和看门的官员两者的过失是差不多的，但对他们所判的处罚却有着很大的差别。赏罚对任何人都应一视同仁，这样才能令人信服。

公平第十六（三）

原典

贞观二年，太宗谓房玄龄等曰：“朕比见隋代遗老，咸称高颎善为相者，遂观其本传，可谓公平正直，尤识治体，隋室安危，系其存没①。炀帝无道，枉见诛夷②，何尝不想见此人，废书钦叹！又汉、魏已来，诸葛亮为丞相，亦甚平直，尝表废廖立、李严于南中，立闻亮卒，泣曰：‘吾其左衽矣③！’严闻亮卒，发病而死。故陈寿称：‘亮之为政，开诚心，布公道，尽忠益时者，虽仇必赏；犯法怠慢者，虽亲必罚。’卿等岂可不企慕及之？朕今每慕前代帝王之善者，卿等亦可慕宰相之贤者，若如是，则荣名高位，可以长守。”玄龄对曰：“臣闻理国要道，在于公平正直，故《尚书》云：‘无偏无党，王道荡荡④。无党无偏，王道平平。’又孔子称‘举直错诸枉，则民服⑤’，今圣虑所尚，诚足以极政教之源，尽至公之要，囊括区宇，化成天下。”太宗曰：“此直朕之所怀，岂有与卿等言之而不行也？”

长乐公主，文德皇后所生也。贞观六年将出降，敕所司资送，倍于长公主。魏徵奏言：“昔汉明帝欲封其子，帝曰：‘朕子岂得同于先帝子乎？可半楚、淮阳王。’前史以为美谈。天子姊妹为长公主，天子之女为公主，既加长字，良以尊于公主也，情虽有殊，义无等别。若令公主之礼有过长公主，理恐不可。实愿陛下思之。”太宗称善。乃以其言告后，后叹曰：“尝闻陛下敬重魏徵，殊未知其故，而今闻其谏，乃能以义制人主之情⑥，真社稷臣矣！妾与陛下结发为夫妻，曲蒙礼敬，情义深重，每将有言，必俟颜色⑦，尚不敢轻犯威严，况在臣下，情疏礼隔⑧？故韩非谓之说难，东方朔称其不易，良有以也。忠言逆耳而利于行，有国有家者深所要急，纳之则世治，杜之则政乱，诚愿陛下详之，则天下幸甚！”因请遣中使赍帛五百匹，诣徵宅以赐之。

注释

①系其存没：和他的生死休戚相关。②枉见诛夷：冤枉诛杀了良臣。③吾其左衽矣：国家也许就要灭亡了。左衽，被异族统治，后来被用来指国家灭亡。④无偏无党，王道荡荡：不偏向不结党营私，王道就能广阔无边。⑤举直错诸枉，则民服：任用正直忠诚的人，废黜狡诈邪恶的人，那么百姓就会臣服。⑥以义制人主之情：用道义来制约君主的私欲。⑦必俟颜色：必定会先察言观色一番。⑧情疏礼隔：情义疏远，礼仪相隔。

译文

贞观二年，唐太宗对房玄龄等人说：“我近来见隋朝的旧臣遗老，他们都称赞说高颎是做宰相的最佳人才，于是我便查看了他的传记。发现这个人果然公平正直，尤其是知道如何治理国家。隋王朝的安危，跟他的生死关系密切，只可惜遇到隋炀帝这个无道昏君，枉杀了忠良。真希望能够见到这个人啊，现在却只能合上书本感叹一番而已。另外，汉、魏以来，诸葛亮作为丞相，也是十分公平正直的，他曾经上奏章废黜了廖立、李严，廖立听到诸葛亮去世的消息，哭泣着说：'我们也许就要亡国了！'李严听到诸葛亮去世的消息，伤心过度发病而死。因此陈寿说：'诸葛亮处理政务，敞开诚信，弘扬公道，对国家尽忠，做了不少利国利民的事情，即使是仇人，诸葛亮也会赏赐他；违背法律者，即使再亲近也必须接受惩罚。'你们难道不仰慕他们吗？我如今常常仰慕前代那些贤明的君主，你们也可以仰慕那些贤德的宰相，如果你们能做到这样，那么美好的名声和崇高的地位，就可与世长存了。"房玄龄对答说："臣听说治理国家的要领，在于公平正直，因此《尚书》说：'不偏向不结党营私，王道就能广阔无边；不偏向不结党营私，王道就能顺顺利利。'另外，孔子说：'任用正直忠诚的人，废黜狡诈邪恶的人，那么百姓就会臣服。'现在陛下所忧虑和所崇尚的，确实足以体现治理国家的根本所在，体现了最公平正直之道的要义，可以包罗整个宇内，教化天下百姓。"唐太宗说："这正是我心中所想的，怎么会只跟你们说说而不去实行呢？"

长乐公主为文德皇后所生。贞观六年，长乐公主将要出嫁，唐太宗下令有关官署置办陪嫁的嫁妆，比长公主当年出嫁时的嫁妆要多出一倍。魏徵上奏章说："从前汉明帝打算赐封他的儿子，汉明帝说：'我的儿子怎么能够跟先帝的儿子一样的待遇呢？就按照先帝赏赐楚王、淮阳王的一半去赐封吧。'从前的史书典籍把此当作美谈。陛下的姊妹是长公主，女儿是公主，既然加了一个长字，那么就表明身份确实比公主要崇高，虽然在感情上有所不同，但是在道义上却没有等级差别。要是公主的礼遇超过了长公主，道义上恐怕是不妥当的。希望陛下能够好好考虑。"唐太宗称他的建议好，于是将这些话告诉了文德皇后，皇后赞叹说："曾经听说陛下尊敬重视魏徵，一直以来都不知道你为什么重视他，如今才听到他的进谏之言，他竟然能够用道义来制约君主的私欲，真是国家的忠臣啊。我与陛下是结发夫妻，承蒙陛下以礼相待，情义深重，即使这样，每次臣妾有话跟你说，也必定会查看你的脸色，尚且不敢轻易触犯你的威严，更何况作为臣子，和陛下情义疏远、礼仪相隔呢？难怪韩非将此称为‘说难’，东方朔称为‘不易’，的确是很有道理的。忠言逆耳利于行，作为一国之君必须认真对待，采纳这些忠言，可以经世治国，拒绝这些忠言，则使政局混乱。希望陛下能够仔细体会其中的含义，那就是天下人的大幸了。”于是，文德皇后请求太宗派遣中使赏赐魏徵五百匹锦帛，并送到他的府邸。

解析

榜样的力量是无穷的，用唐太宗的话来说就是“若如是，则荣名高位，可以长守”。因此，要善于向杰出的人学习，一个好的榜样能让人才自发地与其相比较，找到自身的不足，同时增强其竞争力、进取心，从而快速地成长。

另外，要想做到公平公正就要遵守规定，要注重细节，就像长乐公主的嫁妆超过了长公主，魏徵认为这是不合理的，是不符合规定的，因此进谏。不要因为感情的亲疏而对人才的待遇有所不同，要知道一个公平公正的环境更能激发人才的潜力。

公平第十六（四）

原典

刑部尚书张亮坐谋反下狱，诏令百官议之，多言亮当诛，惟殿中少监李道裕奏亮反形未具，明其无罪[①]。太宗既盛怒，竟杀之。俄而刑部侍郎有阙，令宰相妙择其人[②]，累奏不可。太宗曰：“吾已得其人矣。往者李道裕议张亮云‘反形未具’，可谓公平矣。当时虽不用其言，至今追悔。”遂授道裕刑部侍郎。

贞观初，太宗谓侍臣曰：“朕今孜孜求士，欲专心政道，闻有好人，则抽擢驱使③。而议者多称‘彼者皆宰臣亲故④’，但公等至公，行事勿避此言，便为形迹。古人‘内举不避亲，外举不避仇⑤’，而为举得其真贤故也。但能举用得才，虽是子弟及有仇嫌，不得不举。"

注释

①反形未具，明其无罪：事情尚未得到证明，没有足够的证据，应该判他无罪。②妙择其人：认真挑选适合的人。③抽擢驱使：提拔任用。④彼者皆宰臣亲故：这些人都是宰相等大臣们的亲人、朋友。⑤内举不避亲，外举不避仇：举荐人才对内不回避亲人，对外不回避仇人。

译文

刑部尚书张亮因判谋反罪而被关进监狱，唐太宗下诏让朝廷文武百官商议惩处的办法，大多数官员都表示张亮罪该致死，只有殿中少监李道裕上奏说张亮谋反的事情证据不足，应该判他无罪。然而太宗当时正处于盛怒之下，竟下令将张亮给杀了。不久，刑部侍郎职位空缺，太宗命令宰相认真挑选合适的人，可宰相多次上奏举荐的人才都没有获得批准。太宗说："我已经找到适合这个职位的人。从前李道裕在讨论张亮的事情时说‘他谋反的证据不足’，由此可以看出，此人公平公正。我因为没有接纳他的建议而后悔至今。"于是便任命李道裕为刑部侍郎。

贞观初年，唐太宗对侍臣说："我现在正不知疲倦地找寻贤能的人才，想要专心治理国家，听说哪里有贤能的人，我便提拔重用他们。然而很多人议论说‘这些人都是宰相或者大臣们的亲人、朋友’，其实只要你们能够做到公平，那么在做事时就不用刻意避讳这样的言论。古人曾经说‘举荐人才，对内不避亲，对外不避仇’，就是为了举荐那些真正贤良的人。唯才是举，只要的确是人才，那么即使是自己的子弟或仇人，都不可不举荐。"

解析

唐太宗没有听取李道裕的建议，在张亮罪行还没有得到证实的情况下就把他杀了，以至于追悔莫及。这也说明，在规定和个人的好恶之间有时是很难处理得当的，很多人在愤怒之下常常作出许多糊涂事，因而要时刻记得公平公正的原则，要按规定来做事，而不是凭个人好恶。

举荐人才时，要大公无私，不因为对方是亲人或仇人而另眼相待，特殊对待，适合岗位的人才就是合适的人才，而不管与他的举荐者有何种关系，这才是做事公平公正的表现。

公平第十六（五）

原典

贞观十一年，时屡有阉宦充外使，妄有奏，事发，太宗怒。魏徵进曰："阉竖虽微，狎近左右，时有言语，轻而易信，浸润之谮①，为患特深。今日之明，必无此虑，为子孙教，不可不杜绝其源。"太宗曰："非卿，朕安得闻此语？自今已后，充使宜停。"魏徵因上疏曰：

臣闻为人君者，在乎善善而恶恶，近君子而远小人。善善明，则君子进矣；恶恶著，则小人退矣。近君子，则朝无粃政②；远小人，则听不私邪。小人非无小善，君子非无小过。君子小过，盖白玉之微瑕；小人小善，乃铅刀之一割③。铅刀一割，良工之所不重，小善不足以掩众恶也；白玉微瑕，善贾之所不弃，小疵不足以妨大美也。善小人之小善，谓之善善，恶君子之小过，谓之恶恶，此则蒿兰同嗅，玉石不分④，屈原所以沉江，卞和所以泣血者⑤也。既识玉石之分，又辨蒿兰之臭，善善而不能进，恶恶而不能去，此郭氏所以为墟⑥，史鱼所以遗恨⑦也。

陛下聪明神武，天姿英睿，志存泛爱，引纳多途，好善而不甚择人，疾恶而未能远佞。又出言无隐，疾恶太深，闻人之善或未全信，闻人之恶以为必然。虽有独见之明，犹恐理或未尽。何则？君子扬人之善，小人讦人之恶，闻恶必信，则小人之道长矣，闻善或疑，则君子之道消矣。为国家者，急于进君子而退小人，乃使君子道消，小人道长，则君臣失序，上下否隔，乱亡不恤⑧，将何以理乎？且世俗常人，心无远虑，情在告讦，好言朋党。夫以善相成谓之同德，以恶相济谓之朋党⑨，今则清浊共流，善恶无别，以告讦为诚直，以同德为朋党。以之为朋党，则谓事无可信；以之为诚直，则谓言皆可取。此君恩所以不结于下，臣忠所以不达于上。大臣不能辩正，小臣莫之敢论，远近承风，混然成俗⑩，非国家之福，非为理之道。适足以长奸邪，乱视听，使人君不知所信，臣下不得相安，若不远虑，深绝其源，则后患未之息也。今之幸而未败者，由乎君有远虑，虽失之于始，必得之于终故也。若时逢少隳⑪，往而不返，虽欲悔之，必无所及。既不可以传诸后嗣，复何以垂法将来？且夫进善黜恶，施于人者也；以古作鉴，施于己者也。鉴貌在乎止水，鉴己在乎哲人。能以古之哲王鉴于己之行事，则貌之妍丑宛然在目，事之善恶自得于心，无劳司过之史，不假刍荛之议。巍巍之功日著，赫赫之名弥远。为人君者不可务乎？

注释

①浸润：指慢慢地被影响。②朝无粃政：朝廷就不会出现有过错的治理措施。③铅刀之一割：不锋利的刀割一下。④蕙兰同嗅，玉石不分：蕙草、兰花的气味分辨不清，美玉和石头也分辨不清。⑤卞和所以泣血者：这就是卞和哭泣吐血的原因。卞和把美玉献给楚厉王，楚厉王认为玉是假的，因此下令将卞和的脚斩了下来。卞和抱着玉痛哭得甚至吐血了。⑥郭氏所以为墟：郭国之所以变成一片废墟。齐恒公曾问郭国灭亡的原因，郭国父老乡亲回答说善善而不能用，恶恶而不能去。⑦史鱼所以遗恨：史鱼之所以抱恨终生的原因。史鱼生前没有向君主进谏以匡正君主的过失，因而遗恨。⑧乱亡不恤：国家混乱都来不及处理。⑨夫以善相成谓之同德，以恶相济谓之朋党：人们把都做善事好事的人当作是同心同德，而把做坏事互相帮助的人叫作朋党。⑩混然成俗：慢慢地演变成了风气。⑪若时逢少隳：若是国

家稍微混乱。

译文

贞观十一年，当时常常有宦官担任对外的使者，结果这些宦官欺瞒朝廷，胡乱上报外情，事情败露后，唐太宗很愤怒。魏徵进谏说："宦官们虽然地位卑微，但他们侍奉在君主左右，难免会发表一些言论，君主如果轻信他们，假以时日，必然会造成大的祸端。如今陛下非常圣明，可以无此顾虑，但一定要把这个教训告诫给子孙后代，从而断绝这种祸端的源头。"太宗说："如果不是你，我怎么会听到这样的言论呢？从今往后，应当停止宦官在外担任使者。"魏徵事后写了一篇奏章，进献给太宗说：

臣听说做君主的，喜欢好的行为而厌恶恶的行为，亲近君子而远离小人。喜欢并弘扬好的行为，那么君子就会来朝廷效力；厌恶恶事并采取有力的措施，那么小人自然就会无所遁形。亲近君子，那么朝廷就不会出现有过错的治理措施；疏远小人，视听就不会有所偏差。小人并非没有微小的优点，君子并非没有微小的缺点。君子的小缺点，就像白玉上微小的瑕疵；小人的小优点，就像钝刀割肉。钝刀割肉，好的工匠自然不会看重它，因为小的优点不足以掩盖众多的缺点；白玉上的小瑕疵，好的商人不会嫌弃它，因为小的瑕疵不妨碍白玉整体的美感。赞扬小人的优点，而认为这是对善的正确判断，厌恶君子的小过错，而把此称为对恶的正确判断，这就像香臭不分，好坏不辨，不能分辨美玉和顽石，这也是屈原之所以投江、卞和之所以泣血的原因。如果能够认识美玉和顽石，又能够分辨蒿草和兰的气味，却不能做到弘扬善的行为，除掉恶的行为，这也是郭国之所以被齐国所灭、史鱼之所以抱恨终生的原因。

陛下聪明神武，英明睿智，胸怀大志，爱护百姓，广开言路，从多种途径选拔人才。但陛下喜好贤才却不善于选拔人才，痛恨邪恶却不能远离小人。另外，陛下言语无所隐讳，嫉恶如仇，因而听到人好的行为或许不能全信，听到坏的行为就认为一定是这样的。虽然陛下远见卓识，但是恐怕仍有做得不妥的地方。为什么会这样呢？君子弘扬人的善行，小人攻击别人的短处。要是听到恶行就相信，那么就会助长小人的气焰；听到善行就怀疑，那么君子就会心灰意冷。为了国家的利益着想，急于任用君子而斥退小人，反而使君子灰心、小人气焰更加嚣张，就会导致君臣之间失去秩序、上下隔阂，到时一片混乱都来不及处理，又何谈去治理国家呢？何况世俗中的普通人，缺乏深思熟虑，喜欢揭发别人的短处，经常抨击他人是朋党。一般而言，我们把都做善事好事的人当作是同心同德，而把做坏事互相帮助的人叫作朋党。可如今清水和浊水一起流淌，善行和恶行没有差别，把揭穿告发当作诚实正直，把同心同德当作朋党。既然被认为是朋党，那么他们的所作所为就是不可信的；认为他们是诚实正直的人，那么他们的所作所为都是可以取信的。这就是君主的恩德不能遍及臣子，臣子的忠诚不能传达于君主的原因。地位高的大臣不能分辨匡正，地位低的小臣不敢指出，于是这种做法渐渐形成风气，这既不是国家的幸运，也并非治国的正道，只会助长狡诈邪恶，扰乱君主视听，让君主不知道该信什么，臣下也不能相安无事。如果不从长远着想，断了这种风气的根源，那么将会后患无穷。如今幸运的是，国家还没出现大的祸端，这当归功于陛下的深谋远虑，国政现在虽说还有所偏差，但是最终一定能够改正。如果世道稍乱，不采取措施而是任其发展，那么即使将来会后悔，也一定来不及处理了。既然不能够将皇位传给子孙后代，那么又拿什么作为后世的楷模呢？况且任用好人废黜恶人，是对别人的做法；把古代的教训作为借鉴，是对自己而言的。查看容貌要用平静的水面来作为镜子，考察自身就要用哲人来作为比较。能够用古代贤明君主的行为来检视自己的行为，那么就像对着镜子清晰地看到容貌的美丑一样，自己行为的善恶也就一目了然了，不用借助史官的评断，也不用借助百姓的言论。如果这样做，功劳就会一天比一天显著，名声就会越传越远。做君主所追求的不正是这样吗？

解析

善与恶有时并没有很明显的界限，坏人也有做好事的时候，好人也有做坏事的时候，因而判断一个人不要以一时的好坏或言论来做决定。要有自己的主见，摆脱个人好恶，要用好的榜样来作为比较，由此找出自己身上存在的缺点，其实这也是一种自省。当一个人能够自省时，就很容易辨别善与恶。

结交朋友，要结交同心同德的朋友，而不要结交朋党，要注意区分同心同德和朋党。同时不要把同心同德当作朋党，也不要把朋党当作同心同德，否则这将会影响到你对一些事情的看法，从而导致你作出错误的判断和决定。

公平第十六（五）

原典

臣闻道德之厚，莫尚于轩、唐，仁义之隆，莫彰于舜、禹。欲继轩、唐之风，将追舜、禹之迹，必镇之以道德，弘之以仁义，举善而任之，择善而从之。不择善任能，而委之俗吏，既无远度，必失大体。惟奉三尺之律，以绳四海之人，欲求垂拱无为[①]，不可得也。故圣哲君临，移风易俗，不资严刑峻法，在仁义而已，故非仁无以广施，非义无以正身。惠下以仁，正身以义，则其政不严而理，其教不肃而成矣。然则仁义，理之本也；刑罚，理之末也。为理之有刑罚，犹执御之有鞭策也，人皆从化，而刑罚无所施；马尽其力，则有鞭策无所用。由此言之，刑罚不可致理，亦已明矣。故《潜夫论》曰：“人君之治莫大于道德教化也。民有性、有情、有化、有俗。情性者，心也，本也；化俗者，行也，末也。是以上君抚世，先其本而后其末，顺其心而履其行。心情苟正，则奸慝无所生，邪意无所载矣。是故上圣无不务治民心，故曰：‘听讼，吾犹人也，必也使无讼乎[②]?’道之以礼，务厚其性而明其情。民相爱，则无相伤害之意；动思义，则无畜奸邪之心。若此，非律令之所理也，此乃教化之所致也。圣人甚尊德礼而卑刑罚，故舜先敕契以敬敷五教[③]，而后任咎繇以五刑也。凡立法者，非以司民短而诛过误也，乃以防奸恶而救祸患，检淫邪而内正道。民蒙善化，则人有士君子之心；被恶政，则人有怀奸乱之虑。故善化之养民，犹工之为曲豉也[④]。六合之民，犹一荫也[⑤]，黔首之属，犹豆麦也，变化云为，在将者耳！遭良吏，则怀忠信而履仁厚；遇恶吏，则怀奸邪而行浅薄。忠厚积，则致太平；浅薄积，则致危亡。是以圣帝明王，皆敦德化而薄威刑也。德者，所以循己也，威者，所以理人也。民之生也，犹铄金在炉，方圆薄厚，随溶制耳！是故世之善恶，俗之薄厚，皆在于君。世之主诚能使六合之内、举世之人，感忠厚之情而无浅薄之恶，各奉公正之心，而无奸险之虑，则醇醲之俗[6]，复见于兹矣。”后王虽未能遵，专尚仁义，当慎刑恤典，哀敬无私，故管子曰：“圣君任法不任智，任公不任私[7]。”故王天下，理国家。

贞观之初，志存公道，人有所犯，一一于法。纵临时处断或有轻重，但见臣下执论，无不忻然受纳。民知罪之无私，故甘心而不怨；臣下见言无忤，故尽力以效忠。顷年以来，意渐深刻[8]，虽开三面之网，而察见川中之鱼，取舍在于爱憎，轻重由乎喜怒。爱之者，罪虽重而强为之辞；恶之者，过虽小而深探其意。法无定科[9]，任情以轻重；人有执论，疑之以阿伪。故受罚者无所控告，当官者莫敢正言。不服其心，但穷其口，欲加之罪，其无辞乎！又五品已上有犯，悉令曹司闻奏。本欲察其情状，有所哀矜；今乃曲求小节，或重其罪，使人攻击惟恨不深。事无量条，求之法外所加，十有六七，故顷年犯者惧上闻，得付法司，以为多幸。告讦无已，穷理不息，君私于上，吏奸于下，求细过而忘大体，行一罚而起众奸，此乃背公平之道，乖泣辜之意，欲其人和讼息，不可得也。

注释

①垂拱无为：指无为而治。②听讼，吾犹人也，必也使无讼乎：听诉讼，我和其他人一样，一定要让天下没有诉讼？③舜先敕契以敬敷五教：舜帝命令契推行五教来教化百姓。④曲豉：发酵的豆子。⑤六合之民，犹一荫也：百姓处在天地之间，就好像处在一个制作豆豉的暗室里。⑥醇醲之俗：和谐融洽的风俗。⑦圣君任法不任智，任公不任私：贤明的君主用法律治理国家而不依靠计谋，用至公之道治理国家而没有私心。⑧顷年以来，意渐深刻：然而近年来，渐渐变得严苛。⑨法无定科：不按照明确的规定来执法。

译文

臣听说要论道德的高深，没有人能超过皇帝和尧帝的；要论仁义的高尚，没有人能够比得上舜帝和夏禹的。要想继承黄帝和尧帝的遗风，沿袭舜帝和夏禹的功绩，就必须用道德来作为根本，弘扬仁义，举荐贤能的人加以任用，选择好的建议而听从。不选择贤能的人来任用，而是把职位委托给一个平庸之人，那么这些无长远眼光的人，必然会使国家的大体丧失殆尽。只是用法律来控制天下的百姓，达到无为而治的目的，这是不够的。因此圣明的君主治理国家，会转变风气改变风俗，不依靠严刑峻法来实现，而是推行仁义，没有仁就不能广施恩德，没有义就不能端正自身。推行仁的措施以便给百姓带来恩惠，用义来端正自身，那么治理国家管理百姓不用严苛的刑罚也很有效，教化不用太严肃也能有所成。因此，仁义是治理国家的根本，刑罚是治理国家次要的手段。用刑罚来治理国家，就像是用鞭子来击马，让马车走得更快些，要是百姓都接受了教化，那么刑罚就没有实施的必要了；马如果耗尽了力气，那么再怎么鞭打都没有用了。因此，想要通过刑罚来达到治理国家的目的，显然是行不通的。王符在《潜夫论》说：“君主治理天下的大道没有比仁义教化更加重要的了。百姓有本性、有情义、有教化、有风俗。本性情义，就是人心，是根本。风俗和教化是行为，是枝节。因此贤明的君主安抚百姓，先要安抚他的本性和情义，然后才是风俗和教化，顺从百姓的心意再矫正他们的行为。本性情义要是正直，那么奸诈邪恶也就无法产生，因此贤明的君主无不尽心尽力教化百姓，所以说‘同样是断处案件，我和别人不同的地方在于我致力于治本，努力做到不再发生案件’。君王要用道理去教化百姓，务必让他们的本性更加敦厚，情义更加清明。百姓互相友爱，那么就不会有互相伤害的心思；做事时考虑到仁义，那么就没有狡诈邪恶的心思。这并非是靠法治所能实现的，而是要施行教化。圣明的人很尊重德行和礼仪，轻视严刑峻法，因此舜帝命令契推行五教来教化百姓，然后才任用咎繇用五种酷刑来治理国家。设置法律，并非是为了让司法部门处罚百姓的过错和失误，用以防止奸诈邪恶之辈作乱惹祸，对其加以补救和约束，并促使他们走向正道。百姓接受好的教化，那么人人都会有君子之心；接受邪恶的治理，那么人人就会有奸诈作乱的想法。因此好的教化对百姓是有帮助的，就像酿酒的人手中的曲酵一样。天下百姓就好像处在一个等待豆子发酵的暗室里，百姓就像豆子和小麦，会有怎样的变化，全在于统治他们的人。遇到好的统治，他们就会心怀忠诚信义而言行仁义；遇到坏的统治，那么他们就会心怀狡诈邪恶而言行浅薄。积累忠厚，那么天下太平；积累浅薄，则会导致国家面临危险甚至灭亡。所以圣明的君主，都重视道德教化而轻视严刑峻法。德行，是用来管理自己的；严刑峻法，是用来管理别人的。百姓的德行就像熔炉中的金子一样，是方是圆是薄是厚，全取决于模子。因此说，世间的善恶、风俗的厚薄都在于君主。一国之君如果要让全天下的百姓都怀有忠厚的情感，而无浅薄的恶意，都能够秉持公正之心而没有狡诈的想法，那么和谐融洽的风俗就又可以出现了。”后来的君王虽然不像古代的圣君这样崇尚仁义，也应当谨慎地运用严刑峻法，尽量做到公正无私，因此管子说：“贤明的君主用法律治理国家而不依靠计谋，用至公之道治理国家而没有私心。”因而能够天下称王，治理好国家。

贞观初年，陛下志在维护公道正义，一旦有违法法律的人，都按照法律的规定来处罚。纵然断案有轻有重，只要是臣下有议论的，没有不欣然接受的。老百姓知道自己是罪有应得，而不是皇上有私心，因而能够甘心情愿接受处罚而不抱怨；臣子见进谏的言论并没有得罪皇上，因而更加尽心尽力地效忠国家。然而近年来，陛下你渐渐变得严苛，虽然还是网开三面，却过于谨慎细微，常根据自己的爱憎来取舍，根据自己的情绪来决定赏罚的轻重。喜欢的人，罪行即使深重，你也会尽力为他辩解；厌恶的人，过错即使微小，你也会深究以加重对他的处罚。执行法律时也不按照规定，而是按照情绪的好坏来决定轻重；有人敢谈论或进谏的，就会怀疑他虚伪或阿谀奉承。因此承受惩罚的人想控告都没有地方，因为官员都不敢进谏。不让他们信服，却让他们不敢言，这样一来，欲加之罪何患无辞啊？另外，五品以上的官员有违反法律的，有关官署必须向朝廷上奏。这样做的本意是想查明事情的真相，以体恤哀怜他们；如今却追究每个小细节，反而加重了对他们的处罚，命人挑出他们的毛病予以攻击，唯恐罪行不够深。如果所犯的事情按照法律规定不足以重罚，那么就在法律之外找理由追加他的罪行，十个案件中有六、七个就是这样的，因此近年来违法犯罪的人都害怕上奏给皇帝知道，得知自己被交给司法部门处置，大多会觉得侥幸。这使得揭发告状的人越来越多，加大治理仍不能平息。在上面，君主按照私心办事；在下面，臣子则心怀奸诈。追求小的过错而忘记了治国大体，对一个人的处罚却引起众多人的营私舞弊，这违背了公平之道，违背了大禹哭泣有罪之人的初衷，这样还想要人们和睦相处，使诉讼平息，这是不可能的。

解析

不能因为个人的好恶而对他人有所偏见，唐太宗就是因为个人好恶，爱之者，罪虽重而强为之辞，恶之者，过虽小而深探其意，因而导致大臣不敢进谏，奸诈小人开始逐渐出现在他的身边。这样不但无法做到天下无诉讼，长此下去，必定会酿成大祸。

另外，俗话说："水至清则无鱼，人至察则无徒"，也就是说凡事不要过于追究，如果细致入微地去观察，每个人都或多或少会有些小毛病，何况世上本就不存在完美无瑕的人。因而，在对待人时不妨宽容一些。

公平第十六（五）

原典

故《体论》云："夫淫泆盗窃，百姓之所恶也，我从而刑罚之，虽过乎当，百姓不以我为暴者，公也。怨旷饥寒[①]，亦百姓之所恶也，遁而陷之法，我从而宽宥[②]之，百姓不以我为偏者，公也。我之所重，百姓之所憎也；我之所轻，百姓之所怜也。是故赏轻而劝善，刑省而禁奸。"由此言之，公之于法，无不可也，过轻亦可。私之于法，无可也，过轻则纵奸，过重则伤善，圣人之于法也公矣，然犹惧其未也，而救之以化，此上古所务也。后之理狱者则不然：未讯罪人，则先为之意，及其讯之，则驱而致之意，谓之能；不探狱之所由，生为之分，而上求人主之微旨以为制，谓之忠。其当官也能，其事上也忠，则名利随而与之，驱而陷之，欲望道化之隆，亦难矣。

凡听讼理狱，必原父子之亲，立君臣之义，权轻重之序，测浅深之量。悉其聪明，致其忠爱，疑则与众共之。疑则从轻者，所以重之也③，故舜命咎繇曰："汝作士，惟刑之恤④。"又复加之以三讯⑤，众所善，然后断之。是以为法，参之人情。故《传》曰："小大之狱，虽不能察，必以情⑥。"而世俗拘愚苛刻之吏，以为情也者取货者也，立爱憎者也，右亲戚者也，陷怨仇者也。何世俗小吏之情，与夫古人之悬远乎？有司以此情疑之群吏，人主以此情疑之有司，是君臣上下通相疑也，欲其尽忠立节，难矣。

凡理狱之情，必本所犯之事以为主，不严讯，不旁求，不贵多端，以见聪明，故律正其举劾之法，参伍其辞⑦，所以求实也，非所以饰实也，但当参伍明听之耳，不使狱吏锻炼饰理成辞于手。孔子曰："古之听狱，求所以生之也；今之听狱，求所以杀之也⑧。"故析言以破律，任案以成法，执左道以必加也。又《淮南子》曰："沣水之深十仞，金铁在焉，则形见于外。非不深且清，而鱼鳖莫之归也⑨。"故为上者以苛为察，以功为明，以刻下为忠，以讦多为功，譬犹广革，大则大矣，裂之道也。夫赏宜从重，罚宜从轻，君居其厚，百王通制。刑之轻重，恩之厚薄，见思与见疾，其可同日言哉！且法，国之权衡也，时之准绳也。权衡所以定轻重，准绳所以正曲直，今作法贵其宽平，罪人欲其严酷，喜怒肆志，高下在心，是则舍准绳以正曲直，弃权衡而定轻重者也，不亦惑哉？诸葛孔明，小国之相，犹曰："吾心如秤，不能为人作轻重。"况万乘之主，当可封之日，而任心弃法，取怨于人乎！

注释

①怨旷饥寒：怨恨别离和饥寒交迫。②宽宥：宽恕。③疑则从轻者，所以重之

也：有疑问那么量刑就要减轻，这是对法律的尊重和重视。④汝作士，惟刑之恤：你是一名官员，量刑的时候要体恤百姓。⑤三讯：古代的审案方法，指要经过群臣的审讯、众多官员的审讯、天下百姓的审讯，是为三讯。⑥小大之狱，虽不能察，必以情：大大小小的案件，虽然不能一个个地仔细审查，但是处理时必须要考虑到人情。⑦参伍其辞：综合参考众人的说辞。⑧古之听狱，求所以生之也；今之听狱，求所以杀之也：古代的人审理案件，是为了让罪犯能够活下来；现在的人审理案件，而是想让犯罪死去。⑨沣水之深十仞，金铁在焉，则形见于外：沣河水有十仞深，如果把金铁放在水底，那么从外面能够看到。

译文

因此《体论》里说："奸淫盗窃的事情，是老百姓所厌恶的，我按照老百姓的心意处罚他们，虽然有时量刑过重，百姓也不会认为我是残暴之人，这是因为我做这件事情符合至公之道。怨旷饥寒的事情，也是老百姓所厌恶的，为了躲避这种境遇而触犯法律，我予以体谅而宽大处理，百姓也不会认为我偏袒，这也是因为我做这件事情符合至公之道。我之所以加重处罚，就是因为百姓厌恶这类事情；我之所以从轻处置，就是因为百姓怜悯这类事情。因此稍加奖赏就能鼓励善行，减轻刑罚也能起到禁止奸邪的效果。"由此说来，实施刑罚若是出于至公之道，那么就没什么不可以的，减轻刑罚也是可以的。如果实施刑罚是出于私心，那么就不可以，量刑过轻则会纵容奸诈之人，量刑过重则会伤害善良的人。圣人实施刑罚都是出于至公之道，即便如此还担心有什么做得不周到的地方，再施以教化来补救，这就是上古时代的办法。后来审理案件的人没有延续这种办法，还没有审讯犯人，就在心里给他定了罪，等到审讯他时，就想方设法让犯人承认自己的罪过，还把这种做法称为有能力；不追求案件发生的原因，而生硬地作出处罚，以君主的些许想法作为处罚标准，把这种行为称为忠诚。为官的这样表现才能和忠诚，名和利果然就会随之而来，进而陷入名利中不能自拔。一旦形成这种风气，若还想道德教化兴隆，恐怕难以做到啊。

一般来说，审理案件必定要以父子亲情、君臣情分来权衡轻重，衡量所犯罪行的深浅。将自己的聪明睿智、忠诚友爱都发挥到极致，有疑问的就和其他人一起商议如何处置。有疑问量刑就要减轻，这是对法律的尊重和慎重，因此舜帝告诫咎繇："你是一名官员，量刑的时候要体恤百姓。"又规定一个案子要经过三次审讯，大家都同意了才能定罪。由此可见，法律必定要考虑到人情。因而《左传》里说："大大小小的案件，虽然不能一个个地仔细审查，但是处理时必须要考虑到人情。"然而世俗中有些迂腐苛刻的官员，认为人情就是收受贿赂，对有亲戚关系的犯人就放宽处理，有仇人关系的犯人就加以陷害。为什么世俗间小官吏所了解的人情，和古代人所了解的人情有着如此悬殊的差别呢？有关部门因为这种人情而对众多官吏有所怀疑，而君主又因为这种人情对有关部门有所怀疑，导致君臣之间和上下之间都在互相怀疑，想要他们竭尽忠诚、保全名节，实在是太难了。

一般来说，审理案件就一定要以所犯的事情为主要根据，不严刑逼供，不到处寻找别的证明，不用把案件弄得过于复杂，以此来表示断案者的聪明。因此要修正法律中有检举弹劾的部分，综合众多言辞，这是为了找到事实，而不是伪装事实；考察各方建议是为了弄清实情，而不是让它成为刑狱官吏歪曲事实、徇私枉法的手段。孔子说："古代的人审理案件，是为了想办法让罪犯能够活下来；现在的人审理案件，而是想办法把罪犯置于死地。"现在断案，有巧言来曲解法律，用旁门左道来加重刑罚的情况。《淮南子》里说："沣河水有十仞深，可是把金铁放在水底也能看得到，水不能说不清，可是鱼鳖都不往那里去。"因此，作为上司如果把严苛当作明察，把功劳当作睿智，把刻薄对待属下当作忠心，把揭发告状他人当作功劳，这就像拉扯皮革使其不断变大，大是大了，但是离崩裂也就不远了。赏赐的时候应该从重，刑罚的时候应当从轻，君主应当宽厚，这是历代君王普遍的做法。怎么可以把刑罚的轻重、恩德的厚薄、思慕的与痛恨的相提并论呢？何况法律，是国家的权衡，是时代的准绳。权衡是用来确定刑罚轻重的，准绳是用来测定曲直的。如今法律贵在宽大公平，而判人之罪却想从严惩处、随心随意，这就等于舍弃准绳来匡正曲直，舍弃权衡而确定轻重，怎能不令人迷惑呢？诸葛亮只是个小小蜀国的宰相，尚且说"我的心就像是秤，不能为了某个人而使轻重的标准有所不同。"更何况泱泱大国之君，又在这样一个太平盛世，却抛弃法律的公正公平而按照心意处罚，怎能让百姓不心生怨恨呢？

解析

赏罚时要有至公之心，不偏袒，不存私心，不能有先入为主的观念，也不要把罪责强加给人，更不要视人情来处罚或谋取私利，这样对其他人是很不公平的。而确立赏罚的目的除了激励人才外，就是要创造一个相对公平的环境，让人才能够发挥他们的才能。

不要因为某人地位特殊，对其赏罚就与他人不同。一旦开启了这个先例，那么赏罚制度也就失去了应有的约束力。另外在处罚他人时应怀有恻隐之心，毕竟赏罚制度的确立不是为了赏罚他人，而是为了让他人更努力、更积极地参与工作。

公平第十六（六）

原典

又时有小事，不欲人闻，则暴作威怒，以弭谤议[①]。若所为是也，闻于外其何伤？若所以非也，虽掩之何益？故谚曰："欲人不知，莫若不为；欲人不闻，莫若勿言[②]。"为之而欲人不知，言之而欲人不闻，此犹捕雀而掩目，盗钟而掩耳者，只以取诮[③]，将何益乎？臣又闻之，无常乱之国，无不可理之民者。夫君之善恶由乎化之薄厚，故禹、汤以之理，桀、纣以之乱；文、武以之安，幽、厉以之危。是以古之哲王，尽己而不以尤人，求身而不以责下。故曰："禹、汤罪己，其兴也勃焉；桀、纣罪人，其亡也忽焉。"为之无已，深乖恻隐之情[④]，实启奸邪之路。温舒恨于曩日[⑤]，臣亦欲惜不用，非所不闻也。臣闻尧有敢谏之鼓，舜有诽谤之木，汤有司过之史，武有戒慎之铭。此则听之于无形，求之于未有，虚心以待下，庶下情之达上，上下无私，君臣合德者也。魏武帝云："有德之君乐闻逆耳之言。犯颜之诤，亲忠臣，厚谏士，斥谗慝，远佞人者，诚欲全身保国，远避灭亡者也。”凡百君子，膺期统运[6]，纵未能上下无私，君臣合德，可不全身保国，远避灭亡乎？然自古圣哲之君，功成事立，未有不资同心，予违汝弼者也[7]。

昔在贞观之初，侧身励行[8]，谦以受物。盖闻善必改，时有小过，引纳忠规，每听直言，喜形颜色。故凡在忠烈，咸竭其辞。自顷年海内无虞，远夷慑服，志意盈满，事异厥初，高谈疾邪，而喜闻顺旨之说；空论忠谠，而不悦逆耳之言。私嬖[9]之径渐开，至公之道日塞，往来行路，咸知之矣。邦之兴衰，实由斯道。为人上者，可不勉乎？臣数年以来，每奉明旨，深惧群臣莫肯尽言。臣切思之，自比来人或上书，事有得失，惟见述其所短，未有称其所长。又天居自高，龙鳞难犯，在于造次，不敢尽言，时有所陈，不能尽意，更思重竭，其道无因。且所言当理，未必加于宠秩[10]，意或乖忤，将有耻辱随之，莫能尽节，实由于此。虽左右近侍，朝夕阶墀[11]，事或犯颜，咸怀顾望，况疏远不接，将何以极其忠款哉？又时或宣言云：“臣下见事，只可来道，何因所言，即望我用？”此乃拒谏之辞，诚非纳忠之意。何以言之？犯主严颜，献可替否，所以成主之美，匡主之过。若主听则惑，事有不行，使其尽忠谠之言，竭股肱之力，犹恐临时恐惧，莫肯效其诚款。若如明诏所道，便是许其面从，而又责其尽言，进退将何所据？欲必使乎致谏，在乎好之而已。故齐桓好服紫，而合境无异色；楚王好细腰，而后宫多饿死。夫以耳目之玩，人犹死而不违，况圣明之君求忠正之士，千里斯应，信不为难。若徒有其言，而内无其实，欲其必至，不可得也。

太宗手诏曰：

省前后讽谕，皆切至之意，固所望于卿也。朕昔在衡门，尚惟童幼，未渐师保之训，罕闻先达之言。值隋主分崩，万邦涂炭，惵惵黔黎，庇身无所[12]。朕自二九之年，有怀拯溺，发愤投袂，便提干戈[13]，蒙犯霜露，东西征伐，日不暇给，居无宁岁。降苍昊之灵，禀庙堂之略，义旗所指，触向平夷。弱水、流沙，并通輶轩之使[14]；被发左衽，皆为衣冠之域[15]。正朔所班，无远不届。及恭承宝历，寅奉帝图，垂拱无为，氛埃靖息[16]，于兹十有余年，斯盖股肱罄帷幄之谋，爪牙竭熊罴之力，协德同习，以致于此。自惟寡薄，厚享斯休[17]，每以抚大神器，忧深责重，常惧万机多旷，四聪不达，战战兢兢，坐以待旦。询于公卿，以至隶皂[18]，推以赤心。庶几明赖，一动以钟石；淳风至德，永传于竹帛。克播鸿名，常为称首。朕以虚薄，多惭往代，若不任舟楫，岂得济彼巨川？不藉盐梅，安得调夫五味？赐绢三百匹。

注释

①以弭谤议：用来消除别人的谈论。弭，消除。②欲人不知，莫若不为；欲人不闻，莫若勿言：要是想让别人不知道，除非你没有做这件事；要想让别人听不到，不如你不说。③取诮：招来嘲讽、讥笑。④深乖恻隐之情：违背了恻隐之心。⑤曩日：以前的日子。⑥膺期统运：接受天命，统治天下。⑦予违汝弼：我违背了伦理纲常，你来匡正补救我的过失。⑧侧身励行：侧着身体，谨慎不安，兢兢业业，身体力行。⑨私嬖：偏私偏爱。⑩宠秩：宠爱升官。⑪朝夕阶墀：指早晚侍臣都守在君主身边。⑫慄慄黔黎，庇身无所：百姓恐惧不安，没有可以安身的地方。⑬发愤投袂，便提干戈：奋发图强，投身军旅，手持刀剑。⑭弱水、流沙，并通輶轩之使：弱水、流沙等边荒之地，都有使者来往。⑮被发左衽，皆为衣冠之域：风俗相异的少数民族地区，也都改变风俗穿上了华夏服装。⑯氛埃靖息：天下安定。⑰厚享斯休：享受着深厚的福禄。⑱隶皂：一般指地位低下的差役。

译文

另外，陛下有时有些小事情，不想让别人知道，就会借权威来压制，以此消除舆论。这些事如果是对的，那么就算让别人知道又有何妨？如果是不对的，那么遮掩它又有什么用处呢？因此谚语说："要是想让别人不知道，除非你没有做这件事；要想让别人听不到，除非你不说。"做了事情却不想让别人知道，说了话语而不想让人听见，这就是遮住眼睛去捕麻雀，掩住耳朵去偷铃铛，只能招来讥嘲，又有什么好处呢？臣又听说，没有一直动乱的国家，没有不可治理的百姓。君主施行措施的善恶在于教化的薄厚，因此夏禹、商汤才能够治理好国家，夏桀、商纣才会让天下大乱；周文王、周武王因此让天下安定，周幽王、周厉王因此而国亡。所以，古代贤明的君主，都是尽力修养自己的德行而不埋怨他人，严格要求自身却不责备属下。所以说："夏禹、商汤埋怨自己，因而他们的国家很兴旺；夏桀、商纣怪罪于他人，众叛亲离。"因此如果严苛地对待他人，违背了人的恻隐之心，事实上也开启了奸诈邪恶的道路。汉代温舒曾上书说狱吏太残酷，臣也为汉代温舒之言没被采纳而感到痛惜，并非没有听说过。臣听说尧帝专门为进谏的人准备了一面大鼓，舜帝为提建议的人准备了木牌，商汤有专门纠正过错的史官，周武王有警戒自己的铭文。这些都是防患于未然，从还未发生的事情中寻求得失的表现，如此虚心对待属下，那么下面的情况就能上达给君主知道，上下没有私心，君臣才能同心同德。魏武帝曹操说："有德行的君主喜欢听到不顺耳的言论，喜欢冒犯威严进谏者，亲近忠诚的大臣，厚待直言进谏的人，斥退谗言奸诈的人，远离小人，就是希望能够保全国家，远远避开灭亡的道路。"历代以来的君主统治国家，纵使做不到上下没有私心，君臣同心同德，也当想一想如何保全自身和国家，远远避开灭亡的命运啊！因此，自古以来能够功成名就、创建伟业的君主，莫不是靠君臣同心同德，借臣子进谏之言来匡正自身的。

从前在贞观初年，陛下谨慎小心，身体力行，虚怀若谷，谦虚待人。大概是因为您能做到虚心纳谏，有时即使犯些小错，也能接纳忠诚的谏言而改正，每次听到直言良谏，你都会非常开心。因此，忠烈之士都竭尽所能来进谏。近年来，天下太平，四方来臣，陛下却有些骄傲自满，处理政事也和当初有些不同了。陛下你常常高声说厌恶奸诈之言就像厌恶疾病一样，而实际上却喜欢听符合自己心意的言辞；常常空口说喜欢忠诚正直，然而一听到逆耳的言论却不高兴。陛下偏私偏爱的道路逐渐打开，而至公之道逐渐被阻塞，就连路上来往的行人都知道了这种变化。国家的兴盛和衰败，无不由此而起。作为至高无上的君主，怎能不自勉呢？臣这几年来，每当接受陛下贤明的旨意，都深深害怕朝中大臣不能够尽言。我私下认真思考了这件事，发现自从今年来有人进谏或者上奏章，所陈述之事有出入的，都只见陛下你指出他们的缺点，而从来没有称赞过他们的优点。另外，陛下地位崇高，龙鳞难犯，仓促之间，大家也不敢把话说尽，即使能够进谏，也不敢完全表达自己的心意，事后再想进谏，也找不到机会了。而且就算所陈述的很有道理，也未必能够得到陛下你的宠爱，要是稍微有些忤逆你的心意，恐怕还会招致耻辱。群臣不能尽忠直言的原因，由此而起。虽然侍臣们在陛下身边朝夕相处，但遇到触犯龙颜的事情，都会再三思量，何况是一些被疏远的、不怎么熟悉的臣子，又怎么能让他们竭尽忠诚呢？陛下曾经宣告说：“臣子看见了事情，就要前来进谏，但为什么任何意见，都希望我立即接纳呢?”其实这是拒绝进谏的言论，并非诚心接纳忠诚建议的意思。为什么这么说呢？犯颜进谏，进谏可行的建议以取代有失误的做法，这是在成全君主的美名，匡正君主的过失。如果君主听到后就很不高兴，建议的事情又得不到推行，即使让他们尽情直言心中所想，我还是担心他们会因为恐惧而不肯竭尽忠诚。如果像你诏书中所说的那样，既让他们顺从你的心意，又责怪他们把话全部说出来，这样的话，他们该用什么来作为进言的依据呢？要想让臣子大胆进谏，关键在于君主是否真正喜欢这么做。齐恒公以前喜欢紫色的服装，结果导致整个齐国再没人敢穿其他颜色的服装；楚王喜欢腰肢纤细的美女，后宫中很多人为了有纤细的腰肢而饿死。这些供耳目之娱的行为，人们尚且拼命追求，更何况是明君向天下征召忠正之士呢？相信千里之外的人听到都会纷纷前来响应。如果只是说说而已，而没有实际的行动，却想听到臣下的忠言，这是万万不能的。

看了魏徵的上书，唐太宗亲自写了诏书：

我仔细看了你前后几次讽喻的奏章，都是言真意切，这本来就是我希望爱卿能够做到的。我以前在衡门时，还只是个小孩子，没有接受过老师的谆谆教导，更很少听见贤士的言论。当时恰逢隋朝分崩离析，天下百姓生灵涂炭，百姓流离失所。我自从十八岁那年起，便有挽救天下百姓于水火之中的志向，于是发愤投靠军营，手持刀剑，历经风霜雨露的洗礼，东征西讨，每天忙碌个不停，没有过过一天安定的日子。所幸上苍保护，告诉我取得天下的要领，义军所到之处，战无不胜，攻无不取。如今国家统一，弱水、流沙等边荒之地，都有使者来往；风俗相异的少数民族地区，也都改变风俗穿上了华夏服装。国家的律令颁布后，再偏远的地区也能到达。等到我成为皇帝，继承了帝业，便休养生息，崇尚无为而治，四海升平到今天已经有十多年了。这都是依靠肱骨之臣的运筹帷幄，众多将士的勇武之力、同心同德，才有了这样的成就。我是个德行浅薄、才能低下的人，却享受着如此深厚的福禄，每次一想到担负着治理国家的大任，我就忧虑很多，感觉责任很重，常常害怕政事上有疏漏之处，听不到四方的建议，便战战兢兢，坐着直到天亮。我常向众多大臣询问，哪怕是地位低下的差役也能推心置腹，就是希望能够依靠这些人作出更加卓越的政绩，让我们大唐的德行能够永垂史册。我自觉德行浅薄，因而在历代君主面前很是愧疚，如果不凭借船和桨的帮助，怎么能够渡过这样的大河呢？不凭借盐和梅，又岂能调出五味来？因此，赏赐给你丝绢三百匹。

解析

“若要人不知，除非己莫为”，如果有一些事情不想让他人知道，那么最好的办法就是不做这些事，要知道世上没有不透风的墙，所以与其责怪他人谈论，莫不如反思一下自己，找出自己应当承担的责任，同时思考下这些事是否真的有必要去做。

一个人的行动是会影响他人的，尤其是身居高位的人，所以才会有“齐桓好服紫，而合境无异色；楚王好细腰，而后宫多饿死”的事情。在做事情时要三思而后行，另外还要有恻隐之心，少责备他人，多鼓励他人，这样才能创建一个融洽和谐的团队氛围。

诚信第十七（一）

原典

贞观初，有上书请去佞臣者，太宗谓曰："朕之所任，皆以为贤，卿知佞者[①]谁耶?"对曰："臣居草泽，不的知[②]佞者，请陛下佯怒以试群臣，若能不畏雷霆，直言进谏，则是正人，顺情阿旨，则是佞人。"太宗谓封德彝曰："流水清浊，在其源也。君者政源，人庶犹水，君自为诈，欲臣下行直，是犹源浊而望水清，理不可得。朕常以魏武帝多诡诈，深鄙其为人，如此，岂可堪为教令?"谓上书人曰："朕欲使大信行于天下，不欲以诈道训俗[③]，卿言虽善，朕所不取也。"

注释

①佞：奸佞、狡诈。②的知：明确地知道。③诈道训俗：不想用狡诈的方法来引导风气。

译文

贞观初年，有人上奏请求除去奸佞、狡诈的大臣，唐太宗说："我所任用的人，我认为都是贤能的人才，那么你所说的奸佞、狡诈之徒是指谁呢?"对方回答说："我居住在民间，不能明确地指出是谁，恳请陛下假装发怒来试试众多大臣。不畏惧你的雷霆之怒，敢于犯颜进谏的，那么就是正直的人；顺从你而阿谀奉承的，那么就是奸佞的人。"唐太宗对封德彝说："流水清浊与否，就在于它的源头。君主就像施政的源头，百姓和大臣就像流水，君主自己要是虚伪狡诈，想让做臣子的行为正直，这就相当于水源浑浊而希望流水清澈一样，毫无道理。我常常认为魏武帝曹操诡计多端、狡诈虚伪，很鄙视他的为人，如今自己却这样做，怎么能够推行教化呢？”于是，太宗又对上书的人说：“我想在天下树立大信，不想用狡诈虚伪的方法来引导风俗，爱卿所言虽然很好，但我不能接纳你的建议。”

解析

“问渠那得清如许，为有源头活水来”，河流之所以清澈，其根本原因就在于源头清。唐太宗身为一国之君，深刻地了解国君所作所为的影响。如果国君正，那么下面的臣子就正；如果国君狡诈，那么下面的臣子就狡诈，这就是所谓的“上行下效”。因此，唐太宗拒绝了臣子的建议。

一个正直的人是不会用一些狡诈的方法来考验他人的，因为这种方法也许一时能受效，但是时间一久，一定会弊大于利。因而只有做一个正直的人，才能影响他人去做一个正直的人。

诚信第十七（二）

原典

贞观十年，魏徵上疏曰：

臣闻为国之基，必资于德礼，君之所保，惟在于诚信。诚信立则下无二心，德礼形则远人斯格[①]。然则德礼诚信，国之大纲，在于君臣父子，不可斯须而废也。故孔子曰：“君使臣以礼，臣事君以忠。”又曰：“自古皆有死，民无信不立[②]。”文子曰：“同言而信，信在言前；同令而行，诚在令外[③]。”然而言而不信，言无信也；令而不从，令无诚也。不信之言，无诚之令，为上则败德，为下则危身，虽在颠沛之中，君子之所不为也。

自王道休明，十有余载，威加海外，万国来庭，仓廪日积，土地日广，然而道德未益厚，仁义未益博者，何哉？由乎待下之情未尽于诚信，虽有善始之勤，未睹克终之美故也。昔贞观之始，乃闻善惊叹，暨八九年间，犹悦以从谏。自兹厥后，渐恶直言，虽或勉强有所容，非复曩时之豁如。謇谔之辈[4]，稍避龙鳞；便佞之徒，肆其巧辩。谓同心者为擅权，谓忠谠者为诽谤。谓之为朋党，虽忠信而可疑；谓之为至公，虽矫伪而无咎。强直者畏擅权之议，忠谠者虑诽谤之尤。正臣不得尽其言，大臣莫能与之争。荧惑视听，郁于大道[5]，妨政损德，其在此乎？故孔子曰“恶利口之覆邦家者[6]”，盖为此也。

且君子小人，貌同心异[7]。君子掩人之恶，扬人之善，临难无苟免，杀身以成仁。小人不耻不仁，不畏不义，惟利之所在，危人自安。夫苟在危人，则何所不至？今欲将求致治，必委之于君子；事有得失，或访之于小人。其待君子也则敬而疏，遇小人也必轻而狎。狎则言无不尽，疏则情不上通。是则毁誉在于小人[8]，刑罚加于君子，实兴丧之所在，可不慎哉！此乃孙卿所谓“使智者谋之，与愚者论之，使修洁之士行之，与污鄙之人疑之，欲其成功，可得乎哉？”夫中智之人，岂无小惠？然才非经国，虑不及远，虽竭力尽诚，犹未免于倾败；况内怀奸利，承颜顺旨，其为祸患，不亦深乎？夫立直木而疑影之不直，虽竭精神，劳思虑，其不得亦已明矣。

夫君能尽礼，臣得竭忠，必在于内外无私，上下相信，上不信，则无以使下，下不信，则无以事上，信之为道大矣。昔齐桓公问于管仲曰：“吾欲使酒腐于爵[9]，肉腐于俎，得无害霸乎？”管仲曰：“此极非其善者，然亦无害于霸也。”桓公曰：“如何而害霸乎？”管仲曰：“不能知人，害霸也；知而不能任，害霸也；任而不能信，害霸也；既信而又使小人参之，害霸也。”晋中行穆伯攻鼓，经年而弗能下，馈间伦曰：“鼓之啬夫，间伦知之。请无疲士大夫，而鼓可得。”穆伯不应，左右曰：“不折一戟，不伤一卒，而鼓可得，君奚为不取？”

穆伯曰："间伦之为人也，佞而不仁，若使间伦下之，吾可以不赏之乎？若赏之，是赏佞人也。佞人得志，是使晋国之士舍仁而为佞。虽得鼓，将何用之？"夫穆伯，列国之大夫，管仲，霸者之良佐，犹能慎于信任、远避佞人也如此，况乎为四海之大君，应千龄之上圣，而可使巍巍至德之盛，将有所间⑩乎？

若欲令君子小人是非不杂，必怀之以德，待之以信，厉之以义，节之以礼，然后善善而恶恶，审罚而明赏。则小人绝其私佞，君子自强不息，无为之治，何远之有？善善而不能进，恶恶而不能去，罚不及于有罪，赏不加于有功，则危亡之期，或未可保，永锡祚胤⑪，将何望哉！

太宗览疏叹曰："若不遇公，何由得闻此语！"

注释

①远人斯格：远方的民族也会归顺。②自古皆有死，民无信不立：自古以来人都会死，但是没有诚信就无法立足。③同言而信，信在言前；同令而行，诚在令外：说出的话能让人信服，就是因为在说话之前就已经树立了诚信；颁布命令能够执行，就是因为命令之外有诚信。④謇谔：忠诚正直。⑤荧惑视听，郁于大道：迷惑视听，阻塞大道。⑥恶利口之覆邦家者：厌恶那些花言巧语而导致国家灭亡的人。⑦貌同心异：外表看起来一致，但内心各有各的想法。⑧毁誉；诋毁和赞誉。⑨酒腐于爵：杯子里的酒发酸了。⑩间：损失、损害。⑪永锡祚胤：永久地传承下去。

译文

贞观十年，魏徵上奏章说：

臣听说治理国家的根基，必定要借助于道德和礼教，能够保障君主的，全在于诚信。树立诚信，官员和百姓就不会有异心，道德和礼教就能够施行，那么远方的民族也会归顺。这样一来，道德、礼仪、诚信就是国家的大纲，贯穿于君臣、父子伦常纲领中，一刻也不能废弃。所以孔子说："君主用礼仪来对待臣子，那么臣子就会忠诚地侍奉君主。"还说："自古以来人终有一死，但是没有诚信就无法立足。"文子说："说出的话能让人信服，就是因为在说话之前已经树立了诚信；颁布命令能够执行，就是因为命令之外有诚信。"然而话说了却不能让人相信，那么就说明言论没有诚信；颁布的命令没有人执行，那就是因为命令没有诚信。不被相信的言论，没有诚信的命令，如果是君主所为，就会败坏他的德行，如果是臣子所为，就会危及他自身，所以即使是再困顿艰难，君子也不能做这种事。

自从继承帝业实行王道已经有十多年了，威名传播到海外，万国都来归顺，仓库的粮食每天都在增加，土地每天都变得更广阔，然而道德却没有更深厚，仁义也没有更广博，这是为什么呢？这是由于朝廷对待臣民并没有完全诚心诚意，虽然在刚开始时陛下是非常勤奋的，却没能坚持到底。贞观初年，陛下听到善行就会赞叹，到了贞观七、八年，还是像以前一样能够高兴地接纳建议。但之后，陛下开始逐渐厌恶直言进谏，虽然有时能够勉强接受，但是没有了当初的那种豁达大度。忠诚正直的人，为了避免触犯龙颜而逐渐不敢进谏；狡诈的人，则大肆巧言花语。他们认为与君主同心同德的人在擅自专权，忠诚正直的人是在诽谤朝廷。只要认定他结党营私，那么即使他忠诚守信也会被人怀疑；只要认定他是至公之人，那么即使他狡诈虚伪也会被认为没有过错。因此，正直的人害怕落个擅自专权的罪名，忠诚进谏的人忧虑会落个诽谤的罪名。正直的大臣不能知无不言，地位高的大臣也无法与狡诈之徒相抗衡。他们迷惑圣上的视听，阻塞进谏的道路，政务和君主的道德受到损害，就在于这个原因吧？所以孔子说："邪佞善变的口才会亡国。"大概说的就是如今的情况。

况且君子和小人，外表看起来没什么差别，内心却各不相同。君子遮掩别人的缺点，而弘扬别人的优点，面对危难也不会苟且活着免除死亡，而是牺牲自我保全仁义。小人不以不仁为耻辱，不敬畏不义，唯利是图，甚至不惜危害他人来保全自己。如果不惜危害他人，那么还有什么不能做的事情？如今陛下想要求得天下大治，便把这个担子交给君子；可是事情一旦有所得失，便又询问小人的意见。君主对待君子尊重但却保持一定距离，对待小人则轻视但又很亲近。亲近，那么小人什么话都会说；疏远，那么君子就无法把实情上奏君主。这样一来，诋毁或者赞誉就取决于小人，因此君子就常常会受到惩罚。这实在是关系到国家的兴衰，怎么能不谨慎呢？这就是孙卿所说的："让智能的人谋划，却和愚笨的人讨论，让修身自好的人去执行，却和卑鄙的小人一起怀疑，想要事情能够成功，可能吗？"智能中等的人，难道就没有小优点吗？然而他们的才能却不足以治理国家，不足以深谋远虑，虽然他们竭尽忠诚和尽心尽力，却还是不能避免失败的结局；何况内心奸诈、谋取私利，察言观色顺承你的人，他们给国家带来的祸患，难道还不够深吗？树立直木却怀疑它的影子不直。即使尽心尽力、劳神费力，也无法从直木中影看到弯曲的影子，这些道理是很明白的。

君主能够尽到礼仪，臣子能够竭诚尽忠，必定是由于内外没有私心，君臣之间互相信任。君不信任，就无法任用臣；臣不信任，就无法侍奉君主。由此可知，信任对于治理国家是非常重要的。从前齐桓公问管仲：“我想让酒在杯中发酸，肉臭在案板上，这样做对霸业没有危害吧？”管仲说：“这样做是非常不好的，但对于霸业没有危害。”齐桓公说：“那么怎样才会危害霸业呢？”管仲说：“不能知人，会危害霸业；知人却不能善用，会危害霸业；任用却不给予信任，会危害霸业；信任却又让小人掺杂其中，会危害霸业。”晋国的中行穆伯领兵攻打鼓国，攻打了一年之久都没有拿下来，这时馈间伦建议：“我认识鼓国的官吏，不必再劳累士大夫们，我可以把鼓国攻下来。”穆伯不采纳他的建议，旁边的官员说：“不损坏一件兵器，不让一位士兵受伤，却能够得到鼓国，你为什么不听取他的建议呢？”穆伯说：“馈间伦是个狡诈不仁义的人，如果按照他的建议，拿下了鼓国，我可以不赏赐他吗？如果赏赐他，那么就是赏赐狡诈的人。狡诈的人一旦得志，那就是让晋国的人舍弃仁义而追求狡诈，这样一来，即使得到了鼓国，又有什么用呢？”穆伯是诸侯王的大夫，管仲是辅佐霸王的良才，这样的人还要谨慎地对待信任，远离小人，更何况是拥有四海的君主、德冠千古的圣君，怎么能够让崇高的美德有所损失呢？

要想让君子和小人判然有别，是非明辨，就要用德行来感化他们，用诚信来对待他们，用仁义来激励他们，用礼仪来约束他们，然后弘扬善行，去除恶行，赏罚分明。那么小人就会断绝奸诈的想法，君子就会自强不息，如此一来，要想达到无为而治的目标，哪里还会很远呢？喜欢善行却不能弘扬善行，厌恶恶行却不能去除恶行，不能让有罪的人接受惩罚，不能让有功的人接受赏赐，那么危险灭亡的日子，或许就要到来，想把帝位永久地传承下去，怎么能够有指望呢？

唐太宗看了奏章赞叹说：“如果不是遇到你，我怎么能够听到这样的言语呢？”

解析

“自古皆有死，民无信不立”，就是说做人没有诚信就无法立足。自古以来，诚实守信就被当作立身处世的根本，一个没有诚信的人，是没人愿意与他打交道、与他合作的。如果这个人还是个身居高位的人，那么危害将更大，即“为上则败德，为下则危身”，这样的人最终在事业也会一败涂地。

诚实守信是一个人能够获得成功的重要因素之一。所以不要信口开河、轻易许诺，而要谨言慎行、说到做到，做一个言而有信、行而有信的人。否则，你将会为此付出惨重的代价。

诚信第十七（三）

原典

太宗尝谓长孙无忌等曰：“朕即位之初，有上书者非一，或言人主必须威权独任[①]，不得委任群下；或欲耀兵振武，慑服四夷。惟有魏徵劝朕‘偃革兴文，布德施惠[②]，中国既安，远人自服’。朕从此语，天下大宁，绝域君长[③]，皆来朝贡，九夷重译，相望于道。凡此等事，皆魏徵之力也。朕任用岂不得人?”徵拜谢曰：“陛下圣德自天，留心政术。实以庸短，承受不暇，岂有益于圣明?”

贞观十七年，太宗谓侍臣曰：“《传》称‘去食存信[④]’，孔子曰：‘民无信不立。’昔项羽既入咸阳，已制天下，向能力行仁信，谁夺耶?”房玄龄对曰：“仁、义、礼、智、信，谓之五常，废一不可。能勤行之，甚有裨益。殷纣狎侮[⑤]五常，武王夺之；项氏以无信为汉高祖所夺，诚如圣旨。”

注释

①威权独任：指独揽大权。②偃革兴文，布德施惠：停止武力，振兴文教，弘

扬道德，广施恩惠。③绝域：边远地区。④去食存信：丢掉粮食也要保存信用。⑤狎侮：轻视侮辱，指怠慢。

译文

唐太宗曾经对长孙无忌等大臣说：“我刚刚继承皇位时，很多人上奏章进谏，有的说我必须独揽大权，不能够把权力下放给臣子；有的想让我炫耀武力加强兵备，用来威慑四方，让异族来臣。只有魏徵劝我‘停止武力，振兴文教，弘扬道德，广施恩惠，只要中原地区安定了，边远地区的少数民族自会臣服’。于是我接纳了这个建议，果然使天下安定，边远地区的首领都不远万里前来朝贡，异族之人哪怕是通过翻译都会源源不断地前来交流。这样的事情，都是魏徵的功劳。我难道不是用人有道吗?”魏徵拜谢说：“陛下的圣德是上天赐予的，又能够留心处理国家政事，臣平庸短见，履行自己的职责尚且力不从心，哪里会对你有这么大的帮助呢?”

贞观十七年，唐太宗对侍臣们说：“《论语》上说：‘丢掉粮食也要保存信用’，孔子说：‘人民不信任，那么国家就不能自立。’从前，楚霸王项羽进入咸阳，掌控天下，如果能够推行仁义诚信，那么有谁能跟他争天下呢?”房玄龄回答说：“仁、义、礼、智、信，被称作五常，缺少其中一项都不可以。如果能谨慎勤勉地按照五常处事，那么就能获得不少好处。殷纣王轻视五常，周武王夺取了他的天下；项羽因为没有信用，不被百姓信任而被汉高祖夺取了天下。的确如陛下所说。”

解析

对居于高位的人来说，合适的人才就像左膀右臂那样重要。唐太宗正是因为任用魏徵，才能在魏徵的谏言中不断改正自己的缺点，完善自身，从而开创了贞观盛世，而他和魏徵之间的故事也流传至今。即使对一般人来说，身边有个有才能的人来指点自己，这也是非常可贵的。

另外，诚信也是非常重要的，无信不立，否则就会落得殷纣王、项羽那样的下场。要努力做一个有信用、有才能的人。

卷六

俭约第十八（一）

原典

贞观元年，太宗谓侍臣曰："自古帝王凡有兴造，必须贵顺物情①。昔大禹凿九山，通九江②，用人力极广，而无怨讟者，物情所欲，而众所共有故也。秦始皇营建宫室，而人多谤议者，为徇其私欲，不与众共故也。朕今欲造一殿，材木已具，远想秦皇之事，遂不复作也。古人云：'不作无益害有益③。''不见可欲，使民心不乱④'。固知见可欲，其心必乱矣。至如雕镂器物，珠玉服玩，若恣其骄奢，则危亡之期可立待也。自王公以下，第宅、车服、婚嫁、丧葬，准品秩不合服用者，宜一切禁断。"由是二十年间，风俗简朴，衣无锦绣，财帛富饶，无饥寒之弊。

注释

①贵顺物情：指顺应民心。②凿九山，通九江：凿开九州之山，疏通九江。③不作无益害有益：不做没有益处的事情，也不妨碍别人做有益的事情。④不见可欲，使民心不乱：不见到可以激起贪欲的东西，免得扰乱百姓心思。

译文

贞观元年，太宗对侍臣说："自古以来，帝王凡是有兴建营造、大兴土木的事，必须要顺从民意。从前大禹凿开九州之山，疏通了九江，耗费人力非常巨大，然而却没有人对此抱怨，这是因为做这件事是人心所向，而且众人能够共享劳动成果。秦始皇营建宫室，人们议论纷纷，很不满意，这是因为秦始皇做这件事只是为了满足自己的私欲，却不打算与众人共享。我如今想建造一座宫殿，木材已经准备好了，但是想起秦始皇的事情，就打算放弃了。古人说：‘不做没有好处的事情，也不妨碍别人做有益的事情。’‘不见到可以激起贪欲的东西，免得扰乱百姓心思。’由此可知，见到能够激发贪欲的东西，心里必定会混乱的。至于雕刻精致的器物、珠宝美玉、服饰玩具等，如果恣意追求，那么灭亡的日子很快就会到来。因此，自王公之下，府第宅院、车马服饰、婚礼嫁妆、丧葬等，按照官阶不当使用的，一律都禁止使用。”此后二十年来，国家风俗简朴，衣无锦绣，财产富饶，没有饥饿寒冷之苦。

解析

“凡有兴造，必须贵顺物情”，想要建造宫室，就必须顺从百姓的心意。大禹治水，使用人力极多，但是百姓没有怨言。秦始皇营建宫室，百姓怨言四起，这就是因为大禹治水符合人心，秦始皇建造宫殿则不符合民心。因而大禹治水成功，留下来美名；秦二代而亡，秦始皇被人称为暴君。

做事情要考虑到事情是否有益处，同时也要从大局出发，有整体观念。看看这件事情是否顺应人心，如果是，那么可以着手去做；如果不是，那么就要谨慎考虑甚至放弃，否则将会带来更大的损失。

俭约第十八（二）

原典

贞观二年，公卿奏曰：“依《礼》，季夏之月，可以居台榭。今夏暑未退，秋霖方始，宫中卑湿，请营一阁以居之。”太宗曰：“朕有气疾，岂宜下湿？若遂来请，糜费良多①。昔汉文将起露台，而惜十家之产②，朕德不逮于汉帝，而所费过之，岂为人父母之道也?”固请至于再三，竟不许。

贞观四年，太宗谓侍臣曰：“崇饰宫宇，游赏池台，帝王之所欲，百姓之所不欲。帝王所欲者放逸③，百姓所不欲者劳弊。孔子云：‘有一言可以终身行之者，其恕乎！己所不欲，勿施于人④。’劳弊之事，诚不可施于百姓。朕尊为帝王，富有四海，每事由己，诚能自节，若百姓不欲，必能顺其情也。”魏徵曰：“陛下本怜百姓，每节己以顺人。臣闻‘以欲从人者昌，以人乐己者亡⑤’。隋炀帝志在无厌，惟好奢侈，所司每有供奉营造，小不称意，则有峻罚严刑。上之所好，下必有甚，竞为无限，遂至灭亡。此非书籍所传，亦陛下目所亲见。为其无道，故天命陛下代之。陛下若以为足，今日不啻足矣；若以为不足，更万倍过此，亦不足。”太宗曰：“公所奏对甚善。非公，朕安得闻此言?”

贞观十六年，太宗谓侍臣曰：“朕近读《刘聪⑥传》，聪将为刘后起凰仪殿，廷尉陈元达切谏，聪大怒，命斩之。刘后手疏启请，辞情甚切，聪怒乃解，而甚愧之。人之读书，欲广闻见以自益耳，朕见此事，可以为深诫。比者欲造一殿，仍构重阁，今于蓝田采木，并已备具，远想聪事，斯作遂止。”

注释

①糜费良多：耗费过多。②十家之产：十家普通百姓的家产。③放逸：游玩赏乐。④己所不欲，勿施于人：自己不喜欢做的事情，就不要麻烦别人去做。⑤以欲从人者昌，以人乐己者亡：使自己的欲望能够顺从人心的就能够昌盛，让人来取乐自己的就会灭亡。⑥刘聪：字玄明，十六国时期汉国国君，刘渊的儿子。

译文

贞观二年，公卿上奏章说：“按照《礼》中记载的，在夏季的最后一个月，陛下可以居住在台榭中。现在夏暑还没有退去，秋天的寒气刚刚开始，宫中很潮湿，所以恳请陛下建造一个阁楼来居住。”唐太宗说：“我有呼吸上的疾病，的确不该住在潮湿的地方。但要是接纳你的建议，那么就会耗费太多人力物力。从前汉文帝想要建造露台，最后考虑到要花掉十户普通百姓的家产而放弃这个打算。我的德行远不如汉文帝，然而比他还要奢侈浪费，这难道合乎做百姓父母的应遵守的原则吗？”公卿很是固执，再三上书，唐太宗始终不接纳这个建议。

贞观四年，唐太宗对侍臣说：“修饰宫殿，在池台游玩，是帝王希望做的事情，却是百姓不希望做的事情。帝王做这些事情是为了游赏玩乐，百姓不想做这些事情是因为劳苦疲惫。孔子说：‘有一句话，可以用来当作终身行为的准则，那就是‘忠恕之道’！自己不喜欢做的事情，就不要强加于人。’因而劳民伤财的事情，不可以强加给老百姓。我尊为帝王，富有四海，每件事都由自己决定，更应当自我节制。如果百姓不喜欢，那么我一定要顺应百姓的心意。”魏徵说：“陛下本来就十分怜惜百姓，常常自我节制来顺应百姓。臣听说：‘使自己的欲望能够顺从人心的就能够昌盛，劳民伤财来取乐自己的就会灭亡。’隋炀帝一向贪得无厌，只喜欢奢侈，有关官署为他建造宫殿，稍有不如意的，就会遭受严刑酷罚。君主喜欢的，臣子必定会争相效仿，长此以往，必定导致国家灭亡。这并非只是书籍上所记载的，而是陛下亲眼见过的。因为隋炀帝无道，所以上天命令陛下取而代之。陛下若是觉着这样就满足了，那么如今的帝业也就只能到这个地步了。如果陛下觉得不满足，那么即使超过目前万倍，也是可以实现的。”太宗说：“爱卿说得很好。要不是你，我怎么能够听到这样的言论呢？”

贞观十六年，唐太宗对侍臣说：“我最近在读《刘聪传》，刘聪想要为刘皇后建造凰仪殿，廷尉陈元达反对，因此犯颜进谏，刘聪大怒，下令将陈元达斩首。后刘皇后亲自写了奏章替陈元达求情，情深意切，刘聪的怒气才解，而且内心感到很惭愧。人们读书，就是为了增长见识，从中获得好处，我认为这件事，可以作为警戒。近来我打算建造一座宫殿，并要建造重阁，如今从蓝田采办的木料，都已经准备齐全了，但遥想起刘聪的事情，就决定停止建造了。”

解析

每个人都有很多欲望，如开豪车、住豪宅、穿华服等，但欲望是无穷的，生命是有限的，因而不要把有限的生命浪费在无穷的欲望中，也就是说要克制自己的情感和欲望，就像唐太宗那样，不因游玩赏乐的欲望而去劳民伤财，而是克制私欲，这是修养道德的重要途径。

做人要知足常乐，要理智对待自己的欲望，保持一颗平常心，否则放纵欲望，不自我节制，就会陷入追求无尽欲望的深渊中不能自拔，因而有句话说“欲壑难填”。

俭约第十八（三）

原典

贞观十一年，诏曰：“朕闻死者终也，欲物之反真[①]也；葬者藏也，欲令人之不得见也。上古垂风，未闻于封树[②]；后世贻则，乃备于棺椁。讥僭侈者，非爱其厚费；美俭薄者，实贵其无危。是以唐尧，圣帝也，谷林有通树之说[③]；秦穆，明君也，橐泉无丘陇之处。仲尼，孝子也，防墓不坟[④]；延陵，慈父也，嬴、博可隐。斯皆怀无穷之虑，成独决之明[⑤]，乃便体于九泉，非徇名于百代也。洎乎阖闾违礼，珠玉为凫雁[⑥]；始皇无度，水银为江海；季孙擅鲁，敛以玙璠[⑦]；桓魋专宋，葬以石椁，莫不因多藏以速祸，由有利而招辱。玄庐既发，致焚如于夜台；黄肠再开，同暴骸于中野。详思曩事，岂不悲哉？由此观之，奢侈者可以为戒，节俭者可以为师矣。朕居四海之尊，承百王之弊，未明思化，中宵战惕[⑧]。虽送往之典详诸仪制，失礼之禁著在刑书，而勋戚之家多流遁于习俗，闾阎之内或侈靡而伤风，以厚葬为奉终，以高坟为行孝，遂使衣衾棺椁极雕刻之华，灵輀冥器穷金玉之饰。富者越法度以相尚，贫者破资产而不逮，徒伤教义，无益泉壤，为害既深，宜为惩革。其王公以下，爰及黎庶，自今以后，送葬之具有不依令式者，仰州府县官明加检察，随状科罪。在京五品以上及勋戚家，仍录奏闻。"

岑文本为中书令，宅卑湿，无帷帐之饰。有劝其营产业者，文本叹曰："吾本汉南一布衣耳，竟无汗马之劳，徒以文墨致位中书令，斯亦极矣。荷俸禄之重，为惧已多，更得言产业乎?" 言者叹息而退。

户部尚书戴胄卒，太宗以其居宅弊陋，祭享无所，令有司特为之造庙。

温彦博为尚书右仆射，家贫无正寝，及薨，殡于旁室。太宗闻而嗟叹，遽命所司为造，当厚加赙赠。

魏徵宅内，先无正堂。及遇疾，太宗时欲造小殿，而辍其材为徵营构，五日而就。遣中使赍素褥布被而赐之，以遂其所尚。

注释

①欲物之反真：想要去掉其外饰，回归到自然。②封树：堆土为坟，植树作为饰物。③通树之说：通树的说法。通树，古代的一种葬礼，用树皮包裹遗体，任其腐烂。④防墓不坟：在防的坟墓没有坟丘。⑤独决：决断。⑥洎乎阖闾违礼，珠玉为凫雁：吴王阖闾违背葬礼的礼制，以黄金珠玉制作成鸭子和大雁。⑦季孙擅鲁，敛以玙璠：季孙在鲁国擅自专权，用美玉来陪葬。⑧未明思化，中宵战惕：不明白如何教化百姓，半夜仍然感到恐惧。

译文

贞观十一年，唐太宗颁布诏令说："我听说死亡是人的终结，它让人去掉其外饰，回归到自然；葬就是埋葬，就是让别人再见不到他。上古遗留下来的风范，并没有堆坟、树碑的说法。只是到了后世，才开始追求棺椁的完备。有人讽刺葬礼奢侈越礼，这并非是吝啬钱财；提倡节俭办薄丧，是因为这样死者才会安全而不受伤害。所以唐尧这样的圣帝，死后葬在谷林中，仅仅用树木作为标记；秦穆公是位贤明的君主，葬在橐泉没有丘陵的地方。孔子是孝子，他将父母葬在防，并且不设坟丘；延陵是位慈祥的父亲，将儿子葬在嬴、博两地之间隐藏起来。这都是出于长远的考虑才作出的明智决定，是为了让死者安息于九泉之下，而不是为了博取盛名。吴王阖闾违背葬礼的礼制，以黄金珠玉制作成鸭子和大雁；秦始皇奢侈无度，在坟墓中用水银做成江海；季孙在鲁国擅自专权，用美玉来陪葬；桓魋在宋国独揽大权，用石椁做棺材。这些人都因坟墓中藏有大量财宝而招惹祸端，因坟墓里有利可图而遭到了耻辱。有的坟墓在被发掘之后，遭受焚毁；有的棺椁被打开，尸骸暴露在荒野。仔细思考这些事情，难道不觉得可悲吗？由此看来，奢侈的人可以把它作为借鉴，节俭的人可以效法。我拥有四海之尊，治理乱世，到现在还不知该如何教化百姓，睡到半夜都会为之恐惧忧虑。虽然丧礼的制度已经很详细，对不符合规定的处罚也写在刑书上，然而皇亲贵族中大多沿用着旧习俗，民间也有很多百姓的葬礼很奢侈，这都是有伤风俗的。他们用厚葬来供奉死者，用高坟来表示孝道，于是葬礼上的所有物品都追求华丽，陪葬物品尽用黄金玉石。富裕的人超越法度互相炫耀，贫穷之家倾家荡产彼此攀比，这样做只会伤害教化，对死去的人也没有什么好处。这造成的危害已经非常大了，应当吸取教训加以改变。自王公以下，到普通百姓，从今以后，葬礼的用具如果有不符合规定的，希望州、府、县的官员严格检查，根据具体的情况决定其罪行。京城里五品以上的官员和皇亲贵族如有违反的，都要写下罪状然后上奏朝廷。”

岑文本担任中书令要职，住宅低下潮湿，没有帷帐之类的装饰。有人劝他经营产业，岑文本感叹地说：“我本来只是汉南地区的一个普通百姓，没有一点功劳，只凭借一点文墨而被任命为中书令，这对我已经是高看了。如今我领受朝廷的厚禄，已经惶恐不安，更不要说经营产业了？”劝他的人叹息着走开了。

户部尚书戴胄去世后，太宗见他住的地方很简陋，连祭祀的地方都没有，于是下令有关官署特地为他营造祭祀用的庙。

温彦博是尚书右仆射，家中贫困而且没有正屋，等到他死后，就在旁室祭祀。唐太宗听说后很感慨，于是命令有关官署为他建造正屋，并赏赐了很多财物。

魏徵的住宅早先并没有正堂。有一次，魏徵生了病，而太宗正打算建造一个小殿，于是就把建小殿的材料给魏徵建正堂了，只花了五天时间。太宗为了迎合魏徵节俭的习惯，还派人赏赐给他素色的布褥。

解析

古代时，颜回因为“一箪食，一瓢饮，在陋巷，人不堪其忧，回也不改其乐”的高风亮节而被后人称赞。很多贤明的人都严格要求自己，率先垂范，能够做到自我节制，控制自己的欲望，甘受清贫，因而备受世人赞赏。但是很多人就没有这种操守了，他们不能克制自己的虚荣心，与人攀比，不知自我节制，最终落得个伤人又伤己的下场。

因而人要保持一颗平常心，不为欲望所迷惑，不与他人攀比，洁身自好，这样才能塑造良好的个人形象。

谦让第十九（一）

原典

贞观二年，太宗谓侍臣曰：“人言作天子则得自尊崇，无所畏惧，朕则以为正合自守谦恭[①]，常怀畏惧。昔舜诫禹曰：‘汝惟不矜，天下莫与汝争能；汝惟不伐[②]，天下莫与汝争功。’又《易》曰：‘人道恶盈而好谦[③]。’凡为天子，若惟自尊崇，不守谦恭者，在身倘有不是之事，谁肯犯颜谏奏？朕每思出一言，行一事，必上畏皇天，下惧群臣。天高听卑，何得不畏？群公卿士，皆见瞻仰，何得不惧？以此思之，但知常谦常惧，犹恐不称天心及百姓意也。”魏徵曰：“古人云：‘靡不有初，鲜克有终[④]。’愿陛下守此常谦常惧之道，日慎一日，则宗社永固，无倾覆矣。唐、虞所以太平，实用此法。”

注释

①正合自守谦恭：正应当自我保持谦虚恭敬。②不矜、不伐：不骄傲自满、不自我夸耀。矜，骄傲。伐，自己夸奖自己。③人道恶盈而好谦：君子的准则是厌恶

自满而喜好谦虚。④靡不有初，鲜克有终：做事情都会有个开始，但能坚持到最后的很少。

译文

贞观二年，唐太宗对侍臣说："人们常说当君主的人往往自认为地位很崇高，无所畏惧了，然而我认为恰恰相反，天子更应当谦虚恭敬，常怀恐惧之心。从前，舜帝告诫大禹：'你只有不骄傲自满，天下才没有人能与你相比较；你只有不自我夸耀，天下才没有人比得上你的功劳。'另外，《易经》中说：'君子的道理是厌恶自满而喜好谦虚。'凡是做君主的，如果只认为自己地位崇高，不用保持谦虚恭敬了，那么一旦自己有了过错，那么谁还肯犯颜进谏呢？我讲每一句、做每一件事，必定上畏皇天，下惧群臣。苍天高高在上，却能听见地上的善恶而决定降福还是降祸，怎么能不畏惧呢？文武百官，都在瞻仰着我，怎么能不畏惧呢？由此可知，君主虽然常常怀有恐惧之心，仍然害怕不能称上天的心、合百姓的意。"魏徵说："古人说：'做事情都会有个开始，但能坚持到最后的却很少。'希望陛下能够常常谦虚、常常恐惧，一天比一天更加谨慎，那么国家就能永远巩固，没有倾覆灭亡的危险。唐尧、虞舜之所以能够让天下太平，就是用的这个方法。"

解析

人在什么时候进步最快呢？当然是在面对危机时。危机会激发人的潜能，让人做到平常做不到的事情，因而做人要常怀畏惧。唐太宗身为一国之君，富有四海，仍然心怀恐惧，怕自己的所作所为不称天意、不符合百姓心意，因而兢兢业业、谨慎小心，最终成为一代明君。

心怀畏惧，并不是让恐惧占据人的心灵，这样的话这个人就会待在恐惧中而一事无成。心怀畏惧是指一种危机感，有了危机感，人就不敢为所欲为，就会谦虚，就会虚心学习，从而不断完善自己。

谦让第十九（二）

原典

贞观三年，太宗问给事中孔颖达曰：“《论语》云：‘以能问于不能，以多问于寡，有若无，实若虚①。’何谓也？”颖达对曰：“圣人设教，欲人谦光②。己虽有能，不自矜大，仍就不能之人求访能事。己之才艺虽多，犹病以为少，仍就寡少之人更求所益。己之虽有，其状若无，己之虽实，其容若虚。非惟匹庶，帝王之德，亦当如此。夫帝王内蕴神明，外须玄默③，使深不可知。故《易》称‘以蒙养正；以明夷莅众④’。若其位居尊极，炫耀聪明，以才陵人，饰非拒谏，则上下情隔，君臣道乖。自古灭亡。莫不由此也。”太宗曰：“《易》云：‘劳谦，君子有终，吉。’诚如卿言。”诏赐物二百段。

河间王孝恭，武德初封为赵郡王，累授东南道行台尚书左仆射。孝恭既讨平萧铣、辅公祏，遂领江、淮及岭南、北，皆统摄之。专制一方，威名甚著，累迁礼部尚书。孝恭性惟退让，无骄矜自伐之色。时有特进江夏王道宗，尤以将略驰名⑤，兼好学，敬慕贤士，动修礼让，太宗并加亲待。诸宗室中，惟孝恭、道宗莫与为比，一代宗英⑥云。

注释

①以能问于不能，以多问于寡，有若无，实若虚：有才能的人请教没有才能的人，学问多的人请教学问少的人，有才能的人好像没有才能，学问多的人好像没有学问。②欲人谦光：想让人因为谦虚而德行更加光辉。③外须玄默：外表却必须沉

默。④以蒙养正，以明夷莅众：要用愚昧来修养正道，把智慧隐藏起来管理众人。⑤将略驰名：以精通兵法、善于谋略闻名。⑥宗英：宗室中的精英人物。

译文

贞观三年，唐太宗问给事中孔颖达："《论语》里说：'有才能的人请教没有才能的人，学问多的人请教学问少的人，这样，好像显得有才能的人并没有多少才能，学问多的人好像没有学问似的。'这是什么意思呢？"孔颖达回答说："圣人推行教化，就是想让人谦虚退让。有才能的人不骄傲自满，仍然向没有才能的人请教他所不知道的事情。自己才艺很多，但是仍觉着自己知道的太少，于是向知道更少的人求教以便获取更多的知识。自己虽然有才能，但是看起来就像没有；自己虽然很有学问，但是看起来就像无知。这并非只是对平民百姓的要求，帝王的德行也应当是这样的。帝王的内心虽然很精明，外表却必须沉默，让人感觉深不可测。因此，《周易》中说'要用愚昧来修养正道，把智慧隐藏起来管理众人'。如果地位崇高，炫耀自己的聪明，恃才凌人，掩饰过错拒绝接受进谏，那么上下之间就会情义相隔，违背君臣之间的道义。自古以来国家灭亡，没有不是由此而引起的。"唐太宗说："《周易》里说：'君子如果能够一直保持勤劳谦虚，那么就会获得好处。'确实像你说的那样。"因此下诏赏赐孔颖达绢帛二百段。

河间王李孝恭，武德初年被封为赵郡王，不久后又被封为东南道行台尚书左仆射。李孝恭讨伐平定了萧铣、辅公祏之后，长江、淮河以及岭南、岭北地区都在他的管辖之内。他独立控制一方，威名赫赫，不久后被提拔为礼部尚书。李孝恭性格十分谦虚忍让，没有骄傲自满也没有自我夸耀。当时还有特进江夏王李道宗，尤以精通兵法、善于打仗而闻名，同时又十分好学，尊敬仰慕有才能的人，修身养性，言行举止谦让，唐太宗对他们很是看重。在宗室中，没有人能比得上李孝恭、李道宗，他们是宗室杰出的佼佼者。

解析

谦让是人的美德，也是成功的重要因素之一。古往今来，凡是有所成就的人，无一不是谦虚谨慎、礼待他人的人。"满招损，谦受益"，只有谦虚的人才能不断地发现自身的缺点，并加以改正，从而完善自己。孔子被人们称为圣人，即便如此，他还是很谦虚，说：“三人行，必有我师焉。”

一个人完全没有必要去炫耀自己，如果你作出了很多成就，不用说他人自会知道，你要是炫耀出来，甚至看不起他人，不懂得礼貌待人，那么这些早晚会成为你成功路上的绊脚石。

仁恻第二十（一）

原典

贞观初，太宗谓侍臣曰：“妇人幽闭深宫，情实可悯①。隋氏末年，求采无已②，至于离宫别馆，非幸御之所，多聚宫人。此皆竭人财力，朕所不取。且洒扫之余③，更何所用？今将出之，任求伉俪，非独以省费，兼以息人，亦各得遂其情性。”于是后宫及掖庭前后所出三千余人。

贞观二年，关中旱，大饥。太宗谓侍臣曰：“水旱不调，皆为人君失德。朕德之不修，天当责朕，百姓何罪，而多遭困穷！闻有鬻男女者，朕甚悯焉。”乃遣御史大夫杜淹巡检，出御府金宝赎之，还其父母。

注释

①情实可悯：情况确实值得可怜。②求采无已：不停止地寻找。求采，寻找。已，停止。③洒扫之余：打扫卫生之外。

译文

贞观初年，唐太宗对侍臣说：“妇女被禁闭在幽深的皇宫里，境况确实让人同情。隋朝末年，隋炀帝不停地四处征寻美女，因此不断地营建离宫别馆，就算是他不会幸临的地方，也聚集了很多宫女。这都是劳民伤财的行为，我不会这么做的。何况这些宫女除了打扫卫生之外，又有什么用呢？现在我要把她们放出去，让她们自由婚配，这不只是为了节省费用，同时也是为了让百姓休养生息，也让他们各得其所。”于是，后宫以及掖庭前后放出三千多名宫女。

贞观二年，关中发生旱灾，饥荒很严重。唐太宗对侍臣说：“水旱不调和，都是君主失去德行造成的。我德行不够，上天应该责罚我，可百姓又有什么罪过呢，然而他们却遭受这么严重的困境。听说有卖儿卖女的现象出现，我很是痛心。”于是，派遣御史大夫杜淹去关中巡视，用御府的金子和宝物来替那些被卖出去的儿女赎身，并将他们还给各自的父母。

解析

“恻隐之心，人皆有之”，唐太宗就是因为有恻隐之心，所以才能体察到深宫中宫女的疾苦，才能作出释放宫女的举动来。同时唐太宗还十分爱惜百姓，发生天灾，却把责任揽在自己身上，说上天是因惩罚自己失德而降罪；又十分怜悯百姓的遭遇，派遣大臣去帮助他们。因而，世人都称赞太宗是位明君。

遇到失败时，不要总是把原因归咎于其他方面，而是要善于从自身寻找原因，就像唐太宗审视自己的德行一样。另外为人处世都要有恻隐之心，毕竟爱人者，人恒爱之。

仁恻第二十（二）

原典

贞观七年，襄州都督张公谨卒。太宗闻而嗟悼，出次发哀①，有司奏言："准阴阳书云：'日在辰，不可哭泣②。'此亦流俗所忌。"太宗曰："君臣之义，同于父子，情发于中，安避辰日?"遂哭之。

贞观十九年，太宗征高丽，次定州③，有兵士到者，帝御州城北门楼抚慰之。有从卒一人病，不能进。诏至床前，问其所苦，仍敕州县医疗之。是以将士莫不欣然愿从。及大军回次柳城，诏集前后战亡人骸骨，设太牢④致祭，亲临，哭之尽哀，军人无不洒泣。兵士观祭者，归家以言，其父母曰："吾儿之丧，天子哭之，死无所恨。"太宗征辽东，攻白岩城，右卫大将军李思摩为流矢所中，帝亲为吮血，将士莫不感励。

注释

①出次发哀：出发到郊外致以哀悼。②日在辰，不可哭泣：辰日，是不可以哭泣的。③次：临时驻扎。④太牢：古代一种祭祀方式。

译文

贞观七年，襄州都督张公谨去世。唐太宗听说后很是悲伤，亲自前往郊外致以哀悼，有官员上奏进言说："按照阴阳书上说的：'每天的辰时，都是不能哭泣的。'民间也把此当作禁忌。"唐太宗说："君臣之间的情义，与父子一样，悲伤之情都是由心而发，怎么能够避开辰日呢?"于是哭泣不止。

贞观十九年，唐太宗领兵攻打高丽，临时驻扎在定州，有行军前来的士兵，太宗都要在州城北门安抚慰问。有一个随军的士兵生病了不能前来，太宗便亲自写诏书到病人的床前询问病情，还下令让州县的医生为他看病，因此将士们都十分愿意跟着唐太宗征兵打仗。等到大军驻扎在柳城，唐太宗下诏书命令收集阵亡战士的尸骸，设置太牢祭祀他们。唐太宗还亲自到太牢，失声痛哭，在场的士兵没有不流泪的。看到祭祀过程的士兵，回家后把这些话告诉了死难者的父母，这些老人听后说："我们的儿子死了，天子还为他哭泣，死而无憾啊。"唐太宗领兵征讨辽东，攻打白岩城时，右卫大将军李思摩被流矢射中，唐太宗亲自为他吸吮掉污血，将士们无不感动并受到激励。

解析

唐太宗是个有恻隐之心的人，同时又能够以身作则、将心比心，因而他才能作出体恤大臣、哀怜士兵的行为，莫不给人以强大的震撼。唐太宗如此做，换来的是大臣和将士们对他的忠诚。

关心别人，不应仅仅停留在表面语言上，要知道只有行动才能给人带来更大的震撼和感动，要真心实意地去关心他人，要帮助对方解决他的疾苦，即使双方之间的地位十分悬殊。这样，你才能获得众人的信任。

慎所好第二十一（一）

原典

贞观二年，太宗谓侍臣曰："古人云'君犹器也，人犹水也，方圆在于器，不在于水'。故尧、舜率天下以仁，而人从之；桀、纣率天下以暴，而人从之。

下之所行，皆从上之所好。至如梁武帝父子志尚浮华，惟好释氏、老氏之教；武帝末年，频幸同泰寺，亲讲佛经，百寮皆大冠高履，乘车扈从，终日谈论苦空[①]，未尝以军国典章为意。及侯景率兵向阙，尚书郎以下，多不解乘马，狼狈步走，死者相继于道路。武帝及简文卒被侯景幽逼而死[②]。孝元帝在于江陵[③]，为万纽于谨所围，帝犹讲《老子》不辍，百寮皆戎服以听。俄而城陷，君臣俱被囚挚。庾信叹其如此，及作《哀江南赋》，乃云：'宰衡以干戈为儿戏，缙绅以清谈为庙略[④]。'此事亦足为鉴戒。朕今所好者，惟在尧、舜之道，周、孔之教，以为如鸟有翼，如鱼依水，失之必死，不可暂无耳。"

贞观二年，太宗谓侍臣曰："神仙事本是虚妄[⑤]，空有其名。秦始皇非分[⑥]爱好，为方士所诈，乃遣童男童女数千人，随其入海求神仙。方士避秦苛虐，因留不归，始皇犹海侧踟蹰以待之[⑦]，还至沙丘而死。汉武帝为求神仙，乃将女嫁道术之人，事既无验，便行诛戮。据此二事，神仙不烦妄求也。"

注释

①苦空：指佛教教义。②简文：简文帝，梁武帝的第三个儿子。③孝元帝：梁武帝的第七个儿子。④宰衡以干戈为儿戏，缙绅以清谈为庙略：宰相把战争当作儿戏，官员把嘴上说说当作治理国家的策略。⑤虚妄：虚无妄想。⑥非分：过分，指超乎常理。⑦踟蹰：徘徊、逗留。

译文

贞观二年，唐太宗对侍臣说："古人说：'君主就像器具，百姓就像水，水的形状是方是圆在于器具，而不在于水。'因此，尧帝和舜帝用仁义治理天下，百姓便跟着他们用仁义做事；夏桀和商纣王用残暴来治理天下，百姓就跟着他们学会了作恶。下面人行为处事的方式，都是按照上面人所喜欢的。梁武帝父子一直喜欢浮华，只喜欢佛教和道教的教义。梁武帝到了晚年，经常去同泰寺，亲自讲解佛经，文武百官都戴着高高的帽子，穿着高高的靴子，跟随皇上出巡，整天都谈论些佛教教义，从来没有把军机国务和典章制度放在心上。等到侯景领兵攻打京城时，尚书郎以下的官员，大多不会骑马，狼狈万分地徒步奔跑逃走，道路上死的人一个接一个。梁武帝以及简文帝都被侯景关押起来逼死了。孝元帝在江陵时，被万纽于谨派兵包围了，这个时候，孝元帝仍然在讲解《老子》，文武百官都穿着军服听讲，不久后江陵城被攻陷，孝元帝和大臣们都被捉住囚禁起来。庾信对这件事很是感慨，写了篇《哀江南赋》，说：'宰相把战争当作儿戏，官员把清谈当作治国策略。'这件事足以作为鉴戒。我如今所喜欢的，只是尧帝、舜帝的治国之道，周公、孔子的圣明之道，觉得就像是鸟儿有翅膀，鱼儿得水一样，失去它必然死亡，所以一刻都不能没有。"

贞观二年，唐太宗对侍臣说："神仙的事情本来就是虚无妄想的，只是有名声而已。秦始皇却超乎常理地喜欢神仙之道，渴望成为神仙，被方士所欺骗，于是派遣童男童女几千人，跟随方士到大海中去寻找神仙。方士为了躲避秦朝的严苛暴虐，因而留在海中不回来，秦始皇却在海边徘徊等待他们回来，结果回去的途中走到沙丘就死了。汉武帝为了寻找神仙，将女儿嫁给方士，后来发现方士所说的都没有实现，便把方士杀掉了。从这两件事情来看，神仙是不能乱求的。"

解析

有句话说："你人生的秘密就隐藏在你的爱好上。"爱好对一个人的影响是非常大的，所以要谨慎对待自己的爱好，否则就会像秦始皇、梁武帝那样作出荒唐的事情来。唐太宗认为君主所好如果是正确的，那么君主治理国家就会像鸟儿有了翅膀一样。

谨慎对待你所喜欢的，对不好的要加以改正，对好的就要坚持下去，不要只是空谈，而要行动起来，否则所喜欢的只能永远是喜欢的，而不能拥有。

慎所好第二十一（二）

原典

贞观四年，太宗曰："隋炀帝性好猜防，专信邪道，大忌胡人，乃至谓胡床为交床①，胡瓜为黄瓜，筑长城以避胡。终被宇文化及使令狐行达杀之。又诛戮李金才，及诸李殆尽，卒何所益？且君天下者，惟须正身修德而已，此外虚事，不足在怀。"

贞观七年，工部尚书段纶奏进巧人杨思齐至。太宗令试，纶遣造傀儡戏具。太宗谓纶曰："所进巧匠，将供国事，卿令先造此物，是岂百工相戒无作奇巧之意耶？"乃诏削纶阶级②，并禁断此戏。

注释

①胡床：一种很便捷的坐具。②阶级：官阶、等级。

译文

贞观四年，唐太宗说："隋炀帝生性多疑，只听信歪门邪道，对胡人很是提防，于是把胡床称作交床，把胡瓜称作黄瓜，修建长城来躲避胡人，最终被宇文化及派遣的令狐行达杀害。隋炀帝还偏信方士所言，认为姓李的人要篡权夺位，于是诛杀了将军李金才，然后几乎杀光了所有李姓之人，最终又有什么用呢？况且君主治理天下，唯有端正自身修养德行，除此之外，其他的都是虚无的事情，不值得挂念。"

贞观七年，工部尚书段纶上奏说要推荐一名叫杨思齐的能工巧匠到皇宫。唐太宗命令段纶先考验下杨思齐，段纶就让杨思齐做木偶戏用的道具。唐太宗对段纶说："引进能工巧匠，是要为国家做事的，你命令他先制造这个东西，难道是要工匠们相互警戒不要做奇巧之物的意思吗？"于是，下令降低段纶的官阶等级，同时禁止木偶戏。

解析

隋炀帝生性多疑，偏信旁门左道，不修养自己的德行，因而最终被乱臣杀死。唐太宗从隋炀帝的故事中得出一个结论，那就是君主只有加强自身修养，不断完善自己，不信任虚妄之言，这样才能让国家长治久安。

俗话说："玩人丧德，玩物丧志"，自古以来因玩人玩物而失去德行、失去志向的人有很多，因而要以此为鉴，不要过分迷恋，否则等待你的只会是一败涂地。谨慎对待自己所喜欢的事物，同时加强自身修养，这样才能避免陷入其中而不能自拔。

慎言语第二十二（一）

原典

贞观二年，太宗谓侍臣曰："朕每日坐朝，欲出一言，即思此一言于百姓有利否，所以不敢多言。"给事中兼知起居事杜正伦进曰："君举必书，言存左史[①]。臣职当兼修起居注，不敢不尽愚直。陛下若一言乖[②]于道理，则千载累于圣德，非止当今损于百姓，愿陛下慎之。"太宗大悦，赐彩百段。

贞观八年，太宗谓侍臣曰："言语者，君子之枢机，谈何容易？凡在众庶，一言不善，则人记之，成其耻累，况是万乘之主？不可出言有所乖失。其所亏损至大，岂同匹夫？我常以此为戒。隋炀帝初幸甘泉宫，泉石称意，而怪无萤火，敕云：‘捉取多少于宫中照夜。’所司遽遣数千人采拾，送五百舆于宫侧，小事尚尔，况其大乎？”魏徵对曰：“人君居四海之尊，若有亏失，古人以为如日月之蚀③，人皆见之，实如陛下所戒慎。”

注释

①君举必书，言存左史：君主的举动都会被记录下来，说什么话也会被左史记录。②乖：违背。③日月之蚀：日食和月食。

译文

贞观二年，唐太宗对侍臣说：“我每天坐在朝中处理政事，每说一句话，就要想想这句话是否对百姓有利，因此不敢多说话。”给事中兼起居注史官杜正伦进谏说：“君主的一举一动、一言一行都会被记录在册。臣的职责正是修改撰写它们，不敢不尽忠职守做到臣子的职责。陛下若是有一句话违背了常理，那么千年之后都会有损你的德行，并非只是对当今百姓有所损害，希望陛下谨慎说话。”唐太宗非常高兴，赏赐给杜正伦彩绢一百段。

贞观八年，唐太宗对侍臣说：“言语是君主品德的重要体现，因此话要说得合适谈何容易？普通百姓说话，一句话说不好，还会被人记住，遭受耻辱和中伤，更况是一国之君呢？说出的话不能有违背常理的地方，否则亏损很大，岂能和普通百姓一样？我经常把此作为警戒。隋炀帝初次驾临甘泉宫，泉水山石都十分符合他的心意，他却责怪没有萤火虫，下诏说：‘捉取一些萤火虫放在宫中晚上照明用。’于是有关官署派遣几千人到处捕捉萤火虫，送五百车萤火虫到宫中，小事情尚且这样，何况大事情呢？”魏徵回答说：“君主地位崇高，若是言语有过失，古人认为就像日食和月食，人人都能看得到，陛下应该警戒和谨慎啊。”

解析

说话之前要三思，要注意讲话的分寸，要考虑所说的话是否有必要说出来，也就是不说没意义的废话。言语不当会给他人和自己带来很不好的影响，尤其是居高位的人，因而唐太宗说：“凡在众庶，一言不善，则人记之，成其耻累，况是万乘之主？不可出言有所乖失。其所亏损至大，岂同匹夫？”

说出去的话就像泼出去的水，再也收不回来了，因此要谨慎对待言语，否则就会被人讥笑或铭记在心，从而影响彼此的关系，所以说话前要思考。很多成功者说话非常慢，就是因为他在思考如何说话才是最恰当的，因而才有“贵人话语迟”的说法。

慎言语第二十二（二）

原典

贞观十六年，太宗每与公卿言及古道，必诘难往复[①]。散骑常侍刘洎上书谏曰：“帝王之与凡庶，圣哲之与庸愚，上下相悬，拟伦斯绝[②]。是知以至愚而对至圣，以极卑而对极尊，徒思自强，不可得也。陛下降恩旨，假慈颜，凝旒以听其言，虚襟以纳其说，犹恐群下未敢对扬，况动神机，纵天辩，饰辞以折其理，援古以排其议，欲令凡庶何阶应答？臣闻皇天以无言为贵，圣人以不言为德，老子称‘大辩若讷[③]’，庄生称‘至道无文’，此皆不欲烦也。是以齐侯读书，轮扁窃议[④]，汉皇慕古，长孺陈讥，此亦不欲劳也。且多记则损心，多语则损气，心气内损，形神外劳，初虽不觉，后必为累。须为社稷自爱，岂为性好自伤乎？窃以今日升平，皆陛下力行所至。欲其长久，匪由辩博，但当忘彼爱憎，慎兹取舍，每事敦朴，无非至公，若贞观之初，则可矣。至如秦政强辩，失人心于自矜，魏文宏材，亏众望于虚说。此才辩之累，皎然可知。伏愿略兹雄辩，浩然养气，简彼缃图[⑤]，淡焉怡悦[⑥]，固万寿于南岳，齐百姓于东户，则天下幸甚，皇恩斯毕。”太宗手诏答曰：“非虑无以临下，非言无以述虑。比有谈论，遂至烦多。轻物骄人，恐由兹道。形神心气，非此为劳。今闻谠言，虚怀以改。”

注释

①诘难往复：多次追问辩论。诘难，询问。②拟伦斯绝：彼此所持有的观点很难相同。③大辩若讷：好的辩论者好像言语木讷一样。④轮扁窃议：轮扁私底下就有议论。窃，私下。⑤简彼缃图：少看些一些古代晦涩难懂的书籍。缃图，书因为年代久远而发黄。⑥怡悦：轻松愉快。

译文

贞观十六年，唐太宗每每和公卿大臣谈论到古代的伦常纲纪，必定会多次追问辩论。散骑常侍刘洎上奏进谏说：“帝王和普通百姓，圣贤之人和凡夫俗子，上下悬殊，彼此所持有的观点很难相同。由此可以知道，愚笨至极的人想成为圣明的人，最卑下的人想成为最尊贵的人，光靠努力是不可能的。陛下降下恩旨，脸上摆出慈祥的面容，聚精会神听取臣子的进言，虚怀若谷地接纳臣子的建议，尚且还会害怕臣子不敢直言进谏，更何况陛下还要求他们讲述时最好文采横溢、旁征博引地表达出想说的道理，这让凡夫俗子如何应对呢？臣听说苍天把无言看作尊重，圣人把不说话看作美德。老子认为‘真正善辩者表现得言语木讷’，庄子说‘最好的道理往往没有文采’，这都是不希望多说话的意思。所以齐桓公读书，轮扁批评他所读之书是徒劳无功的；汉武帝仰慕古代儒学，大臣汲黯讽谏说这是外表施行仁义而内心欲望过多。这些都是出于不想他们白白做无用功的目的。况且记得越多就越损伤心，说话过多就会损伤元气。内心和元气都受损，那外在的形体、精神都会劳累，刚开始时虽然察觉不到，以后必定会受到牵累。陛下要为了国家爱惜自我，岂能为了一时的喜好而自我损伤？我认为如今国家太平安定，都是陛下用心治理的缘故。想要国家长治久安，不是靠能言善辩达到的。只要忘记自己的爱憎，谨慎进行取舍，脚踏实地地处理每件事，不违背至公之道，像贞观初年那样就可以了。秦始皇能言善辩，失去人心就是因为骄傲自满；魏文帝很有才华，因为常常空谈而让众人失望。这就是被辩才所拖累的，而且容易被世人牢记。只希望陛下能够减少一些辩论，修养浩然之气，少看些古代晦涩难懂的书籍，而要淡定愉快。陛下像南山一样长寿，把百姓治理得像东户时代一样太平，那么就是天下之大幸，也是皇恩惠及四方。”唐太宗亲自写诏书批复说：“不经过思考就不能治理百姓，不经过言论就不能表达所忧虑的。近来有时谈论，确实是过于频繁了，以至轻视他人，骄傲自满之情由此产生。形神心气，倒不怕劳累。如今听到忠诚正直的言论，我一定虚心接受并加以改正。”

解析

孔子说：“刚、毅、木、讷近仁。”就是说刚强、坚毅、淳朴、木讷离仁义很近，拥有四种品德的人就是具有仁义的人。木讷就是指少说话，孔子主张少言，并不是不让人说话，而是不要啰啰嗦嗦、花言巧语。真正贤能的人，是不用华丽的语言来卖弄自己的，何况言多必失，所以少言的好处是很多的。

在与人沟通时，不要滔滔不绝，应尽量言简意赅，点到即止，否则就容易给他人带来困扰，影响人际关系。同时说话时也要注意不要用华丽、深奥的词语，这样做很容易让人觉着你是在卖弄。因而，简单、含蓄的语言往往更有力量。

杜谗邪第二十三（一）

原典

贞观初，太宗谓侍臣曰：“朕观前代，谗佞之徒，皆国之蟊贼[1]也。或巧言令色，朋党比周。若暗主庸君，莫不以之迷惑，忠臣孝子所以泣血衔冤。故丛兰欲茂，秋风败之；王者欲明，谗人蔽之。此事著于史籍，不能具道。至如齐、隋间谗谮事，耳目所接者，略与公等言之。斛律明月，齐朝良将，威震敌国，周家每岁斫汾河冰，虑齐兵之西渡。及明月被祖孝徵谗构伏诛，周人始有吞齐之意。高颎有经国大才，为隋文帝赞成霸业，知国政者二十余载，天下赖以安宁。文帝惟妇言是听，特令摈斥②。及为炀帝所杀，刑政由是衰坏。又隋太子勇抚军监国，凡二十年间，固亦早有定分。杨素欺主罔上，贼害良善，使父子之道一朝灭于天性，逆乱之源，自此开矣。隋文既混淆嫡庶，竟祸及其身，社稷寻亦覆败。古人云'世乱则谗胜③'，诚非妄言。朕每防微杜渐，用绝谗构之端，犹恐心力所不至，或不能觉悟。前史云：'猛兽处山林，藜藿为之不采④；直臣立朝廷，奸邪为之寝谋⑤。'此实朕所望于群公也。"魏徵曰："《礼》云：'戒慎乎其所不睹，恐惧乎其所不闻⑥。'《诗》云：'恺悌君子，无信谗言。谗言罔极，交乱四国。'又孔子曰：'恶利口之覆邦家'，盖为此也。臣尝观自古有国有家者，若曲受谗谮，妄害忠良，必宗庙丘墟，市朝霜露矣。愿陛下深慎之！"

注释

①蟊贼：原意指危害庄稼的害虫，后来常用来比喻危害国家的人。②摈斥：摒弃斥退。③世乱则谗胜：世道乱了谗言就会得逞。④猛兽处山林，藜藿为之不采：山林中有猛兽，那么就没人敢去采摘野菜。⑤直臣立朝廷，奸邪为之寝谋：朝廷中有正直的大臣，那么奸诈邪恶的人就会停止阴谋活动。⑥戒慎乎其所不睹，恐惧乎其所不闻：不是自己亲眼看见的事情要警戒谨慎，不是自己耳朵听说的事情要怀有恐惧之心。

译文

贞观初年，唐太宗对侍臣说："我查看前代的史书，发现谗言狡诈阿谀奉承的人，都是危害国家的小人。他们花言巧语、见风使舵、结党营私。如果君主昏庸，无不被其所迷惑的，而忠臣就会遭受排挤、泣血含冤。兰草想要茂盛，却被秋风摧残；君王想明察秋毫，却被谗言蜜语蒙蔽。这样的事在史书上不胜枚举，在此就不详细地说了。现在我把在齐朝、隋朝亲眼所见、亲耳听到的因为谗言而误事的例子，大概地跟你们讲一下。斛律明月是齐朝的良将，他的威名震撼着敌国，周朝的人每年都要把汾河上的冰砸碎，担心齐国军队会踏着冰向西来攻击他们。后来斛律明月被孝徵用谗言诬陷致死，周朝人不再害怕齐国了，反而有了吞并齐国的想法。高颎有经世治国的才能，帮助隋文帝完成了大业，处理国家政务有二十多年，天下因他的治理而安定。结果隋文帝听从妇言，摒弃冷落了他。后来他被隋炀帝杀死，隋朝的法度也就渐渐衰落败坏了。另外，隋朝太子杨勇安抚军队监国二十年，太子的名分早已名副其实。然而杨素欺骗蒙蔽君主，残害贤良，使得隋文帝和杨勇之间的父子之情破裂，叛逆动乱的祸根由此埋下。隋文帝混淆嫡庶，惹祸上身，不久便亡了国。古人说：'世道乱了谗言就会得逞。'这并不是句空话。我常常防微杜渐，以此杜绝谗言祸害他人的源头，却仍然害怕心有余而力不足，或者自己不能觉悟。前朝史书说：'山林中有猛兽，那么就没人敢去采摘野菜；朝廷中有正直的大臣，那么奸诈邪恶的人就会停止阴谋活动。'这也是我对你们的期望。"魏徵说："《礼记》里这样写道：'不是自己亲眼见的事情要谨慎，不是自己亲耳所听说的事情要警觉。'《诗经》里说：'贤明的君子不听信谗言。谗言没有停止就会扰乱四方邻邦。'另外孔子说，'巧言善辩者可使国家灭亡。'大概就是因为这个原因。我发现自古以来的帝王，凡是接受谗言、残害忠良的，必定国破家亡，宗庙变成一片废墟，闹市变为空巷。因此，希望陛下谨慎对待。"

解析

谗言是很难避免的，而谗言会出现常常在于君主昏庸。君主要是贤明，就能够察觉出谗言，也就不会被谗言所利用；而君主昏庸，听风就是雨，就很容易被谗言蒙蔽，作出残害忠良的事情来。因而要杜绝谗言最根的还是加强自身的修养，做一个明察秋毫的人。

在面对别人的话语时，不要全部相信，而要思考下是否真切，尤其是要小心甜言蜜语。而当谗言出现在一个人身边时，这个人就要思考下自己究竟在哪些方面有不足之处，然后再去改正，这就会让谗言找不到出现的理由。

杜谗邪第二十三（二）

原典

贞观七年，太宗幸蒲州。刺史赵元楷课[①]父老服黄纱单衣，迎谒路左，盛饰廨宇，修营楼雉以求媚；又潜饲羊百余口、鱼数千头，将馈贵戚。太宗知，召而数之曰：“朕巡省河、洛，经历数州，凡有所须，皆资官物。卿为饲羊养鱼，雕饰院宇，此乃亡隋弊俗，今不可复行。当识朕心，改旧态也。”以元楷在隋邪佞，故太宗发此言以戒之。元楷惭惧，数日不食而卒。

贞观十年，太宗谓侍臣曰：“太子保傅，古难其选。成王幼小，以周、召为保傅，左右皆贤，足以长仁，致理太平，称为圣主。及秦之胡亥，始皇所爱，赵高作傅，教以刑法。及其篡也，诛功臣，杀亲戚，酷烈不已，旋踵亦亡。以此而言，人之善恶，诚由近习[②]。朕弱冠交游，惟柴绍、窦诞等，为人既非三益[③]，及朕居兹宝位，经理天下，虽不及尧、舜之明，庶免乎孙皓、高纬之暴。以此而言，复不由染，何也?”魏徵曰：“中人可与为善，可与为恶，然上智之人自无所染。陛下受命自天，平定寇乱，救万民之命，理致升平，岂绍、诞之徒能累圣德? 但经云：‘放郑声，远佞人[④]。’近习之间，尤宜深慎。”太宗曰：“善。”

尚书左仆射杜如晦奏言：“监察御史陈师合上《拔士论》，谓人之思虑有限，一人不可总知数职，以论臣等。”太宗谓戴胄曰：“朕以至公理天下，今任玄龄、如晦，非为勋旧，以其有才行也。此人妄事毁谤[⑤]，止欲离间我君臣。昔蜀后主昏弱，齐文宣狂悖，然国称治者，以任诸葛亮、杨遵彦不猜之故也。朕今任如晦等，亦复如法。”于是，流陈师合于岭外⑥。

注释

①课：命令、要求。②人之善恶，诚由近习：人的善恶，是受周围环境影响的。③三益：有益的朋友有三种：正直的朋友、诚实的朋友、见多识广的朋友。④放郑声，远佞人：抛弃郑国的靡靡之音，远离狡诈的小人。⑤毁谤：诋毁诽谤。⑥岭外：指岭南。

译文

贞观七年，唐太宗巡视蒲州。蒲州刺史赵元楷命令当地的父老乡亲都穿上黄纱单衣，在道路的左边迎接太宗，并大肆装修官府衙门，修建门楼来献媚讨好。暗地里，他又养了几百只羊、几千条鱼，打算赠送给朝廷贵戚。太宗知道这事后，招他来数落了一番：“我在巡视黄河、洛水时，经过几个州，凡是有什么需要的，都由官府资助。唯独你为了这事私自养羊、鱼，装饰院子，这是过去隋朝的坏习俗，从今往后不可以再这么做。你应当了解我的心意，改掉这套坏风气。”因为赵元楷在隋朝时期就狡诈奸佞，所以太宗才说这段话来警戒他。赵元楷听后，很羞愧、害怕，几天不吃饭，很快就死了。

贞观十年，唐太宗对侍臣说：“太保太傅自古以来就很难选。周成王年幼时，周公、召公为太保太傅，左右都是贤明的人，所以周成王被培养成仁义之君，使国家太平安定，被后世称为圣明之主。到了秦朝的胡亥，秦始皇很喜欢他，因而命赵高做太傅，教胡亥严刑峻法。胡亥篡位后，诛杀功臣，杀害亲人，残暴至极，不久后秦朝就灭亡了。由此来说，人的善与恶确实受身边的环境所影响。我二十岁的时候交往的朋友，只有柴绍、窦诞等人，这些人并不符合孔子所说的益友的标准，等到我继承皇位后，治理国家，虽然没有尧帝、舜帝的贤明，但也不像三国吴主孙皓、北齐后主高纬那样昏暴。由此说来，人的善恶似乎又不受亲近之人的影响，这是为什么呢？”魏徵回答说：“中等智慧的人可以受到善的影响而做善事，也会受到恶的影响而做恶事，然而上等智慧的人是不受影响的。陛下接受天命，平定祸乱，救万民于水火之中，治理国家使天下太平安定，岂是柴绍、窦诞之类的人所能拖累的？但是经书上说：‘抛弃郑国的靡靡之音，远离狡诈奸邪的小人。’环境的影响，也是应当要警戒的。”唐太宗说：“很好。”

尚书左仆射杜如晦上奏说：“监察御史陈师合上奏《拔士论》，说一个人能思考、能忧虑的都是有限的，一个人不可以兼任数种职责，我认为这说的正是我们这些身兼数职的大臣啊。”唐太宗对戴胄说：“我用至公之道治理天下，如今任用房玄龄、杜如晦，并非是因为他们是我的旧部下，而是因为他们德才兼备。陈师合这个人胡乱议论朝政，目的是想挑拨我们君臣之间的关系。从前蜀后主刘禅昏庸无能，北齐文宣帝高洋狂妄违背礼制，然而国家能够得到治理，就是因为他们任用了诸葛亮、杨遵彦这些良才，并且能知人善用，用人不疑。我如今任用杜如晦等人，是按照前人的做法来做的。”于是，唐太宗下令将陈师合流放到岭南地区。

解析

俗话说“近朱者赤，近墨者黑”，由此可见，客观环境是会对人造成一定的影响的，因此在结交朋友或与他人交往时，应尽量选择那些品德高尚的人，而不要选择那些阿谀奉承、投机取巧的人，否则跟这类人待久了，你会发现自己身上也会染上这些恶习。周成王因受召公、周公的影响而成为一代圣主，胡亥因受赵高的影响而成为一代暴君，诛杀忠臣和亲人，残暴不已。

任用人才不仅要知人善用，而且要用人不疑。与人才共事，信任是彼此成功合作的基础，没有信任，猜忌人才，就会让人才心寒，徒然浪费时间和精力。

杜谗邪第二十三（三）

原典

贞观中，太宗谓房玄龄、杜如晦曰："朕闻自古帝王上合天心，以致太平者，皆股肱之力。朕比开直言之路者，庶知冤屈，欲闻谏诤。所有上封事人，多告讦百官，细无可采[①]。朕历选前王，但有君疑于臣，则下不能上达，欲求尽忠极虑，何可得哉？而无识之人，务行谗毁，交乱君臣，殊非益国。自今以后，有上书讦人小恶者，当以谗人之罪罪之。"

魏徵为秘书监，有告徵谋反者。太宗曰："魏徵，昔吾之雠[②]，只以忠于所事，吾遂拔而用之，何乃妄生谗构？"竟不问徵，遽斩所告者。

贞观十六年，太宗谓谏议大夫褚遂良曰："卿知起居，比来记我行事善恶？"遂良曰："史官之设，君举必书。善既必书，过亦无隐。"太宗曰："朕今勤行三事，亦望史官不书吾恶。一则鉴前代成败事，以为元龟[③]；二则进用善人，共成政道；三则斥弃群小，不听谗言。吾能守之，终不转也。"

注释

①告讦百官，细无可采：告发攻击百官，事情琐碎得不足以接纳。②雠：敌人。③元龟：借鉴。

译文

贞观年间，唐太宗对房玄龄、杜如晦说："我听说自古以来的帝王能够顺从天意，而使天下太平，都必须依赖大臣的辅佐。我近来广开言路，正是想知道下面的冤屈，想听到直言进谏。但是所有上奏章进谏的人，大多是告发攻击百官一些微小的事情，琐碎得让人无法定夺。我发现历朝历代，只要君主怀疑臣子，那么下面的情况就不能上达君主，想让臣民尽心尽力、竭尽忠诚，又怎么可能呢？然而有些无知小人，专门用谗言诋毁他人，扰乱君臣之间的情义，这对国家十分不利。从今以后，凡有人上书揭发他人小缺点、小过失的，当以诽谤罪惩处。”

魏徵任职秘书监时，有人上奏说魏徵谋反。唐太宗说：“魏徵从前是我的敌人，只是因为他忠于自己的职责，因而我才提拔任用他，如今怎么会有谗言说他谋反呢？”太宗也不问魏徵，直接斩杀了告发者。

贞观十六年，唐太宗对谏议大夫褚遂良说：“你担任起居注的职责，近来所记录我做的事是善还是恶呢？”褚遂良说：“之所以设置史官，就是为了记录君主的一举一动。做善事必定会记录下来，做恶事自然也不会隐瞒。”唐太宗说：“我最近常常做三件事，也是希望史官没有我的恶事可写。一是查看前代成败的事例，以此为鉴；二是任用有品德的人，共同治理国家；三是斥退抛弃小人，不听信谗言。我会坚持做下去，永远不会改变。”

解析

唐太宗知人善用，用人不疑，有人告发魏徵谋反，但唐太宗却坚信魏徵是一心为国的，也没有询问魏徵，就把告发者杀了。这是因为唐太宗深知“君疑于臣，则下不能上达，欲求尽忠极虑，何可得哉”，君臣之间一旦有猜疑，那么相处就会产生隔阂，这对治理国家是非常不利的。另外从唐太宗对褚遂良所说的话中，也可以看出他留善去恶的决心。

在与人相处时，要学着相信他人，要知道信任是相互的，你相信他人，他人就会相信你。

悔过第二十四(一)

原典

贞观二年，太宗谓房玄龄曰："为人大须学问。朕往为群凶未定[①]，东西征讨，躬亲戎事[②]，不暇读书。比来四海安静，身处殿堂，不能自执书卷，使人读而听之。君臣父子，政教之道，共在书内。古人云：'不学，墙面，莅事惟烦[③]。'不徒言也。却思少小时行事，大觉非也。"

贞观中，太子承乾多不修法度，魏王泰尤以才能为太宗所重，特诏泰移居武德殿。魏徵上疏谏曰："魏王既是陛下爱子，须使知定分，常保安全，每事抑其骄奢，不处嫌疑之地也。今移居此殿，使在东宫之西，海陵[④]昔居，时人以为不可。虽时移事异，犹恐人之多言。又王之本心[⑤]，亦不宁息。既能以宠为惧，伏愿成人之美。"太宗曰："我几不思量，甚大错误。"遂遣泰归于本第。

注释

①群凶未定：指那些隋末农民起义军及与唐敌对的各派势力尚未平息。②躬亲戎事：亲自参加征战。③不学，墙面，莅事惟烦：语出《尚书·周官》，意思是说不学习犹如面对着墙而什么都看不见，遇到事情就会面临困扰。④海陵：唐高祖第四子齐王李元吉，死后被追封为海陵王。⑤王之本心：指魏王李泰的内心。

译文

贞观二年，唐太宗对房玄龄说："做人非常需要学问。我当年因为各路顽敌还没有平定，于是东征西讨，亲自带兵打仗，没有时间读书。近来四海安宁，身为君主，即使不能自己手拿书卷阅读，也要叫人读来听。君臣父子的伦常、政治教化的种种道理，都在书里。古人说：‘不学习，就像面对着墙壁，头脑一片空白，遇到事情就麻烦了。’这确实不是句空话，我现在想起小时候做的事情，觉得很多都做得不对。”

贞观年间，太子李承乾常常不讲法度，而魏王李泰因出众的才华而深得太宗的喜爱。一次，太宗下诏让李泰搬到武德殿居住。魏徵上书劝阻，说：“魏王既然是陛下的爱子，应当知道自己的名分和地位，保证自身的安全，遇事应该控制骄傲奢侈的习气，不住在招惹是非的地方。武德殿就在太子东宫的西边，过去海陵王住在那里，当时的人都认为不合适。现在形势虽然变了，恐怕还是会引来风言风语，魏王的内心也不会平静，李泰既然因受到宠爱而感到害怕，何不退居原处，成人之美呢?”唐太宗说：“我没仔细考虑就这么做了，差点酿成大错。”于是就让李泰搬回原来的住处。

解析

人非圣贤，有过错是一件再正常不过的事情。而无论是传统道德还是现实情况，有过则悔、有过则改都被视为一种不可多得的美德。唐太宗贵为天子，被后世誉为难得的明君，可即便如此，太宗一旦意识到自己有错，立即就改正，这是需要极大勇气的。后人读到这里，应该汗颜者恐怕不在少数吧。

知错认错，原本只是一件理所应当的事情。当一个人奋力想要保留住那份虚荣的时候，他要付出的代价将是巨大而沉重的。

悔过第二十四(二)

原典

贞观十七年，太宗谓侍臣曰："人情之至痛者，莫过乎丧亲也。故孔子云：'三年之丧，天下之通丧，自天子达于庶人也。'又曰：'何必高宗？古之人皆然。'近代帝王遂行不逮汉文以日易月之制，甚乖于礼典。朕昨见徐幹《中论·复三年丧》篇，义理甚深，恨不早见此书。所行大疏略，但知自咎自责，追悔何及！"因悲泣久之。

贞观十八年，太宗谓侍臣曰："夫人臣之对帝王，多承意顺旨，甘言取容①。朕今欲闻己过，卿等皆可直言。"散骑常侍刘洎对曰："陛下每与公卿论事，及有上书者，以其不称旨，或面加诘难②，无不惭退③，恐非诱进直言之道。"太宗曰："朕亦悔有此问难，当即改之。"

注释

①承意顺旨，甘言取容：顺承心意，说些甜言蜜语讨人欢心。②诘难：诘问指责。③无不惭退：没有不羞愧退下的。

译文

贞观十七年，唐太宗对侍臣说："最让人感到悲痛的，莫过于亲人的去世。因此孔子说：'服丧三年，是天下人应共同遵守的，从天子到老百姓都是如此。'另外，他说：'何必说只有商朝国君武丁做到了呢？古人都是这样做的。'然而近代的帝王实施汉文帝以日代月的短期服丧礼仪，这违背了古代的礼仪典章制度。我昨天看到徐幹写的《中论·复三年丧》篇，所蕴含的道理非常深刻，只恨自己没有早点看到这本书。现在我才发现自己对待丧礼太简单随便了，因此只能责备自己，追悔莫及。”说完，太宗因为这个哭泣了很久。

贞观十八年，唐太宗对侍臣说：“臣子对待帝王，大多是顺承帝王的心意，用花言巧语来讨好帝王。我如今想知道自己的过错，你们大可以直言进谏。”散骑常侍刘洎说：“陛下每次和公卿大臣们谈论政事，或看奏章，如果发现他的言论不符合陛下心意的，就会当面指责追问他们，令他们羞愧退下，这恐怕并非引导进谏的方法。”唐太宗说：“我也后悔这样指责追问他人，应当马上改正。”

解析

人在一生中难免会犯许多错误，就算圣明如唐太宗也经常有过错，犯错并不可怕，可怕的是犯错后仍不知悔改。当然有时我们难以察觉到自己所犯的错误，因而这就需要有人帮我们指出来，就像刘洎指出唐太宗的错误一样。当然我们也要像唐太宗一样虚心接纳别人的建议，不要指责他人，让他人难堪。

想让别人指出自己的错误，就要虚心，并且消除其后顾之忧，只有这样他人才肯指出你的过错。

奢纵第二十五（一）

原典

贞观十一年，侍御史马周上疏陈时政曰：

臣历睹前代，自夏、殷、周及汉氏之有天下，传祚相继，多者八百余年，少者犹四五百年，皆为积德累业，恩结于人心。岂无僻王①，赖前哲以免尔！自魏、晋以还，降及周、隋，多者不过五六十年，少者才二三十年而亡。良由创业之君不务广恩化，当时仅能自守，后无遗德可思。故传嗣之主政教少衰，一夫大呼而天下土崩矣。今陛下虽以大功定天下，而积德日浅，固当崇禹、汤、文、武之道，广施德化，使恩有余地，为子孙立万代之基。岂欲但令政教无失，以持当年而已！且自古明王圣主虽因人设教，宽猛随时②，而大要以节俭于身、恩加于人二者是务。故其下爱之如父母，仰之如日月，敬之如神明，畏之如雷霆。此其所以卜祚遐长而祸乱不作也。

今百姓承丧乱之后，比于隋时才十分之一，而供官徭役，道路相继。兄去弟还，首尾不绝。远者往来五六千里，春秋冬夏，略无休时。陛下虽每有恩诏，令其减省③，而有司作既不废，自然须人，徒行文书，役之如故。臣每访问，四五年来，百姓颇有怨嗟之言，以陛下不存养之。昔唐尧茅茨土阶，夏禹恶衣菲食④。如此之事，臣知不复可行于今。汉文帝惜百金之费，辍露台之役，集上书囊以为殿帷，所幸夫人衣不曳地⑤。至景帝以锦绣綦组妨害女工，特诏除之，所以百姓安乐。至孝武帝，虽穷奢极侈，而承文、景遗德，故人心不动。向使高祖之后即有武帝，天下必不能全。此于时代差近，事迹可见。今京师及益州诸处营造供奉器物，并诸王妃主服饰，议者皆不以为俭。臣闻昧旦丕显⑥，后世犹怠，作法于理，其弊犹乱。陛下少处民间，知百姓辛苦，前代成败，目所亲见，尚犹如此，而皇太子生长深宫，不更外事，即万岁之后，固圣虑所当忧也。

注释

①僻王：昏庸没有才能的王。②因人设教，宽猛随时：根据人情而设置教化，根据时代的变化而变化。③减省：减轻。④唐尧茅茨土阶，夏禹恶衣菲食：从前唐尧住在简陋的茅草屋中，夏禹穿着劣质的服装吃着简单的食物。⑤曳地：拖在地上。⑥昧旦丕显：开国之君功劳显赫。

译文

贞观十一年，侍御史马周上奏章陈述政事的得失说：

臣查看前代史书，自从夏、商、周直到汉代取得天下，朝代更迭交替，时间长的有八百年之久，时间少的也有四五百年，这都是因为这些朝代积累德行累积功业，百姓心中记得他们的恩惠。这期间并不是没有昏君，只不过他们依赖于前代明君的恩德才免于灭亡。自魏朝、晋朝，到北周、隋朝，时间久的也不过五六十年，时间少的只有短短二三十年，这都是因为创立帝业的君主不追求广布恩德、广施教化，因此只能够做到自守，而没有遗留恩德给后代。因此，继承帝位的君主一旦政教有所衰落，遇到有人造反，国家就会立刻土崩瓦解。如今陛下虽然因为平定天下有了很大的功劳，然而积累德行的时间还很短，应该尊崇大禹、商汤、文王、武王的治国之道，广施恩德和教化，让恩德能够遗留下去，成为子孙后代统治国家的基业。怎么能只想着让政教没有过失，保住现在的稳定就行了呢？况且自古以来贤明的君主虽然根据当代的人情而设置教化，但是节俭、施恩于人才是治理政事的根本。只有这样，臣民才会敬爱他有如父母，仰慕他有如日月，敬拜他有如神明，敬畏他有如雷霆。这才是国家能够长治久安而不发生动乱的原因。

如今百姓刚经历过大乱，人口相当于隋朝的十分之一，然而所担负的徭役却接连不断，以至于兄长离家去服徭役，弟弟才能回来。路远的，往来有五六千里路，一年四季，都得不到休息的时间。陛下虽然常常有诏书颁布，命令减轻徭役，然而有的官署却劳务不停，仍然不断征派百姓，因此纵然文书不断发布，但徭役还是和以前一样。臣经常去访问这件事，这四五年来，百姓对徭役之事很抱怨，他们认为陛下不能体恤他们的劳苦。从前唐尧住在简陋的茅草屋中，夏禹穿着劣质的服装吃着简单的食物。这样的做法，臣知在当下已经不能再推行了。汉文帝顾惜一百金的费用而停止营建露台，而是收集大臣上奏章用的袋子作为宫殿的帷帐，让宠妾的衣裙不要长得拖在地上。汉景帝因织锦刺绣会妨碍女工工常劳作，特意下诏解除，因而百姓能够安居乐业。汉武帝时，虽然穷奢极欲，但因为继承了汉文帝和汉景帝的恩德，因而民心没有浮动。假设当初汉高祖之后汉武帝就即位，天下必定不能保全。这些事情和现在隔得很近，因此可以清晰地得知。现在对于京城、益州等地营建制造供奉的器物，以及各个王爷、王妃、公主的服饰，民间舆论都认为过于奢侈。臣听说开国之君虽然功劳显赫，然而后代仍会懈怠，即使制定了合乎常理的法律，久而久之还是会出现弊端而导致社会动乱。陛下年少时生活在民间，自然知道百姓的辛苦，前代的成败，也是亲眼所见，尚且还如此。而皇太子在深宫中长大，养尊处优，不知民间疾苦，将来即位之后如何行事可想而知，这确实是圣上应该忧虑的。

解析

马周认为夏朝、周朝、商朝以及汉代之所以统治天下几百年之久，就是因为积累德业，恩结于人心，所以马周劝谏唐太宗要节俭自身，施恩于百姓，积累恩德，这样才能保佑帝业长久存在，后代子孙才能够长久地享受福禄。

因此，在生活中，勿以善小而不为，这样才能积累德行，树立好的个人形象，从而收获好的名声。我们常常看到很多企业家做好事、做慈善，这就是在积累德行。他们相信唯有大德享百福，这种行为不但会影响到他们自己，还会给他们的后代带来好处。

奢纵第二十五（二）

原典

臣窃寻往代以来成败之事，但有黎庶怨叛，聚为盗贼，其国无不即灭，人主虽欲改悔，未有重能安全者。凡修政教，当修之于可修之时，若事变一起，而后悔之，则无益也。故人主每见前代之亡，则知其政教之所由丧，而皆不知其身之有失。是以殷纣笑夏桀之亡，而幽、厉亦笑殷纣之灭。隋帝大业之初，又笑周、齐之失国，然今之视炀帝，亦犹炀帝之视周、齐也。故京房谓汉元帝云："臣恐后之视今，亦犹今之视古[①]。"此言不可不戒也。

往者贞观之初，率土霜俭，一匹绢才得粟一斗，而天下帖然[②]。百姓知陛下甚忧怜之，故人人自安，曾无谤讟。自五六年来，频岁丰稔，一匹绢得十余石粟，而百姓皆以陛下不忧怜之，咸有怨言。又今所营为者，颇多不急之务故也。自古以来，国之兴亡不由蓄积多少，惟在百姓苦乐。且以近事验之，隋家贮洛口仓，而李密因之；东京积布帛，王世充据之；西京府库亦为国家之用，至今未尽。向使洛口、东都无粟帛，即世充、李密未必能聚大众。但贮积者固是国之常事，要当人有余力而后收之。若人劳而强敛之，竟以资寇，积之无益也。然俭以息人，贞观之初，陛下已躬为之，故今行之不难也。为之一日，则天下知之，式歌且舞矣。若人既劳矣，而用之不息，倘中国被水旱之灾，边方有风尘之警，狂狡因之窃发[3]，则有不可测之事，非徒圣躬旰食晏寝而已。若以陛下之圣明，诚欲励精为政，不烦远求上古之术，但及贞观之初，则天下幸甚。

太宗曰："近令造小随身器物，不意百姓遂有嗟怨，此则朕之过误。"乃命停之。

注释

①臣恐后之视今，亦犹今之视古：臣害怕后世评价现在，就像今天我们评价古人一样。②帖然：天下安定的样子。③边方有风尘之警，狂狡因之窃发：边境上又有敌军来犯，狂暴狡诈之徒就会趁机偷偷作乱。

译文

臣私下考察历朝历代的兴衰成败，发现百姓只要心生怨恨，聚众闹事，国家没有不灭亡的，君主即使悔过，也不可能让国家重新安定下来。推行政治教化，应该在可以推行的时候进行，一旦发生变故才后悔，就没什么用了。所以君主每次看见前代灭亡，都以为是政治教化没有实施而咎由自取，然而却不知道他们自身也有过失之处。因此，商纣王嘲笑夏桀的灭亡，而周幽王、周厉王又嘲笑商纣王的灭亡。隋朝刚刚建立的时候，也嘲笑北周、北齐国家灭亡。而现在我们看待隋炀帝，就像隋炀帝看待北齐、北周一样。因此，京房对汉元帝说："臣害怕后世评价现在，就像今天我们评价古人一样。"这句话不能不作为警戒。

从前贞观初年，天下因为霜灾而粮食收成减少，一匹丝绢才能换得一斗粟，但是天下仍然安定。百姓知道陛下很担忧怜惜他们，因此人人感到安全故而没有躁动，也从来没有诽谤抱怨。最近五六年来，每年的收成都很丰厚，一匹丝绢能够换十几石粟，然而百姓却觉着陛下不够担忧怜惜他们，都有怨言，这是由于徭役过重，再加上如今所兴办的事务大都是无关紧要的。自古以来，国家兴亡不在于积蓄的多少，而在于百姓生活的苦乐。就近来看，隋朝在洛口仓积蓄了很多粮食，但是都被李密夺取了；布帛在东京洛阳积蓄，被王世充占有了；西京长安的府库被我们所用，至今仍没有用完。假设洛口、东都洛阳都没有粮食和丝绢，那么王世充、李密未必能够聚众起事。当然积蓄粮食和丝绢是国家应当做的事情，但应该在百姓生活有富余时再征收。如果百姓生活很苦却强行征收，最后还是帮助了盗贼，积累了也没什么用。不过，用节俭来休养生息，陛下在贞观初年已经这么做了，因此现在施行起来也不会有什么难处。只要实行一天，天下人就会知道，就会载歌载舞来庆祝。如果百姓已经很疲劳了，还用个不停，一旦国家遭受水旱灾害，边境又有敌军来犯，狂暴狡诈之徒就会趁机作乱，那么就会有不可预测的事情发生，到时仅靠陛下废寝忘食恐怕也解决不了。要是凭借陛下的圣明，真心实意地想励精图治，不用寻求远古治理国家的方法，只要做到贞观初年那样，那么就是天下之大幸了。

唐太宗说："最近下令制造些随身的小器物，没有想到百姓会有抱怨不满，这是我的过错。"于是下令停止制造。

解析

要学会居安思危，控制自己的欲望，不要奢侈和放纵，不要被眼前的成功迷惑，而要看到未来可能存在的弊端，这样就能采取相应的措施来处理，防患于未然。同时也要善于吸取他人失败的经验，从中发现自己可能存在的过失。

一个人的成功可能与他的财富、地位等有关，但是不要把这些当作成功仅有的标志。成功并不在于一个人拥有多少财富，而在于他能够给予别人多少，一个富有四海却不愿意回报社会的人，即使拥有再多的财富，又有什么用呢？

贪鄙第二十六（一）

原典

贞观初，太宗谓侍臣曰：“人有明珠，莫不贵重。若以弹雀，岂非可惜？况人之性命甚于明珠，见金钱财帛不惧刑网，径即受纳[①]，乃是不惜性命。明珠是身外之物，尚不可弹雀，何况性命之重，乃以博财物耶？群臣若能备尽忠直，益国利人，则官爵立至。皆不能以此道求荣，遂妄受财物，赃贿既露，其身亦殒，实可为笑。帝王亦然，恣情放逸，劳役无度[②]，信任群小，疏远忠正，有一于此，岂不灭亡？隋炀帝奢侈自贤，身死匹夫之手，亦为可笑。”

贞观二年，太宗谓侍臣曰：“朕尝谓贪人不解爱财也。至如内外官五品以上，禄秩优厚，一年所得，其数自多。若受人财贿，不过数万。一朝彰露，禄秩削夺，此岂是解爱财物？规[③]小得而大失者也。昔公仪休性嗜鱼，而不受人鱼，其鱼长存。且为主贪，必丧其国；为臣贪，必亡其身。《诗》云：‘大风有隧，贪人败类[④]。’固非谬言也。昔秦惠王欲伐蜀，不知其径，乃刻五石牛，置金其后，蜀人见之，以为牛能便金。蜀王使五丁力士拖牛入蜀，道成。秦师随而伐之，蜀国遂亡。汉大司农田延年赃贿三千万，事觉自死。如此之流，何可胜记！朕今以蜀王为元龟，卿等亦须以延年为覆辙也。”

贞观四年，太宗谓公卿曰：“朕终日孜孜，非但忧怜百姓，亦欲使卿等长守富贵。天非不高，地非不厚，朕常兢兢业业，以畏天地。卿等若能小心奉法，常如朕畏天地，非但百姓安宁，自身常得欢乐。古人云：‘贤者多财损其志，愚者多财生其过⑤。’此言可为深诫。若徇私贪浊，非止坏公法，损百姓，纵事未发闻，中心岂不常惧？恐惧既多，亦有因而致死。大丈夫岂得苟贪财物，以害及身命，使子孙每怀愧耻耶？卿等宜深思此言。”

贞观六年，右卫将军陈万福自九成宫赴京，违法取驿家麸数石。太宗赐其麸，令自负出以耻之。

注释

①径即受纳：马上接受贿赂。②恣情放逸，劳役无度：恣意放纵奢逸，劳役没有限度。③规：贪求。④大风有隧，贪人败类：大风因隧道而生成，贪财的人会败坏同类。⑤贤者多财损其志，愚者多财生其过：贤能的人财产多了就会损害他的志向，愚蠢的人财产多了就会惹出是非。

译文

贞观初年，唐太宗对侍臣说：“人们拥有一颗明珠，没有不觉得珍贵的。如果用明珠来射麻雀，不是很可惜吗？何况人性命的宝贵超过明珠，看到金钱财帛就不害怕法律而接受贿赂，这就是不爱惜生命。明珠是身外之物，尚且不能用它来射麻雀，更何况是更宝贵的性命呢，怎么可以用它来博取金钱财帛呢？群臣要是能够做到尽心尽力、忠诚正直，做对国家人民有利的事情，自然很快就能升官发财。然而大家都不用这种方法来追求荣华富贵，于是肆意接受财物，受贿的事情一旦败露，那么他自身也会受到损害，这实在是很可笑。帝王也是这样的，恣意放纵奢逸，毫无限度地征用劳役，信任小人，疏远忠诚正直的人，犯有其中一条，怎么会不灭亡呢？隋炀帝奢侈而自以为贤能，结果死在一介匹夫手中，实在是很可笑。”

贞观二年，唐太宗对侍臣说：“我曾经说过贪婪的人不懂得爱惜财物。像朝廷内外五品以上的官员，福禄优厚，一年所得的俸禄，数目非常大。若是接受他人的贿赂，数目也不过是几万，万一有一天事迹败露，便会革去官职和俸禄，这哪里是爱惜财物呢？贪求小的而失去大的，实在得不偿失。从前鲁国的丞相公仪休很喜欢吃鱼，但他从不接受别人送给他的鱼，因此他能够长久有鱼吃。君主贪婪，必定会亡国；臣子贪婪，必定会招致杀身之祸。《诗经》上写道：‘大风刮得很厉害，有贪心的人会败坏族类。’这并非假话！从前秦惠王想要征讨蜀国，但是不知道去蜀国的道路，于是刻了五头石牛，把金子放在后面。蜀人看到后，以为石牛能够拉出金子来，于是蜀王命五个大力士把石牛拖到蜀国，这样秦惠王才找到了进蜀国的道路。秦朝的军队尾随着石牛攻打蜀国，蜀国很快就灭亡了。汉代大司农田延年接受他人贿赂三千万，事情败露后，自杀身亡。像这样的事情，不胜枚举。我如今把蜀王的事情当作借鉴，你们也应当记得不要犯田延年那样的错误。”

贞观四年，太宗对公卿大臣说：“我每天都勤劳处理政事，并非只是担忧爱惜百姓，同时也是想让爱卿们能够长久保有富贵。天并非不高，地并非不厚，我常常兢兢业业，以敬畏天地。你们要是能够小心地按法律规定行事，一直像我敬畏天地一样，那么并非只有百姓得到安宁，你们也会感到快乐。古人说：‘贤者多财损他的意志，愚者多才只能增加他的过错。’这句话可以作为警戒。徇私贪污不但破坏法律，损害百姓，纵然事情没有被发现，不是也常常被恐惧所困吗？恐惧害怕一多，也有因此而丧命的。大丈夫岂能为了贪求财物而伤害自身性命，还让子孙蒙受耻辱呢？你们应该深思这句话。”

贞观六年，右卫将军陈万福从九成宫奔赴京城，违背法律在驿站取走了几石麦麸。事情败露后，唐太宗把这些麦麸赏赐给他，并命他自己背着出宫，以此来羞辱他。

解析

“君子爱财，取之以道”，一个人喜欢财物，追求财富是没有错的，但一定要通过正当的手段来获取，而不是采用非法或不道德的手段获取，如接受贿赂等。一个人一旦在财富上贪婪而不择手段，遇到财物从不回避，那么就很容易迷失，就会贪恋更多的财物。蜀国因为贪求金子而让秦惠王找到了进蜀的道路，于是蜀国灭亡；田延年因为接受贿赂而身败名裂，因此这种人是没有好下场的。

因此，要洁身自好，要克制自己的欲望，要知足常乐，不要迷恋声色犬马，也不要贪恋财物，否则终将自讨苦吃。

贪鄙第二十六（二）

原典

贞观十年，治书侍御史权万纪上言：“宣、饶二州诸山大有银坑，采之极是利益，每岁可得钱数百万贯。”太宗曰：“朕贵为天子，是事无所少之。惟须纳嘉言，进善事，有益于百姓者。且国家剩得数百万贯钱，何如得一有才行人？不见卿推贤进善之事，又不能按举不法，震肃权豪①，惟道税鬻②银坑以为利益。昔尧、舜抵璧于山林，投珠于渊谷③，由是崇名美号，见称千载。后汉桓、灵二帝好利贱义，为近代庸暗之主。卿遂欲将我比桓、灵耶？”是日敕放令万纪还第。

贞观十六年，太宗谓侍臣曰：“古人云：‘鸟栖于林，犹恐其不高，复巢于木末④；鱼藏于水，犹恐其不深，复穴于窟下⑤。然而为人所获者，皆由贪饵故也。’今人臣受任，居高位，食厚禄，当须履忠正，蹈公清，则无灾害，长守富贵矣。古人云：‘祸福无门，惟人所召⑥。’然陷其身者，皆为贪冒财利，与夫鱼鸟何以异哉？卿等宜思此语为鉴诫。”

注释

①震肃权豪：震撼并肃清豪强。②税鬻：出租或出售。③抵璧于山林，投珠于渊谷：在山林中把玉璧丢掉，把明珠扔进深渊里。④鸟栖于林，犹恐其不高，复巢于木末：鸟儿在树林栖息，仍然害怕树木不高，因而把巢修建在树梢上。⑤鱼藏于水，犹恐其不深，复穴于窟下：鱼儿藏在水里，仍然害怕水不够深，因而穴居在水底的石窟下。⑥祸福无门，惟人所召：祸福没有定数，都是由于人自身招惹来的。

无门，没有定数。

译文

贞观十年，治书侍御史权万纪上奏章说："宣州、饶州两州的很多大山里藏有丰富的银矿，要是开采它们就能获得很大的利益，每年可以得到数百万贯钱。"太宗说："我贵为天子，什么都不缺，缺的是造福百姓的忠言。况且国家增加数百万贯的收益，还不如得到一个有才能有德行的人呢？不见你举荐贤才、做善事，也不见你揭发奸邪之徒，只知道上奏银矿这些事宜。从前尧帝、舜帝把玉璧丢在山林，把明珠扔进深渊，因此而获得美名，几千年来被人称赞。后汉桓帝、灵帝重视利益而轻视礼仪，成为近代有名的昏君。你这是要把我和桓帝、灵帝相比吗？"这一天，唐太宗下令罢免权万纪的官职。

贞观十六年，太宗对侍臣说："古人说：'鸟儿在树林栖息，唯恐树木不高，因而把巢修建在树梢上；鱼儿藏在水里，唯恐水不够深，因而穴居在水底的石窟下。然而它们都能被人捕获，全是因为贪恋诱饵。'如今臣子接受任命，身居高位，享受着丰厚的俸禄，应当忠诚正直，清正廉明，这样就不会有灾害，能够长久守着荣华富贵。古人说：'祸福没有定数，都是人自身招惹来的。'然而陷落在其中都是因为贪图财物，和鱼儿、鸟儿又有什么区别呢？你们应该想想这些话，把它们当作借鉴、警戒。"

解析

"人为财死，鸟为食亡"，名与利可能是人面临的最大诱惑，很少有人能够完全做到不在乎名与利，也就是说普通人都希望自己能够名利双收，但是能这样的人毕竟是少数。因而就有一些人为了获取名利而动歪心思，走旁门左道，甚至不择手段，最终招致祸端。

凡事都要有个度，过于贪恋是不可取的。过度追求名利，就会让自己迷失在名利的欲望里，找不到真实的自己，甚至作出违背法律的事情来，然而天网恢恢，疏而不漏，最终也难逃法律的制裁。

卷七

儒学第二十七（一）

原典

太宗初践祚，即于正殿之左置弘文馆，精选天下文儒，令以本官兼署学士，给以五品珍膳，更日宿直，以听朝之隙引入内殿，讨论坟典[①]，商略政事，或至夜分乃罢。又诏勋贤三品以上子孙为弘文学生。

贞观二年，诏停周公为先圣，始立孔子庙堂于国学，稽式旧典[②]，以仲尼为先圣，颜子为先师，两边俎豆干戚之容[③]，始备于兹矣。是岁大收天下儒士，赐帛给传，令诣京师，擢以不次[④]，布在廊庙者甚众。学生通一大经以上，咸得署吏。国学增筑学舍四百余间，国子、太学、四门、广文亦增置生员，其书、算各置博士、学生，以备众艺。太宗又数幸国学，令祭酒、司业、博士讲论，毕，各赐以束帛。四方儒生负书而至者，盖以千数。俄而吐蕃及高昌、高丽、新罗等诸夷酋长，亦遣子弟请入于学。于是国学之内，鼓箧升讲筵者[⑤]，几至万人，儒学之兴，古昔未有也。

贞观十四年诏曰：“梁皇侃、褚仲都，周熊安生、沈重，陈沈文阿、周弘正、张讥，隋何妥、刘炫，并前代名儒，经术可纪[⑥]，加以所在学徒，多行其讲疏，宜加优赏，以劝后生，可访其子孙见在者，录姓名奏闻。”二十一年诏曰：“左丘明、卜子夏、公羊高、谷梁赤、伏胜、高堂生、戴圣、毛苌、孔安国、刘向、郑众、杜子春、马融、卢植、郑玄、服虔、何休、王肃、王弼、杜预、范宁等二十有一人，并用其书，垂于国胄[⑦]，既行其道，理合褒崇。自今有事于太学，可并配享尼父庙堂。”其尊儒重道如此。

注释

①坟典：指古典书籍。②稽式旧典：遵循旧的典章制度。稽式，效法。③两边俎豆干戚之容：两边的俎豆、干戚等容器。④擢以不次：不按照程序提拔他们，指破格录用。⑤鼓箧升讲筵者：击鼓开箧、上台演讲的人。⑥经术可纪：精通经术。⑦国胄：原指帝王的后裔，这里指国子监学生。

译文

唐太宗刚继承皇位，就立即在正殿左侧设置了弘文馆，精心挑选天下文采横溢的儒者，让他们在保留原有官职的基础上兼任弘文馆学士，给他们提供五品官员以上才能享用的美味佳肴，让他们轮流值班，并在宫内歇息留宿。太宗在上朝处理政事的空暇时间，就把他们招进内殿，谈论古典书籍，商议政事，有时到半夜时分才停止。唐太宗又下诏让三品以上的贤臣良将的子孙到弘文馆入学。

贞观二年，唐太宗下诏书停止尊崇周公为先圣，开始在国子监建立孔子庙，效法过去的典章制度，把孔子尊为先圣，把颜回尊为先师，祭祀用的俎豆、干戚等也在这个时候准备好了。这一年，唐太宗广收天下儒家学士，赏赐他们财帛，供给车马食宿，令他们到京师予以破格提拔，在朝廷上任官的为数不少。太学生能够通晓一门大经以上的，都被任命为官员。国子监增加学生宿舍四百多间，国子学、太学、四门学、广文馆都增加了学生的人数，书学、算学都各自设置了博士和学生，用以完备各种技艺。唐太宗又多次驾临国子监，让祭酒、司业、博士讲授评论，讲完后分别赏赐一束帛。儒学之盛，致使全国各地的儒生都背着书而来，有几千人之多。不久，吐蕃和高昌、高丽、新罗等族的首领，也派遣他们的子弟来求学。于是国子监里，击鼓开箧、上台演讲的接近万人，儒学的兴盛，前所未有。

贞观十四年，唐太宗下诏说："南梁的皇侃和褚仲都，北周的熊安生和沈重，南陈的沈文阿、周弘正、张讥，隋朝的何妥和刘炫，都是前代有名气的儒生，他们精通经术，加上各地的学生大多学习他们的讲疏，应当给他们优厚的赏赐，用来劝勉以后的学生，可以寻访他们的后人，记录下他们的名字然后上奏给朝廷。"贞观二十一年，唐太宗下诏说："左丘明、卜子夏、公羊高、谷梁赤、伏胜、高堂生、戴圣、毛苌、孔安国、刘向、郑众、杜子春、马融、卢植、郑玄、服虔、何休、王肃、王弼、杜预、范宁等共二十一人，他们注解的经书著作都被采用，用来教育国子监里的学生。既然使用他们讲解的经书，那么就应该褒奖他们。从今以后，太学里凡举行祭祀时，可以让他们使用孔子庙堂。”太宗尊儒重道到了如此地步。

解析

“人非生而知之者”，每个人并非天生就精通各种学问，而要经过后天的学习，就算圣明如唐太宗，依然不忘记挑选天下文儒为己所用，平时跟这些人多谈论，以找出自己的不足之处。由己及人，唐太宗大兴儒术，同时大肆褒奖儒学上有成就的人，就是为了让国学学生都能接受儒学的教育，成为有才能有德行的人。

因此，学问不精不可怕，只要善于学习、勤于读书，自然能够弥补学问上的不足之处。因而重视后天的学习吧，假以时日，你必然会脱胎换骨，获得成功。

儒学第二十七（二）

原典

贞观二年，太宗谓侍臣曰：“为政之要，惟在得人。用非其才，必难致治。今所任用，必须以德行、学识为本。”谏议大夫王珪曰：“人臣若无学业，不能识前言往行，岂堪大任？汉昭帝时，有人诈称卫太子，聚观者数万人，众皆致惑。隽不疑断以蒯聩之事[①]，昭帝曰：‘公卿大臣，当用经术明于古义者，此则固非刀笔俗吏所可比拟。’”上曰：“信如卿言。”

贞观四年，太宗以经籍去圣久远，文字讹谬[②]，诏前中书侍郎颜师古于秘书省考定五经[3]。及功毕，复诏尚书左仆射房玄龄集诸儒重加详议。时诸儒传习师说，舛谬已久，皆共非之，异端蜂起。而师古辄引晋、宋以来古本，随方晓答[4]，援据详明，皆出其意表[5]，诸儒莫不叹服。太宗称善者久之，赐帛五百匹，加授通直散骑常侍，颁其所定书于天下，令学者习焉。太宗又以文学多门，章句繁杂，诏师古与国子祭酒孔颖达等诸儒，撰定五经疏义，凡一百八十卷，名曰《五经正义》，付国学施行。

太宗尝谓中书令岑文本曰："夫人虽禀定性，必须博学以成其道，亦犹蜃性含水，待月光而水垂[6]；木性怀火，待燧动而焰发[7]；人性含灵，待学成而为美。是以苏秦刺股，董生垂帷[8]。不勤道艺，则其名不立。"文本对曰："夫人性相近，情则迁移，必须以学饬情，以成其性。《礼》云：'玉不琢不成器，人不学不知道[9]。'所以古人勤于学问，谓之懿德[10]。"

注释

①断以蒯聩之事：用蒯聩的事情来作出判决。②文字讹谬：文字错讹、错误。③五经：指《周易》、《尚书》、《诗经》、《礼记》、《春秋》。④随方：根据情况。⑤意表：出乎意料。⑥蜃性含水，待月光而水垂：蜃的本性含有水，但是要等到有月光时水才能流出来。⑦木性怀火，待燧动而焰发：木的本性含有火，但是要等到转动燧石才会有火焰出现。⑧苏秦刺股，董生垂帷：苏秦刺股读书，董仲舒放下帷帐读书学习，两人都是勤奋读书学习的榜样。⑨玉不琢不成器，人不学不知道：玉石不经过雕刻打磨就不会成为器物，人不经过学习就不能明白事理。⑩懿德：美德。

译文

贞观二年，唐太宗对侍臣说："治理国家的要领，只在于任用人才。用人不当，必定会难以治理国家。现在任用人才，必须要把德行、学识当作根本。"谏议大夫王珪说："做臣子的要是没有修学业，不能够识别前任的言行举止，怎么能够担当重任呢？汉昭帝时，有人冒充汉武帝的儿子刘据，围观者达几万人之多，众人都被他迷惑了。后来，大臣隽不疑用古代蒯聩的事例来判决这件事，逮捕了那人。汉昭帝说：'公卿大臣应该由通晓经术并且了解古义的人担当，这就不是一般的庸俗官吏能够比得上的。’”唐太宗说：“确实如你所说。”

贞观四年，唐太宗认为经书典籍离圣人的年代很久远，文字难免会出现错讹、错误的地方，于是下诏命令前中书侍郎颜师古在秘书省考察修订《五经》。等到完成后，唐太宗又下诏书让尚书左仆射房玄龄召集众多儒生重新详细审议。当时众多儒生都跟着老师学习过了，而这些旧说错乱讹误已经相传很久了，所以他们大都不赞同颜师古新修订的《五经》，一时间各种说法相继出现。然而颜师古则引用晋朝、宋朝以来的古书来应对，对他们所提出问题一一引经据典，详细地加以说明，使得这些儒生无不叹服。唐太宗也大为称赞颜师古，赏赐给他五百匹丝绢，并任命他为通直散骑常侍，将他所修订的经书颁布于天下，让学习儒学的人学习。唐太宗又认为儒家学说来源很多，章句非常繁琐杂乱，因此下诏命令颜师古和国子祭酒孔颖达等儒生，撰写编订《五经》的疏义，总共一百八十卷，名字就叫《五经正义》，交给国子监作为教材使用。

唐太宗曾经对中书令岑文本说：“人虽然有一定的秉性和天赋，但必须经过广泛的学习才能有所成就。就像蜃的本性含有水，但是要等到有月光时才能将水吐出来；木的本性含有火，但是要等到转动燧石才会有火焰出现；人的本性含有灵气，但是要通过学习才能获得完善。因此苏秦刺股读书，董仲舒放下帷帐读书学习。在学习道艺上不勤奋努力，那么就无法树立名声。”岑文本回答说：“人的本性都是非常相似的，情趣却有所差别，必须通过学习约束情趣，用来成就本性。《礼记》里说：‘玉石不经过雕刻打磨就不会成为器物，人不经过学习就不能明白事理。’因此，古代的人把勤奋学习知识称作美德。”

解析

“夫人性相近，情则迁移，必须以学饬情，以成其性。”人的天性都是差不多的，之所以有些人能够获得成功，有些人却失败了，就在于后天的学习努力与否，也就是说要努力读书学习，充实自己，以学饬情，以成其性。

如今知识正在以惊人的速度增长和传播着，一个不善于学习或不愿意学习的人，那么其思维习惯就会逐渐僵化，跟不上时代的变化，迟早会被淘汰。因此，不管工作有多忙，都要抽出时间来学习。

文史第二十八（一）

原典

贞观初，太宗谓监修国史房玄龄曰："比见前、后《汉史》载录扬雄《甘泉》《羽猎》，司马相如《子虚》《上林》，班固《两都》等赋，此既文体浮华，无益劝诫，何假书之史策？其有上书论事，词理切直，可裨①于政理者，朕从与不从皆须备载。"

贞观十一年，著作佐郎邓隆表请编次②太宗文章为集。太宗谓曰："朕若制事出令，有益于人者，史则书之，足为不朽。若事不师古，乱政害物，虽有词藻，终贻后代笑，非所须也。只如梁武帝父子及陈后主、隋炀帝，亦大有文集，而所为多不法，宗社皆须臾③倾覆。凡人主惟在德行，何必要事文章耶？"竟不许。

注释

①裨：有利、有益。②编次：编辑整理。③须臾：片刻。

译文

贞观初年，唐太宗对监修国史的房玄龄说："近来我看到《汉书》、《后汉书》中收录了扬雄的《甘泉赋》、《羽猎赋》，司马相如的《子虚赋》、《上林赋》，班固的《两都赋》等，这些文章很浮华，无益于对帝王的劝诫，可为什么还要收录在史书中呢？今后，要是有直言进谏的，只要言辞合理、恳切正直，对处理政事有帮助的，不管我采纳与否，都要完整记载下来。"

贞观十一年，著作佐郎邓隆上书请求整理唐太宗的文章以编辑成集。唐太宗说："如果我处理政事颁布的命令，是有利于百姓的，那么史书就会记载下来，足以流传下去。如果处理政事不遵守古代的典章制度，扰乱政务危害百姓，虽然有华丽的词藻，最终也不过是让后人耻笑罢了，这不是我想要的。像梁武帝父子以及陈后主、隋炀帝那样，他们都有文集流传下来，然而他们的所作所为大多是不符合法度的，致使国家在片刻之间灭亡。对君主而言，最重要的就他的德行，何必一定要有文章流传于世呢?”太宗最终没有采纳这个建议。

解析

对待他人的建议，不管建议本身是对是错，只要是言辞恳切的都应该给予肯定和鼓励，从而拒绝那些词藻华丽却言之无物的建议，这样才能引导他人提出更好的建议。

对于名声，不要刻意去追求，不要像梁武帝那样，为了能够后世留名而编辑整理了文集留世，在唐太宗看来，这本文集不过是让后人贻笑大方罢了。因此对待名声要顺其自然，不要夸耀自己，而要学会务实，不断修养自身的道德，不断完善自身。当你做得足够好了，名声将不请自来。

文史第二十八（二）

原典

贞观十三年，褚遂良为谏议大夫，兼知起居注。太宗问曰：“卿比知起居，书何等事？大抵于人君得观见否？朕欲见此注记者，将却观所为得失以自警戒耳。”遂良曰：“今之起居，古之左、右史，以记人君言行，善恶毕书，庶几人主不为非法，不闻帝王躬自观史。”太宗曰：“朕有不善。卿必记耶?”遂良曰：“臣闻守道不如守官①，臣职当载笔，何不书之?”黄门侍郎刘洎进曰：“人君有过失，如日月之蚀[2]，人皆见之。设令遂良不记，天下之人皆记之矣。"

贞观十四年，太宗谓房玄龄曰："朕每观前代史书，彰善瘅恶[3]，足为将来规诫。不知自古当代国史，何因不令帝王亲见之?"对曰："国史既善恶必书，庶几人主不为非法。止应畏有忤旨，故不得见也。"太宗曰："朕意殊不同古人。今欲自看国史者，盖有善事，固不须论；若有不善，亦欲以为鉴诫，使得自修改耳。卿可撰录进来。"玄龄等遂删略国史为编年体，撰高祖、太宗实录各二十卷，表上之。太宗见六月四日事，语多微文[4]，乃谓玄龄曰："昔周公诛管、蔡而周室安，季友鸩叔牙而鲁国宁[5]。朕之所为，义同此类，盖所以安社稷，利万民耳。史官执笔，何烦有隐?宜即改削浮词，直书其事。"侍中魏徵奏曰："臣闻人主位居尊极，无所忌惮。惟有国史，用为惩恶劝善，书不以实，后嗣何观?陛下今遣史官正其辞，雅合至公之道。"

注释

①守道不如守官：守着道义不如守着职责。②日月之蚀：日食和月食。③彰善瘅恶：表彰好事，斥责恶事。④微文：文辞委婉隐晦。⑤季友鸩叔牙而鲁国宁：季友用毒酒杀死叔牙，鲁国因而能够保持太平。

译文

贞观十三年，褚遂良担任谏议大夫，同时兼任起居注。唐太宗问他："你近来记录我的起居，都记录了哪些事呢？我可以大概地看下吗？我想看下起居注中记载了些什么事情，看下以前做事的得失，用来自我警戒。"褚遂良说："如今的起居注，就相当于古代的左史和右史，用来记录君主的言行举止，君主做的好事和坏事都会记录下来，以期望帝王不要做违背法度的事情。可是臣从来没有听说帝王要亲自查看关于自己的史书的。"太宗说："我有不好的言行，你们都记下来了吗？"褚遂良说："臣听说守着道义不如守着职责，臣的职责是记载，为什么不记载下来呢？"黄门侍郎刘洎说："君主有失误和过错，就像日食和月食一样，每个人都能看得到。就算褚遂良不记载下来，天下人也会记着的。"

贞观十四年，唐太宗对房玄龄说："我每看前代的史书，惩善扬恶，足以用来当作警戒。但不知道自古以来为何本朝的国史不让君主自己看到呢？"房玄龄回答说："写国史时，必定好事坏事都会写在上面，以期望帝王不做违背法度的事情。只是害怕有不符合君主心意的地方，因此不让君主看到。"太宗说："我的心意和古人不同。如今我想亲自看看国史，如果有善事，自然不必言论；如有不好的事情，我也可以把它当作借鉴和警戒，以便于我改正。你可以把这些也记录到国史中。"房玄龄等人于是就把国史删减整理改成编年体，撰写了唐高祖和唐太宗实录各二十卷，上奏给唐太宗。太宗看到六月四日玄武门之变时，用词大都很委婉，于是对房玄龄说："以前周公诛杀了管叔和蔡叔，使周朝得以安定下来；季友用毒酒杀死叔牙，鲁国才能得到太平。我的作为，和这些事情在道义上是一样的，都是为了让国家安定，有利于天下百姓。史官书写时为什么还要隐瞒呢？应当立即删改浮词，直接书写这件事。"侍中魏徵上奏说："臣听说君主身居至高无上的地位，没有什么可以让他害怕的事情，只有国史，用来激励君主要惩罚恶行劝勉善行，如果书写得不真实，那么后代人该如何了解真相呢？陛下如今让史官修正他的文辞，这是符合至公之道的。"

解析

唐太宗身为一国之君，拥有至高无上的权力，没有什么可以限制他，但是他却偏偏在意国史，因为国史会把他做的好事和坏事全部记载下来，这对他来说就有了一种约束力。如果想留个好名声，那么唐太宗就必须多做好事，完善自己，否则国史上就会记载许多有损他名声的事例。

历史是一面镜子，要想留下好名声，那么就要约束自己的言行举止，控制自己的欲望，修身养性，不断完善自己，以免作出恶事影响了自己的名声。

礼乐第二十九（一）

原典

太宗初即位，谓侍臣曰："准《礼》，名，终将讳之。前古帝王，亦不生讳其名①，故周文王名昌，《周诗》云：'克昌厥后。'春秋时鲁庄公名同，十六年《经》书：'齐侯、宋公同盟于幽。'惟近代诸帝，妄为节制，特令生避其讳，理非通允，宜有改张。"因诏曰："依《礼》，二名义不偏讳，尼父达圣，非无前指②。近世以来，曲为节制，两字兼避，废阙已多，率意而行，有违经语。今宜依据礼典，务从简约，仰效先哲，垂法将来，其官号人名，及公私文籍，有'世'及'民'两字不连读，并不须避。"

贞观二年，中书舍人高季辅上疏曰："窃见密王元晓等俱是懿亲③，陛下友爱之怀，义高古昔，分以车服，委以藩维，须依礼仪，以副瞻望。比见帝子拜诸叔，诸叔亦即答拜，王爵既同，家人有礼，岂合如此颠倒昭穆④？伏愿一垂训诫，永循彝则。"太宗乃诏元晓等，不得答吴王恪、魏王泰兄弟拜。

贞观四年，太宗谓侍臣曰："经闻京城士庶居父母丧者，乃有信巫书之言，辰日不哭，以此辞于吊问，拘忌辍哀⑤，败俗伤风，极乖人理。宜令州县教导，齐之以礼典。"

贞观五年，太宗谓侍臣曰：佛道设教，本行善事，岂遣僧尼道士等妄自尊崇，坐受父母之拜，损害风俗，悖乱礼经？宜即禁断，仍令致拜于父母。"

注释

①生讳其名：活着时候避讳他们的名字。②非无前指：并非是没有指出来。

③懿亲：至亲。④颠倒昭穆：颠倒辈分次序。⑤辍：停止。

译文

唐太宗刚继承皇位时，对侍臣说："按照《礼记》的规定，君主的名字，去世之后都是要避讳的。然而古代的帝王在活着时候也不避讳他们的名字，因此周文王叫昌，《周诗》中却有写'克昌厥后'的诗句。春秋时期，鲁庄公的名字叫同，鲁庄公十六年，《春秋经》中却写有：'齐侯、宋公同盟于幽。'只有近代帝王们才无端加上了许多禁忌，特地下令在他们生前就要避讳他们的名字，这样做很没有道理，应当改正。"因此他下诏说："按照《礼记》的规定，名字是两个字的，只要这两个字不是连在一起出现的，那么就不应该避讳。孔子是圣人，以前也说过这件事。近代以来，歪曲《礼记》的规定加以限制，两个字都要避讳，这样一来，废弃和缺失的字很多，任意而为，违背了《礼记》的规定。如今应当根据礼仪典章，按照简约的原则，效仿先哲，为将来留下好的规则。其中官员的名号、名字以及公私的文籍，有'世'和'民'两个字，但不连续在一起的，都不需要避讳。"

贞观二年，中书舍人高季辅上奏章说："我私下看到密王李元晓等人都是皇室宗亲，陛下对他们的友爱关怀，超过了古代的君主。陛下分派给他们兵马，委以藩王的重任，让他们必须按照礼仪的规定行事，不辜负别人的期望。近来常常看见皇子拜见叔叔们，叔叔们也马上回拜，亲王的爵位既然是相同的，那就是自家人行礼，怎么会这样颠倒辈分次序呢？只希望陛下能够加以教训，让后世之人永远遵循前人的礼仪。"唐太宗于是下诏给李元晓等人，让他们以后再见到吴王李恪、魏王李泰兄弟时不用回拜。

贞观四年，唐太宗对侍臣说："听说京城官民在为父母服丧期间，有人听信巫书上的话，辰日这天不哭，并把这个当作推辞哀悼慰问的借口。因为禁忌的约束而不允许哭泣哀伤，这种做法是败坏风俗、违背人情伦理的。现在命令各州各县加以教导，让百姓能够按照礼仪典章制度去做。"

贞观五年，唐太宗对侍臣说："佛教、道教施行教化，本应当是为了做善事，岂能让尼姑、道士等人妄自尊大，坐着承受父母的跪拜呢？这样做伤风败俗，违背扰乱礼仪法则，应当马上禁止，仍旧让他们拜谢父母。"

解析

古时，帝王为了巩固自身的威严，要求臣民要避讳自己的名字，官员或百姓中有同名的，就要改过来换成其他字。而唐太宗认为这样做会废弃和缺失很多字，因此他决定只要‘世’和‘民’两字不是连在一起的，就不用避讳。当然，如今随着时代的发展，能够让人避讳的东西已经越来越少了，但是仍然有不少人在别人冒犯自己时很恼火。其实在这种事情上，应该以宽容、大度的胸怀去对待他人的冒犯，不要斤斤计较，否则吃亏的终究是自己。

礼乐第二十九（二）

原典

贞观六年，太宗谓尚书左仆射房玄龄曰："比有山东崔、卢、李、郑四姓，虽累叶陵迟[①]，犹恃其旧地，好自矜大，称为士大夫。每嫁女他族，必广索聘财，以多为贵，论数定约，同于市贾[②]，甚损风俗，有紊礼经。既轻重失宜，理须改革。"乃诏吏部尚书高士廉、御史大夫韦挺、中书侍郎岑文本、礼部侍郎令狐德棻等，刊正姓氏[③]，普责天下谱牒，兼据凭史传，剪其浮华，定其真伪，忠贤者褒进，悖逆者贬黜，撰为《氏族志》。士廉等及进定氏族等第，遂以崔干为第一等。太宗谓曰："我与山东崔、卢、李、郑，旧既无嫌，为其世代衰微，全无官宦，犹自云士大夫，婚姻之际，则多索财物，或才识庸下，而偃仰自高[④]，贩鬻松槚[⑤]，依托富贵，我不解人间何为重之？且士大夫有能立功，爵位崇重，善事君父，忠孝可称，或道义清素，学艺通博，此亦足为门户，可谓天下士大夫。今崔、卢之属，惟矜远叶衣冠[⑥]，宁比当朝之贵？公卿已下，何暇多输钱物，兼与他气势，向声背实，以得为荣。我今定氏族者，诚欲崇树今朝冠冕，何因崔干犹为第一等，只看卿等不贵我官爵耶？不论数代已前，只取今日官品、人才作等级，宜一量定，用为永则。”遂以崔干为第三等。至十二年，书成，凡百卷，颁天下。又诏曰：“氏族之美，实系于冠冕，婚姻之道，莫先于仁义。自有魏失御，齐氏云亡，市朝既迁，风俗陵替，燕、赵古姓，多失衣冠之绪，齐、韩旧族，或乖礼义之风。名不著于州闾，身未免于贫贱，自号高门之胄，不敦匹嫡之仪，问名惟在于窃赀[⑦]，结褵[⑧]必归于富室。乃有新官之辈，丰财之家，慕其祖宗，竞结婚姻，多纳货贿，有如贩鬻。或自贬家门，受辱于姻娅；或矜其旧望，行无礼于舅姑。积习成俗，迄今未已，既紊人伦，实亏名教。朕夙夜兢惕，忧勤政道，往代蠹害，咸已惩革，唯此弊风，未能尽变。自今以后，明加告示，使识嫁娶之序，务合礼典，称朕意焉。”

注释

①累叶陵迟：家道中落。累叶，累世。陵迟，慢慢衰落。②市贾：商人，即做买卖的人。③刊正姓氏：校正、修正姓氏名分。④偃仰自高：高傲自大，自视过高。这里指自以为自家门第高贵而骄傲自大。⑤贩鬻松檟：拿着以前的名望来做生意。⑥矜远叶衣冠：远祖是官绅。⑦窃赀：窃取财物。⑧结褵：古代女子出嫁的一种仪式。出嫁时，母亲为其系上佩巾。

译文

贞观六年，唐太宗对尚书左仆射房玄龄说：“近来，山东有崔、卢、李、郑四大姓，虽然家道逐渐衰落，但是仍然凭仗过去的地位和名望，骄傲自大，称自己为士大夫。每次将女儿嫁给其他家族，必定会大肆索取聘礼财物，谁给的聘礼财物多谁就尊贵。依照聘礼财物数目的多少来决定婚约，就像商人进行贩卖一样，甚是伤风败俗，违背礼仪规定。他们的门望已与事实不符，看来现在的礼仪制度应当有所改革了。”于是他下诏命令吏部尚书高士廉、御史大夫韦挺、中书侍郎岑文本、礼部侍郎令狐德棻等人校正、修正姓氏名分，广泛搜求全国各地记载宗族世系的书籍，同时根据史书记载，去掉其中浮华的部分，鉴定它的真伪，对忠诚贤能的人给予嘉奖提拔，对违背正道的人给予贬斥罢免，以此为标准撰写了一部《氏族志》。高士廉等人把氏族等第呈给唐太宗看，仍把崔干列为第一等。唐太宗说：“我和山东的崔、卢、李、郑四大家没有什么仇怨，只是因为他们家族世代衰落，并没有一人在做官，然而还自称士大夫，决定婚姻的时候就大肆索取财物。有的人才识平庸低下，然而却自以为门第高贵而骄傲自大，凭借着祖先的名望来博取财富，我不理解为什么世间人对他们还如此看重？况且若有人有能力建功立业，爵位崇高，忠诚对待君主，孝敬父母，忠孝德行都值得称赞，或者德行高尚、精通学问，就足以自立门户，称得上士大夫。现在崔、卢这类的家族，只是自恃先祖的高官厚爵，怎么能和当朝的显贵相比呢？公卿以下的人，为什么要多给他们财物，助长他们的气势呢？他们贪图虚名违背事实，把得到的虚名当作荣誉。如今我之所以要修正氏族名分，就是想树立今朝显贵的地位，为什么还会把崔干列为第一等，你们这是看轻我朝的官爵吗？所以不要考虑几代以前的事情，只按照如今的官职品级、人才评定等级，应当把这次考核确定的等级，作为永远的准则。”于是把崔干定为第三等。到了贞观十二年，《氏族志》完成了，总共一百卷，颁布并告知天下。唐太宗又下诏说：“氏族的高低，确实是与官职品级相关的，婚姻的正道是要把仁义当作第一。自从北魏失国，北齐灭亡，改朝换代，风俗衰败，燕、赵等古代的大姓家族，其后人大多失去了士大夫官爵的传承，齐、韩旧族，有的也违背了礼仪风俗。他们名不闻于乡里，身不免于贵贱，却自称高门望族的后裔，不遵守婚嫁的礼仪，询问生辰八字以索取财物，一定要将女儿嫁给富有的人家。于是就有刚做了官的人，或财产丰厚的人家，仰慕其祖先的名望，因而与他们缔结婚姻，多接纳财物，就像商人贩卖一样。有的人自愿贬低门楣，受辱于姻亲；有的则夸耀以前的名望和地位，在公婆面前行为无礼。这种习气逐渐演变成风俗，至今仍然没有停止，扰乱了伦理纲纪，无益于教化。我日夜兢兢业业、谨慎小心地操劳政事，历代以来的弊端大都已经革除，只有这个不好的风气还没能完全改变。从今往后，贴出告示，让天下人都了解嫁娶的规矩，务必符合礼仪典章制度的要求，这才符合我的心意啊。”

解析

古时，礼仪典章制度是君主实施教化的基础，能够强化等级尊卑制度，因而它的影响是非常深广的，所以君主并不希望礼仪等制度有太大的变化或者出现弊端，因为弊端一旦形成风俗就会对君主的统治造成很大的威胁，君主当然不允许这样。另外，唐太宗革新了历史遗留下来的很多问题，却没有完全消除仗着祖先的名誉在婚姻中勒索财物的习俗，这点也说明处理礼仪等问题是需要时间和耐心的。

这样就要求人们在面对道德等方面的缺陷时，不要急于求成，而要有耐心。同时对于周围的风俗要警惕，避免一些恶习气影响到自己。

礼乐第二十九（三）

原典

礼部尚书王珪子敬直，尚[1]太宗女南平公主。珪曰："《礼》有妇见舅姑之仪，自近代风俗弊薄，公主出降，此礼皆废。主上钦明，动循法制，吾受公主谒见，岂为身荣，所以成国家之美耳。"遂与其妻就位而坐，令公主亲执巾，行盥馈之道，礼成而退。太宗闻而称善。是后公主下降有舅姑者，皆遣备行此礼。

贞观十二年，太宗谓侍臣曰："古者诸侯入朝，有汤沐之邑[2]，刍禾百车[3]，待以客礼。昼坐正殿，夜设庭燎[4]，思与相见，问其劳苦。又汉家京城亦为诸郡立邸舍。顷闻考使至京者，皆赁房以坐，与商人杂居，才得容身而已。既待礼之不足，必是人多怨叹，岂肯竭情于共理哉。"乃令就京城闲坊[5]，为诸州考使各造邸第。及成，太宗亲幸观焉。

贞观十三年，礼部尚书王珪奏言："准令，三品以上，遇亲王于路，不合下马，今皆违法申敬，有乖朝典。"太宗曰："卿辈欲自崇贵，卑我儿子耶？"魏徵对曰："汉、魏已来，亲王班[6]皆次三公下。今三品并天子六尚书九卿，为王下马，王所不宜当也。求诸故事，则无可凭，行之于今，又乖国宪，理诚不可。”帝曰：“国家立太子者，拟以为君。人之修短，不在老幼。设无太子，则母弟次立。以此而言，安得轻我子耶?”徵又曰：“殷人尚质⑦，有兄终弟及之义。自周已降，立嫡必长，所以绝庶孽之窥窬⑧，塞祸乱之源本。为国家者，所宜深慎。”太宗遂可王珪之奏。

注释

①尚：娶。②汤沐之邑：住宿和沐浴的地方。③刍禾百车：喂马的草料有几百车。④庭燎：用于照明的火炬。⑤坊：一个城市分为几个城区，称为坊。⑥班：官阶品级。⑦尚质：崇尚资质。⑧绝庶孽之窥窬：断绝庶子想要篡权夺位的非分企图。

译文

礼部尚书王珪有个儿子叫王敬直，娶了唐太宗的女儿南平公主。王珪说：“《礼记》中有妇人拜见公婆的礼仪，自从近代以来风俗逐渐衰落败坏，公主出嫁时，这些礼仪全都被废除了。陛下贤德圣明，所作所为都遵循礼仪典章制度，我接受公主的拜见，不是为了显示自身的荣耀，而是在成全大唐礼仪之邦的美德啊。”于是，王珪和妻子在座位上坐好，命令公主亲手拿着帕子，行侍奉长辈盥洗、膳食的礼仪，礼毕才退下。太宗听说后称赞做得好。从那以后凡是有公主下嫁，家中有公婆的，都要完全遵守这个礼仪。

贞观十二年，唐太宗对侍臣说：“古时候，诸侯进朝朝拜天子，有专门住宿和沐浴的地方，有充足的草料供给他们的马匹，用对待客人的礼仪来对待他们。白天天子坐在正殿上，晚上在院子里点燃蜡烛接见，对他们嘘寒问暖。另外，汉代京城中也有为各位诸侯建立的客馆。近来听说各地的使者到京城，和商人杂居在一起，地方仅仅能够容身而已。如今待客之礼如此怠慢，想必他们多有抱怨，怎么还会竭尽忠诚地为朝廷尽职尽忠呢?”于是，他下令在京城坊区空闲之地，为各地来朝的使者建造客馆。等到建成之后，唐太宗还亲自前往参观查看。

贞观十三年，礼部尚书王珪上奏说：“根据法令的规定，三品以上的官员，在路上遇到亲王，不应该下马行礼，而如今官员都违背法度来表达对亲王的尊敬，这与朝廷典章制度相违背。”唐太宗说：“你们是想要抬高自己的地位，轻慢我的儿子们吗?”魏徵说:“汉代、魏晋以来,亲王的官阶品级都低于三公。现在三品官员和君主的六尚书九卿,都要下马拜见亲王,这是亲王不应该承受的礼仪。历朝历代并没有这样做的先例,如今却这样做了,这是违背国家法度的,从道理上来说确实是不可以的。”太宗说:“国家设立太子,就是把他作为未来的君主,一个人地位的高低,不在于年龄的大小。如果没有太子,那么他一母所生的弟弟就会被立为太子。由此来说,你们怎么能够轻视我的儿子呢?”魏徵又说:“商朝人崇尚资质,有兄长去世,弟弟继承的法则。自从周朝以来,立嫡长子为太子,用来断绝庶子想要篡权夺位的非分企图,堵塞祸乱产生的根源。管理国家的人,更应当谨慎警惕。”唐太宗于是准了王珪的建议。

解析

唐太宗能够从古时诸侯入朝拜见天子的待遇中,得出对朝集使的礼遇相当不充分,因此下令为朝集使建造舍馆。我们在关心他人时,也不妨从他人的需要着手,帮助他们解决一些急需解决的问题,这样才能打动他人,才能让对方觉得你是真心地关心他,这样就能增进彼此的友谊。

另外,要学会防微杜渐,堵塞祸乱之源本,用发展的眼光、超前的思维来发现未来可能出现的问题,从而采取有效的措施,这样就能从源头上杜绝问题的发生。

礼乐第二十九(四)

原典

贞观十四年,太宗谓礼官曰:“同爨尚有缌麻之恩①。而嫂叔无服,又舅之与姨,亲疏相似,而服之有殊,未为得礼,宜集学者详议。余有亲重而服轻者,亦附奏闻。”是月尚书八座与礼官定议曰：

臣窃闻之，礼所以决嫌疑、定犹豫、别同异、明是非者也，非从天下，非从地出，人情而已矣。人道所先，在乎敦睦九族。九族敦睦，由乎亲亲，以近及远。亲属有等差，故丧纪有隆杀[②]，随恩之薄厚，皆称情以立文。原夫舅之与姨，虽为同气，推之于母，轻重相悬。何则？舅为母之本宗，姨乃外戚他姓，求之母族，姨不与焉，考之经史，舅诚为重。故周王念齐，是称舅甥之国[③]；秦伯怀晋，实切《渭阳》之诗。今在舅服止一时之情，为姨居丧五月，徇名丧实，逐末弃本，此古人之情或有未达，所宜损益，实在兹乎。

《礼记》曰：“兄弟之子犹子也，盖引而进之也。嫂叔之无服，盖推而远之也。”礼，继父同居则为之期，未尝同居则不为服。从母之夫，舅之妻，二人相为服。或曰“同爨缌麻”。然则继父且非骨肉，服重由乎同爨，恩轻在乎异居。固知制服虽系于名文，盖亦缘恩之厚薄者也。或有长年之嫂，遇孩童之叔，劬劳鞠养[④]，情若所生，分饥共寒，契阔偕老[⑤]，譬同居之继父，方他人之同爨，情义之深浅，宁可同日而言哉？在其生也，乃爱同骨肉，于其死也，则推而远之，求之本源，深所未喻。若推而远之为是，则不可生而共居；生而共居为是，则不可死同行路。重其生而轻其死，厚其始而薄其终，称情立文，其义安在？且事嫂见称，载籍非一。郑仲虞则恩礼甚笃[⑥]，颜弘都则竭诚致感[⑦]，马援则见之必冠[⑧]，孔伋则哭之为位[⑨]，此盖并躬践教义，仁深孝友，察其所行之旨，岂非先觉者欤？但于时上无哲王，礼非下之所议，遂使深情郁于千载，至理藏于万古，其来久矣，岂不惜哉！

今陛下以为尊卑之叙，虽焕乎已备[⑩]，丧纪之制，或情理未安，爰命秩宗，详议损益。臣等奉遵明旨，触类傍求[⑪]，采摭群经，讨论传记，或抑或引，兼名兼实，损其有馀，益其不足，使无文之礼咸秩，敦睦之情毕举，变薄俗于既往，垂笃义于将来，信六籍所不能谈，超百王而独得者也。

谨按曾祖父母，旧服齐衰三月，请加为齐衰五月；嫡子妇，旧服大功，请加为期；众子妇，旧服小功，今请与兄弟子妇同为大功九月[⑫]；嫂叔，旧无服，今请服小功五月。其弟妻及夫兄亦小功五月。舅，旧服缌麻，请加与从母同服小功五月。

诏从其议。此并魏徵之词也。

注释

①同爨（cuàn）尚有缌麻之恩：一起生活过的人尚且还有服丧三个月的礼仪。②丧纪有隆杀：丧葬礼仪有隆重和简单的区别。③舅甥之国：指两国的国君是舅舅和外甥的关系。④劬（qú）劳鞠养：辛辛苦苦地抚养。⑤契阔偕老：同甘共苦到老。⑥郑仲虞则恩礼甚笃：后汉时的郑仲虞，名均。郑仲虞对待嫂子在情义、礼节上都很笃厚。⑦颜弘都则竭诚致感：晋人颜弘都，名含。颜弘都尽心尽力侍奉嫂子而感动上天。⑧马援则见之必冠：后汉伏波将军马援，字文渊。马援在见嫂子时必会整理下穿戴，表示对嫂子的尊重。⑨孔伋则哭之为位：孔子之孙孔伋，字子思。孔伋则抱着嫂子的灵位痛哭不已。⑩焕乎已备：焕然一新且齐全了。⑪触类傍求：掌握了某一方面的知识进而向四周寻求类似的知识。⑫大功、小功：均为丧服名。

译文

贞观十四年，唐太宗对礼官说："和你一起居住生活的人去世了，尚且还要服三个月的丧礼。然而对待叔叔、嫂子却没有服丧的礼仪。另外，舅舅和姨妈都是一样的远近，然而服丧的礼仪却有很大的区别，这都是不合理的，应当召集博学的人详细审议。如果还有其他关系亲近而服丧的礼仪却很轻的，也一起上奏。"就在这个月，尚书八座和礼官拟定了建议说：

臣私下听说，礼制是用来判断疑惑和解决迟疑不决的，是用来区别异同和明辨是非的，它不是从天而降，也不是从地下钻出来的，而是根据人情常理来制定的。人情常理中最重要的，就是要让九族和睦相处。九族和睦相处，在于由远及近，实行亲疏有别的礼节。亲属有亲疏的差别，因而丧礼也有隆重和简单的区别，丧礼中的祭文也应根据亲情的薄厚来书写。舅舅和姨虽然是同胞，但是他们和母亲的轻重关系的差别很明显。为什么会这样呢？舅舅是母亲本宗族的人，姨妈则是外姓亲戚家的人，在母亲的宗族中找不到姨的位置，参考经书史籍，舅舅确实比姨重要。所以，周王挂念齐国，称两国的关系是舅甥关系；秦国国君挂念晋国，作了《渭阳》

这首诗。如今舅舅去世，服丧时间只有三个月，而姨妈去世却要服丧五个月，追求了虚名而丧失了人情常理，舍本逐末，这是因古代人在人情上没有思考周全，在这个地方应当有所增减。

《礼记》中说："兄弟的孩子就像自己的孩子，这大概是为了拉近彼此的关系。嫂子、叔叔去世后不用守丧，大概是为了疏远关系。"礼制规定，如果和继父在一起生活过，就要为他服丧一年，如果没有一起生活过，就不用服丧。姨夫和舅妈，二人的丧礼礼仪是一样的。俗话说："在一起生活的人去世了，就要为他服丧三个月。"然而继父并不是亲生父亲，对他服丧一年是因为在一起生活过，而恩情轻微是因为没有在一起生活过。因此服丧的礼仪虽然事关名声，但也会根据恩情的薄厚来决定。比如年龄较大的嫂子，抚养了年幼的小叔子，就像对待自己的亲生儿子那样，同甘共苦一起生活到老，这和一起生活过的继父，以及其他一起生活过的人，在情义上怎么能相提并论呢？嫂子生前，二人情同骨肉，嫂子死后，却以外人的礼节疏远她，这种做法很难让人理解接受。如果推而疏远是对的，那么生前就不应该生活在一起；既然生前生活在一起，那么死了之后对待嫂子就不能像对待陌生人那样。重视她活着的时候而怠慢她死了之后，刚开始时人情很浓厚，最终却人情很微薄，用这个原则来衡量丧礼礼仪，有这样的道理吗？况且侍奉嫂子而得到赞赏的，史书上记载的也很多。后汉郑仲虞抚养寡居的嫂子和她的儿子，无论是在礼节还是情义上都厚待她；晋时颜弘都尽心尽力侍奉失明的嫂子而感动上天；后汉马援在见嫂子时一定会穿戴整齐；孔伋则抱着嫂子的灵位痛哭不已。这些人都亲自实践教化的道义，仁义深厚，他们能够深明其中大义，难道不是先知先觉者吗？只是当时没有圣明的君王，百姓也不议论礼仪之事，于是让这种至深之情和至明之理埋没了上千年，难道不令人痛惜吗？

如今陛下认为尊卑秩序虽然都已经制定齐全完善了，但丧礼的制度有的地方还是不符合情理的，于是命令掌管秩序的官员详细审查以进行增加或删减。我们遵奉陛下的旨意，掌握了某一方面的礼仪知识进而向四周寻求类似的礼仪知识，在众多书籍中选取，有的弃用有的采纳，兼顾名声和事实，去掉多余的，增加不足的，让没有明文规定的礼仪都有了秩序，希望这样能使人敦厚和睦，一改过去浅薄的风俗，为后世留下榜样。这些都是六经中没有谈到的，是陛下超过历朝历代唯独一人获得的成就。

谨慎考核后，对于曾祖父母旧有的丧期是三个月，现在请求增加为五个月；嫡系儿媳在过去为公婆服丧九个月，现再请求延长一年；其他儿子的妻子过去服丧为五个月，如今改为九个月；嫂子和叔叔，过去的时候不服丧，如今请求改为服丧五个月。弟弟的妻子以及丈夫的兄弟也同样服丧五个月。舅舅过去服丧三个月，现在请求和姨母一样都是服丧五个月。

唐太宗下诏接受这个议案。这个议案是魏徵写的。

解析

在制定制度时，要充分考虑到人情，否则只有空洞的形式是没有任何意义的。制度的规则要是不符合人情，比如奖罚制度不符合人情，那么就会造成管理上的混乱，甚至会形成不好的风气，造成严重的损失。同时制度并不是固定不变的，而要根据实际变化不断改进。

一个好的制度必定会考虑到方方面面的需要，尤其是与人的精神需要相协调，要符合人情世故，否则这个制度就很难深入人心，也就难以发挥其应有的作用。

礼乐第二十九（五）

原典

贞观十七年十二月癸丑，太宗谓侍臣曰：“今日是朕生日。俗间以生日可为喜乐，在朕情，翻成感思。君临天下，富有四海，而追求侍养，永不可得。仲由怀负米之恨①，良有以也。况《诗》云：‘哀哀父母，生我劬劳②。’奈何以劬劳之辰，遂为宴乐之事！甚是乖于礼度。”因而泣下久之。

太常少卿祖孝孙奏所定新乐。太宗曰："礼乐之作，是圣人缘物设教，以为撙节[3]，治政善恶，岂此之由?"御史大夫杜淹对曰："前代兴亡，实由于乐。陈将亡也，为《玉树后庭花》，齐将亡也，而为《伴侣曲》，行路闻之，莫不悲泣，所谓亡国之音。以是观之，实由于乐。"太宗曰："不然，夫音声岂能感人？欢者闻之则悦，哀者听之则悲。悲悦在于人心，非由乐也。将亡之政，其人心苦，然苦心相感，故闻之则悲耳。何乐声哀怨，能使悦者悲乎？今《玉树》、《伴侣》之曲，其声具存，朕能为公奏之，知公必不悲耳。"尚书右丞魏徵进曰："古人称：礼云，礼云，玉帛云乎哉！乐云，乐云，钟鼓云乎哉！乐在人和[4]，不由音调。"太宗然之。

贞观七年，太常卿萧瑀奏言："今《破阵乐舞》天下之所共传，然美盛德之形容，尚有所未尽。前后之所破刘武周、薛举、窦建德、王世充等，臣愿图其形状，以写战胜攻取之容。"太宗曰："朕当四方未定，因为天下救焚拯溺[5]，故不获已，乃行战伐之事，所以人间遂有此舞，国家因兹亦制其曲。然雅乐之容，止得陈其梗概，若委曲写之，则其状易识。朕以见在将相，多有曾经受彼驱使者，既经为一日君臣，今若重见其被擒获之势，必当有所不忍，我为此等，所以不为也。"萧瑀谢曰："此事非臣思虑所及。"

注释

①仲由怀负米之恨：子路有米可背了却不能侍养父母的遗憾。子路侍奉父母，因为穷，只能偶尔背米送给父母。后来父母去世，子路富有了，能够常常背米了却再也无法侍奉父母，因而悲痛遗憾。②哀哀父母，生我劬劳：哀伤我的父母，养育我多么辛苦和劳累啊。③撙节：约束。④乐在人和：快乐在于人的内心和睦。⑤救焚拯溺：拯救百姓于水深火热之中。

译文

贞观十七年十二月癸丑日，唐太宗对侍臣说："今天是我的生日。民间认为生日是值得庆祝欢乐的时候，然而我心里却感慨万千。我作为君主，治理国家，拥有四海的财富，然而想要侍养父母，却是永远也做不到了。子路贫困时，自己吃野菜而把米背回家给父母，后来子路富有了，父母却已经不在人世了，再想孝敬父母已经不可能了，所以他感到非常遗憾。《诗经》里说：‘可怜我的父母，为养育我付出了多少辛苦和劳累啊。’怎么可以在父母生我这样艰难的日子里，做宴饮快乐的事情呢。这种做法很是违背礼仪法度。”说完，唐太宗为此哭泣了很长时间。

太常少卿祖孝孙上奏新近制定的音乐。唐太宗说：“创作礼乐，是圣人为了节制人们的情欲而设立的，用来教化百姓。至于治理国家处理政务的好与坏，岂是由于音乐的缘故？”御史大夫杜淹说：“前代的兴衰存亡，的确和音乐相关。陈朝快要灭亡的时候，陈后主写了《玉树后庭花》。齐朝快要灭亡的时候，作了《伴侣曲》，路上的行人听到后，没有不悲伤落泪的，这就是亡国之音。由此可知，的确是和音乐相关。”太宗说：“不是这样的，音乐的声音怎么会感动人呢？欢乐的人听到就会欢悦，悲伤的人听到就会悲伤。悲伤和欢悦在于人心，并不是因为音乐。国家将要灭亡了，百姓自然会很悲苦，而凄苦的音乐能够与他们的心情相呼应，因而听了就更加悲伤。而一首悲伤的音乐，能否让欢悦的人听到后悲伤呢？如今《玉树后庭花》、《伴侣曲》这些歌曲依然存在，我都可以为你们演奏，但可以肯定的是，你们听了一定不会感到悲伤。”尚书右丞魏徵进言说：“古人说，说礼，说礼，说的只是玉器丝帛吗？说乐，说乐，说的只是钟鼓之音吗？快乐的关键在人内心和睦，而不在于音调。”唐太宗也认为是这样的。

贞观七年，太常卿萧瑀上奏章说：“如今《破阵乐舞》在天下广为流传，然而此乐曲仍不足以形容陛下的盛德。陛下先后打败了刘武周、薛举、窦建德、王世充等人，我希望能够绘制出图画来，以反映胜利时的壮阔场面。”太宗说：“我在天下还没安定的时候，为了拯救百姓于水深火热，迫不得已才进行战争，征伐四方，然后民间就有了这个舞蹈和乐曲。然而高雅的音乐，应该只是陈述历史的梗概，不宜把详情原原本本写出来。我看如今在朝中为职的将相，大多是曾经在敌人的手下做事的，毕竟曾有过一段君臣关系，现在让他们重新看到曾经被俘的场面，他们必定会心有不忍。考虑到这个原因，所以才不打算这么做。”萧瑀道歉说：“这件事是臣考虑欠周了。”

解析

古时，君主常用礼乐来教化百姓，《礼记》中记载说：“经礼三百，曲礼三千”，由此可见礼乐确实覆盖范围很广，这是因为君主认为音乐与人内心的感情休戚相关。所以，君主命令臣子制作各种乐曲，有的是为了树立君主的形象，有的则是为了教化百姓，当然还有的纯属娱乐。

唐太宗也不能免俗，因而有《破陈乐舞》。和其他君主相比，唐太宗无异于更懂得将心比心，为了不让那些投诚的大臣触景生情，所以他放弃了对《破陈乐舞》的完善。

卷八

务农第三十（一）

原典

贞观二年，太宗谓侍臣曰："凡事皆须务本。国以人为本，人以衣食为本，凡营衣食，以不失时为本。夫不失时者，在人君简静①乃可致耳。若兵戈屡动，土木不息，而欲不夺农时，其可得乎？"王珪曰："昔秦皇、汉武，外则穷极兵戈，内则崇侈宫室，人力既竭，祸难遂兴。彼岂不欲安人乎？失所以安人之道也。亡隋之辙，殷鉴不远②，陛下亲承其弊，知所以易之。然在初则易，终之实难。伏愿慎终如始，方尽其美。"太宗曰："公言是也。夫安人宁国，惟在于君。君无为则人乐，君多欲则人苦。朕所以抑情损欲③，克己自励耳。"

贞观二年，京师旱，蝗虫大起。太宗入苑视禾，见蝗虫，掇数枚而咒曰："人以谷为命，而汝食之，是害于百姓。百姓有过，在予一人，尔其有灵，但当蚀我心，无害百姓。"将吞之，左右遽谏曰："恐成疾，不可。"太宗曰："所冀移灾朕躬，何疾之避？"遂吞之。自是蝗不复为灾。

注释

①简静：简单清净，这里指施政让百姓休养生息。②殷鉴不远：原意是商朝的人应该把夏朝的灭亡作为借鉴，后来用以借鉴、警戒之意。③抑情损欲：压制情欲，减少欲望。损，减少。

译文

贞观二年，唐太宗对侍臣说："任何事情都必须抓住根本。国家以人民为根本，人民以衣食为根本，凡是经营粮食服装的，都要以不失去生产的时机为根本。要想做到不失去生产的时机，就要靠君主施政让百姓休养生息，减轻徭役。若是连年打仗，营建不停，还想不侵夺农时，怎么可能呢?”王珪说：“从前，秦始皇和汉武帝，对外不断发动战争，对内则大修宫殿，人力既已用尽了，灾难也就会兴起。他们难道不想让百姓安定吗？只是没有使用安定百姓的方法。隋朝灭亡的教训，离我们不远，陛下亲自承受了隋朝遗留下来的弊端，因此知道如何去改变。不过刚开始时还比较容易，要想坚持到底就很难了。希望陛下能够善始善终，只有这样方能治理好国家。”太宗说：“你说得很对。让百姓安宁、国家安定，只在于君主。君主无为而治则人民欢乐，君主欲望多那么人民就会艰苦。这就是我压抑情欲、减少欲望、不断自勉的原因。”

贞观二年，京城地区大旱，蝗虫成灾。唐太宗亲自到田间查看庄稼，看到蝗虫，便拾取了几只骂道：“人民把粮食当作生命，你却把粮食吃了，这是在祸害百姓。百姓要是有什么过错，也全在于我一个人，你们要是有灵性，就应该吞噬我的心，而不要祸害百姓。”说完就要把蝗虫吃掉，左右大臣劝谏说：“恐怕吃了会生病的，不可以。”唐太宗说：“我所期望的正是将灾难转移到我身上，还怕什么疾病吗?”于是把蝗虫吞下。从那以后，蝗虫再也不成灾。

解析

“民以食为天，国以人为本”，唐太宗认为治理国家的根本在于百姓，而百姓的根本在于粮食，因而君主要解决好粮食问题，让百姓能够温饱，国家自然也就得到最基础的治理。这一点告诉人们，在管理中要做到以人为本，尊重个体，明白个体的需要，并且帮助他们解决这些需要，那么管理自然就会到位了。

另外，唐太宗还认为百姓的乐苦在于君主，君主寡欲则百姓乐，君主多欲则百姓苦。也就是说人要克制自己的欲望，压抑自己的情感，否则就会迷失在欲望中。

务农第三十（二）

原典

贞观五年，有司上书言："皇太子将行冠礼[①]，宜用二月为吉，请追兵以备仪注[②]。"太宗曰："今东作方兴，恐妨农事。"令改用十月。太子少保萧瑀奏言："准阴阳家，用二月为胜。"太宗曰："阴阳拘忌，朕所不行。若动静必依阴阳，不顾理义，欲求福佑，其可得乎？若所行皆遵正道，自然常与吉会。且吉凶在人，岂假阴阳拘忌？农时甚要，不可暂失。"

贞观十六年，太宗以天下粟价率计斗值五钱，其尤贱处，计斗值三钱，因谓侍臣曰："国以民为本，人以食为命。若禾黍不登[③]，则兆庶非国家所有。既属丰稔若斯，朕为亿兆人父母，唯欲躬务俭约，必不辄为奢侈。朕常欲赐天下之人，皆使富贵，今省徭赋，不夺其时，使比屋之人恣其耕稼，此则富矣。敦行礼让，使乡闾之间，少敬长，妻敬夫，此则贵矣。但令天下皆然，朕不听管弦，不从畋猎，乐在其中矣！"

注释

①冠礼：加冠礼，古时男子二十岁成年时的礼节。②请追兵以备仪注：请求增加士兵以备举行仪式时用。追兵，增加士兵。③登：丰收。

译文

贞观五年，有关部门上奏章说："皇太子应该举行加冠礼了，二月份举行最为吉祥，请求增补士兵以备举行仪式时用。"太宗说："现在春耕刚刚开始，这时举行仪式恐怕会妨碍农事。”于是下令将加冠礼改为十月举行。太子少保萧瑀上奏说：“根据阴阳家的说法，在二月里举行是最恰当的。”太宗说：“阴阳讲究的禁忌，在我这里行不通。若是举动都要按照阴阳道理，不顾及法理和仁义，想要寻求福佑，怎么可能呢？若是举止言行都遵守正道，自然就会吉祥如意。况且是吉是凶取决于人，怎能听信阴阳的禁忌呢？农时很重要，不能有片刻的耽误。”

贞观十六年，唐太宗因为天下米价一斗才值五钱，更便宜的一斗才三钱，所以对侍臣说：“国家以人民为根本，人民把粮食看作生命。要是粮食不丰收，那么亿万百姓就不把国家当作国家。粮食的丰收对百姓如此重要，我身为亿万百姓的衣食父母，必须勤俭节约、不奢侈。我常常想赏赐天下人，让他们都能够富裕高贵。现在减轻徭役和赋税，不侵夺生产的时机，让老百姓都能一心种植庄稼，其实这就是让他们富裕。推行礼仪，让乡里的百姓年轻人尊敬年长者，妻子尊敬丈夫，其实，这就是让他们高贵。要是天下都能够这样，那么我即使不听音乐、不打猎，也会乐在其中。”

解析

孔子说：“百姓足，君孰与不足？百姓不足，君孰与足？”百姓才是国家的根本，百姓富足了，那么国家也就富足了；百姓强大了，那么国家也就强大了。如果不能做到以人为本，就会失去民心，而失去民心，君主的统治就面临着崩溃的危险。因而唐太宗才想让天下百姓都富贵，并且指出了做到富和贵的方法。

在管理中，人才是根本，要想留住人才，就要学会站在人才的角度，给他画一个切实可行的蓝图，并告诉他相应的方法，那么人才自然就会留下，并且会为了实现蓝图而更加努力。

刑法第三十一（一）

原典

贞观元年，太宗谓侍臣曰："死者不可再生，用法务在宽简[1]。古人云，鬻棺者欲岁之疫，非疾于人，利于棺售故耳。今法司核理一狱，必求深刻，欲成其考课。今作何法，得使平允？"谏议大夫王珪进曰："但选公直良善人断狱允当者，增秩赐金，即奸伪自息。"诏从之。太宗又曰："古者断狱，必讯于三槐、九棘之官[2]，今三公、九卿，即其职也。自今以后，大辟罪[3]皆令中书、门下四品以上及尚书九卿议之。如此，庶免冤滥。"由是至四年，断死刑，天下二十九人，几致刑措。

贞观二年，太宗谓侍臣曰："比有奴告主谋逆，此极弊法，特须禁断。假令有谋反者，必不独成，终将与人计之；众计之事，必有他人论之，岂借奴告也？自今奴告主者，不须受，尽令斩决。"

贞观五年，张蕴古为大理丞。相州人李好德，素有风疾[4]，言涉妖妄，诏令鞫其狱。蕴古言："好德癫病有征，法不当坐。"太宗许将宽宥。蕴古密报其旨，仍引与博戏。治书侍御史权万纪劾奏之。太宗大怒，令斩于东市。既而悔之，谓房玄龄曰："公等食人之禄，须忧人之忧，事无巨细，咸当留意。今不问则不言，见事都不谏诤，何所辅弼？如蕴古身为法官，与囚博戏，漏泄朕言，此亦罪状甚重。若据常律，未至极刑。朕当时盛怒，即令处置。公等竟无一言，所司又不覆奏，遂即决之，岂是道理。"因诏曰："凡有死刑，虽令即决，皆须五覆奏。"五覆奏，自蕴古始也。又曰："守文定罪，或恐有冤。自今以后，门下省覆，有据法令合死而情可矜者，宜录奏闻。”

注释

①宽简：宽容简约。②必讯于三槐、九棘之官：一定会向三槐、九棘官员询问。三槐、九棘：据《周礼》说，古代外朝种有三棵槐树，三公位在其下。后以“三槐”为三公的代称。又以朝廷树棘来区分朝臣的品位，左右各九，称“九棘”。③大辟罪：死刑的统称。④风疾：精神病。

译文

贞观元年，唐太宗对侍臣说：“人死不能复生，因此在执法时务必要宽大简约。古人说，卖棺木的人希望每年都有瘟疫发生，并不是对人有憎恨，而是为了便于销售棺材罢了。现在司法部门核实审理每一个案件，总是力求严苛，用来在考核上获得一个好成绩。如今有什么办法，才能让他们做到断案公平呢？”谏议大夫王珪进言说：“选拔公平正直善良的人，只要他们判案公平得当，就给予赏赐或者提升他们的官阶，那么奸诈虚伪自会停止。”唐太宗下诏接受了这个建议。唐太宗又说：“古代人判断案件，必定会向三槐、九棘询问，如今的三公、九卿，担任的就是这一职责。从今天开始，凡是判死罪的案件都要命令中书和门下省四品以上高官以及尚书九卿来审议。这样做，就能避免产生冤假错案。”自此到贞观四年，被判处死刑的人，全天下只有二十九个，刑法几乎都成了摆设。

贞观二年，唐太宗对侍臣说：“近来有奴仆状告主人谋反作乱的，这危害很大，必须禁止。假设有人真的谋反作乱，必定不是一个人能够完成的，一定会有合谋；众人谋划的事情，一定会引得他人议论，何须奴仆来告状呢？从今天开始，凡是奴仆状告主人的，不需要受理，直接下令将这奴才处死。”

贞观五年，张蕴古担任大理寺丞一职。那时，相州有个叫李好德的人，向来患有疯癫病，说了些狂妄不羁的话，唐太宗下令将其抓了起来。张蕴古说：“李好德患有疯癫病，这事有确凿的证据，按照法律规定，不应该判有罪。”太宗于是允许对他进行宽大处理。张蕴古私下把太宗的想法告诉了李好德，并跟他博戏。治书侍御史权万纪弹劾张蕴古并上奏这件事，唐太宗非常生气，下令在东市将张蕴古斩首示众。不久之后，唐太宗就后悔了，对房玄龄说：“你们吃着君主的俸禄，就必须要替君主分忧，事情不论是大是小，都应当留意。如今我不问你们，你们就不说话，看见事情都不进谏，称得上什么辅佐君主呢？比如张蕴古是法官，和囚犯一起博戏，泄露我说的话，这是重罪。但要是根据寻常法律来说，还达不到判处死罪的条件。当时我是一时气急，竟下令斩了他。你们竟然没有一个进谏的，有关部门也不审核上奏，立即就把他处死了，这种行为怎么符合道理呢？”于是下诏说：“凡是被判处死刑的，即使下令立即处死，也必须经过五次复奏才能施行。”五次复奏的做法，就是从张蕴古开始的。诏书中又说：“按照法律规定来决定罪行大小，恐怕还会有冤案。从今往后，门下省复审，有按照法律该处死刑但情有可原的，应当记录下来上奏朝廷。”

解析

古代时制定法律，是为了约束百姓的行为，而不是为了残害百姓，因而唐太宗主张用法宽简，但由于缺乏一定的监督措施，又没有人进谏指出唐太宗的错误，因而张蕴古被误杀。

因此赏罚制度是应该确立的，但它的目的并不是为了奖励或者惩罚，更多地是为了约束人的行为。同时在决定赏罚时，不要以个人好恶作为标准，也不要一时冲动就作出决定，而要按照制度来。当然，如果能有人对赏罚过程进行监督，那么也能避免出现赏罚不当的情况。

刑法第三十一（二）

原典

蕴古初以贞观二年，自幽州总管府记室兼直中书省，表上《大宝箴》，文义甚美，可为规诫。其词曰：

今来古往，俯察仰观，惟辟作福[①]，为君实难。宅普天之下，处王公之上，任土贡其所有，具僚和其所唱。是故恐惧之心日弛，邪僻之情转放。岂知事起乎所忽，祸生乎无妄。故以圣人受命，拯溺亨屯[②]，归罪于己，推恩于民。大明无偏照，至公无私亲[③]。故以一人治天下，不以天下奉一人。礼以禁其奢，乐以防其佚。左言而右事[④]，出警而入跸。四时调其惨舒，三光同其得失[⑤]。故身为之度，而声为之律。勿谓无知，居高听卑；勿谓何害，积小成大。乐不可极，极乐成哀；欲不可纵，纵欲成灾。壮九重于内，所居不过容膝[⑥]；彼昏不知，瑶其台而琼其室[⑦]。罗八珍于前，所食不过适口[⑧]；惟狂罔念[⑨]，丘其糟而池其酒。勿内荒于色，勿外荒于禽；勿贵难得之货，勿听亡国之音。内荒伐人性，外荒荡人心[⑩]；难得之物侈，亡国之声淫。勿谓我尊而傲贤侮士，勿谓我智而拒谏矜己。闻之夏后，据馈频起[⑪]；亦有魏帝，牵裾不止[⑫]。安彼反侧，如春阳秋露；巍巍荡荡，推汉高大度。抚兹庶事，如履薄临深；战战栗栗，用周文小心。

《诗》云："不识不知。"《书》曰："无偏无党。"一彼此于胸臆，捐好恶于心想。众弃而后加刑，众悦而后命赏。弱其强而治其乱，伸其屈而直其枉。故曰：如衡[⑬]如石，不定物以数，物之悬者，轻重自见；如水如镜，不示物以形，物之鉴者，妍蚩自露[⑭]。勿浑浑而浊，勿皎皎而清；勿汶汶而暗，勿察察而明。虽冕旒蔽目而视于未形，虽黈纩塞耳而听于无声[⑮]。纵心乎湛然之域，游神于至道之精。扣之者，应洪纤而效响[⑯]；酌之者，随浅深而皆盈[⑰]。故曰：天之清，地之宁，王之贞。四时不言而代序，万物无为而受成。岂知帝有其力，而天下和平。吾王拨乱，戡以智力；人惧其威，未怀其德。我皇抚运，扇以淳风；民怀其始，未保其终。爰术金镜[⑱]，穷神尽性。使人以心，应言以行。包括理体，抑扬辞令。天下为公，一人有庆。开罗起祝，援琴命诗。一日二日，念兹在兹。惟人所召，自天佑之。争臣司直，敢告前疑。

太宗嘉之，赐帛三百段，仍授以大理寺丞。

注释

①惟辟作福：辟，君主。作福，赏赐别人福祉。②亨屯：亨达困境，指从困境中解救出来。③大明：太阳。④左言而右事：左官记录君主的言论，右官记录君主的行为。⑤四时、三光：四时指春夏秋冬。三光指日月星辰。⑥壮九重于内，所居不过容膝：对内不断扩建宫殿，所居住的不过是容膝之地。⑦瑶其台而琼其室：瑶，宝石。琼，美玉。用宝石来装饰露台，用美玉来装饰内室。⑧八珍：八种美味的菜肴，后来指菜肴很多。⑨惟狂罔念：不想着做好事。罔念，不思为善。⑩伐：败坏。⑪据馈频起：一顿饭要中断好几次。⑫牵裾不止：拉着衣襟不放手。⑬衡：秤。⑭妍蚩自露：妍蚩，美丑。⑮虽黈（tǒu）纩塞耳而听于无声：虽然黄丝绵塞住了耳朵但能听到尚未发出的声音。⑯扣之者，应洪纤而效响：就像洪钟，会随着敲打人用力的不同而发出不同的声音。⑰酌之者，随浅深而皆盈：就像大海，无论取水的人取多少都能够满足。⑱金镜：指大道。

译文

张蕴古在贞观二年，以幽州总管府记室兼直中书省的身份向唐太宗进谏了一篇《大宝箴》，辞藻华丽，含意深刻，可以作为规诫。文章中说：

古往今来，俯瞰仰视，只有君主能专擅赏罚，做君主的确实不容易。普天之下莫非王土，率土之滨莫非王臣，全国各地随其所有而进贡，满朝文武一呼百应。因此，国君容易丢掉戒备谨慎之心，于是滋生邪恶悖理之情。岂知福祸所依，事故生于疏忽，灾祸生于意外，正所谓世事无常。所以圣君接受上天的命令，拯救百姓于危难之中，把罪过都归于自己，将恩德都施予百姓。太阳照耀时没有偏袒，至公之人在处理事情时没有私心，因此君主以一己之躯治理天下，不以天下人来侍奉自身。用礼教来防止奢侈，制定音乐来防止放荡。左官记录君主的言论，右官记录君主的行动，出入都有护卫警戒。按照春夏秋冬而调整其宽严，用日月星辰检查其得失。因而言行有法度，声音就是节律。不以臣下为无知，身居高位而能不耻下问；不可掉以轻心，以免积小过而成大过。快乐的时候不可无度，否则乐极生悲；不可以放纵欲望，否则纵欲成灾。对内扩建皇宫，琼楼玉宇，何等华丽，其实尺幅之地就可容身。可是，那些昏庸的君主不知道这些道理，用宝石装饰露台，用美玉装饰宫殿。山珍海味摆在面前，其实食物只要合口即可；不想着做善事，却用池子来放酒，酒糟堆积成一座山。对内不要沉迷于美色，对外不要沉迷于打猎；不要因为货物难得而看重，不听亡国之音。对内沉迷于美色会败坏人的天性，对外沉迷于打猎会让人心浮动；看重稀罕的物品导致奢侈，听亡国之音导致放纵。不要以为自己尊贵就轻视贤士，不要认为自己智力超群就拒绝纳谏。听说夏禹忙于政事，一顿饭都要中断好几次；还听说有大臣拉着魏文帝的衣襟苦苦劝谏，他却不接纳。安定那些不诚心归顺的人，要像春天的阳光和秋天的露水般温和；德行的崇高和博大，当推汉高祖。处理政事时，要如履薄冰般谨慎处理，要像周文王那般小心谨慎。

《诗经》里说："不去认识就不会了解。"《尚书》中说："不偏私，不结党。"为君之道要光明正大，做到一视同仁，不随意流露心中好恶。众人都厌恶的就加以刑罚，众人都赞赏的就加以赏赐。打击邪恶整治乱世，伸张正义使沉冤得雪。因而说，就像秤，虽然不能直接测出物品的重量，但是把物品放在上面，轻重自现。虽然以水为镜不能显示物品形状，但是把物品放在镜子面前，美丑自现。君主不要糊里糊涂，不辨是非；不要过分苛刻，以苛察为明。即使冕冠前后悬挂的玉珠遮住了视线，也应该在事迹还未显露时就发现问题；虽然黄丝绵塞住了耳朵，也要听到尚未发出的声音。让自己的心能够清澈，让自己的神思遨游在光明的大道中。就像洪钟，会随着敲打的人施力的不同而发出不同的声音；就像大海，无论取水的人取多少都能满足他。所以说上天因此而清明，大地因此而安宁，王侯因此而赢得天下。春夏秋冬默默地交替轮转而十分有序，万物无为然而遵守一定的自然规律，它们怎么会知道是因为帝王的力量，天下才得以太平的呢。君王平定祸乱，靠的是智力和武功；人们却都害怕您的威严，而不感激您的恩德。陛下接受天命，推行淳朴的风俗，百姓才开始归附，但也不能保证最后也是如此。因此，要借助历史的明镜，勤于思考修养德行，用诚心对待百姓，用所作所为来履行诺言。治理国家的要领要掌握，言辞命令要合适。以天下为公，让君主拥有善德。像商汤那样有网开三面的仁义，像舜帝那样用五弦琴演奏南风之诗。一天一天，念念不忘所要做的事情。祸福都是人自招，上天择善而佑。正直之臣斗胆妄言，将自己的疑惑告于陛下。

唐太宗对这个建议十分赞赏，于是赏赐张蕴古丝帛三百段，并任命他为大理寺丞。

解析

张蕴古认为君主的职责在于挽救百姓于水火之中，同时要学会自省，把过错归咎到自己身上，把恩德推广到百姓身上，在使用刑罚时，做到无偏无私，应“以一人治天下，而不是以天下奉一人”。当然，当一个人身居高位时，常常会想着让别人来侍奉，而这种行为往往会滋生骄傲自满、腐败等，因而要时刻牢记自身的责任，而不是满足自己的私欲。

另外，要敢于承担责任，不要推卸责任，一个有担当的人才会赢得别人的信任和臣服。

刑法第三十一（三）

原典

贞观五年，诏曰：“在京诸司，比来奏决死囚，虽云三覆，一日即了，都未暇审思，三奏何益？纵有追悔，又无所及。自今后，在京诸司奏决死囚，宜二日中五覆奏，天下诸州三覆奏。”又手诏敕曰：“比来有司断狱，多据律文，虽情在可矜而不敢违法，守文定罪，惑恐有冤。自今门下省复有据法合死，而情在可矜者，宜录状奏闻。”

贞观九年，盐泽道行军总管、岷州都督高甑生，坐违[1]李靖节度，又诬告靖谋逆，减死徙边[2]。时有上言者曰：“甑生旧秦府功臣，请宽其过。”太宗曰：“虽是藩邸旧劳，诚不可忘。然理国守法，事须画一，今若赦之，使开侥幸之路。且国家建义太原，元从[3]及征战有功者甚众，若甑生获免，谁不觊觎？有功之人，皆须犯法。我所以必不赦者，正为此也。”

注释

①坐：犯罪。②减死徙边：免除死罪流放到边远地区。③元从：一开始就跟从的人。

译文

贞观五年，唐太宗下诏说：“京城的各个官府衙门，近来上奏章请求判处罪人死刑，虽然经过了三次批报，但都是在一天内完成的，可见根本不曾仔细地审查，这样一来，即使上报三次又有什么用呢？以后即使对判决后悔了，恐怕也来不及了。从今往后，京城的各个官府衙门判处死刑的，应当两天内经过五次上奏审核，其他地方的，要经过三次审核。”不久，他又亲手写诏书下令说：“近来有很多官府判断案子，大都是根据法律条文办事，有时遇到的案件虽然情有可原，但又不敢违反法律，最后仍依照法律条文办事，恐怕会产生冤案。从今天开始，门下省复核的过程中发现有根据法律该判处死刑，但是又情有可原的案子，应当摘录下来上奏朝廷。”

贞观九年，盐泽道行军总管、岷州都督高甑生，因违背了李靖的节制调度而获罪，同时又诬蔑上奏李靖谋反作乱，被判处死刑，后来免去死刑改为流放到边远地区。当时有人上奏说：“高甑生是当时秦王府的旧臣，对他的罪过应该宽大处理。”太宗说：“虽然他是秦王府的旧幕僚，也的确有不少功劳，然而治理国家应该遵循法律，奉公守法，一视同仁，如今要是赦免了他，就等于打开了侥幸的道路。何况当初在太原起义兵，一开始就参加战争有功劳的人很多，若是现在免除他的罪行，那么谁不会抱有侥幸的想法呢？有功劳的人，都会仗着功劳而违背法律。我之所以不赦免高甑生，正是因为这个缘故。”

解析

刑罚要做到公平公正，尤其是罪行较重的处罚，要是处置不当，就会造成恶劣的后果，如冤案等。而在实际生活中，一个人要想做到公平公正是非常难的，尤其是在一个颇看重人情关系的国家里。一个人生活在各种社会关系中，处理事情难免会受到这些关系的影响，从而作出一些不恰当的处罚或赏赐。

因而，要时时刻刻修养自身的品德，提高自身素质，提高抵抗诱惑的能力，培养至公之心，不偏不私，这样才能树立一个公平、公正的形象。

刑法第三十一（四）

原典

贞观十一年，特进魏徵上疏曰：

臣闻《书》曰："明德慎罚[①]"，"惟刑恤哉！"《礼》云："为上易事，为下易知，则刑不烦矣。上人疑则百姓惑，下难知则君长劳矣。"夫上易事，则下易知，君长不劳，百姓不惑。故君有一德，臣无二心，上播忠厚之诚，下竭股肱之力，然后太平之基不坠，"康哉"之咏斯起。当今道被华戎[②]，功高宇宙，无思不服，无远不臻。然言尚于简文，志在于明察，刑赏之用，有所未尽。夫刑赏之本，在乎劝善而惩恶，帝王之所以与天下为画一，不以贵贱亲疏而轻重者也。今之刑赏，未必尽然。或屈伸在乎好恶，或轻重由乎喜怒；遇喜则矜其情于法中，逢怒则求其罪于事外；所好则钻皮出其毛羽，所恶则洗垢求其瘢痕。瘢痕可求，则刑斯滥矣[③]；毛羽可出，则赏因谬矣。刑滥则小人道长，赏谬则君子道消。小人之恶不惩，君子之善不劝，而望治安刑措，非所闻也。

且夫暇豫清谈，皆敦尚于孔、老；威怒所至，则取法于申、韩。直道而行，非无三黜[④]，危人自安，盖亦多矣。故道德之旨未弘，刻薄之风已扇。夫刻薄既扇，则下生百端；人竞趋时，则宪章不一。稽之王度，实亏君道。昔州犁上下其手[5]，楚国之法遂差；张汤轻重其心，汉朝之刑以弊。以人臣之颇僻，犹莫能申其欺罔，况人君之高下，将何以措其手足乎？以睿圣之聪明，无幽微而不烛，岂神有所不达，智有所不通哉？安其所安，不以恤刑为念；乐其所乐，遂忘先笑之变。祸福相倚，吉凶同域，惟人所召，安可不思？顷者责罚稍多，威怒微厉，或以供帐不赡，或以营作差违，或以物不称心，或以人不从命，皆非致治之所急，实恐骄奢之攸渐。是知“贵不与骄期而骄自至，富不与侈期而侈自来”，非徒语也。

且我之所代，实在有隋。隋氏乱亡之源，圣明之所临照[6]。以隋氏之府藏譬今日之资储，以隋氏之甲兵况当今之士马，以隋氏之户口校今时之百姓，度长比大，曾何等级？然隋氏以富强而丧败，动之也；我以贫穷而安宁，静之也。静之则安，动之则乱，人皆知之，非隐而难见也，非微而难察也。然鲜蹈平易之途，多遵覆车之辙，何哉？在于安不思危，治不念乱、存不虑亡之所致也。昔隋氏之未乱，自谓必无乱；隋氏之未亡，自谓必不亡，所以甲兵屡动，徭役不息。至于将受戮辱，竟未悟其灭亡之所由也，可不哀哉！

夫鉴形之美恶，必就于止水；鉴国之安危，必取于亡国。故《诗》曰：“殷鉴不远，在夏后之世。”又曰：“伐柯伐柯，其则不远[7]。”臣愿当今之动静，必思隋氏以为殷鉴，则存亡之治乱，可得而知。若能思其所以危，则安矣；思其所以乱，则治矣；思其所以亡，则存矣。知存亡之所在，节嗜欲以从人，省游畋之娱，息靡丽之作，罢不急之务，慎偏听之怒；近忠厚，远便佞，杜悦耳之邪说，甘苦口之忠言；去易进之人，贱难得之货，采尧舜之诽谤，追禹汤之罪己；惜十家之产，顺百姓之心，近取诸身，恕以待物，思劳谦以受益，不自满以招损；有动则庶类以和，出言而千里斯应。超上德于前载，树风声于后昆，此圣哲之宏观，而帝王之大业，能事斯毕，在乎慎守而已。

夫守之则易，取之实难。既能得其所以难，岂不能保其所以易？其或保之不固，则骄奢淫泆动之也。慎终如始，可不勉欤！《易》曰：“君子安不忘危，存不忘亡，治不忘乱，是以身安而国家可保也。”诚哉斯言，不可以不深察也。

伏惟陛下欲善之志，不减于昔时，闻过必改少亏于曩日。若以当今之无事，行畴昔之恭俭[8]，则尽善尽美矣，固无得而称焉。

太宗深嘉而纳用。

注释

①明德慎罚：用明德治理国家，谨慎处罚。②华戎：身穿华服的戎人。③瘢痕可求，则刑斯滥矣：疤痕可以找到，那么就会导致滥刑。④三黜：三次被废黜。⑤上下其手：指徇私舞弊。⑥临照：借鉴。⑦伐柯伐柯，其则不远：用斧子砍树木做斧柄，它的标准就在眼前。⑧行畴昔之恭俭：处事还能够像往日一样恭敬节俭。

译文

贞观十一年，特进魏徵上奏章说：

我看见《尚书》上讲："文王以明德治理国家，而谨慎使用刑罚。""舜帝深怕刑罚会滥用，因而在使用时常怀体恤之心！"《礼记》说："君主以至公之理驾驭臣下，那么臣下侍奉君主就容易得多；臣下无奸诈，君主就容易掌握下情；君臣之间互相猜疑，那么百姓就会疑惑；臣下不易驱使，君主就得劳神费心了。"君主容易侍奉，那么臣子就容易了解，这样君主就不必长期操劳，百姓也不用迷惑。因此，君主有专一的美德，那么臣子就会没有异心，君主广播忠厚之诚，臣子尽心尽力，这样天下就能够永保太平，"康哉"的歌声就会四起。而今陛下的恩德惠及四海，无人不服，无远不至。然而虽然说崇尚精简刑罚，把明察秋毫当作目标，但刑罚和赏赐的使用上还是有不足之处。刑罚和赏赐的目的，在于劝勉善行而惩罚恶行，因此要求帝王做到一视同仁，不能因地位高低、关系亲疏而有轻重的分别。如今的刑罚和赏赐，未必都是这样做的。有的赏罚标准是由陛下的好恶决定的，刑罚和赏赐的轻重有时是由陛下的喜怒所决定的。高兴时，容易生怜悯之情，以情代法；生气时，就无中生有，强加定罪。自己喜欢的，就想法设法找他的长处；自己不喜欢的，就吹毛求疵挑他的毛病。找到长处，就任意嘉奖他；找到毛病，就滥施刑罚。滥刑会助长小人嚣张的气焰，错误的奖赏也会使君子之道逐渐消失。小人的恶行不予惩罚，君子的善行不予劝勉，却希望天下安宁，赏罚得法，没有听说过这样的情况。

况且，平时谈论的都是老子、孔子的学说；而生气愤怒时，则采用申不害、韩非子的刑罚来处理。直道而行的人往往遭到贬黜，于是人人自危。因此道德的意旨还没有得到弘扬，刻薄的风气却已经愈演愈烈。刻薄的风气一形成，百姓就会萌发出许多事端来，每个人都趋炎附势，那么法制典章就起不到什么作用。这是有损于君主的德行的。过去伯州犁君主和臣民上下都玩弄手法，楚国的法律逐渐变得很差；张汤根据他的心意来决定刑罚的轻重，汉朝的刑罚因此产生了弊端。做臣子的处事偏袒有私心，他人尚且不敢指出来，更何况君主身居高位，他人又如何能够指出呢？凭君主的圣明聪慧，明察秋毫，难道也有神明、圣智不能通达的情形吗？君主应该从百姓的安定出发，而不是把刑罚作为标准；把百姓的快乐当作快乐，这样就能忘记祸福吉凶。祸福相倚，吉凶相连，全在于一个人怎么选择，怎么能不慎重呢？陛下近来责罚过多，愤怒有加，有时是因为供奉不足，有时是因为营建的宫殿不符合心意，有时是因为物品不称心如意，有时是因为他人不听从命令，这些都并非治理国家的大事急事，长此以往，恐怕骄傲奢侈之风会逐渐兴起。因此可知"尊贵之后，虽非有意骄横，而骄横之心自来；富裕之后，虽不刻意奢侈，但是奢侈自会到来。"这并非无稽之谈啊！

我朝所取代的是隋朝，隋朝动乱灭亡的根源，陛下曾经亲眼看到过。把隋朝储蓄的物资、兵马、人口和我朝的情况相比，成什么比例呢？然而隋朝虽然富强却丧乱败落，原因就在于劳役过多；我朝因为贫穷反而获得安宁，原因就在于休养生息。休养生息，那么百姓就会安定，劳役过多，那么百姓就会动乱，这是人人知道的道理，并非隐晦而难以发现。然而很少有人踏上简单容易的道路，更多的是重蹈覆辙，为什么呢？原因就在于居安而不思危，治理国家而不考虑动乱的情况，国家存活的时候而不想着败亡。隋朝末年动乱四起，却自以为不会动乱；隋朝末年面临灭亡的危险，却自以为不会灭亡。于是常年征战，劳役不息。等到将要灭亡的时候，竟然没有觉悟出灭亡的原因，这难道不可悲吗？

要想鉴别形体的美丑，就要以水为镜；要想鉴别国家的安危，就要从亡国的事例中吸取教训。因此《诗经》上说："夏朝的皇帝可以把殷朝灭亡的教训当作借鉴。"又说："用斧子砍树木做斧柄，斧柄就在眼前。"臣希望当今所采取的政策，都要把隋朝的灭亡作为借鉴，那么国家是存亡还是大治，就可以知道了。要是能够思考隋朝之所以陷入危机的原因，那么国家就会安定；要是能够思考隋朝之所以灭亡的原因，那么国家就会长存。知道存在和灭亡的原因所在，节制自己的欲望，听从他人的进谏之言，减少游猎之乐，停止建造豪华奢侈的工程，罢免不急的政务，不要因为听取偏见之言而发怒；亲近忠诚正直的人，远离狡诈的小人，杜绝接纳悦耳的邪说，采纳不好听的忠言。斥退投机的小人，不看重稀缺之物，像尧帝、舜帝那样接纳进谏之言，像大禹、商汤那样事有过而先追究自己的责任；珍惜十家百姓的家产，顺从百姓的心意，严于律己，宽以待人，坚持勤思多劳以获取好处，谨防骄傲自满以免招致亏损。如此，采取措施便会得到众人的归附，说话在千里之外也会有响应，德行上超过前人，风范垂于后世。这便是圣哲的宏图、帝王的大业，能否有所成就，就在于谨慎守业。

守业容易，创业难，既然能够克服创业的艰难，难道还不能保护较容易的守业吗？如果不能保护得牢固，那就是因为骄傲奢侈劳役过多。谨慎小心，就像刚开始时那样，怎么能不自我勉励呢？《易经》上说："君子居安而不忘思危，生存着而不忘记灭亡的危险，治理国家而不忘记有动乱的危险，因此能够保全自己，保全国家。"确实像这句话所说的，不能不深刻去思考。想来陛下治理好国家的初衷，不减当年；只是闻过必改的精神，不如以前了。要是在当今天下太平的情况下，还能够像往日一样恭敬节俭，那就尽善尽美了，再没有人能够与您匹敌了。

唐太宗很是赞赏，接纳了魏徵的建议。

解析

在古代，统治者是非常看重刑罚在治理国家中的作用的，然而在处置罪人时仍怀有恻隐之心，会宽恕宽大。刑罚虽然很重要，但最重要的还是德治、教化，法制不过是一种补充。因此，魏徵认为君主施政要力求简约，要实施德政，这样就能避免劳民伤财，让百姓能够休养生息，国家获得发展。同时对待刑罚要谨慎，如果实施严刑酷法，只会使百姓抱怨，给国家带来不安的因素。

另外还要注重居安思危，在问题还没有出现时就要做好相应的准备。同时还要学会自省，学会接纳他人的建议，以便改正自己的过错。

刑法第三十一（五）

原典

贞观十四年，戴州刺史贾崇以所部有犯十恶[①]者，被御史劾奏。太宗谓侍臣曰："昔陶唐大圣，柳下惠大贤，其子丹朱甚不肖，其弟盗跖为臣恶。夫以圣贤之训，父子兄弟之亲，尚不能使陶染变革[②]，去恶从善。今遣刺史，化被下人，咸归善道，岂可得也？若令缘此皆被贬降，或恐递相掩蔽，罪人斯失。诸州有犯十恶者，刺史不须从坐[③]，但令明加纠访科罪，庶可肃清奸恶。"

贞观十六年，太宗谓大理卿孙伏伽曰："夫作甲者欲其坚，恐人之伤；作箭者欲其锐，恐人不伤。何则？各有司存，利在称职故也。朕常问法官刑罚轻重，每称法网宽于往代，仍恐主狱之司，利在杀人，危人自达，以钓声价[④]。今之所忧，正在此耳。深宜禁止，务在宽平。"

注释

①十恶：十种大罪，指谋反、谋大逆、谋叛、恶逆、不道、大不敬、不孝、不敬、不义、内乱。②陶染变革：受到熏陶感染而改正。③从坐：连坐。④以钓声价：用来博取名声信誉。

译文

贞观十四年，戴州刺史贾崇因为其部下犯了十恶之罪，因而被御史弹劾上奏。唐太宗对侍臣说："唐尧是大圣，柳下惠是大贤，然而唐尧的儿子丹朱却不成器，柳下惠的弟弟盗跖却是个大恶人。有圣贤的训导，父子兄弟之间的亲情，尚且不能够使他们受到感染而去恶从善，如今却要求刺史去教化百姓，让他们都走到正道上来，这怎么可能呢？要是因为这个都被贬黜或者降职，恐怕今后都会互相隐瞒罪行，真正有罪的人就成漏网之鱼了。各州有犯十恶之罪的人，刺史不用被连坐，但是要明确地加以访查定罪，这样就能肃清奸诈作恶的人。”

贞观十六年，唐太宗对大理卿孙伏伽说：“做铠甲的人千方百计想让铠甲更加坚固，唯恐人受到伤害；制作弓箭的人想让箭头更加尖锐，唯恐不能伤人。这是为什么呢？其实他们只是各司其职，并尽最大努力履行职责罢了。我常常问司法部门刑罚轻重的问题，他们常常回答说法律比以前更为宽大，但我仍然担心有断案的官员以定罪杀人为功，以危害他人而抬高自己，沽名钓誉。如今我所忧虑的，就是这个。应当禁止这个行为，执法务必宽大公平。”

解析

追究责任是没错的，但要有度，不要牵连到其他人，不要让他人因为别人的罪过而获罪，尤其不要因下属犯错而追究管理者的责任。要是追究管理者的责任，那么只会限制他们的手脚，让他们不敢放手去做，以至于不能施展他们的才华。这样无论是对管理者个人还是组织都是非常不利的。

赏罚最重要的就是公平、公正，不能有私心，也不能偏袒任何人，而是严格按照规定去处置，如果从自己的私心出发，最终会招致祸乱产生。

赦令第三十二（一）

原典

贞观七年，太宗谓侍臣曰：“天下愚人者多，智人者少，智者不肯为恶，愚人好犯宪章。凡赦宥之恩，惟及不轨之辈。古语云：‘小人之幸，君子之不幸[1]。’‘一岁再赦，善人喑哑[2]。’凡养稂莠者伤禾稼，惠奸宄者贼良人[3]。昔‘文王作罚，刑兹无赦[4]’。又蜀先主尝谓诸葛亮曰：‘吾周旋陈元方、郑康成之间，每见启告理乱之道备矣，曾不语赦。’故诸葛亮治蜀十年不赦，而蜀大化。梁武帝每年数赦，卒至倾败。夫谋小仁者，大仁之贼。故我有天下以来，绝不放赦。今四海安宁，礼义兴行，非常之恩，弥不可数，将恐愚人常冀侥幸，惟欲犯法，不能改过。”

贞观十年，太宗谓侍臣曰：“国家法令，惟须简约，不可一罪作数种条。格式既多，官人不能尽记，更生奸诈，若欲出罪即引轻条，若欲入罪即引重条。数变法者，实不益道理，宜令审细，毋使互文[5]。”

注释

①小人之幸，君子之不幸：小人的幸运，就是君子的不幸运。②一岁再赦，善人喑哑：一年内多次赦宥罪人，为善的人都不想再发表意见了。③养稂莠者伤禾稼，惠奸宄者贼良人：凡是养育稂莠之类的杂草，必定会伤害到庄稼；凡是对奸诈的小人实施恩惠，必然会伤害到好人。④文王作罚，刑兹无赦：周文王制定刑法，凡是犯罪的人一律不予赦宥。⑤互文：互相歧义的条文。

译文

贞观七年，唐太宗对侍臣说：“天下愚蠢的人很多，聪明的人很少，聪明的人不肯做恶事，愚蠢的人则会多次违背典章制度。所以赦免宽宥的恩典，大都是给这些不守法的人设立的。古话说：‘小人的幸运，就是君子的不幸。’‘一再赦宥罪人，好人便不想再发表意见了。’凡是‘养育稂莠之类的杂草，必定会伤害到庄稼；凡是对奸诈的小人实施恩惠，必然会伤害到好人。’从前‘周文王制定刑法，凡是犯罪的人一律不予赦宥’。后来蜀先主刘备曾经对诸葛亮说：‘我周旋在陈元方、郑康成之间，经常听他们说起治国之道，说得很详细完备，但是从来没有说过赦宥。’因此诸葛亮在治理蜀国时，十年间从不赦宥，然而蜀国的教化却取得了很大的成效。梁武帝每年都会赦宥几次罪人，却最终导致国家灭亡。谋求小的仁义，就是对大仁义的伤害。因此我自从当上皇帝以来，从来不颁发赦令。如今天下安宁，教化、仁义盛行，特赐的恩典更是数不胜数，只是恐怕愚蠢的人常常会抱有侥幸的心理，只想着违背法律，而不能改正过错。”

贞观十年，唐太宗对侍臣说：“国家的法令，必须要简约，不可以一个罪名有很多种处罚的条文。条文一旦多了，官员就不能全部记下来，更容易滋生奸诈虚伪的事端，如要是想开脱罪人的罪行就可以引用较轻的条文，要是想处罚就可以引用较重的条文。多次改变法律条文，确实对处理事情没有好处，应当命令仔细审查法律条文，不要有互相歧义的条文存在。”

解析

法律就是用来约束人的，要是常常宽恕违背法律的人，那么对其他人就不公平，或者会让其他人抱有侥幸心理。很多君主把宽恕罪人当作广布恩德的表现，但是唐太宗却不赞同这种做法，他认为治理国家最重要的是没有偏私之心，对所有的人都一视同仁，这样才能保护法律的威严。

因此，对个人来说，要严格约束自己，不要违背法律，也不要抱有侥幸心理。对身居高位的人来说，在处置违背法律的人时一定要公平、公正，不要徇私枉法。

赦令第三十二（二）

原典

贞观十一年，太宗谓侍臣曰：“诏令格式，若不常定，则人心多惑，奸诈益生。《周易》称‘涣汗其大号①’，言发号施令，若汗出于体，一出而不复也。《书》曰：‘慎乃出令，令出惟行，弗为反②。’且汉祖日不暇给，萧何起于小吏，制法之后，犹称画一。今宜详思此义，不可轻出诏令，必须审定，以为永式。”

长孙皇后遇疾，渐危笃。皇太子启后曰："医药备尽，今尊体不瘳③，请奏赦囚徒并度人入道，冀蒙福佑。"后曰："死生有命，非人力所加。若修福可延，吾素非为恶者；若行善无效，何福可求？赦者国之大事，佛道者，上每示存异方之教耳，常恐为理体之弊。岂以吾一妇人而乱天下法？不能依汝言。"

注释

①涣汗其大号：发布号令要像身体出汗一样。②慎乃出令，令出惟行，弗为反：发布命令要小心谨慎，命令发布后只能执行，不能违背。③不瘳：不痊愈。瘳，痊愈。

译文

贞观十一年，唐太宗对侍臣说："诏令的格式如果不能固定下来，那么百姓就会无所适从，更会滋生出奸诈行为来。《周易》说'涣汗其大号'，就是说君主的号令就像出汗一样，一出就不可收回了。《尚书》说'发布命令要小心谨慎，命令发布后只能执行，不能违背'。况且汉高祖每天都没有空闲的时间，萧何也是从小官做起的，他们制定的法律条文，都整齐如一。如今应该详细思考这个道理，不可以轻易发布诏令，必须小心审查格式，而后作为永久的标准规则。"

长孙皇后生病了，病情逐渐加重。皇太子李承乾启奏皇后说："医药都用遍了，然而母后仍然不能痊愈，请求赦免罪人，并且让他们出家奉佛，以求能够获得上天的保佑。"长孙皇后说："生死都是命中注定的，不是人力所能改变的。如果修德积福能够延续人的寿命，那我向来没有做过什么坏事；要是做善事没有效果，那么还寻求什么福祉呢？赦免罪人是国家的大事，佛道只不过是皇上保留的一种外来宗教罢了。他还常害怕它会成为治理国家的弊端，怎么能够因为我一个妇人而扰乱国家的法度呢？不能按你说的办。"

解析

法律的条文要简单，执法要延续，要是条文复杂或者存在有歧义的地方，那么就会让相同的案情有不同的处理结果，这是非常不公平的，也会丧失法律的威严和应有的约束力。另外执法要有延续性，不能经常改来改去，这样也会损害法律的威严。

做人要有大局观念，要从大局着眼，而不是从个人的私利出发，因而长孙皇后没有同意太子的建议，就是因为在她看来，国家的兴衰比她个人的生死更重要，这就是舍弃小我保全大家，这种行为是值得赞颂的。

贡赋第三十三（一）

原典

贞观二年，太宗谓朝集使曰："任土作贡，布在前典[①]，当州所产，则充庭实。比闻都督、刺史邀射声名，厥土所赋，或嫌其不善，逾意外求，更相仿效，遂以成俗。极为劳扰，宜改此弊，不得更然[②]。"

贞观中，林邑国贡白鹦鹉，性辩慧，尤善应答，屡有苦寒之言。太宗悯之[③]，付其使，令还出于林薮。

贞观十二年，疏勒、朱俱波、甘棠遣使贡方物，太宗谓群臣曰："向使中国不安，日南、西域朝贡使亦何缘而至？朕何德以堪之？睹此翻怀危惧。近代平一天下，拓定边方者，惟秦皇、汉武。始皇暴虐，至子而亡。汉武骄奢，国祚几绝。朕提三尺剑以定四海，远夷率服，亿兆乂安[④]，自谓不减二主也。然二主末途，皆不能自保，由是每自惧危亡，必不敢懈怠。惟藉公等直言正谏，以相匡弼。若惟扬美隐恶，共进谀言，则国之危亡，可立而待也。"

注释

①任土作贡，布在前典：要根据土地的收成来确定贡赋，这很早就公布在典章制度中。②更然：再这样。③悯：怜悯。④亿兆乂安：指百姓安定。

译文

贞观二年，唐太宗对从各地来朝廷进贡的使者说：“要根据土地的收成来确定贡赋，这是古代典籍上很早就有记载的，本州所生产的，就可以作为贡赋。近来听说都督、刺史为了追求名声，自己土地生产的物品，有的嫌不好，于是到境外去寻求，其他各州互相效仿，于是演化为习俗。这样会劳民伤财，应当消除这种弊端，以后不能再这样做了。”

贞观年间，林邑国进贡了一只白鹦鹉，白鹦鹉天性聪明能说很多人话，尤其擅长应答，竟然经常流露些凄苦无助的言语来，唐太宗怜悯它，于是把它交给使者，让使者将它放飞了。

贞观十二年，西域的疏勒、朱俱波、甘棠国派使者向唐太宗进献本地生产的特产。唐太宗对群臣说：“假设中原地区不安定，南方的日南、西域的朝贡使者怎会不断来朝贡呢？我何德何能，能够得到这样的待遇？看到此常常会感到恐惧担忧。近代能够统一天下、拓宽疆域的，只有秦始皇和汉武帝。秦始皇暴虐，帝位传到他的儿子就灭亡了。汉武帝骄傲奢侈，国运几乎断绝。我挥剑平定天下，远方的少数民族都顺服，百姓安宁，自认为不逊于秦始皇、汉武帝这两位帝王。然而这两位帝王最后都走到了末路，不能保全自己，因此我每天都害怕危机或者灭亡，绝不敢有所懈怠。只希望借助各位大臣的进谏之言，匡扶补救。若只是弘扬美好的事情，隐瞒恶的事情，都说些阿谀奉承的话，那么国家的危亡立刻就会到来。”

解析

恻隐之心，人皆有之，唐太宗因担忧百姓的劳苦，哀怜鹦鹉的遭遇，于是决定根据当地所产来进贡，还把鹦鹉放了。在这点上，唐太宗是非常明智的，没有被这些外物所迷惑。

居安思危是治理国家的最重要的理念之一，因而唐太宗在国家安定、四海升平时仍不忘秦始皇和汉武帝的教训，时时刻刻谨慎小心，同时鼓励大臣多进谏，以匡正他的过错。做人要居安思危，未雨绸缪，不要被眼前所拥有的迷惑，要有长远的目光，看到未来可能出现的问题，从而做好准备，才不至于在危机来临时束手无策。

贡赋第三十三（二）

原典

贞观十八年，太宗将伐高丽，其莫离支遣使贡白金。黄门侍郎褚遂良谏曰："莫离支虐杀其主，九夷所不容，陛下以之兴兵，将事吊伐①，为辽东之人报主辱之耻。古者讨弑君之贼，不受其赂。昔宋督遗鲁君以郜鼎，桓公受之于大庙②，臧哀伯谏曰：'君人者将昭德塞违，今灭德立违，而置其赂器于大庙，百官象之，又何诛焉？武王克商，迁九鼎于雒邑，义士犹或非之，而况将昭违乱之赂器置诸大庙，其若之何？'夫《春秋》之书，百王取则，若受不臣之筐篚③，纳弑逆之朝贡，不以为愆④，将何致伐？臣谓莫离支所献，自不合受⑤。"太宗从之。

贞观十九年，高丽王高藏及莫离支盖苏文遣使献二美女，太宗谓其使曰："朕悯此女离其父母兄弟于本国，若爱其色而伤其心，我不取也。"并却还之本国。

注释

①将事吊伐：征讨有罪的人。②宋督遗鲁君以郜鼎，桓公受之于大庙：宋国都督送给鲁桓公郜鼎，鲁桓公接受并把它安置在大庙里。③筐篚（fěi）：礼物。④愆：过错。⑤自不合受：我认为不可以接受。

译文

贞观十八年，唐太宗将要攻打高丽，高丽的莫离支派遣使者来进献白金。黄门侍郎褚遂良进谏说："莫离支杀害了他的国君，为各族所不容，陛下才会出兵讨伐他。讨伐有罪的人，这是为辽东人报了君主受辱的仇。古人征讨杀害国君的贼人，从不接受他们的贿赂。从前春秋时，宋国都督送给鲁桓公郜鼎，鲁桓公接受并把它安置在大庙里，鲁国大夫臧哀伯进谏说：‘做君主的应该弘扬美德，堵塞邪恶，如今却消灭美德，将受贿的物品安置在大庙中，文武百官要是也如此，该用什么理由来诛杀他们呢？周武王战胜了殷商，把商朝的九鼎迁移到洛邑，还遭到伯夷等正义之人的非议，更何况把受贿的物品安置在大庙中呢，真不知会产生什么后果？’《春秋》这本书是各代君主借鉴的法则，要是接受不法臣子的礼物，接纳杀害君主之人的朝贡，而不认为是错的，那该用什么理由来征讨他们呢？我认为不可以接受莫离支进献的白金。”唐太宗听从了他的建议。

贞观十九年，高丽国王高藏和莫离支泉盖苏文派使者进献了两个美女，唐太宗对他们的使者说：“我可怜这两个女子离开她们的父母兄弟来到我国，如果因为贪恋她们的美色而使她们伤心，我是不会接受的。”于是一并把她们送还故土。

解析

“君子爱财，取之有道”，褚遂良认为要是接受了莫离支的贿赂，那么就找不到理由去征讨他们，同时又以鲁恒公、周武王为例，说服了唐太宗不接受莫离支的进贡。世上有不少比金钱更重要的东西，比如道义。绝不能重利轻义，抛弃道义，这样的话就会丧失他人的信任，虽然一时能够获取些金钱，但从长远来看，损失更大。因此，不要接受本来不属于自己的财物，面对诱惑时要有克制力。

兴亡第三十四（一）

原典

贞观初，太宗从容谓侍臣曰：“周武平纣之乱，以有天下；秦皇因周之衰，遂吞六国。其得天下不殊，祚运长短若此之相悬也?”尚书右仆射萧瑀进曰：

"纣为无道，天下苦之，故八百诸侯不期而会。周室微，六国无罪，秦氏专任智力，蚕食诸侯。平定虽同，人情则异。"太宗曰："不然，周既克殷，务弘仁义；秦既得志，专行诈力[①]。非但取之有异，抑亦守之不同。祚之修短，意在兹乎！"

贞观二年，太宗谓黄门侍郎王珪曰："隋开皇十四年大旱，人多饥乏。是时仓库盈溢，竟不许赈给，乃令百姓逐粮。隋文不怜百姓而惜仓库，比至末年，计天下储积，得供五六十年。炀帝恃此富饶，所以奢华无道，遂致灭亡。炀帝失国，亦此之由。凡理国者，务积于人，不在盈其仓库。古人云：'百姓不足，君孰与足[②]？'但使仓库可备凶年，此外何烦储蓄！后嗣若贤，自能保其天下；如其不肖，多积仓库，徒益其奢侈，危亡之本也。"

贞观五年，太宗谓侍臣曰："天道福善祸淫，事犹影响。昔启人亡国来奔，隋文帝不吝粟帛，大兴士众营卫安置，乃得存立。既而强富，子孙不思念报德，才至始毕，即起兵围炀帝于雁门。及隋国乱，又恃强深入，遂使昔安立其国家者，身及子孙，并为颉利兄弟之所屠戮。今颉利破亡，岂非背恩忘义所至也？"群臣咸曰："诚如圣旨。"

注释

①专行诈力：一味地使用狡诈之术和武力。②百姓不足，君孰与足：百姓不富足，君主怎么能富足呢？

译文

贞观初年，唐太宗在空闲时间对侍臣说："周武王平定了商纣王，于是赢取了天下；秦始皇因为周朝逐渐衰落，于是吞并了六国。同样是取得天下，为何国运的长短相差如此之大呢？"尚书右仆射萧瑀进谏说："商纣王暴虐无道，天下的人都因为他而受苦，因此八百诸侯不约而同地前来会师。周朝衰微，六国没有罪过，秦国却依靠智诈和武力，逐渐吞并六国。虽然都是平定天下，但是人们对他们的态度却不相同。"唐太宗说："不是这样的，周朝战胜商朝后，弘扬仁义；秦朝获取天下后，一味施行暴政。取得天下的方式不一样，守护天下的方式也是不相同的，国运的长短，就在于这个原因吧。”

贞观二年，唐太宗对黄门侍郎王珪说：“隋朝开皇十四年时，天下大旱，百姓大多饥饿困乏。当时隋朝国库储蓄的粮食甚丰，朝廷却不肯开仓救济百姓，反而让百姓自己想办法获得粮食。隋文帝不怜惜百姓而爱惜粮食，到了隋朝末年，全国积累的粮食足够供应五六十年的需要。隋炀帝仗着国库富足而奢侈无度，从而招致灭亡。隋炀帝失去国家，就是因为这个缘故。治理国家的人，应当让百姓休养生息，而不是让仓库充实。古人说：‘百姓不富足，君主怎么能富足呢?’只要仓库储蓄的粮食足够用来应付荒年即可，除此之外为再多储蓄一些粮食而烦恼，又有什么用呢？君主的后代要是贤明，自然能够保全天下；要是不贤明，那么粮食积蓄得过多，只会让他崇尚奢侈，这是国家陷入危机和灭亡的根本所在。”

贞观五年，唐太宗对侍臣说：“天道的规律是给好人以福祉，给坏人降祸，凡事都有报应。从前突厥的启人可汗因失去国家而投奔隋朝，隋文帝不惜粟帛财物，动用了很多士兵来安置他，他才得以生存发展。等到突厥富强时，他的子孙却不想着报答隋文帝的恩德。等到了始毕可汗时，就派兵把隋炀帝围困在雁门。等到隋朝国家动乱，又凭借着强壮的实力入侵隋朝，于是那些帮助启人可汗建立国家的人，以及他们的子孙，都遭到了颉利可汗兄弟的诛杀。如今颉利灭亡了，难道不是因为他背恩忘义吗?”群臣都说：“确实像陛下所说的那样。”

解析

周武王和秦始皇一样获得了天下，但是国运的长短却有很大的区别。这是因为周武王攻取的是无道的商纣王，是符合百姓心意的；然而六国并没有过错秦始皇却攻取六国，只是凭借武力和智力，因而很难长久。后来唐太宗指出，国运要想长久，就要实施仁政。“凡理国者，务积于人，不在盈其仓库”，治理国家最重要的就是要积累人才，让百姓充足，而不是让国库充足。

一人好，不如大家好；一人富，不如大家富。财富并不是最终的目的，而是为了能够帮助大家都过上好的生活。

兴亡第三十四（二）

原典

贞观九年，北蕃归朝人奏："突厥内大雪，人饥，羊马并死。中国人在彼者，皆入山作贼，人情大恶。"太宗谓侍臣曰："观古人君，行仁义、任贤良则理；行暴乱、任小人则败。突厥所信任者，并共公等见之，略无忠正可取者①。颉利复不忧百姓，恣情所为，朕以人事观之，亦何可久矣?"魏徵进曰："昔魏文侯问李克：'诸侯谁先亡?'克曰：'吴先亡。'文侯曰：'何故?'克曰：'数战数胜，数胜则主骄，数战则民疲，不亡何待?'颉利逢隋末中国丧乱，遂恃众内侵，今尚不息，此其必亡之道。"太宗深然之。

贞观九年，太宗谓魏徵曰："顷读周、齐史，末代亡国之主为恶多相类也②。齐主深好奢侈，所有府库用之略尽，乃至关市无不税敛。朕常谓此犹如馋人自食其肉，肉尽必死。人君赋敛不已，百姓既弊，其君亦亡，齐主即是也。然天元、齐主若为优劣?"徵对曰："二主亡国虽同，其行则别。齐主懦弱③，政出多门，国无纲纪，遂至亡灭。天元性凶而强，威福在己，亡国之事，皆在其身。以此论之，齐主为劣。"

注释

①略无忠正可取者：根本没有忠诚正直可取的人。②恶多相类：所做的恶事大多是相似的。③懦弱：懦弱。

译文

贞观九年，从北方突厥回朝的人上奏说："突厥境内大雪，百姓遭受了大饥荒，羊和马匹都被冻死了。住在那里的汉人，都进入山中当了盗贼，社会风气很恶劣。"唐太宗对侍臣说："观察古代的君主，都是行仁义、任用贤良之人，因而国家得到有效的治理；施行暴政，任用小人，那么国家就会败落。突厥所信任的人，我们都看到了，根本没有忠诚正直可取的人。颉利可汗又不关心百姓，肆意妄为，从人情上来说，怎么可能长久呢？"魏徵进言说："从前魏文侯询问李克：'诸侯中谁是最先灭亡的那个？'李克说：'吴国先灭亡。'魏文侯说：'这是因为什么呢？'李克说：'吴国屡战屡胜，屡战屡胜那么君主就会骄傲，战争频繁那么百姓就会疲劳，不灭亡还能怎样呢？'颉利趁着隋朝末年中原混乱，凭借兵强马壮入侵中原，到了今天还没有停止，这是自取灭亡啊。"唐太宗对魏徵的说法很认同。

贞观九年，唐太宗对魏徵说："近来读北周、北齐的史书，末代亡国之君所做恶事大多是相似的。齐主高纬崇尚奢侈，府库所珍藏的都被用光了，以至于关隘市集没有不征收赋税的。我经常说这就像饥饿的人在吃自己的肉，肉没了人也就死了。君主不停地征收赋税，使百姓疲惫，国家也很快就灭亡了，齐主就是这样的。然而周天元皇帝与齐主相比，谁为优，谁为劣呢？"魏徵回答说："两位君主虽然都亡国了，但是他们的行为却有些不同。齐主懦弱，朝廷的政令不一，国家没有伦常纲纪，这才导致灭亡。天元皇帝的性格比较凶暴强悍，作威作福，国家之所以灭亡，都是他造成的。要是从这方面来说的话，齐主更为恶劣一些。"

解析

有时对待他人苛刻点，尤其是在利益上，可能会暂时获取些许好处，但是从长远来看，这种行为就像是自食其肉，早晚会落得个肉尽而死的下场。因此，在分配财富时，要做到公平、公正，不要对他人过于苛刻，不要让他人寒心，只有如此，他人才会更加努力认真地工作。

另外，不要让他人过于劳累，如果每天加班，这样就会打击他人的积极性，要知道任务完成与否除了和时间有关，最重要的还是要有效率。试想一下，一个身心疲累，工资又微薄的人会有高的工作效率吗？

卷九

征伐第三十五（一）

原典

武德九年冬，突厥颉利、突利二可汗以其众二十万，至渭水便桥之北，遣酋帅执失思力入朝为觇①，自张声势云："二可汗总兵百万，今已至矣。"乃请返命。太宗谓曰："我与突厥面自和亲，汝则背之，我无所愧，何辄将兵入我畿县，自夸强盛？我当先戮尔矣！"思力惧而请命。萧瑀、封德彝等请礼而遣之，太宗曰："不然。今若放还，必谓我惧。"乃遣囚之。太宗曰："颉利闻我国家新有内难，又闻朕初即位，所以率其兵众直至于此，谓我不敢拒之。朕若闭门自守，虏必纵兵大掠。强弱之势，在今一策。朕将独出，以示轻之，且耀军容，使知必战。事出不意，乖其本图②，制服匈奴，在兹举矣。"遂单马而进，隔津与语③，颉利莫能测。俄而六军继至，颉利见军容大盛，又知思力就拘，由是大惧，请盟而退。

贞观初，岭南诸州奏言高州酋帅冯盎、谈殿阻兵反叛④。诏将军蔺谟发江、岭数十州兵讨之。秘书监魏徵谏曰："中国初定，疮痍未复，岭南瘴疠，山川阻深，兵运难继，疾疫或起，若不如意，悔不可追。且冯盎若反，即须及中国未宁，交结远人，分兵断险，破掠州县，署置官司。何因告来数年，兵不出境？此则反形未成，无容动众。陛下既未遣使人就彼观察，即来朝谒，恐不见明。今若遣使，分明晓谕⑤，必不劳师旅，自致阙庭⑥。"太宗从之，岭表悉定⑦。侍臣奏言："冯盎、谈殿往年恒相征伐，陛下发一单使，今岭外帖然。"太宗曰：

“初，岭南诸州盛言盎反，朕必欲讨之，魏徵频谏，以为但怀之以德，必不讨自来。既从其计，遂得岭表无事，不劳而定，胜于十万之师。”乃赐徵绢五百匹。

注释

①觇：查看、侦查。②事出不意，乖其本图：事情出乎他们的意料，违背了他们本来的意图。③隔津与语：隔着河流与之对话。④阻兵：凭借着军队。⑤分明晓谕：想法分明清楚。⑥自致阙庭：自己到朝廷来。⑦岭表悉定：岭南都获得安定了。岭表，岭南。

译文

武德九年冬天，突厥颉利、突利两位可汗聚集二十万兵马，长驱直入到了渭水便桥以北。他们派遣将领执矢思力入朝面见皇帝以查看虚实，思力虚张声势说：“二位可汗领兵百万之众，现在已经到达京师。”唐太宗对他说：“我与突厥当面说好双方彼此友善，你们如今却背信弃义，我无所愧疚，你们凭什么率领大军侵犯我朝，还自夸强盛，我应当先诛杀了你。”思力很害怕，于是向唐太宗求饶。萧瑀、封德彝等大臣劝谏说要以礼相待把他送回去，唐太宗不肯：“不能这样做，今天要是把他放了，突厥一定会认为我害怕他们。”于是便把思力囚禁起来。唐太宗说：“颉利听说我们国家有新的动乱，又听说我刚刚继承皇位，因此才派兵来此，认为我必定不敢抵抗他们。我要是关闭城门以图自守，那么突厥必定会纵兵烧杀抢掠。强弱之分，就在于如今的一个决定。我决定独自出城，以示对他们的轻蔑，并且炫耀我军的军力，让他们知道战争是不可避免的。要出其不意，挫败他们的意图，制服匈奴，在此一举。”于是便单人单马出了城门，隔着河流与突厥人对话，颉利摸不清虚实，不敢妄动。不久后唐朝的六军相继到达，颉利看到大唐兵力强盛，又知道思力已经被唐太宗囚禁，因而十分恐惧，请求结为同盟，退了兵。

贞观初年，岭南各州上奏说高州统帅冯盎、谈殿依仗军队起兵反叛，唐太宗下令将军蔺谟调动江南、岭南几十个州的士兵征讨他们。秘书监魏徵进谏说：“国家刚刚平定，创伤都还没有修复，岭南地区多瘴疠，高山和河流重重险阻，士兵无法前进，物资都难以延续，很可能会发生疫病，要是出兵不能获胜，那么将追悔莫及。况且冯盎要是反叛，必然会在国家还没有安定时候，勾结远方的少数民族，派兵驻扎在险要之地，在各州县烧杀抢掠，设置官府衙门。然而近年来很多人上奏告他谋反，他却一直没有派兵出岭南，这是为什么呢？陛下还没有派遣使者前去调查，即使招他进京朝拜，恐怕也无法弄清事情的真相。要是派遣使者，把朝廷的想法告诉他，那么不用兴师动众，必然可以让他自己归顺朝廷。”唐太宗接纳了这个建议，于是岭南地区很快就安定下来。侍臣上奏说：“冯盎和谈殿往年总是相互征讨，而陛下只派遣了一个使者，就让岭南地区恢复了安宁。”唐太宗说：“当初，岭南各州开始传言冯盎要叛乱，我本来是打算征讨他的，但是魏徵多次上奏进谏，认为应该用恩德来安抚，必然不费一兵一卒就能让他归顺。我接纳了他的建议，于是没有兴师动众就平定了岭南了，其效果真是胜过十万大兵啊。”于是赏赐给魏徵丝绢五百匹。

解析

唐太宗是个非常有军事才能的人，所以他能够识别突厥的计谋，看出思力是在虚张声势。一旦唐太宗在这件事上示弱，那么突厥就会进攻唐朝的边疆地区。基于此，太宗才单人单马，隔着河流与突厥对话，突厥见此，便有些胆怯，因而请求结盟退兵。岭南地区的事件，也表明唐太宗是个从谏如流的人。

因此，在面对事情尤其是突发事件时，不要心慌、手足无措，而要冷静思考、仔细分析，找出解决问题的办法。同时要尽量采取仁德的办法来处理，而不是暴力手段。

征伐第三十五（二）

原典

贞观四年，有司上言："林邑蛮国，表疏不顺，请发兵讨击之。"太宗曰："兵者凶器，不得已而用之[①]。故汉光武云：'每一发兵，不觉头须为白。'自古以来穷兵极武，未有不亡者也。苻坚自恃兵强，欲必吞晋室，兴兵百万，一举而亡。隋主亦必欲取高丽，频年劳役，人不胜怨，遂死于匹夫之手。至如颉利，往岁数来侵我国家，部落疲于征役，遂至灭亡。朕今见此，岂得辄即发兵？但经历山险，土多瘴疠，若我兵士疾疫，虽克剪此蛮，亦何所补？言语之间，何足介意！"竟不讨之。

贞观五年，康国请归附。时太宗谓侍臣曰："前代帝王，大有务广土地，以求身后之虚名，无益于身，其人甚困。假令于身有益，于百姓有损，朕必不为，况求虚名而损百姓乎？康国既来归朝，有急难不得不救；兵行万里，岂得无劳于民？若劳人求名，非朕所欲。所请归附，不须纳也。"

贞观十四年，兵部尚书侯君集伐高昌，及师次柳谷，候骑[②]言："高昌王麹文泰死，克日将葬，国人咸集，以二千轻骑袭之，可尽得也。"副将薛万均、姜行本皆以为然。君集曰："天子以高昌骄慢，使吾恭行天诛。乃于墟墓间以袭其葬，不足称武[③]，此非问罪之师也。"遂按兵以待。葬毕，然后进军，遂平其国。

贞观十六年，太宗谓侍臣曰："北狄世为寇乱，今延陀倔强[④]，须早为之所。朕熟思之，惟有二策；选徒十万，击而虏之，涤除凶丑⑤，百年无患，此一策也。若遂其来请，与之为婚媾。朕为苍生父母，苟可利之，岂惜一女！北狄风俗，多由内政，亦既生子，则我外孙，不侵中国，断可知矣。以此而言，边境足得三十年来无事。举此二策，何者为先?”司空房玄龄对曰：“遭隋室大乱之后，户口太半未复，兵凶战危，圣人所慎，和亲之策，实天下幸甚。”

注释

①兵者凶器，不得已而用之：士兵是非常危险的凶器，只有在不得已的情况下才能使用。②候骑：负责侦察任务的骑兵。③武：道义准则，指用兵的道义准则。④倔强：强硬不顺从。⑤涤除：清除。

译文

贞观四年，有主管大臣上奏说：“南方的林邑国是个野蛮小国，上疏中有不顺服的言论，请陛下发兵征讨他们。”太宗说：“兵是非常危险的凶器，只有在不得已的情况下才能使用。因此汉光武帝说：‘每一次发兵征讨，都会使我的头发胡须变白。’自古以来，凡是好战、穷兵黩武的，没有不灭亡的。苻坚仗着兵强马壮，想要吞并晋朝，派百万之众，结果导致自己灭亡。隋炀帝想要攻取高丽，连年征战，劳役过重，百姓很是抱怨，导致自己死于匹夫之手。像突厥颉利近年来多次派兵侵扰我国，部落被战事弄得很疲倦，结果导致自己灭亡了。我如今亲眼目睹这些，怎么能够轻易发兵征讨呢？况且要经过险峻的高山，南方土地多瘴疠，要是士兵染上了疾病或瘟疫，即使能够战胜林邑这个野蛮小国，又有什么好处呢？何况林邑只是言语上有些不顺服，何必太介意呢?”最终没有派兵征讨林邑。

贞观五年，康国请求归顺。当时唐太宗对侍臣说：“前代的帝王，大多喜欢扩展疆域，用来谋求死后的虚名，这对自身没有好处，还会使百姓生活艰难。若是对自己有利，对百姓有害的事情，我一定不会做的，更何况是为了谋求虚名而损害百姓呢？康国要是归顺了我朝，他们有危急苦难的时候我们就不得不救助他们，到时士兵要行军万里，怎么会不让百姓劳顿呢？若是以劳顿百姓来谋求名誉，这并非我所愿。康国请求归顺，我不接受。”

贞观十四年，兵部尚书侯君集征讨高昌，士兵驻扎在柳谷地区，担任侦察任务的士兵说："高昌王麴文泰死了，约定了日期举行丧礼，国人都会聚集，到时派两千轻骑去袭击，一定可以一网打尽。"副将薛万均、姜行本都觉着这样做很好。侯君集说："君主因为高昌骄傲轻慢，于是派遣我替天行道。若是在他们举行丧礼期间去偷袭，不符合用兵的道义，这样做算不上是征讨有罪之人的军队。"于是他决定按兵不动，等待时机。等到高昌举行完丧礼后，侯君集才派兵去征讨高昌，不久便平定了这个国家。

贞观十六年，唐太宗对侍臣说："北狄世世代代侵扰中原地区，如今薛延陀如此强硬而不愿意顺从，我们应当早做打算。我经过深思熟虑，觉着只有两个策略：挑选十万士兵，攻击他们、俘虏他们，清除凶残丑恶的人，使得百年内没有祸患，这是第一个策略。第二便是答应他们的请求，与他们通婚联姻。我是天下百姓的父母，只要是对国家有利的事，又怎么会舍不得一个女儿呢？再者，按照北狄的风俗，大多是女掌外，等到生了孩子，那就是我的外孙，外孙必定不会侵扰中原，这点是可以肯定的。这样一来，边境能够确保三十年无忧。这两个策略，哪个策略更好一点呢？"司空房玄龄回答说："天下遭受了隋朝的混乱之后，人口还没有恢复，兵器凶险且战争危害大，圣人对此很是谨慎，和亲的策略，确实是天下之大幸啊。"

解析

开拓疆土是历代君王都想谋求的，而唐太宗却认为，开疆扩土带来的只是虚名而已，对人自身没有任何好处，反而会让老百姓感到疲累。而在生活中，常常有人为了本不属于自己的名誉，而不断地去索求，不断地想办法去实现，最终迷失在欲望和对名誉的追求中，丧失了自我，久而久之，也难逃一个失败的下场。

因此，要清醒地认识虚名的危害，节制自己的欲望，活出自己应有的活力和性情，不要把虚名当作唯一的追求，这样才能不被虚名所累，也许有一天，当你活出真实的自我时，名誉将不请自来。

征伐第三十五（三）

原典

贞观十七年，太宗谓侍臣曰："盖苏文弑其主而夺其国政，诚不可忍。今日国家兵力取之不难，朕未能即动兵众，且令契丹、靺鞨搅扰之，何如?"房玄龄对曰："臣观古之列国，无不强陵弱，众暴寡。今陛下抚养苍生，将士勇锐，力有余而不取之，所谓止戈为武者也。昔汉武帝屡伐匈奴，隋主三征辽左，人贫国败，实此之由，惟陛下详察。"太宗曰："善!"

贞观十八年，太宗以高丽莫离支贼杀其主，残虐其下，议将讨之。谏议大夫褚遂良进曰："陛下兵机神算①，人莫能知。昔隋末乱离，克平寇难，及北狄侵边，西蕃失礼，陛下欲命将击之，群臣莫不苦谏，惟陛下明略独断，卒并诛夷。今闻陛下将伐高丽，意皆荧惑②。然陛下神武英声，不比周、隋之主，兵若渡辽，事须克捷，万一不获，无以威示远方，必更发怒，再动兵众。若至于此，安危难测。"太宗然之。

贞观十九年，太宗将亲征高丽，开府仪同三司尉迟敬德奏言："车驾若自往辽左，皇太子又监国定州，东西二京，府库所在，虽有镇守，终是空虚，辽东路遥，恐有玄感之变③。且边隅小国，不足亲劳万乘。若克胜，不足为武，倘不胜，翻为所笑。伏请委之良将，自可应时摧灭。"太宗虽不从其谏，而识者是之。

礼部尚书江夏王道宗从太宗征高丽，诏道宗与李勣为前锋，及济辽水克盖牟城，逢贼兵大至，军中佥欲深沟保险④，待太宗至，徐进。道宗议曰："不可，贼赴急远来，兵实疲顿，恃众轻我，一战可摧。昔耿弇不以贼遗君父，我既职在前军，当须清道以待舆驾。”李勣大然其议。乃率骁勇数百骑，直冲贼阵，左右出入，勣因合击，大破之。太宗至，深加赏劳。道宗在阵损足，帝亲为针灸，赐以御膳。

注释

①兵机神算：用兵如神。②荧惑：迷惑。③玄感之变：隋炀帝时期，杨玄感发动叛变。④佥、保险：佥，都。保险，据守险要之地。

译文

贞观十七年，唐太宗对侍臣说：“高丽逆臣盖苏文诛杀了君主，夺取了政权，确实让人不能忍受。如今依靠国家的兵力，平定他并不难，但我不准备立刻发兵，而是让契丹、靺鞨先去搅乱他们，如何？”房玄龄说：“我观察古代众多的国家，没有不以强凌弱、以众克寡的。如今陛下让百姓休养生息，将士骁勇精锐，有足够的武力却不攻取，这就是所谓的“停止武力才是遵守用兵的道义”。从前汉武帝多次征讨匈奴，隋炀帝三次攻打高丽，无不使百姓贫困、国家败落。希望陛下能够三思。”唐太宗说：“好。”

贞观十八年，唐太宗因高丽国的莫离支诛杀了高丽王，并残忍地虐待部下，商议将要征讨他。谏议大夫褚遂良进谏说：“陛下用兵如神，非常人所能参透。从前隋朝末期天下混乱，陛下平定了贼寇；后来北狄在边疆入侵，西方的藩国违背礼仪，陛下想派兵去征讨，众多大臣没有不苦苦进谏劝阻的。只有陛下谋略高明，独自作出决定，一一平定了他们。如今听说陛下要征讨高丽，众人心里都很疑惑。陛下的英明神武，固然是北周、隋朝的君主比不上的。可士兵若是渡过了辽河，那么就必须取胜，万一不能有所收获，那么就有损我朝天威，到时陛下必定会更加愤怒，然后再次兴师动众，要是到了这种地步，国家的安危就很难预测了。”唐太宗对这段话很是赞同。

贞观十九年，唐太宗想亲自率兵征讨高丽，开府仪同三司尉迟敬德上奏说：“陛下如果亲自领兵征伐辽东，皇太子又在定州监国，东都和西京是国库重地，虽然有将领士兵镇守，终究还是兵力太弱，去辽东的路途又很远，恐怕会有像隋末杨玄感那样的动乱发生。况且高丽只是个边远地区的小国，不值得陛下亲自派兵征讨。要是战胜了，也不能彰显大唐的道义；要是不能取胜，恐怕就会贻笑大方。因此，我请求陛下把这个任务交给好的将领去完成，相信很快就能消灭他们。”唐太宗没有采纳他的建议，但是有识之士都赞同这个建议。

礼部尚书江夏人王道宗跟随唐太宗征讨高丽，太宗下诏命令王道宗和李勣为先锋。他们渡过了辽河，攻克了盖牟城之后，恰巧遇到大批敌军，军中士兵都想挖深沟来据守险要之处，等太宗到了，再慢慢前进。王道宗说：“不能这样做，敌军远道而来，士兵已经非常疲惫了，且他们倚仗人马多而轻视我们。只要我们敢于出击，一战就可以摧毁他们。从前汉朝耿弇就不把敌军遗留给汉光武帝处置。我们既然是先锋，应当清除道路上的敌人以等待君主到来。”李勣对他的说法很赞同。于是王道宗率领几百名骁勇的骑兵，直接冲进敌人的阵地，左右出击，和李勣合力打败了敌军。唐太宗到了后，对他们大加赏赐和犒劳。王道宗在战场中不小心伤了脚，唐太宗亲自为他针灸治疗，还赏赐御膳给他。

解析

自古以来，历朝历代的兴衰点往往是由战争引起的，战争会把一个本来富裕强大的国家，拖累成一个濒临灭亡的弱国，因而贤明的君主必定会止戈为武。然而唐太宗用兵如神，虽赞同大臣们的建议，还是发动了战争。在战争过程中，唐太宗礼贤下士，亲自为王道宗针灸，从这一点上来说，唐太宗的确是个用人高手。

一个人有私欲并不可怕，可怕的是不知道如何节制私欲，这就像一个国家虽武力强大，却不知道该如何停止战争一样，是非常可怕的。另外，在对待他人时，要以礼相待，要用真心去感化他人，用行动去影响他人。

征伐第三十五（四）

原典

太宗《帝范》曰：“夫兵甲者，国家凶器也。土地虽广，好战则民凋；中国虽安，忘战则民殆。凋非保全之术，殆非拟寇之方，不可以全除，不可以常用。故农隙讲武，习威仪也；三年治兵，辨等列也。是以勾践轼蛙，卒成霸业；徐偃弃武，终以丧邦。何也？越习其威，徐忘其备也。孔子曰：‘以不教民战，是谓弃之。’故知弧矢之威，以利天下，此用兵之职也。”

贞观二十二年，太宗将重讨高丽。是时，房玄龄寝疾增剧[①]，顾谓诸子曰：“当今天下清谧[②]，咸得其宜，惟欲东讨高丽，主为国害。吾知而不言，可谓衔恨入地。”遂上表谏曰：

臣闻兵恶不戢[③]，武贵止戈。当今圣化所覃[④]，无远不暨。上古所不臣者，陛下皆能臣之；所不制者，皆能制之。详观古今，为中国患害，无过突厥。遂能坐运神策，不下殿堂。大小可汗，相次束手，分典禁卫，执戟行间。其后延陀鸱张，寻就夷灭，铁勒慕义，请置州县，沙漠已北，万里无尘。至如高昌叛涣于流沙，吐浑首鼠于积石，偏师薄伐，俱从平荡。高丽历代逋诛，莫能讨击。陛下责其逆乱，杀主虐人，亲总六军，问罪辽碣。未经旬日，即拔辽东，前后虏获，数十万计，分配诸州，无处不满。雪往代之宿耻，掩崤陵之枯骨，比功校德，万倍前王。此圣主所自知，微臣安敢备说。

且陛下仁风被于率土，孝德彰于配天。睹夷狄之将亡，则指期数岁；授将帅之节度，则决机万里。屈指而候驿，视景而望书，符应若神，筭无遗策[⑤]。擢将于行伍之中，取士于凡庸之末。远夷单使，一见不忘；小臣之名，未尝再问。箭穿七札，弓贯六钧。加以留情坟典，属意篇什，笔迈钟、张，词穷贾、马。文锋既振，则宫徵自谐；轻翰暂飞，则花葩竞发。抚万姓以慈，遇群臣以礼。褒秋毫之善，解吞州之网。逆耳之谏必听，肤受之愬斯绝。好生之德，禁障塞于江湖；恶杀之仁，息鼓刀于屠肆。凫鹤荷稻粱之惠，犬马蒙帷盖之恩。降尊吮思摩之疮，登堂临魏徵之柩。哭战亡之卒，则哀动六军；负填道之薪，则情感天地。重黔黎之大命，特尽心于庶狱。臣心识昏愦，岂足论圣功之深远，谈天德之高大哉？陛下兼众美而有之，靡不备具，微臣深为陛下惜之重之，爱之宝之。

《周易》曰："知进而不知退，知存而不知亡，知得而不知丧。"又曰："知进退存亡，而不失其正者，其惟圣人乎！"由此言之，进有退之义，存有亡之机，得有丧之理，老臣所以为陛下惜之者，盖谓此也。《老子》曰："知足不辱，知止不殆[⑥]。"臣谓陛下威名功德，亦可足矣；拓地开疆，亦可止矣。彼高丽者，边夷贱类，不足待以仁义，不可责以常理。古来以鱼鳖畜之，宜从阔略[⑦]。必欲绝其种类，深恐兽穷则搏。且陛下每决死囚，必令三覆五奏，进素食，停音乐者，盖以人命所重，感动圣慈也。况今兵士之徒，无一罪戾，无故驱之于战阵之间，委之于锋刃之下，使肝脑涂地，魂魄无归，令其老父孤儿、寡妻慈母，望轊车而掩泣，抱枯骨而摧心，足变动阴阳，感伤和气，实天下之冤痛也。且兵，凶器；战，危事，不得已而用之。向使高丽违失臣节，而陛下诛之可也；侵扰百姓，而陛下灭之可也；久长能为中国患，而陛下除之可也。有一于此，虽日杀万夫，不足为愧。今无此三条，坐烦中国，内为旧主雪怨，外为新罗报仇，岂非所存者小，所损者大？

愿陛下遵皇祖老子止足之诫，以保万代巍巍之名。发霈然之恩[⑧]，降宽之大诏，顺阳春以布泽，许高丽以自新[⑨]，焚凌波之船，罢应募之众，自然华夷庆赖，远肃迩安。臣老病三公，朝夕入地，所恨竟无尘露，微增海岳。谨罄残魂余息，豫代结草之诚。倘蒙录此哀鸣，即臣死骨不朽。

太宗见表，叹曰："此人危笃如此，尚能忧我国家。"虽谏不从，终为善策。

注释

①寝疾：卧病。②清谧：安宁。③戢：停止。④覃：遍布。⑤筭无遗策：谋划没有失策的。⑥知足不辱，知止不殆：知道满足就不会感到耻辱，知道停止就不会懈怠。⑦阔略：宽容、宽大。⑧霈然之恩：盛大的恩德。⑨自新：改过自新。

译文

唐太宗在《帝范》中说："武器、铠甲是国家的凶器。即使疆域辽阔，穷兵黩武也会让民生凋敝。中原地区虽然安定，但是忽略战备就会导致百姓懈怠。民生凋敝不是保全国家的策略，百姓懈怠也并非防御敌人的方法。因此，武装既不可以全部消除，也不能经常使用。因此在农闲时期就讲习武艺，是为了显示我朝的威仪；三年练兵，是为了辨别等级秩序。因此越王勾践见到怒蛙都要致敬，最终成就了霸业；徐偃放弃武力，最终丧失了国家。为什么会这样呢？就是因为越王勾践加强了武力，而徐偃放弃了武力。孔子说：'不教导百姓战事，是将国家让给别人。'由此可知，武力的练习对天下安定是十分有利的，这也是用兵的作用之所在。"

贞观二十二年，唐太宗想再次征讨高丽。这个时候，大臣房玄龄卧病在家，病情很严重，他对几个儿子说："如今天下安定，朝政措施都很得当，只是征讨高丽是有损国家的。我知道这个却不说出来，死不瞑目啊。"于是上奏章进谏说：

臣听说兵器最忌讳的就是不停止使用，而打仗贵在不战而胜。如今陛下的恩德广施四方，无所不及。古代不能臣服的异族，陛下都使他们归顺了；所不能控制的地区，陛下都已经掌控了。纵观古今，能称之为中原隐患的，莫过于突厥。然而陛下却能够运筹帷幄，决胜千里，不下朝堂，就使大大小小的可汗俯首称臣，分别让他们担当官中的禁卫，拿着兵器在军队中。再往后，薛延陀部族气焰嚣张，不久后就被陛下消灭了。铁勒仰慕陛下的仁义，请求在他们的地区设置州县。大漠往北，万里之内再没有战事。至于高昌在流沙地区的叛乱，吐谷浑在积石进退不定，陛下只派遣了一支偏师前去征讨，就将他们全部平定了。高丽历朝历代都逃避了诛伐，没有人能征服他们。陛下责备他们谋逆作乱，诛杀君主，虐待百姓，亲自率领六军前去问罪高丽。不到十天，就攻克辽东，前后所俘虏的敌军，竟然有数十万，陛下把他们发配到各州，没有一个州不满额的。陛下洗刷了历代以来的耻辱，掩埋了阵亡将士的尸骨。比较功德，陛下超过前代帝王万倍。这些陛下都是很清楚的，我怎么敢详细地说。

况且陛下的仁德广布四方，孝德能够与天相匹配。看到四邻外族快要灭亡了，就能推算出将亡之期；授权将帅节度的权力，在万里之外也能正确决断军务。陛下掐着手指等待使者，看着日影等候上书，就像神明那样计算准确，没有失策过。陛下提拔将帅于士兵之中，选拔有贤能的人于平凡的百姓中。远方民族派来的一个使者，陛下见过后就不会忘记；小臣的名字，也不需要询问第二次。射出的箭可以穿透七札，拉开弓的力量达到六钧，再加上陛下喜欢阅读古典书籍，在文章上很有造诣，书法超过钟繇、张芝，词赋超过贾谊、司马相如。陛下的文章很有才华，自然能够做到自然和谐；毛笔轻轻一挥，就能写出很华丽的文章来。陛下用仁慈来安抚百姓，用礼仪来对待群臣。嘉奖小小的善事，施刑罚则力求宽大。逆耳之言必定会听从，谗言毁谤一律断绝。陛下有好生之德，禁止在湖中设置障碍；仁善不杀，停止在肉铺中诛杀牲畜。飞禽等得到稻粱的喂养，犬马蒙受帷帐的庇护。陛下曾屈尊亲自为李思摩吸吮伤口，亲自到魏徵的灵堂祭拜、哭泣。为在战争中死去的士兵痛哭，哀恸之心感动六军；还亲自背负柴草填平道路，真情感动天地。陛下重视百姓的性命，尽心尽力审查各种案件。臣见识少、很愚笨，怎么能够谈尽陛下恩德的深远高大呢？陛下兼具各种美德，毫无缺失，微臣深切地为陛下珍惜重视这些美德，当作宝贝般爱护。

《周易》里说：“只知道前进而不知道后退，只知道生存而不知道灭亡，只知道如何获取而不知道如何对待失去。”又说：“知道前进后退、生存和灭亡，而能够不丧失分寸的，恐怕只有圣人。”从这句话来看，前进中有后退的含义，生存中存在灭亡的必然，获取中存在失去的可能，老臣之所以为陛下爱惜重视，就是因为这个原因。《老子》说：“知道满足就不会感受到耻辱，知道停止就不会懈怠。”我认为陛下的威名功德，已经很高了，可以满足了，开疆扩土可以停止了。高丽国是边远地区的小国家，不能用仁义来对待他们，也不能用常理来责怪他们。自古以来，就把他们当作鱼鳖来养，应当对他们宽容些。要是必须灭掉这一族类，臣担忧他们会像野兽被逼得无路可走一样拼死一搏。况且陛下每次处决死囚，一定要求三五次地奏报，并且吃素食，停止音乐，这都是因为人命关天，触动了陛下的恻隐之心。现在的士兵没有什么过错，要是无缘无故驱赶他们到前线作战，让他们肝脑涂地，客死他乡，魂魄不能归来，让他家中的父亲儿子、妻子母亲望着灵车痛哭不止，抱着亲人的枯骨痛苦万分，这足以使阴阳失和，损伤和气，实在是天底下最为惨痛的事。况且，兵器是非常凶险的，战争也是非常危险的，只有在不得已的情况才得使用。假如高丽违背了做臣子的礼节，陛下要诛灭它是可以的；假如高丽侵扰了百姓，陛下要灭掉它也是可以的；假如它长久以来就是中原的祸患，陛下除掉它也是可以的。只要有一个理由成立，哪怕一天杀掉一万人，也不会让人内疚。如今高丽并没有触犯三条罪状，却要给中原百姓增添无尽的痛苦和烦恼，对内是为其旧主报仇，对外则是为新罗报仇，这难道不是所得者小，所失者大吗？

希望陛下能够遵守老子‘知足不辱，知止不殆’的警戒，用以保全崇高的名誉。发布恩德宽大的诏书，实施德政来布下恩泽，让高丽改过自新，烧掉战船，解散应招而来的众将士，那么各族人民都会庆幸找到了依靠，远近都能得到安宁。臣是年老多病的三公，随时都有可能入土，所遗恨的是没有为国家作出微薄的贡献。凭着最后的这一点心力，希望能够报答朝廷的恩德，倘若陛下接受了臣这将死之人的进谏，那么臣就死而无憾了。

唐太宗看了这篇奏章，感叹道：“这个人病情已经如此严重，还能为国家担忧。”虽然唐太宗没有接纳这个建议，但还是认为他的意见是治国的善策。

解析

“进有退之义，存有亡之机，得有丧之理”，房玄龄的这段话无疑揭示了一个道理：事物具有两面性，在一定的条件下是可以互相转化的，因而在做事时既要想到好的一面，又要想到坏的一面，这样才能全面地看待事情，从而作出最正确的选择。

辩证法是非常重要的，它能够帮助我们从另一个角度来查看问题，弥补我们视野和思维上的不足，这对我们正确认识现状是非常有利的。如走霉运时，很多人往往会灰心丧气，其实完全没有必要，用辩证法来说，走霉运往往是好运的起点，因而要学会辩证地看待事物。

征伐第三十五（四）

原典

贞观二十二年，军旅亟动[①]，宫室互兴，百姓颇有劳弊。充容徐氏上疏谏曰：

贞观已来，二十有余载，风调雨顺，年登岁稔，人无水旱之弊，国无饥馑之灾。昔汉武帝，守文之常主，犹登刻玉之符[②]；齐桓公，小国之庸君，尚涂泥金之事[③]。望陛下推功损己，让德不居。亿兆倾心，犹阙告成之礼；云、亭伫谒，未展升中之仪。此之功德，足以咀嚼百王，网罗千代者矣。然古人有云："虽休勿休[④]。"良有以也。守初保末，圣哲罕兼。是知业大者易骄，愿陛下难之；善始者难终，愿陛下易之。

窃见顷年以来，力役兼总，东有辽海之军，西有昆丘之役，士马疲于甲胄，舟车倦于转输。且召募役戍，去留怀死生之痛，因风阻浪，人米有漂溺之危。一夫力耕，年无数十之获；一船致损，则倾覆数百之粮。是犹运有尽之农功，填无穷之巨浪；图未获之他众，丧已成之我军。虽除凶伐暴，有国常规，然黩武玩兵，先哲所戒。昔秦皇并吞六国，反速危祸之基；晋武奄有三方[⑤]，翻成覆败之业。岂非矜功恃大，弃德轻邦，图利忘害，肆情纵欲？遂使悠悠六合，虽广不救其亡；嗷嗷黎庶，因弊以成其祸。是知地广非常安之术，人劳乃易乱之源。愿陛下布泽流人，矜弊恤乏，减行役之烦。增雨露之惠。

妾又闻为政之本，贵在无为。窃见土木之功，不可遂兼。北阙初建，南营翠微，曾未逾时，玉华创制，非惟构架之劳，颇有功力之费。虽复茅茨示约，犹兴木石之疲，假使和雇取人，不无烦扰之弊。是以卑宫菲食，圣王之所安；金屋瑶台，骄主之为丽。故有道之君，以逸逸人；无道之君，以乐乐身。愿陛下使之以时，则力不竭矣；用而息之，则心斯悦矣。

夫珍玩技巧，为丧国之斧斤；珠玉锦绣，实迷心之酖毒。窃见服玩鲜靡，如变化于自然，职贡奇珍，若神仙之所制，虽驰华于季俗⑥，实败素于淳风。是知漆器非延叛之方，桀造之而人叛；玉杯岂招亡之术，纣用之而国亡。方验侈丽之源，不可不遏。夫作法于俭，犹恐其奢；作法于奢，何以制后？伏惟陛下明照未形，智周无际，穷奥秘于麟阁，尽探赜⑦于儒林。千王理乱之踪，百代安危之迹，兴亡衰乱之数，得失成败之机，固亦包吞心府之中，循环目围之内，乃宸衷久察，无假一二言焉。惟知之非难，行之不易，志骄于业著，体逸于时安。伏愿抑志裁心，慎终成始，削轻过以添重德，择今是以替前非，则鸿名与日月无穷。盛业与乾坤永泰！

太宗甚善其言，特加优赐甚厚。

注释

①亟动：屡次。②登刻玉之符：指封禅大典。刻玉之符，指封禅时使用的一种文书。③涂泥金之事：指封禅。泥金之事，封禅大典时所采用的玉牒。④虽休勿休：虽然受到人们的赞美，但是不要骄傲。⑤奄有三方：统一了三个国家。三方指吴、魏、蜀三国。⑥季俗：指国家末期的风俗。⑦探赜（zé）：探求幽深玄妙的道理。

译文

贞观二十二年，军队多次发动战争，又大兴土木，百姓很疲劳，因此宫中的女官充容徐氏上奏章说：

贞观以来，已经有二十多年了，风调雨顺，年年丰收，百姓没有遭到水旱的困扰，国家也没有饥荒的祸患。从前汉武帝沿用先祖的政策注重休养生息，还举行了泰山封禅；齐桓公，是一个小国家的昏君，也举行了封禅大典。希望陛下能够推让功劳而保持谦虚，能够礼让功德而不居功。我大唐获得了亿万百姓的顺从，但陛下还没有举行告成的大典；云亭二山等待您的到来，因为您还没有举行祭天的仪式。这样的功德，足以在百王面前居首，流传后世千代。然而古人有句话说："即使被别人称赞，也不要骄傲自满。"这话很有道理。守住帝业的开端并能坚持到最后，圣哲之人都很少能做到的。由此可知，功业越大的人越容易骄傲自满，希望陛下将它作为一件难事；善始容易善终难，希望陛下能改变这个状态。

我看见近年来，各种战事不断爆发，东边有辽海战役，西边有昆丘之役，士兵、战马因战事而苦不堪言，船工车夫也因运转物资而感到疲倦。况且招募服役的人员和士兵，他们与亲人都怀有生离死别的切肤之痛。因为路途坎坷，风高浪急，人员和粮食随时都有丧身海底的危险。一个劳力辛勤工作，一年不过是几十石的收获；可是一旦船翻了，那么几百石的粮食都会倾倒在海里。这等于是用有限的粮食收成，去填充没有限度的大海，贪图还没有获得的他国的民众，却先丧失了自己的人马。虽然铲除顽敌是国家的职责，但穷兵黩武是先哲们所警戒的。从前秦始皇吞并了六国，反而加速了秦朝的灭亡；晋武帝统一了三个国家，却在瞬间就灭亡了。这难道不是他们恃功而傲，抛弃德政，轻视国家，贪图利益而忘记祸患，放纵恣情的后果吗？所以，天地的辽阔广远不能挽救国家的灭亡，百姓因为饥饿哀嚎而群起造反。由此可知，并非疆域广阔就能安定国家，百姓疲劳才是祸乱的根源。希望陛下能够广布仁德，哀怜百姓的疲劳，体恤百姓的困乏，减少劳役负担，让百姓感受到朝廷雨露般的恩惠。

臣妾又听说治理国家的根本贵在无为。我认为，土木工程不应该连续不断地进行。北边的宫阙刚刚建好，南边就开始修建翠微宫，还没过多久，又要修建玉华宫，这并非只是建筑上的浪费，更是人力和时间上的浪费。陛下虽然多次表示建造时要遵守节俭的原则，但还是需要采伐木石，即使官府雇佣，也难免烦忧百姓。因此住在简陋的皇宫吃着粗茶淡饭，贤明的君主感到很安心；金碧辉煌的宫殿和美玉装饰的露台，只有骄纵的君主才觉得美丽。因此有道的君主都是用休养生息来安适百姓的；无道的君主则是用享乐来满足自己的。只希望陛下能够按照时节来劳役百姓，那么百姓的力气就不会被用光。劳役他们的时候注意让他们休养生息，那么他们心里就会感到高兴。

珍贵的玩物和精巧的技能就像使国家灭亡的刀斧一样，珍珠、美玉、华丽的服饰就像使人心迷乱的毒酒一样。臣妾发现服饰和玩物纤巧百出、变化多端，各地进贡的奇珍异宝晶莹剔透，就像神仙制造的一样。虽说追逐华丽是难以避免的，但实际上却败坏了淳朴的风俗。漆器本身虽然不能导致叛乱，夏桀加以制造却导致了百姓的背叛；玉杯本身怎会是招致灭亡的方法呢，然而商纣使用玉杯却导致了国败身亡。经验证明，奢侈华丽的源头不能不加以遏制。依据节俭创制法律，还唯恐产生奢侈；要是根据奢侈来制定法律，那么怎么能够节制后人呢？希望陛下能够明察秋毫，再三思考，研究古代经典书籍，探询儒家学士的建议。历朝历代君主治乱的经验、兴盛衰亡的运数、得失成败的原因都包含在人的心中，在目能所及的地方循环，那么陛下就能够洞察其中的道理，不用再依靠一两个人的建议。只知道道理并不是很困难，难的是行动，功劳高时就会骄傲，天下太平时则会安于享乐。希望陛下能够压抑自己的私欲，自始至终都能够保持谨慎小心，改正小的过错来增加德行，选择正确的做法来取代以前的错误，那么陛下的盛名就会与日月齐辉，盛业就会与天地共存。

唐太宗对她的建议很是赞赏，于是加倍赏赐她。

解析

自古以来，成为君主的人不少，但是善始善终的人却很少，原因在哪呢？充容徐氏认为就在于国家穷兵赎武，不让百姓休养生息，同时君主又爱好美物，奢侈成性，因而导致国家很快灭亡。战争的消耗是非常大的，尤其是物资的供给，常常会把一个国家由富裕拖累到贫瘠。战争同时又给百姓带来了劳顿，让百姓感到苦不堪言。美物本身并没有什么祸害，但是它能让一个人滋生奢侈的念头，因而不要过分痴迷于美物。

因此，一个人要学会洁身自好，冷静地对待各种具有诱惑的事物，不要痴迷，否则就会陷入其中不能自拔。

安边第三十六（一）

原典

贞观四年，李靖击突厥颉利，败之，其部落多来归降者。诏议安边之策，中书令温彦博议："请于河南①处之。准汉建武时，置降匈奴于五原塞下，全其部落，得为捍蔽②，又不离其土俗，因而抚之，一则实空虚之地，二则示无猜之心，是含育之道③也。"太宗从之。秘书监魏徵曰："匈奴自古至今未有如斯之破败，此是上天剿绝，宗庙神武。且其世寇中国，万姓冤仇，陛下以其为降，不能诛灭，即宜遣发河北，居其旧土。匈奴人面兽心，非我族类，强必寇盗，弱则卑伏，不顾恩义，其天性也。秦、汉患之者若是，故时发猛将以击之，收其河南以为郡县。陛下以内地居之，且今降者几至十万，数年之后，滋息过倍，居我肘腋，甫迩王畿④，心腹之疾，将为后患，尤不可处以河南也。"温彦博曰："天子之于万物也，天覆地载，有归我者则必养之。今突厥破除，余落归附，陛下不加怜愍，弃而不纳，非天地之道，阻四夷之意，臣愚甚谓不可，宜处之河南。所谓死而生之，亡而存之，怀我厚恩，终无叛逆。"魏徵曰："晋代有魏时，胡部落分居近郡，江统劝逐出塞外，武帝不用其言，数年之后，遂倾瀍、洛。前代覆车，殷鉴不远。陛下必用彦博言，遣居河南，所谓养兽自遗患也。"彦博又曰："臣闻圣人之道，无所不通。突厥余魂，以命归我，收居内地，教以礼法，选其酋首，遣居宿卫，畏威怀德，何患之有？且光武居河南单于于内郡，以为汉藩翰，终于一代，不有叛逆。"又曰："隋文帝劳兵马，费仓库，树立可汗，令复其国，后孤恩[5]失信，围炀帝于雁门。今陛下仁厚，从其所欲，河南、河北，任情居住，各有酋长，不相统属，力散势分，安能为害?”给事中杜楚客进曰：“北狄人面兽心，难以德怀，易以威服。今令其部落散处河南，逼近中华，久必为患。至如雁门之役，虽是突厥背恩，自由隋主无道。中国以之丧乱，岂得云兴复亡国以致此祸? 夷不乱华，前哲明训，存亡继绝，列圣通规。臣恐事不师古，难以长久。”太宗嘉其言，方务怀柔，未之从也。卒用彦博策，自幽州至灵州，置顺、佑、化、长四州都督府以处之，其人居长安者近且万家。

注释

①河南：黄河以南的地区。②捍蔽：屏障。③含育：包容养育。④甫迩王畿：接近京城重地。⑤孤恩：忘恩。

译文

贞观四年，李靖率兵攻打突厥颉利可汗，打败他后，颉利部落大多数人都归顺了大唐，于是唐太宗下诏商议安定边境的办法。中书令温彦博说：“请把他们安置在黄河以南。按照东汉建武年间的做法，把降服的匈奴安置在五原郡边塞，不但可以作为屏障，同时还能保留他们的风俗，因而能够安抚他们。另外，一来可以填充空虚的边塞之地，二来可以表示对他们没有猜疑之心，这是包容养育他们的做法。”唐太宗接纳了温彦博的建议。秘书监魏徵说：“匈奴自古以来就没有这样被击败过，这是上天要灭亡他们，也是因为我朝神武。况且匈奴世代都是中原的劲敌，与上万百姓都有冤仇，陛下因他们降服了而不能予以诛杀，但应当立即把他们发配到黄河以北地区，让他们居住在旧有土地上。匈奴人人面兽心，并非我族之人，他们强盛了就必然会成为盗贼，实力衰落了就会低声下气，不会顾虑恩德仁义，这是他们的天性。秦汉时期所担忧的正是这个，因此常常派兵去攻打他们，收归他们在黄河以南的土地并设置郡县。陛下如今让他们在内地居住，光是投降的人就有几万到十几万之多，等过了几年后，他们的人数将会成倍增长。让他们居住在我们身边，离京城如此之近，他们将来很可能会成为心腹之患，因此万万不可把他们安置在黄河以南的地区。”温彦博说：“天子对待万物，就像天覆盖大地，有前来归顺的人必然都要收养。如今突厥战败，余下的部落都归顺，陛下不加以怜惜哀怜，却抛弃而不接受他们，这不符合天地之道，也阻挡了四方民族仰慕我们的心意，我虽然愚笨但还是觉得这样是不可以的，应当把他们安置在黄河以南地区。正所谓让快死的人活下去，让将要灭亡的保存下来，蒙受我们如此大的恩德，量他们也不会再有反叛之心。”魏徵说据理力争：“晋朝取代魏国的时候，胡人的部落分居在附近的州郡，大臣江统劝说晋武帝把胡人赶出塞外，晋武帝没有接纳他的建议，几年之后，洛阳就沦陷在胡人手中。这都是前车之鉴啊。陛下要是采纳温彦博的建议，让他们居住在黄河以南，这是养虎为患啊。”温彦博又说：“我听说圣人之道没有不能通达的地方。突厥剩余的部落来归顺我们，把性命交给我们，就应该收养他们在内地，用礼仪法令来教导他们，选拔他们的首领，将他委派为宫中的禁卫，他们才会畏惧我朝的威严，感激我朝的恩德，这哪里会有什么忧患呢？况且汉光武帝让突厥的单于定居内地，作为汉朝的屏障，等到汉朝结束时，突厥都没有兴兵叛乱。”他又说：“隋文帝兴师动众，把国库积蓄挥之一空，树立突厥可汗，并帮助他恢复了国家，后来可汗背信弃义，在雁门围困了隋炀帝。如今陛下宅心仁厚，可听从他们的想法，居住在黄河以南还是黄河以北，都根据他们的意愿去选择。他们各自都有首领，内部不统一，势力分散，怎么会危害中原呢？”给事中杜楚客说：“北方胡人人面兽心，难以用恩德去感化他们，用武力却容易让他们屈服。如今让他们的部落居住在黄河以南地区，靠近中原，时间久了必然会成为祸患。隋炀帝被围困雁门一事，虽是突厥背信弃义所导致的，但隋炀帝无道也是导致事件发生的缘由。中原地区的衰败灭亡，怎么能归咎于我朝对异邦的扶持呢？少数民族不会扰乱中原的秩序，这是先哲明确的训斥，让将要死亡的人活下去，让将要灭绝的种族保存下来，是历代贤明君主遵循的基本原则。臣担心如果不按照古训的教导来做事，国家难以长久啊。”唐太宗很赞赏他的言论，但是因为当时正采取怀柔政策，因而没有接纳这个建议。后来唐太宗采纳了温彦博的建议，从幽州到灵州，设置了顺、佑、化、长四州用来安置突厥人，居住在长安的突厥人达万家之多。

解析

安置归降的敌军是个非常困难的问题，安置不当，很有可能就会为未来埋下祸端，因而有的君主会采取极端的做法，如把归降的人全部杀害，这种做法很不人道。温彦博认为可以把突厥人安置在内地，同时用礼仪去教化他们，用恩德去感化他们，让他们再也没有谋逆之心。而魏徵认为，最好是将突厥人遣返到原地，不可在内地安置他们。唐太宗最终接纳了温彦博的建议。

安置人是个非常大的问题，尤其是要把他们安置在合适的位置上，这时不妨多听取他人的建议，没准就会得到一个非常好的安置方法。

安边第三十六（二）

原典

自突厥颉利破后，诸部落首领来降者，皆拜将军中郎将，布列朝廷，五品以上百余人，殆与朝士相半。惟拓跋不至，又遣招慰之，使者相望于道。凉州都督李大亮以为于事无益，徒费中国，上疏曰："臣闻欲绥远者必先安近。中国百姓，天下根本，四夷之人，犹于枝叶，扰其根本以厚枝叶，而求久安，未之有也。自古明王，化中国以信，驭夷狄以权。故《春秋》云：'戎狄豺狼，不可厌也[①]；诸夏亲昵，不可弃也[②]。'自陛下君临区宇，深根固本，人逸兵强，九州殷富，四夷自服。今者招致突厥，虽入提封，臣愚稍觉劳费，未悟其有益也。然河西民庶，镇御藩夷，州县萧条，户口鲜少，加因隋乱，减耗尤多，突厥未平之前，尚不安业，匈奴微弱以来，始就农亩，若即劳役，恐致防损，以臣愚惑，请停招慰。且谓之荒服者，故臣而不纳。是以周室爱民攘狄，竟延八百之龄；秦王轻战事胡，故四十载而绝灭。汉文养兵静守，天下安丰；孝武扬威远略，海内虚耗，虽悔轮台[③]，追已不及。至于隋室，早得伊吾，兼统鄯善，且既得之后，劳费日甚，虚内致外，竟损无益。远寻秦、汉，近观隋室，动静安危，昭然备矣。伊吾虽已臣附，远在藩碛，民非夏人，地多沙卤。其自竖立称藩附庸者，请羁縻受之[4]，使居塞外，必畏威怀德，永为藩臣，盖行虚惠而收实福矣。近日突厥倾国入朝，既不能俘之江淮，以变其俗，乃置于内地，去京不远，虽则宽仁之义，亦非久安之计也。每见一人初降，赐物五匹，袍一领，酋长悉授大官，禄厚位尊，理多糜费。以中国之租赋，供积恶之凶虏，其众益多，非中国之利也。”太宗不纳。

十三年，太宗幸九成宫。突利可汗弟中郎将阿史那结社率阴结所部，并拥突利子贺罗鹘夜犯御营，事败，皆捕斩之。太宗自是不直突厥[5]，悔处其部众于中国，还其旧部于河北，建牙[6]于故定襄城，立李思摩为乙弥泥熟俟利苾可汗以主之。因谓侍臣曰："中国百姓，实天下之根本，四夷之人，乃同枝叶，扰其根本以厚枝叶，而求久安，未之有也。初不纳魏徵言，遂觉劳费日甚，几失久安之道。”

注释

①戎狄豺狼，不可厌也：戎狄就像豺狼虎豹一样，不能让他们满足。②诸夏亲昵，不可弃也：中原地区的百姓就像亲人一样，不能抛弃他们。③轮台：指汉武帝作的《轮台罪己诏》。④羁縻：怀柔。⑤直：认为……正直可靠。⑥建牙：指少数民族的王庭。

译文

自从突厥颉利可汗被打败后，前来归降的突厥部落首领，都被分封为将军中郎将，在朝廷上当官的五品以上的突厥官员就达一百多人，占朝廷总人数的一半左右。只有拓跋氏没有前来归顺，唐太宗又派遣使者下诏招安慰问，使者来往不绝于道。凉州都督李大亮认为此事无益，不过是白白浪费中原的财物罢了，于是上奏章说："臣听说要安抚边远地区的人，必定要让身边的人先安宁下来。中原的百姓是国家的根本，四方少数民族的人就像树枝和树叶一样，扰乱根本来让枝繁叶茂，没有这样的道理。自古以来，贤明的君主都是用信义来教化中原百姓，用权力来驾驭夷、狄等少数民族。因此《春秋》中说：“戎狄就像豺狼虎豹一样，不能让他们满足；中原地区的百姓就像亲人一样，不能把他们抛弃。”自从陛下登临皇位以来，加深并巩固了国家的根本，百姓安适，兵强马壮，国家富裕，四方少数民族自愿顺服。如今为了招安突厥，即使其加入国家的版图中，臣虽愚笨也觉得这样做是非常劳民伤财的，不知有何益处。然而黄河西边的百姓，因为镇守防御少数民族，各州各县都变得非常萧条，人口稀少，再加上隋朝末期的战乱，消耗巨大，突厥没有被平定之前，他们无法安居乐业。匈奴势力稍微减弱之后，他们才开始耕种农田，要是让他们立即去参与劳役，恐怕会妨碍他们正常的生产和生活。依臣愚笨的看法，请停止招降突厥人。对于边远地区的人，即使他们前来臣服也不要接纳。在周朝，王室爱护百姓而抵御少数民族，因而国运能够延续八百年；秦朝轻视对胡人的战争，因而四十年就灭亡了；汉文帝养兵安心防守，因而天下能够安宁丰收；汉武帝炫耀威名图谋远方，致使国内空虚，耗费极大，虽然写了《轮台罪己诏》来表达后悔之意，但是不可挽回了。至于隋朝，早年就得到了伊吾、鄯善之地，然而得到这些地方之后，消耗一天比一天多，空虚国内用以追求外族的领土，没有一点好处。远可以看秦朝和汉朝，近可以看隋朝王室，异族的动静变化，再清晰不过了。伊吾虽然已经称臣归附，但它远居塞外，人民不是华夏人，土地大多是沙石盐碱地。对于主动称臣归顺的，请陛下采用怀柔的政策来对待他们，让他们居住在塞外之地，这样他们必定会敬畏我朝的威严，怀念我朝的恩德，永远都做我朝的藩臣，这是用虚的恩惠来换取实实在在的收益。近来，突厥人整个国家都归顺中原，陛下不把他们安置在江淮地区，以改变他们的风俗，反而把他们安置在内地离京城不远的地方，即使要表达我朝的宽厚仁慈，这也绝非长久之计。每见到一个突厥人投降，就赏赐给他们五匹丝绢、一件袍子，首领还要加官进爵享受俸禄，这必然会浪费太多财物。用中原百姓上缴的租税田赋供养作恶多端的凶恶俘虏，让他们的人数越来越多，这对中原是非常不利的。”唐太宗没有接纳他的意见。

贞观十三年，太宗驾临九成宫，突利可汗的弟弟中郎将阿史那结社率暗地里集结其部落的人，又联合突利可汗的儿子贺罗鹘，乘夜侵犯唐太宗的御营。事情败露后，他们都被抓捕起来并斩首。唐太宗从此以后再也不信任突厥人，后悔将突厥人安置在中原地区，于是下令让他们到黄河以北的地区居住，并在原来的襄城地区建立王庭，立李思摩为乙弥泥熟俟利苾可汗，作为他们的首领。唐太宗对侍臣说："中原地区的百姓确实是天下的根本，四方少数民族就像树枝和树叶一样，扰乱根本却想让枝繁叶茂，寻求国家的长治久安，这是从来没有的事。当初不接纳魏徵的建议，如今才知道耗费一天比一天多，几乎丧失了长治久安之道。"

解析

唐太宗把突厥人和中原人相提并论，差点酿成大祸，所幸的是在看清突厥人的面目后，唐太宗及时改正，才没有导致更多祸端的出现。因而在对待人才时，不要觉得外来的人才就一定好使，从而轻视身边的人才。所以，不要舍近求远，最合适的人才也许就在身边。

对待他人的建议一定要认真考虑，否则就会像唐太宗那样，后悔当初没有听从魏徵的建议。然后，知道错了，就要及时改正，以免出现更多的问题。

安边第三十六（三）

原典

贞观十四年，侯君集平高昌之后，太宗欲以其地为州县。魏徵曰："陛下初临天下，高昌王先来朝谒，自后数有商胡称其遏绝贡献，加之不礼大国诏使，遂使王诛载加。若罪止文泰[①]，斯亦可矣。未若因抚其民而立其子，所谓伐罪吊民，威德被于遐外[②]，为国之善者也。今若利其土壤以为州县，常须千余人镇守，数年一易[③]。每来往交替，死者十有三四，遣办衣资，离别亲戚。十年之后，陇右空虚，陛下终不得高昌撮谷尺布以助于中国。所谓散有用而事无用，臣未见其可。”太宗不从，竟以其地置西州，仍以西州为安西都护府，每岁调发千余人防遏其地。

黄门侍郎褚遂良亦以为不可，上疏曰：“臣闻古者哲后临朝，明王创业，必先华夏而后夷狄，广诸德化，不事遐荒。是以周宣薄伐，至境而反；始皇远塞，中国分离。陛下诛灭高昌，威加西域，收其鲸鲵④，以为州县。然则王师初发之岁，河西供役之年，飞刍挽粟⑤，十室九空，数郡萧然，五年不复。陛下每岁遣千余人而远事屯戍，终年离别，万里思归。去者资装，自须营办，既卖菽粟、倾其机杼。经途死亡，复在言外。兼遣罪人，增其防遏，所遣之内，复有逃亡，官司捕捉，为国生事。高昌途路，沙碛千里，冬风冰冽，夏风如焚，行人遇之多死。《易》云‘安不忘危，治不忘乱。’设令张掖尘飞，酒泉烽举，陛下岂能得高昌一人菽粟⑥而及事乎？终须发陇右诸州，星驰电击。由斯而言，此河西者方于心腹，彼高昌者他人手足，岂得糜费中华，以事无用？陛下平颉利于沙塞，灭吐浑于西海，突厥余落为立可汗，叶浑遗萌更树君长，复立高昌，非无前例，此所谓有罪而诛之，既服而存之。宜择高昌可立者，征给首领，遣还本国，负戴洪恩，长为藩翰⑦。中国不扰，既富且宁，传之子孙，以贻后代。”疏奏，不纳。

至十六年，西突厥遣兵寇西州，太宗谓侍臣曰：“朕闻西州有警急，虽不足为害，然岂能无忧乎？往者初平高昌，魏徵、褚遂良劝朕立麹文泰子弟，依旧为国，朕竟不用其计，今日方自悔责。昔汉高祖遭平城之围而赏娄敬，袁绍败于官渡而诛田丰，朕恒以此二事为诫，宁得忘所言者乎！”

注释

①文泰：指高昌王麹文泰。②遐外：边远地区。③易：替换。④鲸鲵：鲸鱼，这里指敌人。⑤飞刍挽粟：运转物资很快。⑥菽粟：豆和小米，指粮食。⑦藩翰：藩国的屏障。

译文

贞观十四年，侯君集平定高昌之后，唐太宗想在这个地方设置州县。魏徵进谏说："陛下刚刚登上皇位时，高昌王是最早前来朝拜的，自那以后有很多经商的胡人告发高昌王不向朝廷进贡，加之高昌王对我朝的使者很不礼貌，于是陛下一再惩罚高昌王。如果朝廷只怪罪于高昌王一人，这也是合情合理的。依臣之见，不如借机安抚高昌国的百姓，拥立高昌王的儿子为王。常言说：征伐有罪之君而安抚他的百姓，恩威并施于边远地区，这是最好的治理边关的做法。如今要是在高昌国设置州县，那么就需要上千人镇守在那里，数年更换一次人马。每次换防，士兵来往奔波，死于劳顿的有十之三四。士兵们还要置办衣服盘缠，离别亲人，饱受背井离乡之苦。十年之后，陇右地区就会人财空虚，陛下最终也得不到高昌国一把谷子和一尺布的援助。这其实是散去有用的而去追求没有用的，臣从来没有见到这样做有什么益处。"唐太宗不听从他的意见，在高昌国设置了西州，不久就改西州为安西都护府，每年调集征发一千多人去防守这个地区。

黄门侍郎褚遂良也认为这样做不妥，于是上奏章说："臣听说古代贤明的君主创立国家，处理政事，都是先安定华夏人而后安宁少数民族，广泛实施仁德教化，不参与边远地区政务的处理。因此周宣王征伐猃狁，把他们赶出边境就返回朝廷；秦始皇征讨西塞地区，而导致中原分崩离析。陛下诛灭了高昌国，在西域内树立了威严，如今还要去据守他们的土地，设置州县。陛下您发兵征讨高昌那年，朝廷发往那里的兵马粮草都由河西提供，结果河西地区萧条荒芜，百姓十室九空，五年内都无法恢复元气。如今陛下每年还派遣一千多人到远方去驻防戍守，他们一年到头离别自己的亲人，饱尝思乡之苦。前往的人为了置办盘缠和服装，已经卖光了粮食，纺织的布匹也用光了。在路途上死亡的，就更不用说了。有时还将犯罪之人拉去充军，增加那里的防守，但在戍守期间借机逃亡的，官府还要去捕捉归案，这给国家带来了多少麻烦和事端啊。要到高昌国，就要经过千里的沙丘地，冬天严寒，夏天炎热，许多人在途中就染病死掉了。

《周易》中说：'安宁的时候不要忘记危险的存在，国家大治时不要忘记有混乱的可能。'假设张掖郡、酒泉郡地区战火四起，陛下能指望高昌国供给一个人的粮食吗？最终还是需要从陇右各地征发粮食，快速地运转过去。由此来说，河西的百姓才是朝廷的心腹，而高昌国终究是异族，怎么能白白浪费财物去供养没有用的人呢？陛下在沙塞平定颉利，在西海诛灭吐浑。突厥残余的部落重新树立了自己的可汗，吐浑残余的人们也开始推举自己的首领。现在要为高昌国立王，并非是没有前例的。古人说，有罪的人就诛杀他，臣服的人就让他生存下去。应当选择高昌国中可以拥立的人，立他为高昌王，把他遣送回高昌国，他就会感激我朝的恩德，永久地当一名藩王。这样，中原地区就不会受到侵扰，老百姓就可以安享富庶和安宁，如此一代代流传下去，就会造福于子孙后代。”奏章呈上去，唐太宗没有接纳这个建议。

贞观十六年，西突厥派兵侵犯西州地区，唐太宗对侍臣说：“我听说西州有紧急军情，虽然还不足以构成危害，然而怎么能够不担忧呢？以前刚刚平定高昌时，魏徵、褚遂良劝我拥立麴文泰的后代为高昌王，让高昌依旧是一个国家，我竟然没有接纳他们的计谋，如今只能暗自后悔。从前汉高祖不听娄敬的建议而被围困在平城，围困解决后，他赏赐了娄敬。袁绍不听田丰的劝阻，与曹操大战于官渡，结果大败而逃，事后却听信谗言将田丰杀死。我常常把这两件事当作警戒，怎能够忘记这些向我进谏的人呢？”

解析

唐太宗没有听取魏徵的建议，在高昌国设置了州县，最终自食苦果。虽然事后太宗明白了魏徵的建议才是正确的，但悔之晚矣。因而，在对待事情，尤其是不能带来好处的事情时，要谨慎小心，要多想想是否有做这件事情的必要，不要因贪图虚名而浪费过多的时间、精力、金钱等。

每个人都希望能够功成名就，超越他人，但是这种追求要适度，否则将付出惨痛的代价。

卷十

行幸第三十七（一）

原典

贞观初，太宗谓侍臣曰：“隋炀帝广造宫室，以肆行幸。自西京至东都，离宫别馆，相望道次①，乃至并州、涿郡，无不悉然。驰道皆广数百步，种树以饰其傍。人力不堪，相聚为贼。逮至末年，尺土一人，非复己有。以此观之，广宫室，好行幸，竟有何益？此皆朕耳所闻，目所见，深以自诫。故不敢轻用人力，惟令百姓安静，不有怨叛而已。”

贞观十一年，太宗幸洛阳宫，泛舟于积翠池，顾谓侍臣曰：“此宫观台沼并炀帝所为，所谓驱役生人，穷此雕丽，复不能守此一都，以万民为虑。好行幸不息，人所不堪。昔诗人云：‘何草不黄？何日不行②？’‘小东大东，杼轴其空③。’正谓此也。遂使天下怨叛，身死国灭，今其宫苑尽为我有。隋氏倾覆者，岂惟其君无道，亦由股肱无良④。如宇文述、虞世基、裴蕴之徒，居高官，食厚禄，受人委任，惟行谄佞，蔽塞聪明⑤，欲令其国无危，不可得也。”司空长孙无忌奏言：“隋氏之亡，其君则杜塞忠谠之言，臣则苟欲自全，左右有过，初不纠举⑥，寇盗滋蔓，亦不实陈。据此，即不惟天道，实由君臣不相匡弼。”太宗曰：“朕与卿等承其余弊，惟须弘道移风，使万世永赖矣。”

注释

①道次：路两旁。②何草不黄，何日不行：什么草不枯黄呢？哪一天不奔波啊？③小东大东，杼轴其空：东方较近的国家和较远的国家，织布机都是空虚的。④股肱无良：大臣不忠良。⑤行谄佞，蔽塞聪明：做些谄媚奸诈的事情，蒙蔽堵塞

了君主的视听。⑥初不纠举：开始时就不纠正检举。

译文

贞观初年，唐太宗对侍臣说："隋炀帝大肆营建宫室，以便出游时能够享用，从西京长安到东都洛阳，离宫别馆在路两旁连绵不绝，以至并州、涿郡也无不如此。开辟的道路有几百步宽，两边还种植树木用来装饰。百姓不堪其苦，因而相继奋起反抗。等到了隋朝末年，隋炀帝众叛亲离，连一尺土、一个人都不再属于他了。从这里可以看出，大量建造宫室，喜欢出行，又有什么好处呢？这都是我亲耳听到、亲眼看到的事情，应该深以为诫。因此，我不敢轻易动用民力，只希望能够让百姓休养生息，不会有抱怨反叛。"

贞观十一年，唐太宗驾临洛阳宫，在积翠池上乘船游玩，环顾四周的侍臣说："这里的宫苑、台榭、池沼都是隋炀帝建造的，他奴役驱使百姓，无节制地修筑华丽的宫室，又不能守住都城，丝毫不关心老百姓的疾苦。况且他喜好到处巡游，耗资巨大，百姓不堪其苦。从前《诗经》里说：'哪里的草不枯黄？哪一天不奔波啊？''远远近近东方国，织布机都空空虚。'说的就是这种情形。于是天下人抱怨而叛乱，最终国破家亡，如今他的宫苑都归我所有了。隋朝灭亡难道只是因为君主无道吗，也是因为臣子不忠良。像宇文述、虞世基、裴蕴等人，身居高位，享受着优厚的福禄，被君主委以重任，却只知道做些谄媚奸诈的事情，蒙蔽堵塞君主的视听，这样想让隋朝没有危险，是做不到的。"司空长孙无忌上奏章说："隋朝灭亡就在于君主杜绝堵塞了忠诚正直之人的言论，做臣子的则想保全自己、苟且偷生，身边的人有过错，开始时就不纠正检举，以至于盗贼开始日渐猖獗，也没有人敢把事情说出来。根据这种情况可知，隋朝灭亡并不只在于天道，而在于君主和臣子不能相互匡扶改正。"唐太宗说："我和你们承继了隋朝遗留下来的弊端，只有弘扬道义，转移风俗，才能使国家万世长存。"

解析

治国的根本在于让百姓休养生息，因而君主要节制自己的欲望，不要因自己的私欲而让百姓承受苦难，隋炀帝就因贪图享乐而丧失了民心，最终失去了天下。

每个人都有欲望，如有的想拥有财富，有的想拥有权力等。适当的欲望对个人的发展是十分有利的，是一种动力，但凡事都要有个度，过犹不及。只有不被欲望所迷惑，才能保持冷静的头脑并作出正确的判断。否则，必然饱受欲望之苦，从而失去自我。

行幸第三十七（二）

原典

贞观十三年，太宗谓魏徵等曰："隋炀帝承文帝余业，海内殷阜，若能常处关中，岂有倾败？遂不顾百姓，行幸无期，径往江都，不纳董纯、崔象等谏诤，身戮国灭，为天下笑。虽复帝祚长短，委以玄天，而福善祸淫[①]，亦由人事。朕每思之，若欲君臣长久，国无危败，君有违失，臣须极言。朕闻卿等规谏，纵不能当时即从，再三思审，必择善而用之。"

贞观十二年，太宗东巡狩，将入洛，次于显仁宫，宫苑官司多被责罚。侍中魏徵进言曰："陛下今幸洛州，为是旧征行处，庶其安定，故欲加恩故老。城郭之民未蒙德惠，官司苑监多及罪辜，或以供奉之物不精，又以不为献食。此则不思止足，志在奢靡，既乖行幸本心，何以副百姓所望？隋主先命在下多作献食，献食不多，则有威罚。上之所好，下必有甚，竞为无限，遂至灭亡。此非载籍所闻，陛下目所亲见。为其无道，故天命陛下代之。当战战栗栗[②]，每事省约[③]，参踪前列[④]，昭训子孙，奈何今日欲在人之下？陛下若以为足，今日不啻足矣；若以为不足，万倍于此，亦不足也。"太宗大惊曰："非公，朕不闻此言。自今已后，庶几无如此事。"

注释

①福善祸淫：做善事就能得到福祉，做淫虐之事就会招惹祸端。②战战栗栗：小心谨慎。③每事省约：凡事都要节省节约。④参踪前列：吸取前人的教训和经验。

译文

贞观十三年，唐太宗对魏徵等大臣说："隋炀帝继承了隋文帝遗留下来的帝业，国家很富裕，要是能够一直居住在关中，怎么会有灭亡之灾呢？他不顾念百姓，巡行没有限度，一直到了江都，又不接纳董纯、崔象等人忠诚正直的言论，最终导致自己被杀，国家也灭亡了。虽然国运的长短是由上天来决定的，但是做善事就能得到福祉，做淫虐之事就会招惹祸端，因此也可以说是由人的作为来决定的。我常常思考这件事，若要想让君主和臣子能够长久，国家没有灭亡的危险，那么君主有过错，臣子一定要进谏。我听到你们等人的规劝进谏，纵使不能立刻听从你们的建议，但也会再三思量之后，选择好的建议而接纳。"

贞观十二年，唐太宗东巡狩猎游玩，即将进入洛阳，途中驻扎在显仁宫，宫苑里很多官吏都因此受到了责怪惩罚。侍中魏徵进谏说："陛下如今驾临洛阳，是因为这里过去是征战过的地方，陛下希望这里能获得安定，所以对洛阳的百姓施以恩惠。如今，洛阳城内的百姓还没有蒙受陛下的仁德和恩惠，宫苑里的官吏却大多被惩罚，有的是因为供奉的物品不够精美，有的是因为进献的食物不甘甜。这可能是由于陛下不知足，开始追求奢侈糜烂的生活了。这么做违背了巡游的初衷，还怎么去满足老百姓的期望呢？过去隋朝就是这样做的，结果上面的人所喜欢的，下面的人必定会加倍效仿，争相做这没有节制的事情，于是导致了灭亡。这并非是书籍所记载的，而是陛下亲眼看到的。因为隋炀帝无道，所以上天命陛下取代他。陛下应当小心谨慎，凡事都要节省节约，吸取前人的教训和经验，留下好的训导给子孙，可为什么今天所做之事还不如别人呢？陛下要是知足，那么就会对今天的供奉有所满足；要是不知足，即使比现在的好过千倍万倍，也不会感到满足的。"唐太宗听后大惊失色，说："不是你，我绝听不到这样的言论。从今天开始，再也不会有类似的事情发生了。"

解析

俗话说善有善报，恶有恶报，一个人做什么事情，就会收获什么样的结果。

如果作恶多端、为所欲为，那么最终必然会自食恶果。因此不要因为善小而不为，不要因为恶小而为之，应拒绝做恶事，而多做善事，所积累德行，假以时日，必然会福报连连。

人的欲望是没有限度的，得到了这个东西就会想着拥有更好的东西，这也就是魏徵所说的："以为足，今日不啻足矣；若以为不足，万倍于此，亦不足也。"因此，要节制自己的欲望，要懂得知足，不要贪得无厌，否则就会自取灭亡。

畋猎第三十八（一）

原典

秘书监虞世南以太宗颇好畋猎，上疏谏曰："臣闻秋狝冬狩[1]，盖惟恒典；射隼从禽，备乎前诰[2]。伏惟陛下因听览[3]之余辰，顺天道以杀伐，将欲摧班碎掌[4]，亲御皮轩，穷猛兽之窟穴，尽逸材于林薮。夷凶剪暴，以卫黎元，收革擢羽，用充军器，举旗效获，式遵前古。然黄屋之尊，金舆之贵，八方之所仰德，万国之所系心，清道而行，犹戒衔橛[5]。斯盖重慎防微，为社稷也。是以马卿直谏于前，张昭变色于后，臣诚细微，敢忘斯义？且天弧星罼，所殪已多[6]，颁禽赐获，皇恩亦溥。伏愿时息猎车，且韬长戟，不拒刍荛之请，降纳涓浍之流[7]，袒裼徒搏[8]，任之群下，则贻范百王，永光万代。"太宗深嘉其言。

谷那律为谏议大夫，尝从太宗出猎，在途遇雨，太宗问曰："油衣若为得不漏？"对曰："能以瓦为之，必不漏矣。"意欲太宗弗数游猎，大被嘉纳。赐帛五十段，加以金带。

贞观十一年，太宗谓侍臣曰："朕昨往怀州，有上封事者云：'何为恒差山东众丁于苑内营造？即日徭役，似不下隋时。怀、洛以东，残人不堪其命[9]，而田猎犹数，骄逸之主也。今者复来怀州田猎，忠谏不复至洛阳矣。'四时蒐田，既是帝王常礼，今日怀州，秋毫不干于百姓。凡上书谏正，自有常准，臣贵有辞，主贵能改。如斯诋毁，有似咒诅。"侍中魏徵奏称："国家开直言之路，所以上封事者尤多。陛下亲自披阅，或冀臣言可取，所以侥幸之士得肆其丑。臣谏其君，甚须折衷，从容讽谏。汉元帝尝以酎[10]祭宗庙，出便门，御楼船。御史大夫薛广德当乘舆免冠曰：'宜从桥，陛下不听臣言，臣自刎，以颈血污车轮，陛下不入庙矣。'元帝不悦。光禄卿张猛进曰：'臣闻主圣臣直，乘船危，就桥安。圣主不乘危[11]，广德言可听。'元帝曰：'晓人不当如是耶！'乃从桥。以此而言，张猛可谓直臣谏君也。"太宗大悦。

注释

①秋狝冬狩：秋冬两季狩猎。②备乎前诰：前人的警戒中已经说得很详细。③听览：听取进谏之言，浏览奏章。④摧班碎掌：猎杀熊虎等猛兽。⑤犹戒衔橛：还要警戒会有翻车的危险。⑥天弧星罼，所殪已多：像天弧星一样的弓箭和网，已经诛杀了很多。⑦降纳涓浍之流：俯身接纳地位低下之人的建议。⑧袒裼徒搏：脱去上衣徒手搏斗。⑨残人：剩余的人。⑩酎（zhòu）：指多次复酿的酒。⑪乘危：到危险的地方，指冒险。

译文

秘书监虞世南因为唐太宗很喜欢狩猎，于是上奏章说："臣听说秋天和冬天是打猎的好季节，这也是历朝历代的传统惯例；然而对于射杀飞禽，追逐猛兽，前人的警戒中已经说得很详细。陛下在听取进谏、处理奏章的空闲时间，顺应天道来狩猎。陛下想要猎杀熊虎等动物，便亲自驾驶着打猎的车子，围住猛兽的洞窟，杀尽健壮有力的猛兽。诛杀残暴的动物，用来保护百姓，收集动物的皮革和羽毛，用来制作兵器，举起旌旗去收获猎物，这是遵循古代君王留下来的典制。然而陛下贵为天子，天下人仰慕你的德行，万国挂念你的行踪，为您清道而行，尚且还要警戒翻车的危险，更何况是危险万分的狩猎。这样谨慎小心，是为了江山社稷。汉武帝好猎熊，因此司马相如极力进谏，汉武帝才打消了这个念头；吴主孙权好射虎，张昭晓以利害，吴主接受了建议。臣地位卑微，说话分量浅，但是怎么敢忘记这个道理？况且陛下的弓箭罗网，已经捕获了很多猎物，并把这些猎物赏赐给群臣，皇恩浩荡已为百姓所知。只希望陛下能够暂时让猎车停下，收起器具，采纳为臣的意见，俯身接纳地位低下之人的建议，脱去上衣徒手搏斗的事情以后就让臣子们去做，那么就可以给后代百王留下典范，光辉照耀万代。”唐太宗对他的意见很是赞赏。

谷那律担当谏议大夫时，曾经跟随唐太宗外出狩猎，途中遇到大雨，唐太宗问：“油衣怎么做才不会漏雨呢?”谷那律说：“能够用瓦来做的话，一定不会漏雨的。”其意是想让唐太宗不要经常出去狩猎，唐太宗对这个建议很满意，于是赏赐给他丝帛五十段，再加一条金带。

贞观十一年，唐太宗对侍臣说：“我近几天去怀州，有人秘密上奏章说：‘为什么总是差遣山东的劳役到宫苑内建造苑囿呢？如今的徭役之重，似乎并不低于隋朝时期。怀州、洛阳以东，百姓已经不堪其苦了，然而皇上仍然经常去那里狩猎，真是个骄奢的君主啊。如今又来到怀州狩猎，忠诚的谏言再也无法传到洛阳。’四季打猎，已经是帝王常有的礼数，如今到怀州，对百姓是秋毫不犯。凡事上书直言进谏的，自会有一定的准则，臣子贵在能够犯言直谏，君主贵在能够从谏如流。但像这样的诋毁，像是在诅咒我啊。”侍中魏徵说：“国家广开言路，因而秘密上奏章的人很多。陛下亲自阅览奏章，或许是希望臣子的建议有可取之处，因此一些心存侥幸的人便大胆地放纵他们的丑行。臣子进谏君主，语言必须委婉。汉元帝曾经想要去宗庙祭祀，走出便门，然后乘坐楼船。御史大夫薛广德挡住汉元帝的车子，脱下帽子说：‘陛下应当从桥上经过。要是不听取臣的言论，臣便自杀而死，用脖颈的血来玷污车轮，陛下就不能去宗庙了。’汉元帝很不高兴。光禄卿张猛进谏说：‘臣听说君主贤明，臣子就会正直，乘坐楼船危险，从桥上经过安全。贤明的君主不会冒险，薛广德的言论可以听从。’汉元帝说：‘劝导人应该这样才对。’于是汉元帝便从桥上走。由此来看，张猛可谓正直的臣子。”唐太宗听了非常高兴。

解析

俗话说忠言逆耳，但是忠言有时也可以不逆耳，就像文中谷那律那样委婉地劝导唐太宗，唐太宗听出了谷那律的言外之意，因而很赏识他。进谏是没有错的，但是要讲究方式和分寸，要顾及对方的感受。薛广德虽然是直言进谏，但他直言直语，因而汉元帝不愿意听取。张猛则能站在汉元帝的角度委婉地劝导他，从而达到了目的。

因此，有时有些话并不适合直说，而要采用委婉的方式。同时在平时要注意说话的技巧和分寸，否则不恰当的语言会引起对方的误会，这样也达不到劝谏的目的。

畋猎第三十八（二）

原典

贞观十四年，太宗幸同州沙苑，亲格猛兽①，复晨出夜还。特进魏徵奏言："臣闻《书》美文王不敢盘于游田，《传》述《虞箴》称夷、羿以为戒。昔汉文临峻坂欲驰下，袁盎揽辔曰：'圣主不乘危，不侥幸，今陛下骋六飞②，驰不测之山，如有马惊车败，陛下纵欲自轻，奈高庙何？'孝武好格猛兽，相如进谏：'力称乌获，捷言庆忌③，人诚有之，兽亦宜然。猝遇逸材之兽，骇不存之地，虽乌获、逢蒙之伎不得用，而枯木朽株尽为难矣。虽万全而无患，然而本非天子所宜。'孝元帝郊泰畤④，因留射猎，薛广德称：'窃见关东困极，百姓离灾。今日撞亡秦之钟，歌郑、卫之乐，士卒暴露，从官劳倦，欲安宗庙社稷，何凭河暴虎⑤，未之戒也'？臣窃思此数帝，心岂木石，独不好驰骋之乐？而割情屈己，从臣下之言者，志存为国，不为身也。臣伏闻车驾近出，亲格猛兽，晨往夜还。以万乘之尊，暗行荒野，践深林，涉丰草，甚非万全之计。愿陛下割私情之娱，罢格兽之乐，上为宗庙社稷，下慰群寮兆庶。”太宗曰：“昨日之事偶属尘昏⑥，非故然也，自今深用为诫。”

贞观十四年，冬十月，太宗将幸栎阳游畋，县丞刘仁轨以收获未毕，非人君顺动之时，诣行所，上表切谏。太宗遂罢猎，擢拜仁轨新安令。

注释

①亲格猛兽：亲自与猛兽搏斗。格，搏斗。②六飞：指马车。③力称乌获，捷言庆忌：乌获那般力气大的人，跑得像庆忌那样快的人。④郊外畤：在京城南郊举行祭祀上天的活动。⑤凭河暴虎：徒步过河，徒手搏虎。⑥尘昏：一时糊涂。

译文

贞观十四年，唐太宗到同州的沙苑打猎，亲自与猛兽搏斗，早上出去晚上才回来。特进魏徵上奏章说：“臣听《尚书》里赞美周文王不敢沉溺于打猎，《左传》中有虞人的进谏，后羿引以为戒。从前汉文帝骑马到险峻的山坡上想疾驰而下，大臣袁盎抓住汉文帝的马辔头说：‘圣明的君主不冒险，不抱有侥幸心理，如今陛下驾驶马车，奔驰在情况莫测的山上，一旦马受到惊吓，车子坏了，纵然陛下轻视自己的性命，可怎么对得起列祖列宗呢？’汉武帝也喜好与猛兽搏斗，司马相如进谏说：‘乌获那般力气大的人，跑得像庆忌那样快的人，是有的，但是凶猛的野兽也不少。如果突然遇到凶狠的野兽，在危险之地惊慌失措，即使有乌获、逢蒙的本领也用不上。同时，枯木烂树枝都有可能成为障碍，使陛下防不胜防。虽然皇上打猎布置了很多防护措施，但这种以身犯险的事本来就不是天子应当做的事情。’孝元帝在京城南郊祭祀上天，想顺路留在这里狩猎，大臣薛广德说：‘我看到关东地区非常贫困，百姓都遭受着灾难。如今是在撞响让秦朝灭亡的大钟，奏响亡国的靡靡之音。这样做将使士兵都暴露在野外，随从官员很劳顿疲倦。想让国家安定、江山稳固，为什么还要徒步过河、徒手搏虎而不加以警戒呢？’我私下认为我提到的这几位君主，他们并非木石心肠，难道就不喜欢打猎娱乐吗？其实是割舍了自己的欲望而听从臣子的建议，是一心为了国家，而不是为了自己。臣听说陛下驾车出去，亲自与猛兽搏斗，早上出去晚上才回来。陛下是万乘之尊，黑夜独自行走在荒野中，深入森林，出没于草地茂盛的地方，这并非万全之策。臣希望陛下能够割舍私欲，停止与野兽搏斗的乐趣，向上为了江山国家，向下为了安慰臣子百姓。”唐太宗说：“昨天是一时糊涂，并非有意而为，从今天起，当把此事当作警戒。”

贞观十四年冬十月，唐太宗将要去栎阳狩猎。栎阳县丞刘仁轨认为庄稼还没有收割完，这个时候不适合君主打猎，因此到唐太宗驻扎的地方上奏章极力进谏。唐太宗于是停止狩猎的计划，提拔刘仁轨为新安县令。

解析

君主作为国家最高的领导人，其自身的安全与国家的安定休戚相关，因此君主必须爱护自己，不能以身涉险，更不能痴迷于私欲，毕竟历史上因不知节制私欲而遭到灭亡的国家有很多。君主狩猎的时候，要考虑到不要让百姓疲劳，要秋毫无犯，因而唐太宗在听说庄稼还没有收割完毕时，便放弃了狩猎的计划。

相对于生命安全而言，其他的一切都是次要的。不要痴迷于私欲的享受而丧失了自身的性命，同时也要注意节制自己的欲望。

灾祥第三十九（一）

原典

贞观六年，太宗谓侍臣曰：“朕此见众议以祥瑞[①]为美事，频有表贺庆。如朕本心，但使天下太平，家给人足，虽无祥瑞，亦可比德于尧、舜。若百姓不足，夷狄内侵，纵有芝草遍街衢，凤凰巢苑囿[②]，亦何异于桀、纣？尝闻石勒时，有郡吏燃连理木，煮白雉肉吃，岂得称为明主耶？又隋文帝深爱祥瑞，遣秘书监王劭著衣冠在朝堂对考使焚香，读《皇隋感瑞经》。旧尝见传说此事，实以为可笑。夫为人君，当须至公理天下，以得万姓之欢心。若尧、舜在上，百姓敬之如天地，爱之如父母，动作兴事，人皆乐之，发号施令，人皆悦之，此是大祥瑞也。自此后诸州所有祥瑞，并不用申奏。"

贞观八年，陇右山崩，大蛇屡见，山东及江、淮多大水。太宗以问侍臣，秘书监虞世南对曰："春秋时，梁山崩，晋侯召伯宗而问焉，对曰：'国主山川，故山崩川竭，君为之不举乐，降服乘缦，祝币以礼焉③。'梁山，晋所主也。晋侯从之，故得无害。汉文帝元年，齐、楚地二十九山同日崩，水大出，令郡国无来献，施惠于天下，远近欢洽，亦不为灾。后汉灵帝时，青蛇见御座；晋惠帝时，大蛇长三百步，见齐地，经市入朝。按蛇宜在草野，而入市朝，所以为怪耳。今蛇见山泽，盖深山大泽必有龙蛇，亦不足怪。又山东之雨，虽则其常，然阴潜过久，恐有冤狱，宜断省系囚，庶或当天意。且妖不胜德④，修德可以销变。"太宗以为然，因遣使者赈恤饥馁⑤，申理冤讼，多所原宥。

贞观八年，有彗星见于南方，长六丈，经百余日乃灭。太宗谓侍臣曰："天见彗星，由朕之不德，政有亏失，是何妖也？"虞世南对曰："昔齐景公时彗星见，公问晏子。晏子对曰：'公穿池沼畏不深，起台榭畏不高，行刑罚畏不重，是以天见彗星，为公戒耳！'景公惧而修德，后十六日而星没。陛下若德政不修，虽麟凤数见，终是无益。但使朝无阙政⑥，百姓安乐，虽有灾变，何损于德？愿陛下勿以功高古人而自矜大，勿以太平渐久而自骄逸，若能终始如一，彗见未足为忧。"太宗曰："吾之理国，良无景公之过。但朕年十八便为经纶王业，北剪刘武周，西平薛举，东擒窦建德、王世充，二十四而天下定，二十九而居大位，四夷降伏，海内乂安。自谓古来英雄拨乱之主无见及者，颇有自矜之意，此吾之过也。上天见变，良为是乎？秦始皇平六国，隋炀帝富有四海，既骄且逸，一朝而败，吾亦何得自骄也？言念于此，不觉惕焉震惧！"魏徵进曰："臣闻自古帝王未有无灾变者，但能修德，灾变自销。陛下因有天变，遂能戒惧，反复思量，深自克责，虽有此变，必不为灾也。"

注释

①祥瑞：吉祥的征兆。②芝草遍街衢，凤凰巢苑囿：灵芝草长满大街，苑囿中

有凤凰来居住。③祝币：用丝帛等作为祭品。④妖不胜德：怪异的事物不能战胜德行。⑤饥馁：饥饿的灾民。⑥阙政：有失误或者过错的治理措施。

译文

贞观六年，唐太宗对侍臣说："我近来听见很多人议论，都把上天呈现吉祥的征兆当作美事，于是常常有人上奏章表示祝贺。按照我的想法，只要天下太平、家家富裕、人人美满，即使并没有吉祥的征兆，那么德行也可以跟尧帝、舜帝相比较了。要是百姓不富足，少数民族又入侵国家，纵然灵芝草长满大街，苑囿中有凤凰来栖，那么和夏桀、商纣时又有什么差别呢？曾经听说赵石勒时期，有个郡县的官吏焚烧连理木，煮白雉鸡吃，难道石勒可以因此而被称为贤明的君主吗？还有隋文帝非常喜欢看到吉祥的征兆，派遣秘书监王劭穿着礼服，在朝廷上对着朝集使洗手焚香，读《皇隋感瑞经》。以前听说这件事时，就觉着非常可笑。作为君主，应当用至公之道来治理国家，以赢得百姓的欢心。尧帝、舜帝在位时，百姓就像尊敬天地一样尊敬他们，就像爱戴父母那样爱戴他们。措施举措，百姓都乐于去做，发号施令，百姓都乐于听从，这才是大祥瑞。从今天开始，各州发现的祥瑞之兆，一并都不用上奏朝廷。"

贞观八年，陇右地区有山崩发生，大蛇常常出没，山东以及江淮地区也时常发生水灾。唐太宗就这件事向大臣们询问。秘书监虞世南说："春秋时期，梁山崩塌，晋国国君召集伯宗询问，伯宗回答说：'国家所主祭山脉的变化关乎国家命运，因此高山崩塌、河水断流，君王应该停止听音乐，不穿华丽的服装，乘坐简朴的马车，用祝币来祭祀梁山。'梁山是晋国主祭的地方，于是晋国国君听从他的建议，此后再没有灾害发生。汉文帝元年，齐、楚两地有二十九座山在同一天突然崩塌，大水泛滥。汉文帝诏令各个郡国不要进献物品，施恩于百姓，百姓很欢乐，此后再没有发生灾害。后来汉灵帝时，皇帝的御座旁发现一条青蛇；晋惠帝时，在齐地发现一条长达三百步的大蛇，经过集市进入朝堂。按说蛇应当出现在荒野，可它却进入了集市、朝廷，所以大家都觉得很奇怪。如今在大山大河边发现了蛇，是因为深山大河之中必定有龙蛇，这不足以为奇。另外，山东普降大雨，虽是寻常之事，但是下雨的时间久了，恐怕是有冤情，应当仔细审查被关押的囚犯，或许就能够顺从天意。况且怪异的事情压不住德行，修德自然就能让它消失或者改变。"唐太宗觉得很对，因而派遣使者去灾区赈济灾民，重新审查案件，为受冤的人洗刷罪名，很多人都被宽恕了。

贞观八年，南方有彗星出现，彗星长有六丈，过了一百多天才消灭。唐太宗对侍臣说："天上出现彗星，是因为我德行没有修好，还是因为政事没有处理好，为什么会出现这个异常现象呢？"虞世南说："从前齐景公时期，彗星出现在天空中，于是齐景公问晏子。晏子回答说：'你挖掘池沼唯恐不够深，修筑台榭唯恐不够高，行使刑罚唯恐不够重，因此天上才出现了彗星，这是对你提出警告啊！'齐景公很害怕，因而修养自己的品德，过了十六天彗星就消失了。陛下若是不实施德政，即使多次出现麒麟、凤凰等祥瑞之兆，也是没有用的。只要让朝廷的政策举措没有失误或者过错，百姓安居乐业，即使有灾害变化，对品德又有什么损害呢？希望陛下不要因为自己的功劳超过古人就骄傲自大，也不要因为天下太平的时间太久就骄傲逸乐，要是能够始终如一，彗星的出现也不值得担忧。"唐太宗说："我治理国家，并没有犯过齐景公那样的错误。然而我十八岁便开始从军打仗，在北方剪除了武周，在西方平定了薛举，在东方擒获了窦建德、王世充。二十四岁时平定天下，二十九岁继承皇位，四方少数民族归顺降服，天下太平安宁。我自认为力挽乱世之狂澜的英雄，自古以来还没有谁能超过我，因而很是骄傲自满，这是我的过错。如今上天出现反常现象，是因为这个原因吗？秦始皇平定六国，隋炀帝富有四海，他们既骄傲又奢侈，不久就失败了，我怎么可以骄傲自满呢？说到这里，不禁觉得很恐惧。"魏徵进言说："臣听说自古以来的帝王还没有没见过反常现象的，但是只要加强道德修养，反常现象自会消失。陛下因为天上出现反常现象，于是能够警戒畏惧，反复思考，深深自责，即使出现了这一反常现象，想来也不会成为灾害。"

解析

自古以来，君主常常将吉祥的征兆当作好事，当作上天对自己统治的认可，然而唐太宗却认为有没有祥瑞并不重要，重要的是君主能否安定天下，得到百姓的信任和爱戴，那么国家即使有灾害发生，也是不足为惧的。同时君主应该加强自身的道德修养，从而让反常现象消失，让灾害不再发生。

因而在处理事情时，要有至公之心，不偏袒，这样才能获得他人的信任，塑造自我良好的形象，提高影响力。

灾祥第三十九（二）

原典

贞观十一年，大雨，谷水溢，冲洛城门，入洛阳宫，平地五尺，毁宫寺十九，所漂七百余家。太宗谓侍臣曰："朕之不德，皇天降灾。将由视听弗明，刑罚失度，遂使阴阳舛谬①，雨水乖常。矜物罪己②，载怀忧惕③。朕又何情独甘滋味？可令尚食断肉料，进蔬食。文武百官各上封事，极言得失。"中书侍郎岑文本上封事曰：

臣闻开拨乱之业，其功既难；守已成之基，其道不易。故居安思危，所以定其业也；有始有卒，所以崇其基也。今虽亿兆乂安，方隅宁谧，既承丧乱之后，又接凋弊之余，户口④减损尚多，田畴垦辟犹少。覆焘之恩著矣，而疮痍未复；德教之风被矣，而资产屡空。是以古人譬之种树，年祀绵远，则枝叶扶疏；若种之日浅，根本未固，虽壅之以黑坟⑤，暖之以春日，一人摇之，必致枯槁。今之百姓，颇类于此。常加含养，则日就滋息；暂有征役，则随日凋耗；凋耗既甚，则人不聊生；人不聊生，则怨气充塞；怨气充塞，则离叛之心生矣。故帝舜曰："可爱非君，可畏非民。"孔安国曰："人以君为命，故可爱。君失道，人叛之，故可畏。"仲尼曰："君犹舟也，人犹水也。水所以载舟，亦所以覆舟。"是以古之哲王虽休勿休，日慎一日者，良为此也。

伏惟陛下览古今之事，察安危之机，上以社稷为重，下以亿兆在念。明选举，慎赏罚，进贤才，退不肖。闻过即改，从谏如流。为善在于不疑，出令期于必信，颐神养性，省游畋之娱；去奢从俭，减工役之费。务静方内，而不求辟土；载櫜弓矢⑥，而不忘武备。凡此数者，虽为国之恒道，陛下之所常行。臣之愚昧，惟愿陛下思而不怠，则至道之美与三、五比隆，亿载之祚与天地长久。虽使桑谷为妖，龙蛇作孽，雉雊于鼎耳，石言于晋地，犹当转祸为福，变灾为祥，况雨水之患，阴阳恒理，岂可谓天谴而系圣心哉？臣闻古人有言："农夫劳而君子养焉，愚者言而智者择焉⑦。"辄陈狂瞽，伏待斧钺。

太宗深纳其言。

注释

①舛谬：错乱。②矜物罪己：怜悯百姓，怪罪自己。③载怀忧惕：十分忧虑和恐惧。④户口：人口。⑤壅之以黑坟：在树的底部施肥。⑥载櫜弓矢：收藏起弓箭和刀矢。⑦农夫劳而君子养焉，愚者言而智者择焉：农夫劳累而君主让他们休养生息，愚笨的人说话而智者进行选择。

译文

贞观十一年，天降大雨，谷水溢出，冲入了洛阳城门，流进洛阳宫，平地上积水达五尺之深，毁坏了十九处宫殿佛寺，冲毁了七百多家民居。唐太宗对侍臣说："我德行没有修好，上天于是降下灾难。可能是因为我视听不明，刑罚失度，于是让阴阳错乱，雨水违背常规。我怜悯百姓，怪罪自己，十分忧虑和恐惧，还有什么心情独自享受这些美味佳肴呢？于是命令尚食断绝肉食，只进贡蔬菜。另外，让文武百官都上密封的奏章，畅言政事处理的得失。"中书侍郎岑文本上奏说：

臣听说创业是非常困难的，守住已经创立的基业，也不是一件容易的事。因此要居安思危，才能稳定基业；有始有终，才能加厚基业。如今虽然百姓安宁，边疆安定，但我朝承受着战乱带来的弊端，又延续了隋朝末期的萧条，百姓人口减少很多，田地得到开垦的也很少。虽然广施恩德，但是创伤还没有恢复；德行教化已经覆盖了天下，但百姓还是很贫穷，没有什么资产。古人曾经把治理国家比喻成种树，年岁久远，那么树就能枝繁叶茂；要是种植的时间很短，树根还没有巩固，即使在树的底部施肥，用春日的阳光照耀它，但只要有人摇晃树木，那么树木必然会枯萎。如今的百姓，就像培植不久的树木。经常宽待养育百姓，他们就会逐渐恢复元气；时常有徭役，他们就会日渐凋零；凋零过多，就会民不聊生；民不聊生，怨气就会四起；怨气四起，百姓就会有背叛之心。因而舜帝说：“可以爱戴的难道不是君主吗？可以敬畏的难道不是百姓吗？”孔安国说：“百姓把君主当作性命，因而君主值得爱戴；君主要是无道，那么百姓就会背叛他，因而百姓可畏。”孔子说：“君主就像是船，百姓就像是水。水可以承载船，也能让船沉没。”因此自古以来，君王即使得到别人的赞赏，也不敢有丝毫骄傲之心，反而会一天比一天谨慎，就是因为这个缘故。

希望陛下阅读古往今来的事例，考察安定和危机的关键，对上要以国家为重，对下以百民为念，仔细地选拔人才，谨慎地进行赏罚，任用有贤能的人，斥退小人。听到自己的过错就加以改正，接纳他人的建议。清楚自己的过失并立即改正，从谏如流。用人不疑，疑人不用。能够修生养性，减少狩猎宴会等娱乐；抛弃奢侈，崇尚节俭，减少建造的费用。追求国内的清净安宁，而不是无休止地开疆扩土。收藏起弓箭和刀矢，但也不能忘记了军备。以上几条，虽然是国家的一般法则，也是陛下经常施行的。臣虽然愚笨，但是希望陛下能够常常思考而不懈怠，那么治理国家就能像三皇五帝那样繁荣昌盛，地位传承万年则但像天地那样长久。即使有不吉祥的征兆出现，龙蛇作怪，野鸡飞到鼎上鸣叫，石头在晋地开口说话，也都能够转祸为福、化凶为吉。何况雨水的祸患，本就是阴阳变化的正常现象，怎么可以说是上天谴责而让陛下心神不安呢？臣听说古人说过这样一句话：“农夫劳累而君主让他们休养生息，愚笨的人说话而智者进行选择。”臣妄说出自己肤浅的言论，恭敬地等待您的惩罚。

唐太宗很赞同他的建议，并接纳了他的建议。

解析

古代常常将异常现象当作上天对君主的惩罚，虽然这并没有什么科学依据，但是对拥有至高无上权力的君主来说，这是一种约束、一种监督。它提供了机会让君主反省自己在政务上的得失，同时也能让他们保持畏惧心理，不至于肆无忌惮。这也说明人是需要监督的，尤其是身居高位的人。严格要求自己，保持敬畏心理，接受他人的监督，这样才能保证言行举止不出现大的失误。

“愚者言而智者择焉”，对待他人的言论，不要全盘接受，而要进行判断和分析，找出其中可信的、有道理的接纳，对于无用或负能量的言论要予以否认。

慎终第四十（一）

原典

贞观五年，太宗谓侍臣曰：“自古帝王亦不能常化①，假令内安，必有外扰。当今远夷率服，百谷丰稔，盗贼不作，内外宁静。此非朕一人之力，实由公等共相匡辅。然安不忘危，理不忘乱，虽知今日无事，亦须思其终始。常得如此，始是可贵也。”魏徵对曰：“自古已来，元首股肱不能备具，或时君称圣，臣即不贤，或遇贤臣，即无圣主。今陛下明，所以致治。向若②直有贤臣，而君不思化，亦无所益。天下今虽太平，臣等犹未以为喜，惟愿陛下居安思危，孜孜不怠耳！”

注释

①常化：指长治久安。②向若：假如。

译文

贞观五年，唐太宗对侍臣说：“自古以来帝王都不能永久地让国家安定，假设国内安定，那么必有外患。如今远方的少数民族臣服，粮食丰收，没有盗贼作乱，国内外都很宁静。这并不是我一个人所能做到的，而是依靠众位大臣鼎力相助、辅佐匡正才做到的。然而在国家安定时不能忘记危机，治理国家取得很好的效果时不能忘记会有动乱的可能。因此即便知道如今没有什么事情，但也得常常反思。这才是难能可贵的。”魏徵回答说：“自古以来，君臣往往不能两全其美，有时君主贤明，臣子却不贤良；有时臣子贤良，却没有贤明的君主。如今陛下贤明，所以能够治理好国家。假设有贤良的大臣，然而君主却不想着广施教化，想要促成今天的美政，也是不可能的。如今四海升平，臣等却不敢就此坐享太平，也希望陛下能够居安思危，孜孜不倦！”

解析

“安不忘危，治不忘乱”，在天下安定的时候不要忘记可能会有危险爆发，天下太平的时候不要忘记可能会有动乱发生。类似的成语有很多，如未雨绸缪等。一个人要是被眼前的成就所迷惑，不懂得居安思危，那么在面对突如其来的灾难时就会手足无措，就不能第一时间作出反应，从而导致损失惨重。而懂得居安思危便能做好相应的准备，对灾难的出现早有预料，也不至于手足无措，反而能够从容地去面对、解决。

无论是对个人、公司还是组织来说，居安思危都是非常重要的，它是对未来的一种保障，有了它，人们在面对灾难时就能力挽狂澜。

慎终第四十（二）

原典

贞观六年，太宗谓侍臣曰：“自古人君为善者，多不能坚守其事。汉高祖泗上一亭长耳，初能拯危诛暴，以成帝业，然更延十数年，纵逸之败，亦不可保。何以知之？孝惠为嫡嗣之重，温恭仁孝，而高帝惑于爱姬之子，欲行废立[①]，萧何、韩信功业既高，萧既妄系[②]，韩亦滥黜[③]，自余功臣黥布之辈惧而不安，至于反逆。君臣父子之间悖谬[④]若此，岂非难保之明验也？朕所以不敢恃天下之安，每思危亡以自戒惧，用保其终。"

注释

①废立：废弃树立。②萧既妄系：萧何因为民请命而被高祖惩罚，杖"械系数日"才无罪释放。③韩亦滥黜：韩信也遭到废黜。④悖谬：荒谬。

译文

贞观六年，唐太宗对侍臣说："自古以来君王善于治国的，大多不能坚持到最后。汉高祖本是泗水亭的一个亭长，刚开始时他能够挽救百姓于水火之中，因而成就了帝业，然而十几年后，他因放纵私欲而导致国家衰败，几乎不能保住他所创下的帝业了。为什么会得出这样的结论呢？汉惠帝身为嫡长子，温顺恭敬、仁义孝顺，然而汉高祖却被爱妃的儿子迷惑了，想废弃汉惠帝另立太子；萧何、韩信等人的功劳何其高，然而萧何却因为民请命而被汉高祖投入囚牢，韩信也遭到了废黜诛杀，剩下的功臣如黥布等人恐惧不安，以至于起兵反抗。君臣父子之间的关系荒谬到这种地步，难道不是难以保全国家的明证吗？因此，我不敢因天下安定而骄傲自满，常常思考历代的危亡来自我警戒和保持恐惧之心，希望能做到善始善终。"

解析

开始时做善事并不难，难的是坚持做善事。要做到善始善终，是很需要毅力和耐心的。对君主来说，他每天面临的诱惑那么多，而君主也是有七情六欲的，很难不被诱惑所吸引，因而自古以来做到善始善终的君主很少。唐太宗正是认识到了这一点，才警戒自己保持敬畏之心，希望能够做到善始善终。

不管做任何事情，都要有头有尾，不要三分钟热度，否则就是徒然浪费时间和精力。做事情有始有终，才能有所收获。决定做某件事时，就要坚持下去，假以时日，定会发现尽头有更大的收获等着你。

慎终第四十（三）

原典

贞观九年，太宗谓公卿曰：“朕端拱无为，四夷咸服，岂朕一人之所致，实赖诸公之力耳！当思善始令终，永固鸿业，子子孙孙，递相辅翼①。使丰功厚利施于来叶②，令数百年后读我国史，鸿勋茂业粲然可观③，岂惟称隆周、炎汉及建武、永平故事而已哉！”房玄龄因进曰：“陛下撝挹之志④，推功群下，致理升平，本关圣德，臣下何力之有？惟愿陛下有始有卒，则天下永赖。”太宗又曰：“朕观古先拨乱之主皆年逾四十，惟光武年三十三。但朕年十八便举兵，年二十四定天下，年二十九升为天子，此则武胜于古也。少从戎旅，不暇读书，贞观以来，手不释卷，知风化之本，见政理之源。行之数年，天下大治而风移俗变，子孝臣忠，此又文过于古也。昔周、秦以降，戎狄内侵，今戎狄稽颡⑤，皆为臣妾，此又怀远胜古也。此三者，朕何德以堪之？既有此功业，何得不善始慎终耶！”

贞观十二年，太宗谓侍臣曰：“朕读书见前王善事，皆力行而不倦，其所任用公辈数人，诚以为贤。然致理比于三、五之代⑥，犹为不逮，何也？”魏徵对曰：“今四夷宾服，天下无事，诚旷古所未有。然自古帝王初即位者，皆欲励精为政，比迹于尧、舜；及其安乐也，则骄奢放逸，莫能终其善。人臣初见任用者，皆欲匡主济时，追纵⑦于稷、契；及其富贵也，则思苟全官爵，莫能尽其忠节。若使君臣常无懈怠，各保其终，则天下无忧不理，自可超迈前古也。”太宗曰：“诚如卿言。”

注释

①递相辅翼：相互帮助辅佐。②来叶：后代。③粲然：很明显的样子。④撝挹(wéi yì)：谦虚礼让。⑤稽颡（sǎng)：归顺臣服。⑥三、五之代：三皇五帝的时代。⑦追纵：效仿。

译文

贞观九年，唐太宗对公卿大臣说：“我继承帝业以来，推崇无为而治，使得四方的少数民族都臣服了，这难道是我一个人就能做到的吗？实际上是依赖你们的辅佐啊。现在，是我们应当思考善始善终的时候了，竭尽所能让帝业永久地传承下去，子子孙孙亦可相互辅佐帮助。让我们的丰功伟绩能够造福于后代，让数百年后的人读到我朝的历史时，无不为我们的宏伟帝业而点头称赞。难道只有周朝、汉朝以及光武帝、明帝的功绩是值得称赞的吗？”房玄龄因而进言说：“陛下很谦虚，将功德让给大臣，国家太平安定，本来就是因陛下的圣德，臣子又有什么功劳呢？只希望陛下能够善始善终，那么天下人就会永远依附。”唐太宗又说：“我从史书上得知，古代那些从乱世中崛起的君主往往都超过了四十岁，只有汉光武帝是三十三岁。但是我从十八岁就起兵作战，二十四岁平定了天下，二十九岁便继承了皇位，这就是在武功上胜过了历朝历代的君主。我很小的时候就跟着军队打仗，没有时间读书，所以贞观以来，一有时间就手不释卷。从古代圣贤的书中，我得知了社会风气教化的根本，了解了治理国家的根源。按照这些施行了几年，天下果然得到了治理，风俗开始改变，子孝臣忠，这就是在文德上胜过了历朝历代的君主。周朝、秦朝以来，戎狄等常常入侵中原地区，如今他们都臣服于我朝，都成为藩属，这是在安抚远方民族上胜过了历朝历代的君主。从这三个方面来看，我何德何能能够取得这样的功业？既然已经取得了这样的功业，又怎么能不小心谨慎、善始善终呢？”

贞观十二年，唐太宗对侍臣说：“我浏览书籍，发现历朝历代的君主做善事都是身体力行而不知疲倦，他们所任用的臣子确实都是贤臣。然而在治理国家方面我却比不上三皇五帝，这是为什么呢？”魏徵回答说：“如今四方少数民族臣服，天下太平，是自古以来都没有的事情。然而自古以来帝王刚开始继承皇位时，都打算励精图治，以尧帝、舜帝为榜样；等到天下安定、百姓安乐之后，就开始骄傲奢侈放纵，不能够将善事坚持到最后。臣子刚刚被任用时，都想着匡正君主的错误，救济天下百姓， 希望能够像古代良臣稷、契那样；等到他们富裕高贵了，那么就开始思考如何保全自己的官职爵位，因此不能够尽心尽力效忠君主。如果君臣毫无懈怠，都能够做到善始善终，那么天下就不用担忧治理不好了，自然就可以超越历朝历代的君主。”唐太宗说：“确实如你所说。”

解析

无论是君主还是臣子，在刚开始时都有着自己的志向，都想要建立丰功伟业，但是随着天下太平、世间和乐，君主和臣子就会逐渐被影响，君主常常骄傲奢侈，臣子常常会为了荣华富贵而明哲保身，假以时日，二者都忘记了自己最初的志向。

因此，在做事情时不要三心二意，不要有头无尾，而要时刻反省自己的所作所为是否背离了当初的志向。另外，也要学会与其他人同心协力，就像君主和臣子同心协力治理好国家那样。学会合作，将会让你朝着辉煌的事业更迈进一步。

慎终第四十（四）

原典

贞观十三年，魏徵恐太宗不能克终俭约，近岁颇好奢纵，上疏谏曰：

臣观自古帝王受图定鼎[①]，皆欲传之万代，贻厥孙谋。故其垂拱岩廊，布政天下。其语道也必先淳朴而抑浮华；其论人也，必贵忠良而鄙邪佞；言制度也则绝奢靡而崇俭约；谈物产也，则重谷帛而贱珍奇。然受命之初，皆遵之以成治；稍安之后，多反之而败俗。其故何哉？岂不以居万乘之尊，有四海之富，出言而莫己逆，所为而人必从，公道溺于私情，礼节亏于嗜欲故也？语曰："非知之难，行之为难；非行之难，终之斯难。"所言信矣。

伏惟陛下年甫弱冠，大拯横流，削平区宇②，肇开帝业。贞观之初，时方克壮，抑损嗜欲，躬行节俭，内外康宁，遂臻至治。论功则汤、武不足方，语德则尧、舜未为远。臣自擢居左右，十有余年，每侍帷幄，屡奉明旨。常许仁义之道，守之而不失；俭约之志，终始而不渝。一言兴邦，斯之谓也。德音在耳，敢忘之乎？而顷年以来，稍乖曩志③，敦朴之理，渐不克终。谨以所闻，列之于左：

陛下贞观之初，无为无欲，清静之化，远被遐荒④。考之于今，其风渐坠，听言则远超于上圣，论事则未逾于中主。何以言之？汉文、晋武俱非上哲。汉文辞千里之马，晋武焚雉头之裘。今则求骏马于万里，市珍奇于域外，取怪于道路，见轻于戎狄，此其渐不克终一也。

昔子贡问理人于孔子，孔子曰："懔乎⑤若朽索之驭六马。"子贡曰："何其畏哉？"子曰："不以道导之，则吾仇也，若何其无畏？"故《书》曰："民惟邦本，本固邦宁⑥。"为人上者奈何不敬？陛下贞观之始，视人如伤，恤其勤劳，爱民犹子，每存简约，无所营为。顷年以来，意在奢纵，忽忘卑俭，轻用人力，乃云："百姓无事则骄逸，劳役则易使。"自古以来，未有由百姓逸乐而致倾败者也，何有逆畏其骄逸而故欲劳役者哉？恐非兴邦之至言，岂安人之长算？此其渐不克终二也。

注释

①受图定鼎：指接受天命，治理国家。②削平区宇：平定天下。③乖曩志：违背了以前的志向。乖，违背。曩志，以前的志向。④被：覆盖。⑤懔乎：谨慎敬畏。⑥民惟邦本，本固邦宁：国家以百姓为根本，根本巩固了国家才会安宁。

译文

贞观十三年，魏徵担忧唐太宗不能将勤劳俭约的美德坚持到最后，于是针对唐太宗近几年奢侈放纵的情况，上奏章进谏说：

臣发现自古以来帝王接受天命治理国家，都想着把帝业传给后世万代，为了给后代留下榜样，他们推崇无为而治，广施仁政。他们对语言的要求是重视淳朴而抑制肤浅华丽；评论人物则重用忠臣良将，鄙视邪恶奸诈的人；说到制度，则会断绝奢侈浪费而崇尚俭约；说到物产，则重视谷物棉帛而看轻奇珍异宝。然而他们在刚开始创立国家时，都能够遵守这些条款，于是能治理好国家；等到稍微安定之后，却大多违反了这些条款而败坏了风俗。这是什么原因呢？难道不是因为他们为万乘之尊，富有四海，说话没有人敢反抗，所做的事情人们必定会顺从，从而使得公道被私情所取代，礼节被私欲所淹没吗？有句话说："知道并不难，难的是行动；行动并不难，难的是能够坚持到最后。"这句话很可信啊。

陛下刚刚二十岁时，就挽救天下百姓于水火之中，威震四方，开创帝业。贞观初年，陛下正值年轻力壮，却极力压抑自己的私欲，身体力行，勤俭节约，因而国家内外能够安定，达到了治理的目的。论武功，商汤、周武王都比不上您；论德行，您和尧帝、舜帝相差不多。臣自从被陛下提拔做官，已经有十多年了，每次在帷幄中侍奉，常常接受到陛下英明的旨意。陛下赞赏仁义之道，固守终始而不废；陛下崇尚勤俭节约，自始至终不改变。一句话就可以让国家兴盛起来，说的就是这个啊。陛下的圣德之音至今在耳边回响，怎么敢忘记呢？然而最近几年来，陛下稍微偏离了以往的志向，淳朴的风气渐渐不能坚持到最后。现在把我所见到的情况列出来陈述于下：

陛下在贞观初年，推崇无为无欲、清净简单的教化措施，即使很远的荒蛮之地也受到了感化。考察如今的情况，这种风俗逐渐丧失。听陛下的言论，远远超过圣人，但论陛下的行为，却连中庸的君主都不如，为什么这么说呢？汉文帝、晋武帝都并非圣哲之君。汉文帝却拒绝了别人进贡的千里马，晋武帝焚烧了别人进贡的华丽服装。如今陛下为了寻求千里马而不惜到万里之外，寻找奇珍异宝而不惜到其他国家，这种行为被沿途的行人所责怪，被外族所轻视。这就是陛下渐渐不能保持到最后的表现之一。

从前子贡请教治理百姓的方法，孔子说："要怀恐惧之心，就像用腐朽的绳子去拉六匹马的车子那样恐惧。"子贡问："为什么要恐惧呢？"孔子说："不用道义来教导百姓，那么百姓就会成为仇人，如此怎能不恐惧呢？"因此《尚书》中说："国家以百姓为根本，根本巩固了国家才会安宁。"做君主的怎么可以不敬畏百姓呢？陛下在贞观初期，对待百姓就像对待有伤的人那样，体恤他们的劳顿，爱护老百姓就像爱自己的孩子一样，凡事崇尚俭约，不营建任何工程。最近几年，陛下则开始奢侈放纵，忘记了谦虚节约，轻易劳役百姓，甚至说："百姓没有事情做就会骄傲安逸，让他们去劳役就容易驱使他们。"自古以来，从来没有因为百姓安逸安乐而导致国家灭亡的，岂有害怕他们放纵而想劳役他们的道理呢？恐怕这并不是让国家兴盛的言论，又怎会是安定百姓的长久之计呢？这是陛下不能坚持到最后的表现之二。

解析

"非知之难，行之为难；非行之难，终之斯难"，魏徵认为做善事并不难，难的是一直做善事。唐太宗一开始是身体力行，好做善事，但是随着时间的流逝，就渐渐有了懈怠，甚至开始奢侈放纵。太宗也许并没有意识到这一点，因而魏徵列出了他不能一直做善事的原因。

一个人在往不好的方向发展时，自己往往很难发现，这时就需要他人来提醒自己，帮助自己改正，这个人可以是朋友，是同事，是上司，也可以是对手，但是身边一定要有这么一个人，如果没有，那就培养一个。

慎终第四十（五）

原典

陛下贞观之初，损己以利物，至于今日，纵欲以劳人，卑俭之迹岁改，骄侈之情日异。虽忧人之言不绝于口，而乐身之事实切于心。或时欲有所营，虑人致谏，乃云："若不为此，不便我身。"人臣之情，何可复争？此直意在杜谏者之口，岂曰择善而行者乎？此其渐不克终三也。

立身成败，在于所染，兰芷鲍鱼，与之俱化[1]，慎乎所习，不可不思。陛下贞观之初，砥砺名节[2]，不私于物，惟善是与，亲爱君子，疏斥小人。今则不然，轻亵小人，礼重君子。重君子也，敬而远之；轻小人也，狎而近之。近之则不见其非，远之则莫知其是。莫知其是，则不间而自疏；不见其非，则有时而自昵。昵近小人，非致理之道；疏远君子，岂兴邦之义？此其渐不克终四也。

《书》曰："不作无益害有益[3]，功乃成；不贵异物贱用物，人乃足。犬马非其土性不畜[4]，珍禽奇兽弗育于国[5]。"陛下贞观之初，动遵尧、舜，捐金抵璧，反朴还淳。顷年以来，好尚奇异，难得之货，无远不臻，珍玩之作，无时能止。上好奢靡而望下敦朴，未之有也。末作滋兴[6]，而求丰实，其不可得亦已明矣。此其渐不克终五也。

注释

①兰芷鲍鱼，与之俱化：接触芝兰鲍鱼，久而久之，身上都会有它们的气味。②砥砺名节：励精图治，注重名节。③不作无益害有益：不做没有好处的事来妨碍有好处的事。④犬马非其土性不畜：狗马不是本土的就不适合在本地豢养。⑤珍禽奇兽弗育于国：不是产于本国的珍禽异兽也不能在国内养育。⑥滋兴：产生并发展。

译文

陛下在贞观初期，损失自己的利益来满足百姓的利益，到了今天，放纵自己的欲望而劳役百姓，谦虚节俭的痕迹逐渐消失，骄傲奢侈的情况却每天都有新变化。虽然关心百姓的话经常挂在嘴边，但时时萦绕于心的却是如何让自己快乐。有时，陛下想要营建工程，又忧虑别人会进谏，就说："如果不这么做，我的生活便会感到不方便。"这么一说，做臣子的还怎么再去进谏呢？这句话的本意就在于让进谏的人闭口，哪里谈得上是择善而从呢？这是陛下不能将善行坚持到最后的表现之三。

君子立身为人，成败就在于周围环境的影响。入芝兰之室，久了就闻不到它的香气了；入鲍鱼之肆，久了就不觉它有臭气了。每个人都会受到环境潜移默化的影响。所以，对于所习惯的不可不慎重，不可不深思。陛下在贞观初期，励精图治，努力修养自身的德行，没有私欲，只做好事，亲近爱护君子，疏远斥退小人。如今却不是这样的，只是礼节地对待君子，而又轻率地亲近小人。亲近小人就看不到小人的错误，远离君子就不知道君子的正确。不知道君子的好处，那么不用别人离间，关系自然就会疏远；看不到小人的错误，那么就会主动亲近他们。亲近小人，并非治理国家的正道；疏远君子，又怎么能使国家兴盛呢？这是陛下不能善终的表现之四。

《尚书》中说："不做没有好处的事来妨碍有益的事，于是事业才能够成功；不看重奇珍异宝而轻贱常用之物，这样人民才会知足；狗、马不是本土的就不适合豢养，珍禽异兽也不能在都城内豢养。"陛下在贞观初期，言行举动遵守尧帝、舜帝之道，抛弃金银珠宝，杜绝奢侈念头，让风气逐渐回归淳朴。最近几年来，却崇尚奇异的东西，对于奇珍异宝以及罕见之物，千里迢迢也要去寻找，还无休止地制造各种珍奇的玩物。皇上喜好奢侈浪费却希望臣民能够淳朴，这是不可能的。这是陛下不能将善行坚持到最后的表现之五。

解析

兰芷鲍鱼，与之俱化。人是很容易受周边环境影响的，孟母三迁的故事就说明了这一点。因而要注意周围的环境，谨慎选择可以交往的人，这样才能不被恶劣的环境或他人不好的品德所影响。身居高位的人更要注意这一点，其一举一动都会产生深远的影响，因而要格外注意自己的言行举止。同时也要尽量避免接触一些负面的环境和人，否则时间一久，难免会受到影响。

另外，不要看重滋长人欲望的物品，尤其是稀缺之物。一个人要是痴迷于珍奇之物，必然会养成奢侈的习惯。这可是成功的大忌。

慎终第四十（六）

原典

贞观之初，求贤如渴，善人所举，信而任之，取其所长，恒恐不及。近岁以来，由心好恶，或众善举而用之，或一人毁而弃之，或积年任而用之，或一朝疑而远之。夫行有素履，事有成迹[①]，所毁之人，未必可信于所举，积年之行，不应顿失于一朝。君子之怀，蹈仁义而弘大德；小人之性，好谗佞以为身谋，陛下不审察其根源，而轻为之臧否[②]，是使守道者日疏，干求者日进。所以人思苟免，莫能尽力。此其渐不克终六也。

陛下初登大位，高居深视，事惟清静，心无嗜欲，内除毕弋之物[③]，外绝畋猎之源。数载之后，不能固志，虽无十旬之逸，或过三驱之礼。遂使盘游之娱，见讥于百姓，鹰犬之贡，远及于四夷。或时教习[④]之处，道路遥远，侵晨而出，入夜方还。以驰骋为欢，莫虑不虞之变，事之不测，其可救乎？此其渐不克终七也。

孔子曰："君使臣以礼，臣事君以忠。"然则君之待臣，义不可薄。陛下初践大位，敬以接下，君恩下流，臣情上达，咸思竭力，心无所隐。顷年以来，多所忽略。或外官充使，奏事入朝，思睹阙庭[⑤]，将陈所见，欲言则颜色不接，欲请又恩礼不加，间因所短，诘[⑥]其细过，虽有聪辩之略，莫能申其忠款。而望上下同心，君臣交泰[⑦]，不亦难乎？此其渐不克终八也。

"傲不可长，欲不可纵，乐不可极，志不可满。"四者，前王所以致福，通贤以为深诫。陛下贞观之初，孜孜不怠，屈己从人，恒若不足。顷年以来，微有矜放，恃功业之大，意蔑前王，负圣智之明，心轻当代，此傲之长也。欲有所为，皆取遂意，纵或抑情从谏，终是不能忘怀，此欲之纵也。志在嬉游，情无厌倦，虽未全妨政事，不复专心治道，此乐将极也。率土乂安，四夷款服，仍远劳士马，问罪遐裔[8]，此志将满也。亲狎者阿旨[9]而不肯言，疏远者畏威而莫敢谏，积而不已，将亏圣德。此其渐不克终九也。

注释

①行有素履，事有成迹：做事有自己的习惯，有迹可循。②臧否：评价。③毕弋之物：狩猎用的弓箭、刀等工具。④教习：训练，这里指狩猎的地方。⑤阙庭：朝廷，指君主。⑥诘：追问责备。⑦交泰：同心协力。⑧遐裔：边远地区。⑨阿旨：顺从旨意。阿，阿谀奉承。

译文

贞观初期，陛下求贤若渴，只要是善人所举荐的人才，陛下都毫不迟疑地给予信任并加以任用，尽量发挥他们的长处，唯恐错失人才。最近几年来，在任用人才方面，陛下则根据自己的喜好来决定。有时众人推举而被任用的人，只要有一人诋毁，陛下就立刻抛弃他；有时对多年信任的人，因一时的怀疑便有意疏远他。一个人做事往往有自己的习惯和准则，做事也有迹可循。所诋毁的人，未必真的行为不端；多年形成的德行，不应因一时的怀疑就完全否定。君子的德行就是遵守仁义之道，弘扬道德；小人的本性，则是喜欢用谗言和献媚来中伤他人，抬高自己。陛下不仔细地审查根源而轻易地作出评价，这会越来越疏远坚守正道的人，使追逐名利的人逐渐得到任用。人一旦开始思考着苟且保全自己，那么就不能再为朝廷尽心尽力。这是陛下不能将善行坚持到最后的表现之六。

陛下刚刚继承皇位时，高瞻远瞩，严苛明察，处事推崇清净，心中没有私欲，丢掉打猎用的工具，杜绝狩猎的源头。但几年之后，便不能再坚守这个志向了，虽然不像太康那样长时间打猎而不返回，但也超过了三驱的礼节，于是狩猎的活动遭到了百姓的讽刺。陛下还不远千里向边远异族征求打猎用的老鹰和猎狗。有时狩猎的地区路途遥远，陛下早上出去，到了晚上才回来。陛下以骑马狩猎为乐，不考虑可能会出现的意外，万一真有不测，还能够挽救吗？这是陛下不能将善行坚持到最后的表现之七。

孔子说："君主根据礼节来对待臣子，那么臣子就会忠心侍奉君主。"要是这样的话，那么君主对待臣子，礼节就不能过轻。陛下刚刚继承皇位时，恭敬地对待臣子，君主的恩德能够向下流淌，臣子的情义能够向上传达，双方都想着尽心尽力，互相毫无保留。最近几年来，陛下对此却多有疏忽。有时外地的官员来朝廷上奏政事，难得见君主一面，就希望把自己所看到的都说出来，但是他们想说的时候陛下却不能和颜悦色地对待，所以他们欲言又止。有的人自愿请命却得不到准许，不给予相应的礼遇，无奈之下只能作罢。皇上有时会因为一点话柄就穷追细问，加以责备，即使他们能言善辩，也不给机会进行辩驳。这样，陛下却还希望君臣同心协力，不是很难吗？这是陛下不能将善行坚持到最后的表现之八。

"骄傲不可滋长，欲望不能放纵，快乐不可过度，心志不能太满。"这四句话，历代历朝的君主皆以其为准则而赢得了福祉，通达的贤人也将其作为警戒。陛下在贞观初期，处理政务孜孜不倦，委屈自己顺从百姓，总觉得自己做得不够好。最近几年来，稍微显露出骄傲自满的情绪了，仗着功劳很大，蔑视以往的君主，自认为聪慧圣明，轻视当代贤能的人，这就是骄傲逐渐滋长的表现。陛下做事情开始随心所欲，全然按照自己的心意去做，纵然有时也会抑制自己的情欲，接纳臣子的谏言，但终究是意绪难平，这就是放纵欲望的表现。陛下喜欢嬉游，乐此不疲，虽然没有完全妨碍朝政大事，但对政务也不那么专心致志了，这就是快乐过度的表现。如今天下安定，四方少数民族都前来臣服，可陛下仍然兴师动众，要到边远的地区去征讨，这就是心志太满的表现。亲近的人顺从你的心意而不肯讲真话，疏远的人则畏惧你的威严而不敢进谏，长此以往，必将消减陛下的圣德。这是陛下不能将善行坚持到最后的表现之九。

解析

在任用人才时，要客观公正，不要因为有人诋毁就放弃人才，或者因为对人才有所怀疑就疏远离。这些做法都是错误的。要按照岗位的需求去选拔人才，取其所长，同时要以礼相待，将心比心，只有这样才能赢得人才的信任，才能同心协力，创造佳绩。

另外，不能骄傲自满，不能放纵情欲，游乐不能过度，志向不能太满，违背四条中的任意一条，都要付出惨重的代价。穷则独善其身，达则兼济天下，请修身养性，做最好的自己。

慎终第四十（七）

原典

昔陶唐、成汤之时非无灾患，而称其圣德者，以其有始有终，无为无欲，遇灾则极其忧勤，时安则不骄不逸故也。贞观之初，频年霜旱，畿内户口并就关外，携负老幼，来往数年，曾无一户逃亡、一人怨苦，此诚由识陛下矜育之怀，所以至死无携贰[①]。顷年从来，疲于徭役，关中之人，劳弊尤甚。杂匠之徒，下日悉留和雇[②]；正兵之辈，上番多别驱使[③]。和市之物不绝于乡闾[④]，递送之夫相继于道路。既有所弊，易为惊扰，脱因水旱，谷麦不收，恐百姓之心，不能如前日之宁帖。此其渐不克终十也。

臣闻“祸福无门，唯人所召”。“人无衅[⑤]焉，妖不妄作”。伏惟陛下统天御宇十有三年，道洽寰中，威加海外，年谷丰稔，礼教聿兴，比屋[⑥]喻于可封，菽粟[⑦]同于水火。暨乎今岁，天灾流行。炎气致旱，乃远被于郡国；凶丑作孽，忽近起于毂下[⑧]。夫天何言哉？垂象示诫，斯诚陛下惊惧之辰，忧勤之日也。若见诫而惧，择善而从，同周文之小心，追殷汤之罪己，前王所以致礼者，勤而行之，今时所以败德者，思而改之，与物更新，易人视听，则宝祚无疆，普天幸甚，何祸败之有乎？然则社稷安危，国家理乱，在于一人而已。当今太平之基，既崇极天之峻；九仞之积，犹亏一篑之功。千载休期[9]，时难再得，明主可为而不为，微臣所以郁结而长叹者也。

臣诚愚鄙，不达事机[10]，略举所见十条，辄以上闻圣德。伏愿陛下采臣狂瞽[11]之言，参以刍荛之议，冀千虑一得，衮职有补[12]，则死日生年，甘从斧钺。

疏奏，太宗谓徵曰："人臣事主，顺旨甚易，忤情尤难。公作朕耳目股肱，常论思献纳。朕今闻过能改，庶几克终善事。若违此言，更何颜与公相见？复欲何方以理天下？自得公疏，反复研寻，深觉词强理直，遂列为屏障，朝夕瞻仰。又寻付史司，冀千载之下识君臣之义。"乃赐徵黄金十斤，厩马二匹。

注释

①携贰：有二心。②下日：劳役期满的日子。③上番：轮流值班。④和市之物：强行摊派的物资。⑤衅：缺点。⑥比屋：家家户户。⑦菽粟：豆和小米，泛指粮食。⑧毂下：指京城。⑨休期：美好的时期。⑩不达事机：不通晓事情的关键。⑪狂瞽：愚昧无知。⑫衮职：君主的职责。

译文

从前陶唐、成汤时代，并非没有灾害祸患发生，然而后人却称赞他们有圣德，这是因为他们有高尚的品德，并且能做到善始善终，无为无欲。遭遇灾难时，他们会更加担忧勤奋；天下安定时，也能做到戒骄戒躁。贞观初期，关中地区连年遭受霜灾、旱灾，京城百姓纷纷扶老携幼，举家迁徙，来来往往很多年，尝尽了颠沛流离之苦，却没有一户逃亡、一个人抱怨，这是因为他们知道陛下怜惜他们，所以到死也没有二心。最近几年来，百姓因为劳役已经非常疲倦，关中地区的百姓更是劳顿疲倦。匠人之类的人，服役期满之后全都被官府雇佣了；服役的士兵，除了轮流执勤外大多还被驱使做其他杂役。皇上强行在乡里征收物资，运转物资的人在道路上络绎不绝。这样下去很容易带来弊端，干扰百姓，再加上这几年水旱灾害时有发生，粮食青黄不接，恐怕百姓的心不再像贞观初期那样安定了。这是陛下不能将善行坚持到最后的表现之十。

臣听说"祸福是没有定数的，都是由人招惹来的"，"人没有缺点，那么妖孽就不会妄自出现"。陛下治理国家已经有十三年，政通人和，声威传扬海外，中华大地年年丰收，礼仪和教化重新兴起，家家户户都因遵守礼仪和教化而感到光荣，粮食像水火一样容易得到。可近年来，天灾不断。炎热的天气导致干旱，波及到远方的郡国；凶恶之徒犯上作乱，不时地发生在京城附近。那么上天是有什么话要说吗？上天是在显示异象用以警戒世人，现在是陛下应该恐惧警醒的时候了。如果陛下看见警戒而感到恐惧，选择好的建议听从，像周文王那样小心谨慎，像商汤那样反思自己，极力效法历朝历代治理有方的君主，反省改正如今德行败坏的行为，除旧布新，改变百姓对朝廷的看法，那么国家就可以长久地传承下去，天下百姓也会感到幸运，怎么还会有祸乱败亡的事情发生呢？如此说来，国家的安危治理都系在陛下一个人身上。如今太平的基业，已经像天那样高了；建成九仞山，就差一筐土了。千载难逢的时机，很难再次得到，圣明的君主可以有所作为却没有去做，这就是臣郁闷纠结且长叹不已的原因啊。

臣的确愚笨浅薄，不能够通晓事情的关键，简单地列举所看到的十条，擅自上奏给陛下。希望陛下能够采纳臣的狂妄之言，参考这些浅薄的言论，希望千次考虑中会有一次有用的建议，那么臣虽死犹生，甘愿接受惩罚。

奏疏上奏后，唐太宗对魏徵说："臣子侍奉君主，顺从君主的旨意是很容易做到的，忤逆君主的心意可就太难了。你是我重视的臣子，常常将自己所思上奏。我如今知道自己的过错并会改正，以求善始善终。要是违背了这句话，那么还有什么颜面再见你呢？又能用什么办法来治理天下呢？自从看到你的奏章，多次研读思考，深深觉得言语有力，很有道理，于是将它贴在屏风上，早晚恭读。又让史官来抄录，希望千年之后，后人能够了解我们君臣之间的情义。"于是赏赐魏徵黄金十斤，御马二匹。

解析

"人无衅焉，妖不妄作"，人要是没有缺陷，自然也就不会有灾异发生。有时，人遇到的很多困难都是自身修养不够引起的。祸福并没有定数，都是自己招致的，因而要加强自身的修养，培养高尚的情操，这样自然就能趋吉避凶。

要想让他人心悦诚服，就要从他人的角度出发，考虑问题，分析问题，解决问题。正如贞观初期遭遇灾害时，唐太宗能够从百姓的角度出发治理国家，因而数年间没有一家一户逃亡，也没有一个人有怨言。

慎终第四十（八）

原典

贞观十四年，太宗谓侍臣曰："平定天下，朕虽有其事，守之失图①，功业亦复难保。秦始皇初亦平六国，据有四海，及末年不能善守，实可为诫。公等宜念公忘私，则荣名高位，可以克终其美。"魏徵对曰："臣闻之，战胜易，守胜难。陛下深思远虑，安不忘危，功业既彰，德教复洽，恒以此为政，宗社无由倾败矣。"

贞观十六年，太宗问魏徵曰："观近古帝王有传位十代者，有一代两代者，亦有身得身失者②。朕所以常怀忧惧，或恐抚养生民不得其所，或恐心生骄逸，喜怒过度。然不自知，卿可为朕言之，当以为楷则③。"徵对曰："嗜欲喜怒之情，贤愚皆同。贤者能节之，不使过度，愚者纵之，多至失所。陛下圣德玄远，居安思危，伏愿陛下常能自制，以保克终之美，则万代永赖。"

注释

①失图：失去章法。②身得身失者：自己获得自己失去。③楷则：行为的准则。

译文

贞观十四年，唐太宗对侍臣说："让平定天下，我虽然做到了，但是守护天下却没有了章法，功业也难以保全。秦始皇刚平定六国时，富有四海，等到了末年却不能很好地守护国家，确实可以作为警戒。你们应当心怀至公之道，忘记私欲，那么荣华富贵、美名，都能够保持到最终。"魏徵说："臣听说，战胜容易，然而守护胜利的果实却很难。陛下深思熟虑，居安而不忘危，功业既然已经很显赫，德政教化又覆盖天下，如果能坚持如一，那么国家就不会倾覆败亡。”

贞观十六年，唐太宗问魏徵：“我看近代的帝王，有的帝位传承了十代，有的传承了一两代，也有自己获得天下而又自己失去的。我因此常常感到忧虑恐惧，有时是害怕安抚百姓却不能让他们各得其所，有时是恐惧自己有骄傲、贪图安逸之心，喜怒过度却不能自我察觉。请你为我讲讲其中的道理，我必然把你的话当作行为准则。”魏徵说：“爱好、情欲、喜悦、愤怒等情感，人生而有之，无论贤者还是愚者都在所难免。不同的是，贤能的人能够节制自己的情感，不让它过度；愚蠢的人则放纵情感，大多导致行为失当，不能控制。陛下的德行高深圣明，能够居安不忘危，只希望陛下能够节制自己的私欲，以求做到善始善终，造福千秋万代。”

解析

很多君主在刚当上皇帝时，都有一番雄心壮志，都想做一个能够让人尊重的明君。因此，刚开始时也确实做了很多利国利民的事情，但是后来在面对越来越多的诱惑时却迷失了自己，沉溺在欲望中，有善始却没有善终。只有那些抑制自己的私欲、做到善始善终的人，才会受人尊重和爱戴。

因此，一个人要想有一番作为，做事时就要有善始善终的决心，其间不管遇到什么样的诱惑都应视而不见，不放纵自己的私欲，这样才能做到善始善终。